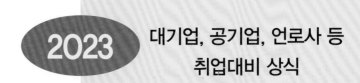

2023 대기업, 공기업, 언로사 등
취업대비 상식

KB093736

인사이드

최신일반상식

2023
인사이드
최신일반상식

인쇄일 2023년 3월 1일 초판 1쇄 인쇄 **발행처** 시스컴 출판사
발행일 2023년 3월 5일 초판 1쇄 발행 **발행인** 송인식
등 록 제17-269호 **지은이** 시사상식연구회
판 권 시스컴2023

ISBN 979-11-6941-094-6 13300
정 가 17,000원

주소 서울시 금천구 가산디지털1로 225, 514호(가산포휴) | **홈페이지** www.siscom.co.kr
E-mail siscombooks@naver.com | **전화** 02)866-9311 | **Fax** 02)866-9312

'상식(常識)'이란, 글자대로 풀이하면 항상 알고 있어야 하는 것, 국어사전에 의하면 '사람들이 보통 알고 있거나 알아야 하는 지식'이며 이 같은 상식은 주변에서, 나아가 세계에서 벌어지는 일에 대해 충분한 관심을 갖고 주의를 기울일 때 차곡차곡 쌓이게 됩니다. 하지만 책, 신문, TV, 인터넷 등 수많은 매체들을 통해 쏟아져 나오는 정보들 가운데 우리는 어떤 정보를 얼마나 제대로 알고 있는 걸까요? 정보화 사회에서는 정보를 많이 아는 것도 중요하지만 정보를 정확히, 제대로 아는 것이 더욱 중요합니다.

특히 취업을 준비하는 취업준비생들에게 상식은, 취업이라는 관문을 넘어서는 필수 역량이라고 할 수 있습니다. 일반상식에 관한 필기시험을 통과해야 하는 것은 물론이거니와 면접에서도 상식에 대한 지식이 자연스럽게 드러나기 때문입니다. 하지만 학점 관리, 어학 시험 준비만으로도 벅찬 취업준비생들이 평소에 상식까지 차곡차곡 쌓아 두기란 버거운 일일 것입니다. 게다가 시중에서 판매되고 있는 상식 책들은 어마어마한 페이지와 두께를 자랑하며 위용을 떨치고 있는지라 미처 상식을 정복하기도 전에 진이 빠지게 되지요.

'인사이드 최신일반상식'은 여러 상식 분야를 일곱 가지 카테고리로 묶어서 단기간에 기본적인 상식을 쌓을 수 있도록 구성하였습니다. 이 책의 특징을 정리하면 다음과 같습니다.

첫째, 최근까지 국영 기업체, 언론사, 공사·공단 등에서 출제된 기출문제를 분석하여 각 분야별로 필요한 내용을 정리할 수 있도록 하였습니다.

둘째, 이론을 개념별로 충실히 정리하였고, 함께 알아두면 도움이 될 만한 내용들도 꼼꼼히 정리해 두었습니다.

셋째, 공부한 내용이 시험에서는 어떤 유형으로 출제되는지 실전에 적응하고 공부한 내용을 확인하여 넘어갈 수 있도록 확인문제를 실었습니다.

넷째, 상식 시험의 출제 유형에 따른 객관식 문제, 단답형 문제, 서술형 문제를 명쾌한 해설과 함께 수록하였습니다.

'인사이드 최신일반상식'이 여러분들의 성공적인 취업에 보탬이 되길 바랍니다.

대기업 채용 내용

※ 본서에 수록된 채용 내용은 추후 변경 가능성이 있으므로 반드시 응시 기관의 채용 홈페이지를 참고하시기 바랍니다.

LG(신입)

구 분	내 용
인재상	• LG Way에 대한 신념과 실행력을 겸비한 사람 • 꿈과 열정을 가지고 세계 최고에 도전하는 사람 • 고객을 최우선으로 생각하고 끊임없이 혁신하는 사람 • 팀웍을 이루며 자율적이고 창의적으로 일하는 사람 • 꾸준히 실력을 배양하여 정정당당하게 경쟁하는 사람
지원자격	• 각 계열사는 별도의 채용방식과 기준에 의해 채용을 진행하므로, 관심있는 회사의 공고를 확인한 후 채용 전형에 응시 • 해외여행에 결격사유가 없는 자 • 남자는 병역필 또는 면제
전형절차	지원서접수 → 서류전형 → 인적성검사 → 면접전형 → 인턴십 → 건강검진 → 최종 합격
인적성검사	• 온라인 방식으로 실시 • 인성검사 : LG Way에 맞는 개인별 역량 또는 직업 성격적인 적합도 확인 • 적성검사 　– 신입사원의 직무수행 기본 역량을 검증하기 위한 평가 　– 언어이해, 언어추리, 자료해석, 창의수리로 구성
면접	• 지원자의 기본역량과 자질 확인 • 각 사별 지원분야에 따른 다양한 방식의 면접진행 　(토론면접, PT면접, 창의성 면접 등)

두산(신입 공채)

구 분	내 용
인재상	• 사람에 대해 진정으로 관심을 가지는 사람 • 인화를 실천하는 사람 • 끊임없이 올라가는 눈높이를 가진 사람 • 상하좌우 열린 소통을 하는 사람 • 현명한 근성을 가지고 무엇이든 해내는 사람 • 중요한 것의 해결에 집중하는 사람
전형절차	서류전형 → 종합적성검사(DCAT) → 실무면접 → 최종면접 → 입사

인적성검사	• 기초적성검사
	  − 인문 : 언어논리/수리자료분석/어휘유창성 검사로 진행
	  − 이공 : 언어논리/수리자료분석/공간추리 검사로 진행
	• 인성검사 : 지원자의 인성이 두산이 추구하는 바와 부합하는 지를 평가

면접	• SI(Structed Interview) : 지원자의 역량보유 정도를 평가 • DISE(DOOSAN Intergrated Simulation Exercise) : 지원자의 역량보유 정도와 분석적 사고 및 문제해결 능력을 평가

롯데(신입 공채)

구 분	내 용
인재상	• 실패를 두려워하지 않는 젊은이 • 실력을 키우기 위해 끊임없이 노력하는 젊은이 • 협력과 상생을 아는 젊은이
전형절차	서류전형 → 조직/직무적합진단(L-TAB) → 면접전형 → 건강검진 → 입사/입문교육
인적성검사	지원자의 기본적인 조직적응 및 직무적합성을 평가하기 위한 기초능력검사
면접	• 지원자의 역량, 가치관 및 발전 가능성을 종합적으로 심사 • 다양한 방식의 One-stop 면접 시행(실무면접, 임원면접, 1일 통합면접) • 지원 직무에 따른 별도 면접 전형 방식이 추가될 수 있음

삼양(신입 공채)

구 분	내 용
인재상	• 공사를 명확히 구분하고 회사와 일에 스스로 몰입하는 성실한 인재 • 열린 마음으로 소통하고 변화를 긍정적으로 받아들이는 유연한 인재 • 현재에 머무르지 않고 배우는 것을 즐기며 스스로 성장하는 인재
지원자격	• 해외여행에 결격사유가 없는 자 • 석사 학위 이상 소지자 또는 이와 동등한 효력이 인정되는 자격을 취득(예정)한 자 • 공인 영어말하기 성적보유자(OPIc 및 토익스피킹에 한함) 　- TOEIC SPEAKING 110점 또는 OPIc IL 이상 　- 서류접수 마감일 기준 2년 이내 유효 성적에 한함
전형절차	서류전형 → 인적성검사/한국사/한자평가 → 실무진면접 → 임원(인성)면접, 채용검진 → 입사

대한항공(신입 공채)

구 분	내 용
인재상	• 진취적 성격의 소유자 • 국제적 감각의 소유자 • 서비스 정신과 올바른 예절의 소유자 • 성실한 조직인 • Team Player
지원자격	• 모집 대상 전공자(졸업예정자 포함) • 병역필 또는 면제자로 학업성적이 우수하고 해외여행에 결격사유가 없는 사람 • TOEIC 750점 또는 TEPS 630점 또는 OPIc LVL LM 또는 TOEIC Speaking LVL6 이상 취득자 　- 서류접수 마감일 기준 2년 이내 유효 성적에 한함 　- 해외대학 학사/석사/박사 학위 취득자 중 상기 영어 성적이 없을 경우 영어 성적 미입력 후 제출 가능하나 3차면접 전에는 반드시 제출
전형절차	서류전형 → 1차 면접 → 2차 면접 → 3차 면접 → 건강검진 → 최종합격
우대사항	국가보훈 대상자는 관계 법령에 의거하여 우대

언론사 채용 내용

KBS(신입 공채)

구 분	내 용
응시자격	• 연령, 국적, 학력 제한 없음(공인 영어시험 성적 보유자) • 남자의 경우 병역필 또는 면제(단, 임용예정일 전까지 전역 예정자 응시 가능) • KBS 한국어능력시험 성적 보유자(필수 분야 : PD, 취재기자, 스포츠기자)
전형절차	서류전형 → 필기시험 → 실무능력평가(인성검사 포함) → 최종 면접

필기시험	• 분야별로 필기시험 과목이 다름
	• 논술 : 논리적 사고력, 표현력, 가치관 등 평가
	• 작문
	  – PD(예능, 드라마)는 독창성, 문장(구성)력, 감수성 등 평가
	  – 취재기자, 스포츠기자는 문장(구성)력, 전달력 등 평가
	• 시사상식 : 인문, 교양 및 사회 문제에 대한 관심 및 이해도

우대사항	취업지원대상자, 장애인등록자, 다문화가족 자녀는 소정의 가점 부여

MBC(신입 공채)

구 분	내 용
응시자격	• 학력, 연령, 국적 제한 없음(중복지원 불가) • 해외여행에 결격사유가 없는 자 • 남자의 경우 군필자 또는 면제자(입사일 이전 전역예정자 지원 가능)
전형절차	필기시험 → 역량 · 다면심층 면접 → 최종 면접
필기시험	• 1교시 : 논술/작문(분야에 따라 필기시험 과목이 다름) • 2교시 : 객관식 전형(공통) – 종합교양 및 직무관련 지식
우대사항	취업보호대상자(보훈대상자) 및 장애인
기타	• 입사지원 시 타인의 주민등록번호 및 성명을 도용할 경우 주민등록법에 의거하여 처벌 • 지원서 작성시 학연, 지연, 혈연 등을 암시하는 내용을 포함 할 경우 불이익이 따를 수 있음 • 입사지원서는 최종 제출 전까지 수정할 수 있으며 최종 제출 후에는 삭제 및 수정이 불가능 • 최종합격자는 수습사원으로 임용하고 사규에 따라 처우(입사 전 경력을 일체 인정하지 않음) • 입사지원서에 허위사실을 기재하거나 허위 증빙자료를 제출할 경우 합격을 취소하며 향후 5년간 본사 입사시험에 응시자격 제한

SBS(신입 공채)

구분	내용
지원자격	• 학력, 연령, 성별 등 일체의 제한이 없는 열린 채용 • 남자의 경우 군필 또는 면제자 • 해외여행에 결격 사유가 없는 자 • 인턴십 평가 참가 가능자
전형절차	지원서 접수+에세이 평가 → SBS SJT+실무평가 → 역량면접 → 임원면접 → 인턴십 → 입사
필기시험	• 1교시 : 시사 · 상식 • 2교시 : 논술(기자, 경영), 작문(각 분야 PD)
우대사항	국가보훈 대상자 및 장애인은 관계법령에 의거 우대
기타	• 입사지원서에 허위 사실을 기재하거나, 허위 증빙자료를 제출하는 경우에는 합격을 취소 • 임원면접 합격자에 한해 인턴십 평가에 참여하게 되며, 인턴십 평가 결과에 따라 최종합격 여부가 결정

조선일보(신입 공채)

구분	내용
인재상	열정, 창의, 언론정신, 전문성
지원자격	• 재학생은 2월 졸업예정자에 한해 지원 가능 • 남자는 병역필 또는 면제자
전형절차	• 1차 시험 : 서류전형(자기소개서) • 2차 시험 : 필기시험(공통 – 종합교양, 기자직 – 작문평가, 경영직 – 종합교양) • 3차 시험 : 현장실무평가(공통 – 활동평가, 기자직 – 작문평가, 경영직 – 과제평가 등) • 4차 시험 : 채용검진 후 임원, 국장단 면접(인성 및 종합 평가)
필기시험	• 종합교양 : 국어, 시사상식, 한자(기자직은 작문까지 포함) • 작문평가 : 제시된 소재, 주제에 대한 자신의 생각을 논리적으로 풀어가는 서술 형태
우대사항	• 변호사, 공인회계사(CPA) 등 전문직 및 산업안전 관련 자격증 소지자 우대 • 공인 영어성적은 응시자격요건은 아니나, 성적이 있는 경우 입사지원서에는 기입할 것 • 국가보훈대상자 및 장애인은 관계법령에 의거 채용 시 우대

중앙일보(신입 공채)

구 분	내 용
지원자격	• 졸업자 또는 졸업 예정자로 입사 가능한 자 • 남자는 병역필 또는 면제자 • 해외여행에 결격사유가 없는 자 • 현장실습평가 참여 가능한 자
전형절차	접수 → 서류전형 → 필기시험 → 실무역량평가 → 현장실습평가 → 임원면접 → 입사
필기시험	논술/작문, 큐시트 작성 등 모집분야에 따라 필요한 역량을 측정할 수 있는 평가와 TOCT 시험(공통)을 통해 비판적 사고력을 측정
우대사항	• 국가보훈 대상자 및 장애인은 관계법령에 의거하여 우대 • 공인 어학성적 제출은 선택 사항이며, 외국어 능력 우수자 우대
기타	• 지원서의 내용이 사실과 다르거나 증빙이 불가능할 경우 합격이 취소되거나, 전형상의 불이익을 받을 수 있음 • 공고 내 지원분야 간 중복 지원 불가

한겨레신문(신입 기자직 공채)

구 분	내 용
지원자격	• 나이, 학력 제한 없음 • 해외여행에 결격사유가 없는 사람 • 남자는 군필 또는 면제자(입사일 이전 전역 예정자 지원 가능) • 취재, 편집 : 본사가 요구하는 공인 국어시험 성적 및 영어시험 성적이 있어야 함 　사진 : 본사가 요구하는 공인 영어시험 성적이 있어야 함
전형절차	서류접수 → 필기시험 → 현장평가 → 최종면접
우대사항	취업보호 및 국가보훈대상자는 관계 법령에 따라 우대
기타	입사지원서에 허위 사실을 기재하거나, 본사 사규 상 결격 사유에 해당되는 경우에는 합격을 취소하며, 향후 본사 입사시험에 해당 수험생의 응시 자격을 제한할 수 있음

공사공단 채용 내용

한국토지주택공사(신입 5 · 6급 공채)

구 분	내 용
지원자격	• 연령, 학력, 성별, 어학성적, 전공 제한 없음(6급은 고교졸업예정자 및 최종학력이 고졸인 자) • 5급 기술직은 해당 모집분야 지원자격 자격증 보유자 • 병역 : 5급의 경우 병역필 또는 면제자, 6급의 경우 미필자도 지원 가능하며 병역을 기피한 사실이 없는 자(전역예정자로서 전형절차에 응시 가능자 지원 가능) • 기타 : 공사 사원채용 결격사유에 해당되지 않는 자
전형절차	• 서류전형 → 필기전형 → 면접전형 → 최종합격 • 필기전형 : 직무능력검사(ncs 직업 기초능력(5 · 6급)+직무역량(5급)) • 면접전형 : 종합 심층면접(직무면접+인성면접) – 필요시 온라인 면접 실시
우대사항	• 특별우대 가산점 : 취업지원대상자(국가유공자), 장애인, 국민기초생활수급자, 북한이탈주민, 다문화가족, 이전지역(경남)인재 등 해당자에게 전형별 만점의 5~10% 가산점 부여 ※ 모집분야별 선발인원이 3명 이하일 경우 관계법령에 따라 특별우대 가산점 미부여 • 일반우대, 청년인턴 가산점 : 우대자격증 소지자, 수상경력 보유자, LH 우수인턴 및 탁월인턴 등 해당자에게 전형별 만점의 3~10% 가산점 부여 또는 서류전형 면제

한국전력공사(신입 공채 – 대졸)

구 분	내 용	
채용분야	대졸수준 일반공채[4(나)직급], 고졸수준 채용형 인턴[4(나)직급], 배선담당[5직급], 특정업무 담당원(NDIS)[5직급], R&D(연구직), 체험형 인턴	
지원자격	학력	• 사무 : 학력 및 전공제한 없음 • 전기/ICT/토목/건축/기계 : 해당분야 전공자 또는 관련 자격증 보유자
	연령	제한 없음(단, 공사정년에 도달한 자는 지원 불가)
	병역	병역법 제76조에서 정한 병역의무 불이행 사실이 없는 자
	외국어	• 대상 : 영어 등 8개 외국어 • 자격기준 : TOEIC 기준 700점 이상 • 유효성적 : 최근 2년 이내에 응시하고 접수마감일까지 발표한 국내 정기시험 성적만 인정 ※ 고급자격증 보유자는 외국어 성적 면제(해외학위자도 외국어 성적을 보유해야 지원 가능)
	기타	• 당사 인사관리규정 제11조 신규채용자의 결격사유가 없는 자 • 채용 즉시 근무가 가능한 자 • 광주 · 전남지역 지원 시 해당권역 내 소재 학교(대학까지의 최종학력 기준, 대학원 이상 제외) 졸업(예정), 중퇴한 자 또는 재학, 휴학중인 자만 지원 가능
전형절차	1차 서류전형 → 2차 직무능력검사 · 인성검사 → 3차 직무면접 → 4차 종합면접 → 5차 신체 및 신원검사	

우대사항	• 고급자격 · 면허증 보유자 : 1차 서류전형 면제, 2차 전형 10% 가점
	  – 변호사, 변리사, 감정평가사, 공인노무사, 공인회계사, 세무사, 동시통역사, AICPA, 국제FRM, CFA, 기술사, 건축사
	• 비수도권 및 본사이전지역 인재
	  – 비수도권 : 서류전형 2% 가점
	  – 이전지역(광주 · 전남지역) : 서류전형 3% 가점
	• 기타 우대사항
	  – 취업보호대상자(국가보훈) : 단계별 10% 또는 5% 가점, 서류전형 면제
	  – 장애인 : 단계별 10% 가점, 서류전형 면제
	  – 기초생활수급자 : 서류전형 면제
	  – 한전 체험형 청년인턴 : 서류전형 5%/10% 가점
	  – 한전 발명특허대전 입상자 : 서류전형 10% 가점 또는 서류전형 면제
	  – 한전 전기공학 장학생 : 서류전형 면제(전기분야에 한함)	

이 책의 **구성**과 특징

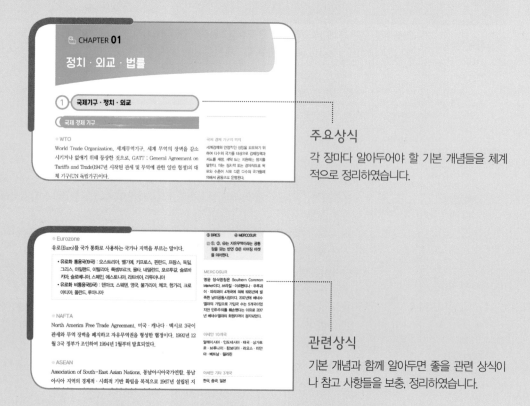

주요상식

각 장마다 알아두어야 할 기본 개념들을 체계적으로 정리하였습니다.

관련상식

기본 개념과 함께 알아두면 좋을 관련 상식이나 참고 사항들을 보충, 정리하였습니다.

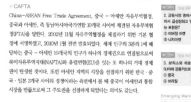

확인문제

기본 개념 및 관련 내용을 바탕으로 해결할 수 있는 문제들을 실어, 좀 더 정확한 내용 확인을 돕고자 하였습니다.

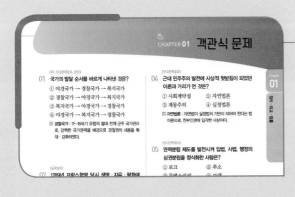

객관식 문제

기출·예상문제를 실어 실제시험에 가까운 내용으로 학습효과를 높일 수 있도록 하였습니다.

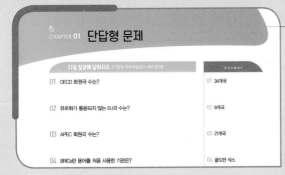

단답형 문제

보기를 통해 정답을 유추하지 않고 해당 문제를 풀어봄으로써 각 장의 주제에 대한 이해도를 최종적으로 확인할 수 있도록 하였습니다.

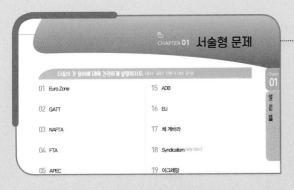

서술형 문제

언론사 등의 다양한 논술, 서술형 시험에 대비하기 위해 중요한 상식들에 대한 서술형 문제들을 출제하였습니다.

목차

7DAYS STUDY PLAN

1 Day	CHAPTER 1	정치·외교·법률	
2 Day	CHAPTER 2	경제·금융	
3 Day	CHAPTER 3	경영·산업	
4 Day	CHAPTER 4	정보통신 커뮤니케이션	
5 Day	CHAPTER 5	자연과학·공학	
6 Day	CHAPTER 6	환경·사회	
7 Day	CHAPTER 7	문학·예술 스포츠	

최신 일반상식

● 챗GPT

챗지피티(ChatGPT)는 OpenAI가 개발한 대화형 인공지능 챗봇으로, 사용자와 주고받는 대화에서 질문에 답하도록 설계된 언어 모델이다. ChatGPT는 대형 언어 모델 GPT-3의 개선판인 GPT-3.5를 기반으로 만들어졌으며, 지도학습과 강화학습을 모두 사용해 파인 튜닝되었다. ChatGPT는 Generative Pre-trained Transformer(GPT)와 Chat의 합성어이다. ChatGPT는 2022년 11월 프로토타입으로 시작되었으며, 다양한 지식 분야에서 상세한 응답과 정교한 답변으로 인해 집중 받았다.

● 조각투자

하나의 자산에 대해 여러 투자자들이 함께 투자하고 이익을 공동으로 배분받는 형식의 투자 기법이다. 고가여서 혼자서는 구매가 어려운 미술품, 부동산을 비롯해 음악 저작권, 명품 가방 등 다양한 분야에서 활용되고 있다. 소액으로 큰 규모의 자산에 투자할 수 있는 기회를 얻을 수 있지만 해당 자산에 대한 직접 소유권을 갖는 것은 아니다.

● 제임스 웹 우주망원경

미국 항공우주국(NASA)이 100억달러(약 11조8760억원)를 투입해 개발한 우주 망원경으로, 인류 역사상 가장 고성능이라고 평가되는 허블 우주망원경을 잇는 차세대 우주망원경이다. 가시광선 영역을 관측하는 허블 우주망원경과 달리 적외선 영역을 관측한다.

● 컨셔스 패션(Conscious Fashion)

'의식 있는'이라는 뜻의 단어 컨셔스(Conscious)와 패션(Fashion)의 합성어로, 소재 선정에서부터 제조 공정까지 친환경적이고 윤리적인 과정에서 생산된 의류 및 그런 의류를 소비하고자 하는 트렌드를 뜻하는 말이다. 이는 환경오염의 주범이 되는 의류 폐기물을 줄이는 데 동참함으로써 지속 가능한 가치를 추구하고, 환경을 보호한다는데 그 의의가 있다.

● 세계국채지수(WGBI)

블룸버그-버클레이즈 글로벌 종합지수와 JP모던 신흥국 국채지수와 함께 세계 3대 채권지수 중 하나로, 전 세계 투자기관들이 국채를 사들일 때 지표가 되는 지수이다. 영국 런던증권거래소(LSE) 파이낸셜타임스 스톡익스체인지(FTSE) 러셀이 발표하며 미국, 영국, 중국 등 주요 23개국의 국채가 편입돼 있다. 추종자금은 2021년 말 기준 2조 5000억 달러에 이른다.

● 스위프트(SWIFT)

세계 200여 개국 1만1000여 개 금융회사가 돈을 지급하거나 무역대금을 결제하는 데 활용하는 전산망이다. 세계 각국의 송금망은 스위프트를 거친다. 예컨대 미국 기업이 한국에 있는 기업에 돈을 보내기 위해 미국 거래은행에 요청하면, 이 은행은 스위프트망을 통해 한국 기업의 거래은행에 메시지를 보내 결제하는 식이다. 세계 금융을 연결하는 파이프라인 역할을 한다.

● 플로깅

스웨덴어의 '플로카 업(plocka upp; 줍다)'과 '조가(jogga; 조깅하다)'를 합성하여 만든 '플로가(plogga)'라는 용어의 명사형으로, '쓰레기를 주우며 조깅하기'라는 의미이다. 한국에서는 '줍다'와 '조깅'을 결합한 '줍깅'이라는 용어를 사용하기도 한다. 조깅을 하는 동안 눈에 띄는 쓰레기를 줍는 일로, 운동으로 건강을 챙기는 동시에 환경을 지키기 위한 작은 실천에 동참하자는 취지로 행하는 환경보호운동이라 할 수 있다.

● 다크 이코노미

코로나19 팬데믹 이후 매장에서 손님을 받는 방식의 오프라인 운영보다 온라인 주문에 집중하는 비즈니스 형태가 증가하면서 등장한 신조어이다. 실제로 2020년 초부터 전 세계로 확산된 코로나19로 유례 없는 사회적 거리두기가 시행되면서, 수많은 오프라인 매장들이 불황을 겪었다. 그러나 한편에서는 전자상거래와 배달 인프라를 활용한 유통 방식이 급증하기 시작했는데, 이러한 상황을 반영하며 등장한 말이 '불 꺼진 상점(다크 스토어, dark store)'이나 '불 꺼진 주방(다크 키친, dark kitchen)'과 같은 '다크 이코노미'이다.

● 핏포 55

유럽연합(EU)이 2021년 7월 내놓은 기후변화 대응을 위한 12개 항목을 담은 입법 패키지로, 2030년까지 EU의 평균 탄소 배출량을 1990년의 55% 수준까지 줄인다는 목표를 실현하기 위한 방안을 담고 있다. 이 가운데 핵심은 탄소국경세로 불리는 '탄소국경조정제도(CBAM)'로, CBAM은 EU 역내로 수입되는 제품 가운데 역내 제품보다 탄소배출이 많은 제품에 세금을 부과하는 조치를 말한다.

● 제로 트러스트(Zero Trust)

'아무것도 신뢰하지 않는다'를 전제로 한 사이버 보안 모델로, 내부에 접속한 사용자에 대해서도 무조건적으로 신뢰하지 않고 검증하는 것을 기본으로 하는 개념이다. 이는 사이버 보안 전문가이자 포레스터 리서치 수석연구원인 존 킨더버그(John Kindervag)가 2010년 제시한 개념으로, '신뢰가 곧 보안 취약점'이라는 원칙을 내세운 것이다.

● 커탄지 브라운 잭슨

커탄지 브라운 잭슨(Ketanji Brown Jackson)은 미국 최초의 흑인 여성 연방 대법관이다. 2022년 2월 25일 조 바이든 대통령의 지명으로 연방 대법관 후보자가 되었으며 6월 30일 임명되었다.

● 빅스텝·자이언트스텝

국내 언론이나 증권사 리포트 등에서 미국 연방준비제도(Fed)가 물가 조정을 위해 기준금리를 인상하는 정책을 지칭하는 말로 사용하면서 널리 확산된 용어들이다. 빅스텝은 기준금리를 0.5%포인트 인상하는 것을, 자이언트 스텝은 0.75%포인트 인상하는 것을 가리키는 말로 사용되는데, 다만 이는 미국 현지 언론과 경제부처 발표에서는 사용되지 않는 우리나라에서만 통용되는 용어로 알려져 있다.

● 그린 택소노미

녹색 산업을 뜻하는 그린(green)과 분류학을 뜻하는 택소노미(Taxonomy)의 합성어로, 환경적으로 지속 가능한 경제 활동의 범위를 정하는 것이다. 즉, 어떤 산업 분야가 친환경 산업인지를 분류하는 녹색 산업

분류체계로, 녹색 투자를 받을 수 있는 산업 여부를 판별하는 기준으로 활용된다.

● 스플린터넷

파편이라는 뜻의 '스플린터(splinter)'와 '인터넷(internet)'의 합성어로 인터넷 속 세상이 쪼개지는 현상을 의미한다. 즉, 전 세계를 연결하는 인터넷을 정부가 국가 차원의 인터넷 망으로 한정하려는 움직임을 가리킨다. 이는 중국이 별도의 인터넷 체계를 유지하기 위해 이른바 '만리방화벽(Great Firewall)'을 수립하면서 회자되기 시작한 개념이다.

● 디지털 폐지줍기

보상형 모바일 애플리케이션(앱)을 통해서 포인트를 모아 현금화하거나 기프티콘으로 교환하는 것을 일컫는 신조어로, 스마트폰을 이용한 재테크라고 해 '앱테크'라고도 불린다. '디지털 폐지 줍기'라는 명칭은 길거리에 버려진 박스나 종이 등을 주워 이를 고물상에 판 뒤 소액의 생활비를 버는 폐지 줍기에서 비롯된 것이다. 즉, 디지털 환경에서 꾸준히 이벤트에 참여한 뒤 지급되는 포인트나 쿠폰을 챙겨 쏠쏠하게 생활비를 번다고 해서 붙은 명칭이다.

● 위드 코로나

강력한 변이 바이러스 출현, 돌파감염 등으로 코로나19 팬데믹이 장기화되면서 대두되고 있는 개념으로, 사회적 거리두기 등을 일부 완화하면서 위중증 환자관리에 집중하는 새로운 방역체계를 뜻한다. 우리 정부는 '위드 코로나(With Corona19)'라는 용어 자체의 정확한 정의가 없음에도 너무 포괄적이고 다양한 의미로 활용된다며 '단계적 일상회복'이라는 용어를 사용하고 있다.

> *제로 코로나
> 코로나19 확진자 발생 시 봉쇄 조치를 진행하는 등 강도 높은 규제로 감염자 수를 '0'로 돌려놓는 중국의 코로나19 정책이다.

● COP26

영국 글래스고에서 2021년 10월 31일부터 11월 13일까지 열린 제26차 유엔기후변화협약 당사국총회를 말한다. 'COP26'의 'COP'는 당사국총회를 뜻하는 'Conference of the Parties'의 약자이며, 숫자 '26'은 회의의 회차를 가리킨다. COP26에서는 세계 각국이 기후위기 대응을 위해 석탄발전을 단계적으로 감축하고, 선진국은 2025년까지 기후변화 적응기금을 2배로 확대하기로 하는 내용 등이 담긴 '글래스고 기후조약(Glasgow Climate Pact)'이 채택됐다.

● 라게브리오

미국 제약사 머크앤드컴퍼니(MSD)가 개발한 코로나19 알약 치료제로, 미국 식품의약청(FDA)이 2021년 12월 23일 긴급 사용 승인을 내렸다. 라게브리오는 코로나19 감염을 일으키는 SARS-CoV-2를 포함해 여러 RNA 바이러스의 복제를 억제하는 방식으로 치료가 이뤄진다.

● 엔데믹 블루(Endemic Blue)

'엔데믹(Endemic, 한정된 지역에서 주기적으로 발생하는 감염병)'과 '우울감(Blue)'을 합친 신조어로, 코로나19에 따른 우울감을 뜻하는 '코로나 블루'에 반대되는 개념이라 할 수 있다. 이는 코로나19 확산 이후 늘어난 개인적인 시간을 중시해 왔던 사람들이 코로나19 이전의 일상으로 돌아가면서 오히려 우울감과 불안을 느끼는 현상을 말한다.

● 다이렉트 인덱싱(Direct Indexing)

인공지능(AI) 등을 활용해 투자자 개개인의 투자 목적, 투자 성향, 생애 주기에 적합한 포트폴리오를 설계하는 것을 말한다. 개인 맞춤형 지수를 만들고 이를 구성하는 개별 주식을 직접 보유하는 것이다. 거래소에 상장된 ETF(상장지수펀드)가 기성품이라면, 다이렉트 인덱싱은 맞춤형 제품, 즉 '나만의 ETF'인 셈이다. 다른 말로 '비스포크 인덱싱(Bespoke Indexing)'이라고도 불린다.

● KT-1 웅비

대한민국의 국방과학연구소가 주도하여 현 KAI와 여러 국내 방위산업체가 개발한 한국 최초의 순수 독자기술 군용 항공기이다. 국방과학연구소가 개발을 담당한 KT-1은 공군이 운용하던 T-41B 초등훈련기와 T-37C 중등훈련기를 대체하는 것을 목표로 했다. 또한 해외 수출도 겨냥하여 미국 항공법을 기준으로 하고, 군용기로서의 성능을 만족시키기 위해 군사규격을 적용하여 설계했다. 특히 KT-1은 동급 기종 가운데 처음으로 100% 컴퓨터 설계를 적용했으며, 그 결과 미 군사규격분류 클래스 Ⅳ 및 FAR/JAR23 곡예비행 카테고리를 충족하는 우수한 성능의 단발 터보프롭 항공기로 태어나게 되었다.

● 미디어 파사드

미디어(media)와 건물의 외벽을 뜻하는 파사드(facade)가 합성된 용어로, 건물의 외벽에 다양한 콘텐츠 영상을 투사하는 것을 이른다. 이는 건물 벽에 LED 등의 디스플레이를 부착하여 영상을 구현하던 방식에서 한층 더 나아가 아예 건물의 벽면을 디스플레이용으로 사용하는 것이다.

● 로코노미(Loconomy)

지역(local)과 경제(Economy)의 합성어로 거대 상권이 아닌 동네 중심으로 소비가 이뤄지는 것을 의미한다. 로코노미는 코로나19로 생활 반경이 좁아지고 국내와 지역, 동네에 대한 관심이 활성화되며 부각되기 시작했다. 소비자들이 지역과 동네 기반으로 뭉치며 지역만의 희소성을 담은 상품과 서비스, 콘텐츠에 관심을 갖게 된 것이다.

● 밈 주식

밈 주식이란 온라인상에서 입소문을 탄 개인투자자들이 몰리는 주식을 가리키는 신조어이다. 이는 미국 온라인 커뮤니티인 레딧(Reddit)에 개설된 주식 토론방에서 공매도에 반발하는 개인투자자들이 기관에 대응해 집중 매수하는 종목이 나타난 것이 그 시작이다. 이들은 종목과 관련된 재미있는 사진이나 동영상을 공유했고, 이는 다른 사회관계망서비스(SNS) 등으로 확산되며 해당 종목에 대한 매수를 급증시켰다. 대표적인 밈 주식으로는 게임 유통업체 '게임스톱', 영화관 체인 'AMC', 주방용품 소매업체 '베드 배스 앤드 비욘드' 등이 꼽힌다.

---

*밈(Meme)
영국의 생물학자 리처드 도킨스가 1976년에 '이기적 유전자'란 저서를 출간하며 만들어낸 개념이다. 문화의 전달에도 유전자 같은 중간 매개물이 필요한데 이 역할을 하는 정보의 형식이 밈이다. 모방을 뜻하는 그리스어 '미메메(mimeme)'를 참고해 만든 용어다.

● 펜트업 효과

억눌렸던 수요가 급속도로 살아나는 현상으로, 보통 외부 영향으로 수요가 억제되었다가 그 요인이 해소되면서 발생한다. 특히 2020년 코로나19 확산으로 사회적 거리두기가 추진되며 경제활동이 급격히 위축됐다가, 점차 각국이 봉쇄조치를 해제하고 확진자 발생 상황이 조금씩 나아짐에 따라 펜트업 효과가 일어날 것이라는 예측이 일었다. 실제로 한국은행은 2020년 초 민간소비 등이 코로나19에 따라 위축됐으나 확산이 진정된 이후에는 빠른 회복세로 돌아설 것이라며 펜트업 효과를 전망한 바 있다.

● 오징어 게임

황동혁 감독이 제작한 넷플릭스 오리지널 한국 드라마로, 2021년 9월 17일에 공개되었다. 456명의 사람들이 456억의 상금이 걸린 미스터리한 데스 게임에 초대되면서 벌어지는 이야기를 그린 서바이벌, 데스 게임 장르의 드라마이며 제목은 골목 놀이인 오징어에서 따 왔다.

● 포모도로 기법

'포모도로' 기법은 시간을 잘게 쪼개 효율적으로 쓰는 방법 중 하나로, 여기서 '포모도로'는 '토마토'를 뜻하는 이탈리아어이다. 이는 1980년대 후반 프란체스코 시릴로(Francesco Cirillo)가 제안한 것으로, 토마토 모양의 요리용 타이머를 이용해 이 기법을 실행한 데서 유래됐다. 포모도로 기법은 25분간 집중해서 일이나 공부를 한 뒤 5분간 휴식하는 방식을 4번 반복하는 사이클로 이뤄져 있다. 즉, 업무 시간 전체를 25분 작업과 5분 휴식으로 나누는 방식으로, 25분씩 연속 4번의 작업을 마치면 15~20분 정도의 보다 긴 휴식 시간을 갖게 된다.

● 킹 달러(King Dollar)

달러의 강세 현상을 이르는 말로, 특히 2022년 들어 미 연방준비제도(Fed·연준)의 가파른 정책금리 인상과 글로벌 경기침체 위협으로 인한 달러 가치의 급등을 가리키는 말로 자주 사용되고 있다. 이러한 달러 가치 급등은 2022년 글로벌 인플레이션 국면에서 미국 Fed가 금리 인상을 지속적으로 단행하면서, 세계의 자금이 대표적인 안전자산인 달러로 몰려들고 있기 때문이다. 실제로 2022년 달러 가치는 20년 만에 최고로 뛰었는데, 이러한 달러 강세를 가리켜 기축통화를 넘어 '슈퍼 달러', '강 달러', '킹 달러'의 시대가 도래했다는 일각의 평가까지 나오고 있다.

● 빈지워치

폭음, 폭식이라는 뜻의 '빈지(binge)'와 본다는 뜻의 '워치(watch)'를 합쳐 만든 신조어로 휴일이나 주말, 방학 등 단기간에 TV 프로그램을 몰아서 보는 행위를 가리킨다. 이는 콘텐츠 생산과 공급, 유통 방식 등의 변화에 따른 것으로, '빈지 뷰잉(Binge viewing)'이라고도 한다.

● 어스아워(Earth Hour)

세계자연기금이 주최하는 환경운동 캠페인으로, 2007년 제1회 행사가 호주 시드니에서 시작된 이래 매년 3월 마지막 주 토요일에 실시되고 있다. 해당 일에 1시간 전등을 소등함으로써 기후변화의 의미를 되새기는 상징적 자연보전 캠페인으로, 전 세계 유명 랜드마크가 참여하는 것으로도 널리 알려져 있다.

● 그리드플레이션

탐욕(greed)과 물가 상승(inflation)의 합성어로, 대기업들이 탐욕으로 상품·서비스 가격을 과도하게 올려 물가 상승을 가중시킨다는 의미이다. 2022년 미국의 물가가 40여 년 만에 최악의 수준으로 치솟자 집권 여당인 민주당 일각에서 대기업의 탐욕이 인플레이션에 큰 영향을 미쳤다고 지적하며 해당 용어가 거론되고 있다.

● 국민제안

윤석열 정부가 개설한 대국민 온라인 소통창구로, 문재인 정부가 운영해온 청와대 국민청원을 폐지하고 신설한 것이다. 이는 대통령실 홈페이지를 통해 접속할 수 있으며, 2022년 6월 23일 오후 2시부터 서비스가 시작됐다.

● 인앱결제

애플리케이션 유료 콘텐츠를 결제할 때 앱마켓 운영업체가 자체적으로 개발한 시스템을 활용해 결제하는 방식을 일컫는다. 구글, 애플 등의 업체는 인앱 결제를 통해 결제 과정에서 수수료로 최대 30%를 가져가고 있다. 구글은 게임 앱에서만 인앱 결제를 강제하고 서비스나 콘텐츠에 대해서는 제공자가 구글 결제 시스템을 적용할지 선택하도록 해 왔다. 그러나 구글은 2021년부터 구글플레이에서 유통되는 음원, 동영상, 전자책 등 모든 디지털 콘텐츠 앱에 구글의 인앱 결제 방식을 의무화한다고 2020년 9월 29일 발표했다. 이에 따라 새로 등록되는 앱은 2021년 1월 20일, 기존에 등록된 앱은 2021년 10월 1일부터 수수료를 지급하게 됐다.

● 전고체 배터리

배터리 양극과 음극 사이의 전해질이 고체로 된 2차전지로, 에너지 밀도가 높으며 대용량 구현이 가능하다. 또 전해질이 불연성 고체이기 때문에 발화 가능성이 낮아 리튬이온 배터리를 대체할 차세대 배터리로 꼽힌다. 현재 가장 많이 사용되는 2차전지인 리튬이온 배터리의 경우 액체 전해질로 에너지 효율이 좋지만, 수명이 상대적으로 짧고 전해질이 가연성 액체여서 고열에 폭발할 위험이 높다. 반면 전고체 배터리는 전해질이 고체이기 때문에 충격에 의한 누액 위험이 없고, 인화성 물질이 포함되지 않아 발화 가능성이 낮아 상대적으로 안전하다. 또 액체 전해질보다 에너지 밀도가 높으며 충전 시간도 리튬이온 배터리보다 짧다. 여기다 대용량이 구현이 가능해 완전 충전할 경우 전기차의 최대 주행거리를 800km로 늘릴 수 있다.

● 비트코인 도미넌스

전 세계 가상자산 가운데 비트코인 시가총액이 차지하는 비율을 이르는 말로, 비트코인 등장 이후 새로운 알트코인들이 연이어 등장하면서 하락하기 시작했다. 즉, 비트코인의 대체재가 되는 알트코인에 대한 투자가 늘면서 비트코인의 거래 비율이 자연스레 줄어든 것이다.

---

*비트코인 & 알트코인

비트코인은 정부나 중앙은행, 금융회사의 개입 없이 온라인상에서 개인과 개인이 직접 돈을 주고받을 수 있도록 암호화된 가상자산으로, 2009년 개발되었다. 이는 컴퓨터 프로그램으로 수학문제를 풀어 직접 채굴하거나, 채굴된 비트코인을 거래하는 시장에서 구입할 수 있다. 그리고 알트코인(Altcoin)은 비트코인을 제외한 모든 가상화폐를 일컫는 용어로 이더리움, 리플, 라이트코인 등이 이에 속한다.

● UNCTAD

선진국과 후진국 사이의 무역 불균형을 시정하고 남북문제를 해결하기 위해 설치된 국제연합(UN) 직속 기구의 하나이다. 2022년 6월 기준 UNCTAD는 설립 헌장에 따라 공식적으로 그룹 A(아시아, 아프리카), B(선진국), C(남미), D(러시아, 동구)로 분류하고 있다. 한국은 그간 그룹 A에 포함되어 있었으나, 제68차 유엔무역개별회의 무역개발이사회 폐막 세션에서 선진국 그룹(그룹 B)로 지위를 변경하는 안건이 만장일치로 가결되면서 세계 최초로 개도국에서 선진국으로의 지위 인정을 받게 됐다.

● 레드라인

대북 정책에서 포용 정책을 봉쇄 정책으로 바꾸는 기준선을 말한다. 제네바 합의를 위반하는 핵 개발 혐의가 있을 경우, 남한에 대한 대규모 무력 도발을 반복적으로 실시할 경우 등을 포함하여 북한의 행동에 대한 리스트를 마련하였다.

● 도심항공교통(UAM)

도심에서 30~50km의 거리를 플라잉카, 항공택시라고 부르는 전동 수직 이착륙기(eVTOL)로 이동하는 도심 교통 시스템으로, 기체를 비롯해 운항·서비스 등을 총칭하는 개념이다. '도심항공모빌리티'라고도 부르는 UAM은 지상과 지하 교통이 한계에 다다르자 이를 극복하기 위해 추진되고 있으며 지상에서 450m 정도의 저고도 공중을 활용한다.

● 칩4(Chip4)

배미국 주도로 한국, 일본, 대만 4개국이 중국을 배제하고 안정적인 반도체 생산·공급망 형성을 목표로 추진 중인 동맹이다. 미국은 팹리스, 대만과 한국은 파운드리 분야에서 시장을 주도하고 있으며 일본은 소재 분야에서 큰 비중을 차지하고 있다.

● 오픈씨(OpenSea)

오픈씨는 현재 세계 최대의 종합 NFT(대체 불가능한 토큰) 거래 플랫폼으로 사용자는 플랫폼에서 NFT를 발행·전시·거래 및 경매할 수 있다. 오픈씨에서는 모든 유형의 NFT를 사고 팔 수 있다. 사람들은 오픈시 플랫폼에서 예술을 사고 팔 수 있을 뿐만 아니라 오픈마켓에서 그들의 개인 창작물이 어떻게 사고 팔리는지를 볼 수 있다. 오픈씨은 글로벌 플랫폼이라 전 세계의 투자자(아트 컬렉터)들이 모여 있기 때문에 NFT 거래에 입문하는 판매자들에게 추천하는 플랫폼이다. '열린 바다'라는 이름처럼 누구나 제한 없이 NFT를 발행 및 거래할 수 있어서 NFT 계의 이베이로 불리기도 한다.

> *NFT
> '대체 불가능한 토큰(Non-Fungible Token)'이라는 뜻으로, 희소성을 갖는 디지털 자산을 대표하는 토큰을 말한다. NFT는 블록체인 기술을 활용하지만, 기존의 가상자산과 달리 디지털 자산에 별도의 고유한 인식 값을 부여하고 있어 상호교환이 불가능하다는 특징이 있다.

● 멀티모달 인터페이스(Multi-Modal Interface)

사용자 인터페이스들인 키보드와 마우스 이외에 음성 인식, 제스처 인식, 디바이스 펜, 행동 인식, 터치 인식 등 기타 생체 인식을 활용해 특별한 장치 없이 유비쿼터스 컴퓨팅 환경을 구축하여 사용자 중심의 업무 효율을 높이는 기술이다. 인간과 컴퓨터의 접점이 인터페이스이지만, 이것은 매체가 아니라 대화 양식(modality)으로서, 복잡한 정보를 여러 가지 대화 양식의 조합으로 표현함으로써 보다 컴퓨터와 자연스럽게 접하는 것을 목적으로 하는 것이다. 가상 현실도 이것의 하나이다.

● 디깅소비(Digging Consumption)

'파다'를 뜻하는 영어단어 'dig'에서 파생한 것으로, 디깅을 소비패턴에 접목시켜 소비자가 선호하는 특정 품목이나 영역에 파고드는 행위가 소비로 이어지면서 그들의 취향을 잘 반영한 제품들에 나타나는 특별 수요 현상을 설명한 신조어이다. 특히 디깅소비는 MZ세대에서 두각을 나타내는 소비 트렌드인데, 이들 세대는 자신들이 가치가 있다고 생각하는 부분에는 비용 지불을 망설이지 않는 소비 성향을 지니고 있다. 대표적인 예로 신발 수집을 취미로 하는 일부 마니아들이 한정판 운동화 추첨에 당첨되기 위해 시간과 비용에도 불구하고 줄을 서서 기다리는 현상을 들 수 있다.

● 하이퍼튜브(Hyper Tube)

공기의 저항이 거의 없는 아진공(0.001~0.01기압) 튜브 내에서 자기력으로 차량을 추진·부상해 시속 1000km 이상으로 주행하는 교통 시스템이다. 항공기의 속도로 달리면서 열차처럼 도심 접근성을 충족시킬 수 있어 차세대 운송 시스템으로 주목받고 있다. 하이퍼튜브를 실현하기 위해서는 아진공 튜브(아진공 환경 제공, 주행통로가 되는 인프라), 추진·부상 궤도(자기력으로 차량을 추진·부상하는 궤도), 차량(아진공으로부터 객실의 기밀을 유지하며 주행) 등 3가지 구성 요소가 필요하다.

● 미퍼머족(Meformer族)

미포머족은 나(Me)라는 단어와 알리다(informer)가 합쳐진 말로, 개인의 블로그나 인스타그램, 트위터 등 각종 SNS 등을 통해 '나(me)'를 '알리는(inform)'는 데 적극적인 사람들을 뜻한다. 이는 미국 러트거스대 연구진이 트위터 유저 350명을 대상으로 조사한 결과를 발표하면서 내놓은 용어로, 당시 연구진들은 이용자의 80%가량이 '미포머'에 해당되었다고 밝힌 바 있다. 미포머족들은 해당 SNS를 이용해 자신의 생각이나 느낌, 개인적인 감정, 사생활 등 지극히 개인적인 게시물을 올리고 타인과 공유한다.

● CPTPP

기존에 미국과 일본이 주도하던 환태평양경제동반자협정(TPP)에서 미국이 빠지면서 일본 등 아시아·태평양 11개국이 새롭게 추진한 경제동맹체로, 2018년 12월 30일 발효됐다. 11개 참여국 중 6개국 이상이 비준 절차를 완료하면 60일 후 발효되는데, 멕시코를 시작으로 일본, 싱가포르, 뉴질랜드, 캐나다에 이어 호주가 2018년 10월 31일 자국 내 승인 절차를 완료하면서 그해 12월 30일 발효됐다.

정치 · 외교 · 법률

정치 · 외교 · 법률

① 국제기구 · 정치 · 외교

국제 경제 기구

● WTO

World Trade Organization. 세계무역기구. 세계 무역의 장벽을 감소시키거나 없애기 위해 등장한 것으로, GATT ; General Agreement on Tariffs and Trade(1947년 시작된 관세 및 무역에 관한 일반 협정)의 대체 기구(UN 독립기구)이다.

● WTO의 주요기능

① 다자간 무역협정을 관리 및 이행
② 다자간 무역협상을 주도
③ 회원국 간 발생할 수 있는 무역분쟁을 해결
④ 회원국의 무역정책 변화를 감독

● WEF

World Economic Forum. 세계경제포럼. 스위스 다보스에서 매년 초 총회가 열리기 때문에 다보스 포럼으로 더 잘 알려져 있다. 세계의 저명한 기업인, 경제학자, 저널리스트, 정치인 등이 모여 세계경제에 대해 토론하고 연구하는 국제민간회의로 세계경제포럼 산하 국제경영개발원(IMD)이 발표하는 '국가경쟁력보고서' 등을 통해 세계의 경제정책 및 투자환경에 큰 영향을 미치기도 한다.

● FTA

Free Trade Agreement. 자유무역협정. 국가 간 상품의 자유로운 이동을 위해 상호 간 수출입 관세와 시장점유율 제한 등의 무역 장벽을 제거하기로 약정한 것으로, 특정 국가 간의 상호 무역 증진을 위해 서비스나 물자의 이동을 자유화시키는 협정이다.

국제 경제 기구의 의의

세계경제의 안정적인 성장을 도모하기 위하여 다수의 국가를 대상으로 경제정책과 제도를 제정, 제약 또는 지원하는 장치를 말한다. 이는 정치적 또는 경제적으로 목표와 수준이 서로 다른 다수의 국가들에 의해서 공동으로 운영된다.

UR

Uruguay Round. 관세 및 무역에 관한 일반 협정(GATT)의 제8차 다자간 무역협상. 1986년 9월 우루과이에서 첫 회합이 열린 이래 여러 차례의 협상을 거쳐 1993년 12월에 타결되었고, 1995년부터 발효되었다. 그 결실로 세계무역기구(WTO)가 출범하였다.

CEPA

Comprehensive Economic Partnership Agreement. 포괄적 경제동반자 협정. 상품 · 서비스 교역, 무역 원활화 조치, 투자교류 촉진, 경제협력 증진 등 포괄적인 내용을 담고 있다. 주로 상품과 서비스의 자유로운 교역을 핵심으로 하는 자유무역협정(FTA)에 비해 좀 더 광의의 성격이지만 표현만 다를 뿐 교역자유화의 추진이 들어가는 점에서 본질적인 측면으로는 동일하다.

우리나라의 FTA(2021년 기준)

- **발효된 FTA** : 칠레, 싱가포르, EFTA(4개국), ASEAN(10개국), 인도, EU, 페루, 미국, 터키, 캐나다, 호주, 중국, 베트남, 뉴질랜드, 콜롬비아, 중미(5개국), 영국
- **서명된 FTA** : RECP(15개국), 인도네시아CEPA
- **타결된 FTA** : 이스라엘

- **장점** : 자유로운 상품 거래와 문화 교류
- **단점** : 자국의 취약 산업 붕괴 등

● RTA

Regional Trade Agreement. 지역무역협정. 소수 회원국 간에 배타적 무역특혜를 주는 협정으로, GATT와 WTO 체제로 대표되는 다자주의와 대비되는 개념이다. 지역무역협정에는 FTA, 관세동맹, 공동시장, 완전경제통합 형태의 단일시장 등이 있다.

● EU

European Union. 대다수 서유럽 국가들이 공동의 경제 · 사회 · 안보 정책 실행을 위해 창설한 국제기구로, 마스트리히트 조약(1992. 2. 7. 체결, 1993. 11. 1. 발효)에 따라 창설되었다. 현재 가입국 수는 28개국이다.

● Eurozone

유로(Euro)를 국가 통화로 사용하는 국가나 지역을 부르는 말이다.

- **유로화 통용국(19국)** : 오스트리아, 벨기에, 키프로스, 핀란드, 프랑스, 독일, 그리스, 아일랜드, 이탈리아, 룩셈부르크, 몰타, 네덜란드, 포르투갈, 슬로바키아, 슬로베니아, 스페인, 에스토니아, 라트비아, 리투아니아
- **유로화 비통용국(9국)** : 덴마크, 스웨덴, 영국, 불가리아, 체코, 헝가리, 크로아티아, 폴란드, 루마니아

● NAFTA

North America Free Trade Agreement. 미국 · 캐나다 · 멕시코 3국이 관세와 무역 장벽을 폐지하고 자유무역권을 형성한 협정이다. 1992년 12월 3국 정부가 조인하여 1994년 1월부터 발효되었다.

● ASEAN

Association of South-East Asian Nations. 동남아시아국가연합. 동남아시아 지역의 경제적 · 사회적 기반 확립을 목적으로 1967년 설립된 지역협력기구로, 사무국은 인도네시아의 자카르타에 있다.

NAFTA의 특성

미국의 자본, 캐나다의 자원, 멕시코의 노동력 등 각국의 강점이 서로 융합된 가장 이상적인 형태. 회원국이 역내의 단일 관세 및 수출입제도를 공동으로 적용하지 고 자국의 고유관세 및 수출입제도를 그대로 유지하면서 무역 장벽을 완화하거나 철폐하는 방식을 채택하였다.

EU 가입국

독일, 프랑스, 영국, 아일랜드, 벨기에, 네덜란드, 룩셈부르크, 덴마크, 스웨덴, 핀란드, 오스트리아, 이탈리아, 스페인, 포르투갈, 그리스, 체코, 헝가리, 폴란드, 슬로바키아, 리투아니아, 라트비아, 에스토니아, 슬로베니아, 키프로스, 몰타, 불가리아, 루마니아, 크로아티아

확인문제

1. 다음 중 신흥경제국을 이르는 말은?
① NAFTA   ② EU
③ BRICS   ④ MERCOSUR

해 ①, ②, ④는 자유무역이라는 공통점을 갖는 반면 ③은 이머징 마켓을 의미한다.

MERCOSUR

영문 정식명칭은 Southern Common Market이다. 브라질 · 아르헨티나 · 우루과이 · 파라과이 4개국에 의해 1995년에 발족한 남미공동시장이다. 2012년에 베네수엘라의 가입으로 가입국 수는 5개국이었지만 민주주의를 훼손했다는 이유로 2017년 베네수엘라의 회원자격이 정지되었다.

아세안 10개국

말레이시아 · 인도네시아 · 태국 · 싱가포르 · 브루나이 · 캄보디아 · 라오스 · 미얀마 · 베트남 · 필리핀

아세안 기타 3개국

한국, 중국, 일본

답 1. ③

CAFTA

China-ASEAN Free Trade Agreement. 중국 – 아세안 자유무역협정. 중국과 아세안, 즉 동남아시아국가연합 10개국 사이에 체결된 자유무역협정(FTA)을 말한다. 2002년 11월 자유무역협정을 체결하기 위한 기본 협정에 서명하였고, 2010년 1월 전면 발효되었다. 세계 인구의 3분의 1에 해당하는 중국 – 아세안 10개국의 인구가 하나의 경제권으로 연결됨으로써 북미자유무역지대(NAFTA)와 유럽연합(EU)을 잇는 또 하나의 거대 경제권이 탄생한 것이다. 또한 아세안 지역의 시장을 선점하기 위한 한국·중국·일본 3개국 사이의 경쟁이라는 측면에서 볼 때 중국이 아세안과 통합시장을 만듦으로써 그 주도권을 선점하게 되었다는 의미도 갖는다.

IBRD(국제부흥개발은행)

International Bank for Reconstruction and Development. 세계은행(World Bank)이라고도 한다. 1944년 브레턴우즈협정(Bretton Woods Agreement)에 따라 국제연합의 전문기관으로서 제2차 세계대전 후 각국의 전쟁피해 복구와 개발을 위해 1946년에 설립되었다. 주요 목적은 ① 가맹국의 정부 또는 기업에 융자하여 경제·사회 발전에 기여하고 ② 국제무역의 확대와 국제수지의 균형을 도모하며 ③ 저개발국(개발도상국)에 대한 기술원조를 제공하는 것이다.

ADB(아시아개발은행)

아시아·태평양 지역의 경제성장 및 경제협력 촉진과 역내 개도국의 경제개발 지원을 목적으로 1966년 8월 한국과 일본, 필리핀 등 31개국이 참여해 설립됐다. 우리나라는 설립 당시부터 가입했으며 이후 회원국이 꾸준히 증가해 2018에는 역내 48개국과 미국, 독일을 포함한 역외 19개국 등 총 67개국으로 늘어났다.

BRICS

급속한 경제성장을 거듭하고 있는 브라질·러시아·인도·중국·남아프리카공화국의 신흥경제 5개국을 일컫는 말이다. 처음에는 'BRICs'로 골드만 삭스가 브라질·러시아·인도·중국의 4개국을 지칭하였으나 2010년 남아프리카공화국이 포함되면서 BRICS로 그 의미가 확대되었다.

확인문제 [삼성 SSAT]

2. 금융시장 중에서도 자본시장 부문에서 급성장하고 있는 국가들을 일컫는 표현은?
① 이머징 마켓　　② 블루 오션
③ 니치마켓　　　④ 캐피털 마켓

확인문제 [삼성 SSAT]

3. 브릭스와 메르코수르(MERCOSUR)에 공통적으로 해당하는 국가는?
① 중국　　　　② 러시아
③ 브라질　　　④ 인도

Emerging Market

금융시장, 그 가운데서도 특히 자본시장 부문에서 급성장하고 있는 국가들의 신흥시장을 가리킨다. 보통 개발도상국 가운데 상대적으로 경제성장률이 높고, 산업화가 빠른 속도로 진행되고 있는 국가의 시장을 말한다.

확인문제

4. 다음 중 이머징 마켓에 해당하지 않는 하나는?
① Chindia　　　② VISTA
③ APEC　　　　④ Next 11

🔳 VISTA : 베트남, 인도네시아, 남아프리카공화국, 터키, 아르헨티나 5개국의 머리글자를 딴 용어이다.
Next 11 : 방글라데시, 이집트, 인도네시아, 이란, 한국, 멕시코, 나이지리아, 파키스탄, 필리핀, 터키, 베트남 등 11개국의 신흥국가를 말한다.

RCEP

Regional Comprehensive Economic Partnership. 역내 포괄적 경제동반자협정. 아세안 10개국과 한중일, 호주, 뉴질랜드, 인도 등 16개국의 역내 무역자유화를 위한 다자간 자유무역협정(FTA)으로 '아르셈'이라고도 한다. 역내 국가들의 제반 경제 상황을 고려해 점진적이고 단계적인 개방을 기본 개념으로 설정하고 있으며 2019년 11월 4일 인도를 제외한 15개국 정상이 최종타결을 선언했다.

🔴 답 2. ① 3. ③ 4. ③

● EEF

Eastern Economic Forum. 동방경제포럼. 2015년부터 매년 9월 러시아 블라디보스토크에서 열리는 국제회의로, 러시아가 극동 지역 개발 투자 유치를 목적으로 아시아 지역 국가와 협력하기 위해 마련했으며 경제개발 협력이 목적이나 외교, 안보 현안을 논의하기도 한다. 블라디미르 푸틴 러시아 대통령의 주도로 추진되었다.

● MINTs

멕시코 · 인도네시아 · 나이지리아 · 터키의 4개국 국가명의 첫 글자를 조합한 신조어로 피델리티가 처음 만들었으며, 짐 오닐이 2014년에 세계경제의 차세대 주자로 'MINTs'가 부상할 것이라고 전망하였다. 이 국가들의 공통된 장점은 인구가 많으면서도 젊은 층의 비중이 높아 고령화에 따른 잠재 성장률 하락을 걱정할 필요가 없고, 모두 산유국이라서 자원도 풍부하며 교역의 관문으로 지리적 이점도 가지고 있다는 것이다.

● G7

Group of 7(World Economic Conference of the 7 Western Industrial Countries). 세계 무역을 지배하고 있는 미국, 영국, 프랑스, 독일, 이탈리아, 캐나다, 일본 등 7개 국가를 말한다. 세계정세에 대한 기본인식을 같이하고, 선진공업국 간의 경제정책조정을 논의하며, 자유세계 선진공업국들의 협력과 단결의 강화를 추진한다. 2019년 G7 정상회의는 프랑스 비아리츠에서 열렸다.

● G20

Group of 20(G20 major economies, Group of Twenty Finance Ministers and Central Bank Governors). 산업화된 국가들의 모임으로, 회원국은 19개 경제 대국(대한민국, 일본, 중국, 인도, 인도네시아, 사우디아라비아, 프랑스, 독일, 이탈리아, 영국, 캐나다, 멕시코, 미국, 브라질, 아르헨티나, 러시아, 터키, 남아프리카 공화국, 오스트레일리아)과 유럽 연합(EU)이다.

GCC

Gulf Cooperation Council. 페르시아만안협력회의. 1981년 5월에 페르시아 만안의 6개 아랍산유국이 역내(域內) 협력을 강화하기 위해 결성한 지역협력기구이다. 2008년 1월 1일에는 공동시장을 출범시켰다.

보호무역

국가가 관세 또는 수입할당제 및 그 밖의 수단으로 외국의 무역에 간섭하여 외국과의 경쟁에서 국내산업을 보호할 목적으로 하는 무역정책. 국가권력을 배제하여 자유로운 외국무역을 하는 '자유무역'과 반대되는 입장이다.

G2

세계의 정치 · 경제 대국인 미국과 중국 두 나라를 일컫는다.

G5

미국, 일본, 독일, 영국, 프랑스

G8

G7 + 러시아(재무장관)

● APEC

Asia-Pacific Economic Cooperation. 아시아 - 태평양경제협력체. 대한민국, 일본, 태국, 말레이시아, 인도네시아, 싱가포르, 필리핀, 브루나이, 중국, 대만, 홍콩, 러시아, 베트남(이상 아시아 13개국), 캐나다, 미국, 멕시코, 칠레, 페루(이상 미주 5개국), 호주, 뉴질랜드, 파푸아뉴기니(이상 오세아니아 3개국) 등 21개국이 참여하고 있다.

● ASEM

Asia Europe Meeting. 세계 경제의 큰 축인 아시아-북미-유럽연합 간의 균형적 경제발전 모색을 위해 창설된 지역 간 회의체이다.

● OECD

Organization for Economic Cooperation and Development. 경제협력개발기구. 경제발전과 세계무역 촉진을 위하여 발족된 국제기구이다.

- **설립목적** : 경제, 사회 부문별 공통 문제에 대한 최선의 정책 방향을 모색하고 상호의 정책을 조정함으로써 공동의 안정과 번영을 도모하는 것이 목적이다.
- **특징**
  ① 최고 의결기관으로 회원국 대표들로 구성되는 이사회가 전원합의제로 운영된다.
  ② 이사회의 특수 정책사업을 운영하기 위한 보좌기구로서 별도 위원회와 자문기구들이 설치되어 있다.
- **본부** : 프랑스 파리
- **회원국 수** : 37개국
- **한국** : 한국은 1996년 12월에 29번째 회원국으로 가입했다.

● OPEC

Organization of Petroleum Exporting Countries. 석유수출국기구. 국제석유자본(석유메이저)에 대한 발언권을 강화하기 위하여 결성된 조직이다. 회원국들은 국제석유가격 조정 및 회원국 간의 협력을 도모하며 2019년 현재 중동 5개국(사우디아라비아, 쿠웨이트, 아랍에미리트, 이란, 이라크), 아프리카 7개국(나이지리아, 리비아, 알제리, 가봉, 콩고, 적도기니, 앙골라), 에콰도르 등의 산유국이 소속되어있다.

몰타선언

1989년 12월 미국의 부시와 소련의 고르바초프가 지중해의 몰타섬에서 공동으로 발표한 냉전종식 선언. 이때부터 탈냉전에 의한 새로운 국제 질서가 시작되었다.

D8그룹

말레이시아, 이집트, 이란, 방글라데시, 파키스탄, 나이지리아 등 이슬람(회교)권 8개 개도국이 발족시킨 경제무역협력기구.

확인문제

7. 다음 중 설명이 잘못된 것은?
  ① 세계 냉전의 종식을 이끈 선언은 몰타선언이다.
  ② 구소련의 해체를 가져오게 된 것은 1991년 카자흐스탄의 알마아타에서 열린 정상회담으로 구소련이 해체되고 CIS(독립국가연합)가 출범했다.
  ③ OECD는 주요 34개국의 경제개발과 문화교류의 촉진을 위해 발족한 UN 산하 기구이다.
  ④ ASEM은 아시아-북미-유럽연합 간의 균형적 경제발전 모색을 위해 창설된 지역 간 회의체라고 할 수 있다.

  [해설] ③ OECD는 경제개발을 위한 협력기구로 문화교류 촉진은 설립취지와 직접적인 관계가 없다.

유엔총회 의결

표결은 중요안건에 대해서는 출석투표국 2/3의 다수결로, 그 밖의 일반안건은 출석투표국 과반수로 의결한다.

답 7. ③

국제 평화 기구와 단체

● UN

United Nations. 국제연합. 유엔가입 절차는 사무총장 → 안전보장이사회 → 총회 순으로 심의된다. 사무총장은 신청서를 접하면 안보리에 회부하고 안보리 의장은 이를 15개 이사국과 협의하여 의제 채택 여부를 결정하는데 9표 이상이 찬성하면 의제가 채택된다(안전보장이사회는 미국, 영국, 프랑스, 러시아, 중국 등의 5개 상임이사국과 10개의 비상임이사국으로 구성된다).

● WFP

World Food Programme. 유엔세계식량계획. 전 세계 기아 퇴치를 위해 세워진 국제연합(UN) 산하의 식량 원조 기구로 1960년 국제연합식량농업기구(FAO)가 주도해 출범했다. 주요 활동은 굶주리는 사람들에게 식량을 원조하고 재해나 분쟁이 발생한 지역에 구호 작업을 벌이는 일이다. 또 기아 발생을 예방하기 위한 다양한 활동도 병행하며 필요한 자금은 세계 각 나라에서 걷은 기부금과 성금을 통해 마련한다.

● UNICEF

United Nations Children's Fund. 국제연합아동기금. 전쟁 등의 이유로 굶주리는 어린이를 돕기 위해 활동하는 유엔기구이다.

● NGO

정부와 관련 없는 민간 국제단체. 'Non-Governmental Organization'(비정부기구)의 약칭으로 NPO(Non-Profit Organization)와 같은 의미로 사용한다.

● 국경없는 의사회

1968년 나이지리아 비아프라 내전에 파견된 프랑스 적십자사의 대외 구호 활동에 참가한 청년 의사와 언론인들이 1971년 파리에서 결성한 긴급 의료단체이다. 전쟁 · 기아 · 질병 · 자연재해 등으로 인해 의사의 구조를 필요로 하는 상황이 발생하면 세계 어느 지역이든 주민들의 구호에 임한다.

확인문제 [동아일보]

8. UN 안전보장이사회의 이사국은?
① 12개국　　② 15개국
③ 5개국　　④ 9개국

UNCTAD

UN Conference on Trade and Development. 유엔무역개발회의.

UNHCR 국제연합난민고등판무관

1951년 난민보호를 위해 국제연합총회의 결의로 만들어진 유엔의 보조기구로, 난민들이 새로운 체제국의 국적을 획득할 때까지 이들의 정치적 · 법적 보호를 책임진다. 1954년과 1981년에 노벨평화상을 받았으며, 본부는 스위스 제네바에 있다.

확인문제 [한국전력공사]

9. 1961년 영국의 변호사 베네슨이 정치적, 종교적 확신으로 투옥된 양심범들을 위해서 만든 단체는?
① Amnesty International
② International Democratic Union
③ International court of Justice
④ International Labour Organi-zation

확인문제 [MBC, 동아일보, 일동제약]

10. 그린피스(Greenpeace)란?
① 반핵정당
② 비핵보유국단체
③ 국제환경보호단체
④ 국제테러단체

세계자연보호기금

WWF(World Wide Fund for Nature). 세계의 야생동물 및 원시적 환경을 보호하는 국제 환경단체로 1961년에 설립되었다.

답　8. ②　9. ①　10. ③

● 국제사면위원회

Amnesty International. 인권침해, 특히 언론과 종교의 자유에 대한 탄압과 반체제 인사들에 대한 투옥 및 고문행위를 세계 여론에 고발하고, 정치범의 석방과 필요한 경우 그 가족들의 구제를 위해 노력하는 국제기구이다.

● 국제사법재판소

International Court of Justice. 국가 간의 분쟁을 법적으로 해결하는 국제연합기관이다. 국제연합 총회 및 안전보장이사회에서 선출된 15명의 재판관으로 구성되며, 원칙으로 국제법을 적용하여 심리한다.

● 그린피스

Greenpeace. 멸종 위기에 있는 동물류를 보호하고 환경훼손을 막으며, 환경을 더럽히는 기업이나 정부 당국과 직접 맞섬으로써 환경에 대한 경각심을 높이는 데 힘쓰는 국제환경보호단체이다.

국제 정치 · 외교

● 쇼비니즘

Chauvinism. 자국의 이익을 위해서는 수단과 방법을 가리지 않으며 국제 정의조차도 부정하는 배타적 애국주의이다.

● 징고이즘

Jingoism. 어느 집단사회에서 발생하는 타 집단에 대한 심리상태를 표현하는 용어로, 맹목적으로 나타나는 경우를 말한다.

● 교조주의

Dogmatism. 어떤 개념, 학설은 영원불변하다고 주장하며 구체적 조건과 변화된 상황 및 새로운 인식과 실천적 경험을 고려하지 않는 비역사적이고 추상적인 사고방식을 말한다. 특정한 사고나 사상을 절대적인 것으로 받아들여 현실을 무시하고 이를 기계적으로 적용하려는 태도이다.

● 란츠게마인데

Landsgemeinde. 직접 민주주의의 한 형태로, 세계에서 국민 투표제가 가장 발달한 스위스의 몇몇 주에서 1년에 한 번씩 성인 남녀가 광장에 모여 주(州)의 중요한 일들을 직접 결정하는 것이다.

● 발롱데세

의식적으로 조작한 정보나 의견으로, 기상상태를 관측하기 위하여 띄우는 시험기구(Trial balloon), 관측기구에서 유래된 말이다. 직접 상대방을 겨냥하지 않으면서도 상대방의 의견을 살펴보기 위한 것으로, '떠보기 위해 흘러 보내는 정보'라는 의미가 있다.

● 애드호크라시

Adhocracy. 앨빈 토플러의 「미래의 충격」에서 나오는 말로 유기적, 기능적, 임시적 조직이라는 뜻이다. 전통적 계층구조(Hierarchy)를 대신할 임시적(Adhoc)이고도 민주적(Democracy)인 조직을 가리키며 종적 조직이 아닌 기능별로 분화된 동태적 조직을 말한다.

● 의정서

원래 외교교섭이나 국제회의의 의사 또는 사실의 보고로서 관계국이 서명한 것이나, 국가 간의 권리·의무를 규정하는 것은 아니다.

● 구상서

외교상 상대국과 행한 토의의 기록으로서, 문제의 제시를 위하여 상대국에 제출하는 문서이다. 전부 3인칭을 사용하며 수취인 서명이 없는 것이 특징이다.

●비준

Ratification. 대표자가 체결한 조약안을 당사국이 최종적으로 확인하는 행위이다. 즉, 서명을 확인하는 절차가 아니라 당해 국가가 그 조약에 동의한다는 뜻으로 조약 체결권자가 당해 국가를 대표하여 조약의 구속력을 최종적으로 확인·동의하는 절차이다.

확인문제 [한국석유공사, 한국전력공사, MBC]

15. 앨빈 토플러가 그의 저서 「미래의 충격」에서 사용한 말로서 계층적 형태를 띠지 않는 동태적 조직을 가리키는 용어는?

① Adhocracy ② Technocracy
③ Ethnocracy ④ Mediacracy

가조인

국제법상의 용어이자 조약 체결의 한 과정이며, 외교교섭에서 약정된 문서에 정식으로 서명하기에 앞서 그 초안에 임시로 서명하는 일이다. 조약을 체결하기 한 교섭에서 조약의 내용에 합의했을 경우 당사국의 의회 또는 주권자의 비준(批准)을 받기 전 조약체결 합의내용을 입증하기 위한 절차이다.

롤백정책

Roll back. 방어 자세에서 벗어나 적극적인 공세로 상대를 돌려 치는 정책이다.

비자(VISA)

입국사증. 국가가 외국인에게 입국을 허가하는 증명서

VWP

Visa Waiver Program. 미국 정부가 지정한 국가의 국민이 최대 90일간 비자없이 미국을 방문할 수 있도록 허용한 제도로, 관광 및 상업 목적에 한한다. 비자는 사용 횟수에 따라 단수비자와 복수비자로 나뉘고, 체류기간에 따라 영주비자와 임시비자로 나뉜다.

전방위외교

Omnidirectional Diplomacy. 이념에 관계없이 모든 나라와 외교관계를 수립하는 외교정책을 말한다.

답 15. ①

● 베세토 벨트(BESETO belt)

1993년 10월 도쿄에서 열린 세계수도시장회의에서 이원종 당시 서울시장이 제안한 것으로, 한·중·일 3국의 수도를 하나의 경제단위로 묶는 초국경 경제권역을 말한다. 베세토는 중국의 베이징(Beijing), 한국의 서울(Seoul), 일본의 도쿄(Tokyo), 즉 3국 수도의 영문 앞음절을 딴 합성어이다. 초기에는 문화, 예술 분야에 초점을 맞췄으나 2000년 이후 경제분야로 확대되었다.

● 조약

Treaty. 가장 격식을 따지는 정식의 문서로서 주로 당사국간의 정치적, 외교적 기본관계나 지위에 관한 포괄적인 합의를 기록하는 데 사용된다. 체결주체는 주로 국가로 평화, 동맹, 중립, 우호, 방위, 영토조약 등이 있으며 대개 국회의 비준을 필요로 한다.

● 조치

외교적 용어로 상대국의 행동 때문에 문제가 발생하거나 그에 대한 설명이 필요한 경우 상대방 외교관을 외교 당국 사무실로 부르는 것을 의미한다. 이는 사실상 강한 항의의 표시가 담긴 것으로 받아들여진다.

● 협정

Agreement. 전문적, 기술적인 주제를 다루는데, 조정하기가 어렵지 않은 사안에 대한 합의에 주로 사용되며 정부 간에 체결되는 경우가 많다. 가장 대표적인 예는 양자 간에 체결하는 자유무역에 관한 협정인 FTA(자유무역협정)가 있다. 주로 부유한 사람들이 일반인과의 차별성을 추구하는 과정에서 나타나며, 이를 이용해 독보적이고 싶은 소비자의 욕구를 자극하는 마케팅에 활용된다.

● 군사정보보호협정

GSOMIA, General Security of Military Information Agreement. 국가 간에 군사 기밀을 공유할 수 있도록 맺는 협정이다. 국가 간 정보 제공 방법, 정보의 보호와 이용 방법은 물론 제공 경로와 제공된 정보의 용도, 보호의무와 파기 등의 내용을 규정하고 있다. 다만 협정을 체결해도 모든 정보가 상대국에 무제한 제공되는 것은 아니며, 상호주의에 따라 사안별로 검토해 선별적인 정보 교환이 이루어진다. 2019년 8월 22일 우리나라 정부가 일본과의 해당 협정을 국익에 부합되지 않는다는 이유로 종료함으로써 큰 파장을 불러왔다.

● 백색국가

'안전 보장 우호국', '화이트리스트', '화이트 국가'라고도 하며 각국 정부가 안보상 문제가 없다고 판단한 '안보 우방 국가'로, 자국 제품 수출 시 허가 절차 등에서 우대를 해주는 국가를 말한다. 특히 무기 개발 등 안전 보장에 위협이 될 수 있는 전략물자 수출과 관련해 허가신청이 면제되는 국가를 가리킨다. 통상적으로 해외로 수출되는 제품은 안보 문제없이 적절한 관리가 이뤄지고 있는지 개별적으로 심사해야 할 필요가 있는데, 백색국가로 지정될 경우 절차와 수속에서 우대를 받게 된다. 일본 정부가 2019년 8월 2일 우리나라를 수출절차 간소화 혜택을 인정하는 백색국가에서 제외하는 수출무역관리령 개정안을 의결하자, 우리 정부 역시 8월 12일 일본을 우리의 백색국가에서 제외하기로 대응 방침을 밝혔다. 일본의 한국 백색국가 제외 조치는 8월 28일부터 시행됐으며, 우리나라의 일본 백색국가 제외 조치는 9월 18일부터 시행됐다. 이로써 한국의 백색국가는 기존 29개국에서 28개국이 되었다.

● 범인인도협정

범죄자가 입국한 경우 그 범죄자를 인도할 것을 규정하는 국가 간 조약이다. 국제법상 타국에 대한 범인 인도의 의무는 없기 때문에 특별히 조약을 체결해 서로 범인 체포를 돕기로 하는 것인데 2개 당사국 간의 쌍무조약인 것이 보통이다.

● 홍콩 범죄인 인도법 개정안

Hong Kong Extradition Law. 홍콩의 범죄 용의자를 범죄인 인도협정을 체결한 국가에 인도할 수 있도록 하는 법안. 홍콩은 영국, 미국 등 20개 국가와 범죄인 인도협정을 체결한 상태이지만 중국과 대만 등의 국가와는 체결하지 않았다. 홍콩시민들은 이 법안의 개정안에 협정대상국으로 중국이 포함된 것에 대해 중국이 현 체제에 반대한 사람들을 정치범으로 몰아 제거하기 위한 수단으로 악용할 수 있다며 반대하고 있다. 이에 중국은 정치범에 대해서는 인도하지 않겠다고 했지만 입법예고에 반발한

양해각서(MOU ; Memorandum of Understanding)

민간 기업이나 국가 간에 교환하는 합의 문서나 합의 그 자체를 의미한다. 민간 기업과 국가 간에 작성하는 양해각서는 성질이 다르다고 볼 수 있는데 민간 기업에서 작성하는 양해각서는 법적 강제성을 띠지 않기 때문에 협상 내용에 따라 본 계약 내용이 달라질 수 있지만 국가 간에 체결하는 양해각서의 경우 일반적으로 조약과 같은 구속력을 갖는다.

전권위임장

조약을 체결할 때 실제로 그 임무를 맡은 사람이 국가를 대표하여, 조약을 교섭 · 채택 · 확정하는 권한을 가진다는 사실을 조약체결권자가 증명하는 문서이다. 교섭에 들어가기 전에 두 나라 사이의 경우에는 서로 교환하여 유효하고 타당한가를 확인하며, 여러 나라의 경우에는 특별한 위원회에 제출해 공동심사를 받는다. 국가원수, 외무부장관, 외교사절의 경우에는 전권위임장 없이 국가를 대표할 수 있다.

합의각서

MOA ; Memorandum of Agreement. 국가 간에 합의된 내용이나 조약 본문에 사용된 용어의 개념을 명확히 하기 위하여, 당사국 간의 외교교섭 결과 상호 양해되고 합의된 사항을 확인하고 기록하는 문서를 일컫는 말이다.

답 16. ①

시민들은 2018년 6월 100만 명의 반대시위를 시작으로 9월초까지 투쟁을 벌였다. 결국 9월 4일 홍콩정부가 이 개정안을 완전 폐지함으로써 3개월 동안 진행된 홍콩시민들의 반(反)정부, 반 중국 시위는 새로운 전기를 맞게 되었다.

● 외교사절의 종류

- **대사** : 특명전권대사의 약칭. 국가를 대표하여 파견되는 외교사절의 최고 계급으로 각국의 대통령, 총리 등 정상을 외교 업무 목적으로 만나기 위해 파견된다. 국제연합 등의 국제 기관으로도 파견되고 있다.
- **공사** : 대사 다음가는 제2급의 외교사절로 정식명칭은 특명전권공사이다.

● 신임장

특정인을 외교사절로 파견하는 취지와 그 사람의 신분을 상대국에 통고하는 문서로, 파견국의 원수나 외무담당 장관이 접수국에 보낸다.

● 외교특권

Diplomatic Privileges. 외교사절이 주재국에서 누릴 수 있는 특권으로 불가침권(不可侵權)과 치외법권(治外法權)이 해당된다.

● 페르소나 논 그라타

Persona Non Grata. 외교사절로 받아들이기 힘든 인물을 말한다. 외교관계를 맺고 있는 나라가 수교국에서 파견된 특정 외교관의 전력 또는 정상적인 외교활동을 벗어난 행위를 문제 삼아 '비우호적 인물' 또는 '기피인물'로 선언하는 것이다.

● 외교행낭

'파우치(Pouch)'라고도 하며, 한 나라의 본국정부와 재외공관 사이에 문서나 물품을 넣어 운반하는 주머니를 말한다. 이 외교행낭은 통관절차에서 완벽한 특혜를 받아, 가장 신속·정확하게 자국의 해외공관에 전달된다. 즉, 국가의 비밀을 요하는 외교문서의 발송을 원칙으로 하고 있기 때문에, 어떠한 경우에도 상대국이 자의적으로 개봉하거나 유치할 수 없다.

신(新)남방정책

문재인 대통령이 2017년 11월 9일 열린 한-인도네시아 비즈니스포럼의 기조연설에서 공식 천명한 정책으로 사람(people), 평화(peace), 상생번영(prosperity) 공동체 등 이른바 '3p'를 핵심으로 내세워 아세안 국가들과의 협력 수준을 높이고 미국, 중국, 일본, 러시아 등 주변 4강국 수준으로 끌어올린다는 것이 핵심이다.

외교사절 파견절차

아그레망 → 임명 → 신임장 부여 → 파견

아그레망

Agrement. 외교사절을 파견할 때 사전에 상대국의 동의를 얻는 것을 말한다. 사절의 임명 그 자체는 파견국의 권한에 속하나, 외교사절을 받아들이는 접수국은 개인적 이유를 내세워 기피할 수 있다.

영사

접수국에서 자국 및 자국민의 통상·경제상의 이익보호를 임무로 하는 파견국의 공무원이다. 파견국의 정치적 대표라는 성격을 갖지 않는다는 점에서 외교사절과 구분된다.

확인문제 [LG]

17. 국제 관계상 외교사절을 파견하기 전에 상대국의 동의를 구하는 것은?
① 비토
② 신임장
③ 엠바고
④ 아그레망

확인문제 [동아일보, 국가정보원]

18. 페르소나 논 그라타(Persona Non Grata)란?
① 좌파·우파가 공존하는 정치체제
② 남아공화국의 인종차별정책
③ 외교사절로 받아들이기 힘든 기피인물
④ 종합뉴스 사회자

답 17. ④ 18. ③

② 헌법과 대법원

● 기본권의 종류

평등권	모든 국민은 법 앞에서 차별받지 아니한다는 권리. 기회 균등의 원칙
자유권	국민이 일정한 범위에서 권력의 간섭을 받지 않고 자신의 의사에 따라 행동할 수 있는 권리. 신체의 자유, 거주 · 이전의 자유, 직업 선택의 자유, 사생활 비밀 보장, 주거의 자유, 통신의 자유, 양심의 자유, 종교의 자유, 언론 · 출판 · 집회 · 결사의 자유, 재산권 보호의 원칙 등
생존권	국민이 개인의 생존, 생활의 유지 · 발전에 필요한 복지를 국가에 요구하는 권리. 교육받을 권리, 근로의 권리, 근로자의 단결권, 혼인과 가족생활 · 보건에 관하여 보호받을 권리, 사회보장을 받을 권리 등
참정권	국민이 국가 정치에 참여할 수 있는 능동적 권리. 공무 담임권, 국민투표권, 공무원 선거권 등
청구권	국민이 국가에 대하여 일정한 청구를 할 수 있는 권리. 청원권, 재판청구권, 형사보상청구권, 국가배상청구권 등

● 국가적 공권

국가 또는 공공단체나 그로부터 수권을 받은 자가 우월한 행정권의 주체로서 국민에게 행사하는 공법상의 권리를 말한다.

● 개인적 공권

국민이 가지는 공법상의 권리로서, 평등권 · 자유권 · 수익권 · 생활권(생존권 · 사회권) · 참정권 등을 말한다.

● 헌법 개정절차

제안	국회 재적의원 과반수 동의를 얻어 제안, 국무회의의 심의를 거쳐 대통령이 제안
공고	대통령이 20일 이상 공고
의결	헌법 개정안이 공고된 날로부터 60일 이내에 국회 재적의원 3분의 2의 찬성
국민투표	국회 의결 후 30일 이내에 국민투표에 붙여 국회의원 선거권자 과반수의 투표와 투표자 과반수의 찬성을 얻으면 통과
공포	대통령이 즉시 공포

민주정치의 3대 원칙

입헌주의, 권력분립, 국민자치.

대한민국 헌법의 기본 원리

국민주권주의, 자유민주주의, 복지국가 지향, 국제평화주의, 평화통일주의, 시장경제주의.

확인문제 [한화생명]

19. 우리나라 헌법의 성격을 나타낸 것은?
① 성문헌법 – 민정헌법 – 경성헌법
② 불문헌법 – 민정헌법 – 연성헌법
③ 성문헌법 – 국약헌법 – 경성헌법
④ 불문헌법 – 협약헌법 – 경성헌법

저항권

법치 국가에서, 기본 질서를 침해하는 국가의 공권력 행사에 대하여 주권자인 국민이 행할 수 있는 최후의 비상 수단적 권리.

소유권

물건을 전면적 · 일반적으로 지배하는 권리. 물건이 가지는 사용 가치나 교환 가치의 전부를 지배할 수 있는 권리.

수익권

국민이 자신의 이익을 위하여 일정한 행위나 급부(給付) 및 기타 공공시설의 이용을 국가에게 요구할 수 있는 권리.

묵비권

피고인 또는 피의자가 공판절차 또는 수사절차에서 법원 또는 수사기관의 신문에 대해 진술을 거부할 수 있는 권리.

국민의 의무

납세의 의무, 국방의 의무, 교육의 의무, 근로의 의무, 공공복리에 적합한 재산권 행사의 의무, 환경보전의 의무

답 19. ①

● 헌법재판소

헌법에 관한 분쟁이나 의의를 사법적 절차에 따라 해결하는 특별재판소
이다. 법률의 합헌성 여부를 판정한다.

- 법원의 제청에 의한 법률의 위헌 여부 심판
- 탄핵 심판
- 정당해산 심판
- 국가기구 상호 간, 국가기관과 지방자치단체 간 및 지방자치단체 상호 간의 권한 쟁의에 관한 심판
- 헌법소원에 대한 심판 등을 관장

● 대법원

우리나라의 최고 법원이다. 명령·규칙의 위헌심사, 상고사건, 항고법원
이나 고등법원 및 항소법원의 결정·명령에 대한 재항고 사건 따위를 중
심으로 재판하며, 다른 법률에 의하여 대법원의 권한에 속하는 사건, 예
컨대 「공직선거법」에 의한 선거소송 등을 재판한다.

- 민사·형사·행정·특허 및 가사 사건의 판결에 대한 상고 사건
- 결정·명령에 대한 재항고 사건과 재결에 대한 소 등에 대한 재판
- 선거 소송에 대한 1심 겸 종심, 또는 최종심으로서의 재판

● 탄핵소추와 탄핵심판

탄핵이란 대통령, 국무위원 등 행정부의 고관 또는 법관 같은 신분보장이
되어있는 공무원의 비행에 대하여 국회가 소추하고 국회나 다른 국가기
관(우리나라의 경우 헌법재판소)이 심판하여 처벌·파면하는 제도이다.
국회는 대통령, 국무총리, 국무위원, 행정 각 부의 장, 헌법 재판소 재판
관, 법관, 중앙선거관리위원회위원, 감사원장, 감사위원, 기타 법률이 정
한 공무원이 그 직무 집행에 있어서 헌법이나 법률을 위배한 때에는 탄핵
의 소추를 의결할 수 있다. 탄핵소추가 의결되면 헌법재판소의 탄핵심판
으로 이어진다.

고위공직자범죄수사처

고위공직자 및 그 가족의 비리를 중점적으로 수사·기소하는 독립기관으로, '공수처'라고도 한다. 검찰이 독점하고 있는 고위공직자에 대한 수사권, 기소권, 공소유지권을 이양해 검찰의 정치 권력화를 막고 독립성을 제고하고자 하는 취지로 도입이 추진되고 있으며 전직 대통령, 국회의원, 법관, 지방자치단체장, 검사 등 고위공직자 및 그 가족의 비리를 수사, 기소할 수 있다. 국회 사법개혁특별위원회(사개특위)와 정치개혁특별위원회(정개특위)가 2019년 4월 29일 선거제 개혁안, 2개의 공수처 설치 법안, 검경 수사권 조정안 등을 신속처리안건(패스트트랙)으로 지정했다.

헌법소원

헌법정신에 위배된 법률에 의하여 기본권의 침해를 받은 사람이 직접 헌법재판소에 구제를 청구하는 일로, 정식으로는 헌법소원심판청구라고 한다.

대한민국 국적의 취득

속인주의를 원칙으로 하되, 예외적으로 속지주의를 인정한다. (출생, 혼인, 인지, 귀화에 의하여 한국민의 국적을 취득할 수 있다.)

- 속지주의 : 자국의 영역을 기준으로 그 영역 내에 있는 모든 사람에게 법을 적용하는 것이다.
- 속인주의 : 국적을 기준으로 모든 자국민에게 법을 적용하는 원칙이다. 이 제도를 시행하고 있는 나라는 미국과 멕시코뿐이며, 서유럽 국가는 이미 20세기 중반에 속지주의를 폐기했다.
- 귀화 : 특정국가에서 외국인에게 그 나라 국민의 신분을 부여하는 것이다.

③ 정부와 내각

● 대통령제

권력분립의 원리에 기초를 두고 입법부 · 행정부 · 사법부, 특히 입법부와 행정부간의 상호 견제와 균형을 통해서 권력의 집중을 방지하며 국민의 자유와 권리를 최대한 보장하는 현대 민주국가의 정부형태이다.

● 의원내각제

국회의 신임을 정부의 성립과 존립의 필수조건으로 하는 정부형태로, 정부불신임권과 의회해산권에 의해 입법부와 행정부 간의 권력적 균형이 유지된다.

● 대통령제와 의원내각제의 특징

구분	대통령제	의원내각제
특징	• 대통령이 정치적 실권을 행사하며 행정부 구성 • 엄격한 삼권분립 • 의원은 행정부 각료 겸직 불가 • 대통령은 법률안 거부권을 가짐	• 의회에서 내각을 구성하며 총리가 정치적 실권 행사 • 의회의 내각불신임권과 내각의 의회해산권 부여 • 의원은 내각 각료 겸직 가능
장점	• 대통령 임기 동안 정국 안정 • 정책의 연속성 보장 • 다수당의 횡포 견제	• 국민 요구와 정치적 책임에 민감 • 의회와 내각의 협조를 통한 능률적인 정책 수행 가능
단점	• 독재 정치 가능성 • 의회와 정부의 대립 시 원만한 해결 곤란	• 군소 정당 난립 시 정국 불안정 • 다수당의 횡포

● 이원(집)정부제

행정부가 대통령과 수상으로 이원화되어 각각 실질적 권한을 가지는데, 평상시에는 내각수상이 행정권을 행사하나, 비상시에는 대통령이 행정권을 전적으로 행사하는 정부형태를 말한다.

● 대통령의 권한

현행 헌법에 있어서 한국의 대통령은 국가원수로서의 지위와 행정부 수반으로서의 지위를 겸하고 있다.

무정부주의

고대 그리스어 'an archos'에서 유래했으며, 국가와 정부를 부정하고 완전한 인간의 자유와 독립을 주장하는 사상이다. 유의어로는 아나키즘(anarchism)이 있다.

① 행정에 관한 권한
- **행정 최고결정권** : 하부 행정기관을 감독할 권리
- **법률행정권** : 국회가 의결할 법률을 서명 · 공포 · 집행할 권리
- **외교권** : 조약을 체결 · 비준하고, 외교사절을 신임 · 접수 · 파견할 권리, 선전포고와 강화에 대한 권리
- **국군통수권** : 국군 최고사령관으로서 국군을 지휘할 권리
- **영전수여권** : 법률에 의거해 훈장 및 기타 영전을 수여할 권리
- **위헌정당해산제소권** : 정당의 목적이나 활동이 민주적 기본질서나 국가 존립에 위배된다고 여길 때 헌법재판소에 해산 제소 가능
- **재정에 관한 권한** : 국가 운영에 필요한 예산 편성과 집행

② 입법에 대한 권한
- **법률안 제출권** : 국회에 법률을 제출
- **법률공포권** : 국회에서 의결된 법률을 이송된 날부터 15일 이내에 공포
- **법률안 거부권** : 국회에서 의결된 법률에 의의가 있을 경우 15일 이내에 이의서를 붙여 국회에 환부
- **헌법 개정** : 헌법 개정안은 20일 이상 공고하고, 국민투표로 확정된 법률안은 즉시 공포
- **임시국회집회요구권** : 기간과 집회요구 이유를 명시하여 임시국회의 집회요구
- **명령제정권(발포권)** : 위임사항과 법률을 집행하기 위해 대통령령을 발할 권리
- **의견발표권** : 국회에 출석하여 발언하거나 서한으로 의견을 표할 권리

● 대통령 자문기구

필수기구		국가안전보장회의
임의기구	헌법기관	민주평화통일자문회의
		국민경제자문회의
		국가원로자문회의
	법률기관	국가과학기술자문회의

● 국무회의

- **헌법상의 지위** : 국무회의는 행정부의 최고정책심의기관(대통령이 정책결정에 신중성 부여, 행정 각 부 정책의 조정과 통합, 대통령의 전제나 독선 방지 등)이자 헌법상의 필수기관으로 폐지는 불가능하다.
- **국무회의 구성** : 대통령, 국무총리, 관계 국무위원(15인 이상 30인 이하)으로 구성되며 의장은 대통령, 부의장은 국무총리가 된다.

대통령과 국회의 관계

- **국회 동의가 필요한 경우**
  - 국무총리, 감사원장, 대법원장, 헌법재판소장, 대법관의 임명
  - 외국에 대한 선전포고
  - 국군의 해외 파병
  - 조약의 체결, 비준
  - 선전포고 및 강화
  - 일반 사면
  - 국채 모집
  - 예비비 설치
  - 외국 군대의 국내 주둔
- **국회 승인이 필요한 경우** : 예비비 지출
- **통고를 요하는 경우** : 계엄선포

레임덕

Lame Duck. 대통령 임기 말기의 권력누수 현상을 일컫는 말.

Coalition Cabinet

연립내각. 의원내각제에서 정치적 성격이 가까운 둘 이상의 정당에 의하여 구성되는 내각.

Shadow Cabinet

야당내각 또는 당내내각. 야당이 정권 획득에 대비해 총리 이하 각료로 예정된 멤버

Inner Cabinet

각내내각 또는 소수내각. 전시나 비상사태 발생 시 신속하고 통일된 조치를 위해 구성되는 소수 핵심 각료.

답 24. ③

● 법규명령과 행정규칙

- **공통점** : 행정기관이 정립하는 명령이다.
- **법규명령** : 법령상의 수권에 근거하여 행정권이 정립하는 규범으로 국민과의 관계에서 일반적인 구속력이 있는 규범이다.
- **행정명령(또는 행정규칙)** : 행정조직 내부 또는 특별한 공법상의 법률관계 내부에서 그 조직과 활동을 규율하는 일반적 · 추상적 명령으로 법규적 성질을 가지지 아니한다.

● 행정행위

행정기관이 행정권을 통하여 행정법규를 구체적으로 적용 · 집행하는 행위를 말한다.

- **명령적(命令的)인 법률적 행정행위**
  - **하명(下命)** : 명령하거나 금지함.
  - **허가(許可)** : 제한이나 금지된 것을 특정인에게 해제함.
  - **면제(免除)** : 의무를 특정인에게 해제함.
- **형성적(形成的)인 법률적 행정행위**
  - **특허(特許)** : 특정인에게 새로운 법률상의 힘을 인정함.
  - **인가(認可)** : 당사자의 법률행위를 보충하여 그 법률상의 효력을 완성시키는 감독관청의 행정행위.
  - **대리(代理)** : 제3자에 갈음해 정함.
  - **준법률적(準法律的) 행정행위**
  - **확인(確認)** : 시험 합격 · 선거권 · 당선인 결정 등 공권적인 확정.
  - **공증(公證)** : 등기 · 등록 · 증명서 교부 등과 같이 특정 사실이나 법률관계를 증명.
  - **수리(受理)** : 신고서 · 원서 등의 수리.
  - **통지(通知)** : 납세의 독촉 등

즉시강제

행정권이 가지는 강제 수단의 하나이다. 국민에게 의무를 명할 겨를이 없거나 의무 부과만으로 목적을 이루기 어려운 때에, 행정 주체는 국민의 신체 · 재산 · 가택 따위에 대하여 사전에 의무 이행을 명하지 않고 직접 실력을 가하여 필요한 상태를 실현할 수 있다.

테크노크라트

Technocrat. 기술관료(技術官僚). 과학적 지식이나 전문적 기술을 소유함으로써 사회 또는 조직의 의사결정에 중요한 영향력을 행사하는 사람이다. 특히 이공계통 출신자들이 많은 중국의 고위 당원을 지칭하는 표현으로 사용되고 있다.

국가인권위원회

입법부 · 행정부 · 사법부에서 독립된 인권기구이다. 인권위는 인권침해행위와 평등권을 침해하는 차별 행위에 대해 조사하고 구제하는 것을 주 업무로 하고 있다. 기본적 인권을 보호하고 그 수준을 향상시킴으로써 인간으로서의 존엄과 가치를 구현하고 민주적 기본질서의 확립에 이바지함을 목적으로 출범했다.

확인문제 [한국환경공단]

25. 우리나라 국가인권위원회에 대한 설명으로 적절치 못한 것은?
① 독립된 국가기관이다.
② 국제인권조약에 가입하고 이행하기 위한 방안을 연구하여 제시한다.
③ 인권침해를 받은 당사자만이 진정을 할 수 있다.
④ 우리나라의 인권상황 전반에 대한 조사를 한다.
⑤ 다수인 보호시설이나 구금시설 및 군대 등은 진정이 없더라도 직접 방문하여 인권실태를 조사할 수 있다.

답 25. ③

④ 국회와 선거

● 국회의 권한

① 입법에 관한 권한 : 헌법 개정 제안 · 의결권, 법률제정 · 개정권, 조약체결 · 비준동의권
② 재정에 관한 권한 : 예산안 심의 · 확정권, 결산심사권, 기금심사권, 재정입법권, 계속비 의결권, 예비비 지출 승인권, 국채동의권, 국가의 부담이 될 계약체결에 대한 동의권
③ 일반 국정에 관한 권한 : 국정감사 · 조사권, 탄핵소추권, 계엄해제 요구권, 일반사면에 대한 동의권, 긴급명령, 긴급재정경제처분 · 명령 승인권, 선전포고 및 국군의 해외파견 · 외국군대 주류에 대한 동의권, 국무총리 · 국무위원 해임 건의권, 국무총리 · 국무위원 · 정부위원 출석요구권 및 질문권, 헌법기관 구성권, 대법원장 · 헌법재판소장 · 국무총리 · 감사원장 · 대법관 임명동의권, 헌법재판소 재판관 3인 · 중앙선거관리위원회 위원 3인 선출권

● 회기불계속의 원칙

국회의 어느 회기 가운데 의결되지 아니한 의안(議案)은 그 회기가 끝남과 동시에 소멸되며, 다음 회기에 계속되지 아니한다는 원칙이다.

● 일사부재의의 원칙

의회 회기 중에 부결된 안건은 같은 회기 중에 다시 안건으로 올리지 못한다는 원칙이다. 이 원칙은 각 나라의 국회법이나 헌법 등에 반영되어 있다.

● 정기국회

- 정기적으로 소집되는 국회를 말한다. 우리나라의 경우 국회법에 따라 매년 한 번씩 소집되며, 회기는 100일 이내이다.
- 정기회는 매년 9월 1일에 집회한다. 그러나 그 날이 공휴일인 때에는 그 다음 날에 집회한다.
- 정부 예산심의가 주된 안건이다.

패스트트랙

Fast Track. 국회에서 발의된 안건이 신속 처리되도록 하기 위한 제도로 2015년 5월 국회법이 개정되면서 국회선진화법의 주요 내용 중 하나로 포함되었다.

필리버스터

Filibuster. 국회에서 소수파 의원들이 다수파의 독주를 막거나 기타 필요에 따라 합법적인 방법과 수단을 이용하여 의사진행을 방해하는 행위이다.

> **확인문제** [동부하이텍]
> 26. 필리버스터(Filibuster)란?
> ① 공개토론과 타협
> ② 국회의장의 결정권
> ③ 소수당의 의사진행방해
> ④ 대통령의 의회간섭

> **확인문제** [한국마사회]
> 27. 국회의 권한이 아닌 것은?
> ① 국무총리 해임건의권
> ② 국정감사 · 조사권
> ③ 대정부 견제권
> ④ 예비비 지출 승인권
> ⑤ 탄핵심판권

국회의 회기

국회를 개회하여 폐회할 때까지의 기간으로, 정기 국회에서는 100일을, 임시 국회에서는 30일을 초과할 수 없다.

상임위원회

국회 또는 지방의회에서 본회의에 부의 (附議)하기에 앞서 그 소관에 속하는 의안 · 청원 등을 심사할 목적으로 설치된 위원회이다. 회기 중 위원장이 필요하다고 인정하거나 재적의원 1/4 이상의 요구가 있을 때 개회한다.

답 26. ③ 27. ⑤

● 임시국회

- 8, 10, 12월을 제외한 매 짝수 월 1일에 임시회를 집회한다.
- 대통령 또는 국회 재적 의원 1/4 이상의 요구에 의하여 집회한다(단, 대통령이 요구하여 열리는 국회의 임시회에서는 정부가 제출한 의안에 한해서만 처리할 뿐만 아니라 대통령은 기간과 집회요구의 이유를 명시해야 한다).
- 임시회의 회기는 30일을 초과할 수 없다(단, 대통령이 요구한 임시회의 회의일수는 이에 산입하지 아니한다).
- 임시회의 집회 요구가 있을 때에는 의장이 3일 전에 공고해야 한다.
- 국회의원 총선거 후 최초의 임시회는 의원의 임기 개시 후 7일에 집회하며, 이 경우 국회사무총장이 의장의 직무를 대행하여 집회를 공고한다.
- 차년도 예산 심의 외 국정의 주요 내용에 대한 심의를 안건으로 한다.

● 의결정족 수

재적의원 2/3 이상의 찬성	대통령 탄핵소추 의결, 개헌안 의결, 국회의원 제명 의결, 국회의원 자격심사 의결
재적의원 과반수 찬성	개헌안 발의, 국무총리 · 국무위원 해임 건의, 대통령 탄핵소추 발의, 일반 탄핵소추 의결, 계엄해제 요구, 국회의장 선출
재적의원 과반수 출석과 출석의원 2/3 이상 찬성	법률안 재의결
재적의원 1/3 이상 찬성	국무총리 · 국무위원 해임건의안 발의, 일반 탄핵소추 발의
재적의원 1/4 이상 찬성	임시국회 소집 요구, 전원위원회 개회 요구, 국정조사 요구, 휴회 중의 본회의 재개 요구

* 일반 의결정족 수 : 재적의원 과반수의 출석과 출석의원 과반수의 찬성으로 의결하고, 가부동수인 때에는 부결된 것으로 본다. 그러나 대법원의 대법관회의 의결 결과 가부동수인 경우에는 의장이 결정권을 갖고 있다.

● 캐스팅 보트

Casting Vote. 표결에서 가부 동수인 경우에 의장이 행하는 결정 투표로, 우리 헌법은 가부 동수인 경우에는 부결된 것으로 인정한다.

● 국정조사권과 국정감사권

국정조사권은 국회가 국정에 관하여 직접 조사할 수 있는 권리이며, 국정감사권은 국회가 국정 전반에 관한 감사를 직접 할 수 있는 권한이다.

국회선진화법
국회의장 직권 상정과 다수당의 날치기를 통한 법안 처리를 금지하도록 한 법안이다. 다수당의 일방적인 국회 운영과 국회 폭력을 예방하기 위해 2012년 5월 2일, 18대 국회 마지막 본회의에서 여야 합의로 도입됐다. 주요 내용은 1. 천재지변이나 전시 · 사변 등 국가비상사태의 경우나 교섭단체 대표와의 합의가 있을 때만 국회의장이 법률안을 본회의에 직권 상정할 수 있다. 2. 재적의원 3분의 1 이상의 찬성이 있으면 본회의에서 무제한의 토론(필리버스터)을 할 수 있다. 3. 재적의원 5분의 3 이상의 중단 결의가 없는 한 회기 종료 때까지 토론을 이어갈 수 있다. 국회 선진화법으로 국회 내 다수당이라 하더라도 의석수가 180석에 미치지 못하면 예산안을 제외한 법안의 강행 처리는 불가능하다.

당3역
사무총장, 원내대표, 정책위의장 3인을 가리키는 정치 용어이다.

당4역
사무총장, 원내대표, 정책위의장, 대변인

답 28. ③ 29. ①

면책특권

Immunity. 국회의원이 회기 내 국회에서 행한 발언에 대해서는 법률상 책임을 면제하거나 책임을 부담하지 않는 특권을 말한다. 「헌법」 제45조는 "국회의원은 국회에서 직무상 행한 발언과 표결에 관하여 국회 외에서 책임을 지지 아니한다"고 규정하여 국회의원의 발언과 표결의 자유를 인정하고 있다.

탄핵소추권

법률에 의하여 신분이 보장되고 징계나 형사 소추가 곤란한 특정 공무원이 직무상 헌법이나 법률에 위배되는 행위를 하였을 때에 적발하여 탄핵의 소추를 의결할 수 있는 국회의 권리이다. 국회 재적 의원 3분의 1 이상의 발의가 있어야 하고, 그 의결은 재적의원 과반수의 찬성이 있어야 하며, 대통령에 대한 탄핵 소추는 국회재적의원 과반수의 발의와 3분의 2 이상의 찬성이 있어야 한다.

인사청문회

대통령이 행정부의 고위 공직자를 임명할 때 국회의 검증 절차를 거치게 함으로써 국회가 대통령을 견제하는 장치다. 헌법에 의하여 그 임명에 국회의 동의를 요하는 대법원장, 헌법재판소장, 국무총리, 감사원장, 대법관 및 국회에서 선출하는 헌법재판소 재판관과 중앙선거관리위원회 위원 등에 대한 인사청문회를 실시한다. 국정원장, 경찰청장, 검찰총장 등은 소관 상임위원회에서 인사청문회를 실시한다.

선거공영제

선거운동의 무분별함으로 인한 폐단을 방지하고 선거의 공정성을 견지하기 위한 제도이다. 보통선거 기간에 선거 벽보의 작성 배부, 선거공보의 발행 및 그 발송, 연설회의 개최 및 그 연설장의 무료대여 등을 실시하는 것 등을 말한다. 이 제도는 선거운동을 국가나 지방자치단체가 관리하여 선거운동의 기회균등을 보장하고 선거비용의 일부 또는 전부를 국가가 부담함으로써 선거의 공정성을 기함과 동시에 자력(資力)이 없는 유능한 후보자의 당선을 보장하려는 제도이다.

확인문제 [에너지관리공단, 한국산업인력공단]

30. 국회법상 원내교섭단체를 구성할 수 있는 의원의 수는?
① 10인 이상　　② 20인 이상
③ 30인 이상　　④ 40인 이상

확인문제 [대구도시철도공사]

31. 국회의 대통령에 대한 탄핵소추의 조건은?
① 국회재적의원 과반수의 발의와 재적의원 2/3 이상의 찬성
② 국회재적의원 과반수의 출석과 출석의원 과반수의 찬성
③ 국회재적의원 과반수의 출석과 출석의원 1/4 이상의 찬성
④ 국회재적의원 1/3 이상의 발의와 재적의원 과반수의 찬성

확인문제 [중앙일보]

32. 대통령이 국회의 동의를 얻지 않고 임명할 수 있는 사람은?
① 대법원장　　② 검찰총장
③ 감사원장　　④ 헌법재판소장

<u>해</u> 검찰총장은 소속 상임위원회에서 인사청문회를 실시하지만 국회동의를 받지 않아도 된다.

답 30. ② 　31. ① 　32. ②

● 선거의 4원칙

선거의 4원칙이란 현대의 모든 민주국가가 선거제로서 채택하고 있는 보통선거 · 평등선거 · 직접선거 · 비밀선거의 4대 원칙을 말한다. 여기에 자유선거의 원칙을 덧붙여 선거의 5원칙이라고 하기도 한다.

● 총선거

국회의원 전부를 한꺼번에 선출하는 선거이다. 대통령제 국가에서는 임기가 만료되었을 때에, 의원 내각제 국가에서는 의회 해산 때에 한다. 임기만료 전 50일 이후 첫 번째 수요일에 실시한다.

● 보궐선거

선거에 의해 선출된 대통령이나 국회의원 등이 임기 중 사직 · 사망 등으로 궐석(闕席)이 생긴 경우에 하는 선거이다. 선거에 의해 선출된 의원 등이 임기 중 사퇴, 사망, 실형 선고 등으로 인해 그 직위를 잃어 공석 상태가 되는 경우가 있는데, 이를 궐위(闕位)라고 한다.

● 재선거

다시 하는 선거를 말하며, 원인은 선거의 전부나 일부에 대한 무효 판결이 있을 때, 당선인이 임기 개시 전에 사망하거나 사퇴할 때, 선거 소송이 무효로 될 때, 선거 결과 당선인이 없을 때이다. 사유가 발생하거나 확정된 날부터 90일 이내에 실시한다.

● 대선거구

하나의 선거구에서 두 사람 이상의 의원을 선출하는 선거구이다. 국민적 기반을 둔 인물이 당선되기 쉽고 유권자는 후보자 선택 범위가 넓어진다. 신진인사나 새로운 정당의 진출이 용이하며 선거간섭, 정실, 매수, 기타 부정방지가 비교적 용이하다. 정당정치의 발전과 선거과열 방지를 도모할 수 있다. 소수대표방식으로 인한 군소정당의 출현으로 정국이 불안정할 수 있으며, 선거구역이 넓어 선거비용이 많이 소요된다. 선거결과에 대한 무관심으로 투표율이 저조하거나 후보자 난립 및 동일 정당 내 후보자 간 경쟁이 과열될 수 있다. 선거공영이나 재선거, 보궐선거의 실시 및 선거관리가 곤란하다.

출구조사

Exit Pool 투표를 마치고 나오는 유권자들을 대상으로 투표 내용을 면접조사하는 여론조사 방법.

DK그룹

여론조사 때 '잘 모르겠다'(Don't know)고 답하는 사람들.

선거권

각종 공직선거의 선거인단에 참여할 수 있는 국민의 권리이다. 국민으로서 만 19세가 되면 법률이 정하는 바에 따라 공무원에 대한 선거권을 가지게 된다.

피선거권

선거에 의해 대통령 · 국회의원 · 지방의회의원 등 일정한 국가기관의 구성원으로 선출될 수 있는 국민의 권리이다. 선거권과 마찬가지로, 피선거권도 종교, 성별, 사회적 신분, 교육, 재산, 수입 등에 의해 차별되어서는 안 된다.

확인문제 [한국전력공사]

33. 보궐선거는 다음 중 어느 경우에 시행하게 되는가?
① 임기 중 사직 · 사망 · 실격의 경우
② 선거 무효의 판결이 있는 경우
③ 당선인이 피선거권을 상실한 경우
④ 당선인이 없는 경우

답 33. ①

● 중선거구

대선거구와 소선거구의 중간에 해당하는 선거구로 보통 한 선거구에서 두 명 내지 네 명 정도의 의원을 선출한다. 현재 우리나라의 지역구 자치구·시·군의원회의원선거는 중선거구제를 채택하고 있다. 비교적 광범위한 지역에 기반을 둔 인물의 진출이 가능하며 대정당, 소정당의 공정한 진출이 용이하지만 동일 정당 내 후보자 간의 경쟁이 이루어지는 폐해 발생 또한 우려된다. 후보자의 식별, 선거간섭, 정실, 매수, 기타 부정방지가 곤란하며 선거비용이 비교적 많이 소요된다.

● 소선거구

한 선거구에서 한 사람의 의원을 뽑는 제도의 선거구이다. 현재 우리나라 지역구 국회의원 및 시·도의회의원 선거 시 소선거구제를 채택하고 있다. 대정당이 지역적 기반이나 재정면에서 유리하기 때문에 다수당 출현이 용이하다. 관할구역이 좁기 때문에 후보자의 인물과 정견 파악이 명확하며 선거에 대한 관심이 높아져 투표율이 비교적 높은 편이다. 그리고 후보자 1인당 부담하는 선거비용이 비교적 적으며, 선거범죄에 대한 규제가 용이하다. 선거공영이나 재선거, 보궐선거의 실시 및 선거관리가 용이하지만 다수대표방법으로 인한 낙선자의 과다한 사표의 발생과 당선자의 잉여표 발생으로 소수당에 불리하고 투표가치에 문제가 있다.

● 부재자투표

Absentee Vote. 어떤 이유로 주소지를 떠나 있는 선거인이 그 주소지의 투표소에 가지 아니하고 우편으로 하는 투표를 말하며, 자신이 등재(登載)되어 있는 투표구에서 투표할 수 없는 사람들이 다른 장소에서 투표할 수 있도록 하는 투표절차이다. 우리나라의 경우 국회의원 선거와 지방의회의원 선거 시 부재자투표가 인정되고 있다.

● 매니페스토 운동

과거의 잘못된 행동을 반성하며 새로운 미래를 위한 구체적 약속을 공개적인 방식으로 책임성을 담아 문서로서 선언하는 것을 말한다. 매니페스토(Manifesto) 개념은 1834년 영국 보수당 당수였던 로버트 필(Robert Peel) 경이 '유권자들의 환심을 사기 위한 공약은 결국 실패하기 마련'이므로 구체화된 공약의 필요성을 강조하면서 시작된 운동이다. 매니페스토를 통해 출마자의 과거 행적을 살펴보고 그의 미래 계획을 검증해 보면서 유권자들의 현명한 판단을 이끌어 낼 수 있으며 또한, 당선자의 약속 이행 여부를 꼼꼼히 따져보며 다음 선거에서 선택의 기준을 삼을 수 있다.

● 클리코크라시

Clickocracy. 인터넷을 통해 시민이 정치에 직접 참여하는 '전자 민주주의'를 뜻한다. 손쉽게 사용할 수있는 인터넷으로 국민들이 직접적인 투표권을 행사하지 않고 대표자를 선출해 정부나 의회를 구성하여 정치를 하는 '대의 민주주의'의 대안으로 거론되기도 한다.

● 게리맨더링

Gerrymandering. 특정 정당이나 특정인에게 유리하도록 선거구를 정하는 것으로, 반대당이 강한 지구를 억지로 분할하거나 자기 당에게 유리한 지역적 기반을 멋대로 결합시켜 당선을 획책하는 것을 말한다. 선거구를 정함에 있어 특정 정당이나 후보에 유리하도록 정했을 경우 선거의 공정을 기할 수 없다. 따라서 이런 행위를 방지하기 위해 선거구는 국민의 대표기관인 국회의 의결을 거쳐 만들어진 법률로 정하도록 규정되어 있으며, 이러한 원칙을 선거구법정주의라 한다.

부동표

Floating Vote. 지지하는 후보나 정당이 확실하지 아니하고 선거때의 정세나 분위기에 따라 변화할 가능성이 많은 표를 말한다.

무당파층

선거정치에 있어서 열성적인 정당지지의 감소로 인해 증가한 어느 정당도 지지하지 않는 유권자들로, 정치불신 현상의 하나이며, 정당에 대한 태도도 엄격해졌다.

확인문제 [한국환경공단]

35. 국민의 여론을 공정하게 반영하고, 소수파에 유리하며 사표를 방지할 수 있으나 방법이 복잡한 제도는?
① 직능대표제　　② 비례 대표제
③ 지역대표제　　④ 소수대표제
⑤ 다수대표제

엽관주의

Spoil System. 공무원의 인사관리나 공직임용에 있어 그 기준을 정당에 대한 충성도나 인사권자와의 관계에 두는 제도.

확인문제 [한국환경공단]

36. 엽관주의(Spoils System)의 단점이라고 할 수 없는 것은?
① 유능한 인물의 배제로 행정능률이 저하된다.
② 행정의 능률성과 전문성이 향상되기 어렵다.
③ 신분보장이 되지 않아 부정부패의 원인을 제공한다.
④ 국민의 요구에 관료적 대응을 향상시킨다.

확인문제 [MBC]

37. 엽관주의(Spoils System)와 관계가 있는 것은?
① 행정의 전문성 강화
② 정당의 이념 구현
③ 예산 절감
④ 공무원의 신분 보장

답 35. ②　36. ④　37. ②

⑤ 지방자치와 행정 구제

● 지방자치
일정한 지역을 기초로 하는 지방자치단체가 중앙정부로부터 상대적인 자율성을 받고 그 지방의 행정사무를 자치기관을 통하여 자율적으로 처리하는 활동과정이다.

● 신중앙집권화
New Centralization. 미국·영국 등 전통적으로 지방자치의 기반을 갖춘 나라에서 다시 중앙집권화되는 현상을 말한다. 신중앙집권화의 양상은 지방 기능의 중앙기관에의 이관, 중앙통제의 강화, 중앙재정에의 의존 심화 등으로 나타나고 있다.

● 주민소환제
주민들이 법령에 따라 지방의원 및 지방자치단체장을 소환할 수 있도록 하는 제도이다. 임기 중인 선출직 공직자를 유권자들이 투표를 통해 해임할 수 있는 제도로, 지방자치단체의 인사권을 주민이 가지는 제도이다.

● 주민투표제
현행 「지방자치법」 14조에는 "지방자치단체의 장은 주민에게 과도한 부담을 주거나 중대한 영향을 미치는 지방자치단체의 주요 결정사항에 대하여 주민투표에 부칠 수 있다."고 되어 있다. 2004년 7월부터 「주민투표법」이 시행되고 있다.

● 행정소송·민중소송
행정소송은 행정법규의 적용에 관련된 분쟁이 있는 경우에 당사자의 불복제기에 의거하여 정식의 소송절차에 따라 판정하는 소송이다. 민중소송은 국가 또는 공공단체의 기관이 법률에 위반되는 행위를 한 때에 직접 자기의 법률상 이익과 관계없이 그 시정을 구하기 위하여 제기하는 소송이다.

행정 옴부즈만
정부나 의회에 의해 임명된 관리로서, 시민들에 의해 제기된 각종 민원을 수사하고 해결해주는 사람 또는 조직. 행정감찰·전문인제도라고도 한다.

이의신청
법원이나 행정관청 등의 국가기관 행위의 위법 또는 부당성에 대해 그 취소나 변경을 신청하는 일.

손해배상제도
위법한 행정 작용에 대한 구제. 위법한 행위에 의하여 타인에게 끼친 손해를 전보하여 손해가 없었던 것과 동일한 상태로 복귀시키는 일.

손실보상제도
적법한 행정작용에 대한 구제. 국가 또는 공공단체의 적법한 공권력 행사에 의하여 사유재산권에 특별한 손실이 가해진 경우에 그 부담을 전체의 부담으로 전보하여 주는 제도

행정심판
행정청의 위법·부당한 처분과 그밖에 공권력의 행사·불행사 등으로 인한 권리 또는 이익을 침해 받은 국민이 행정기관에 제기하는 제도이다.

⑥ 법률행위

● 제한능력자

미성년자	만 19세 미만인 자를 말한다.
피성년후견인 (종전의 금치산자)	질병, 장애, 노령 그 밖의 사유로 인한 정신적 제약으로 사무 처리 능력이 결여되어 일정한 자의 청구에 의해 가정법원으로부터 성년후견개시의 심판을 받은 사람을 말한다.
피한정후견인 (종전의 한정치산자)	질병, 장애, 노령 그 밖의 사유로 인한 정신적 제약으로 사무 처리 능력이 부족하여 한정후견개시의 심판을 받은 사람을 말한다.

● 최고(催告)
상대방에게 일정한 행위를 하도록 촉구하는 의사의 통지를 말한다. 의무자에게 의무이행을 최고하는 경우와 권리자에게 권리의 행사 또는 신고를 최고하는 경우로 나눌 수 있다.

● 공탁(供託)
법률의 규정에 의하여 금전 유가증권 또는 그 밖의 물품을 공탁소나 일정한 자에게 임치하는 것을 말한다.

● 위임(委任)
당사자의 한편(위임인)이 상대방에 대해 사무의 처리를 위탁하고, 상대방(수임인)이 이를 승낙함으로써 성립하는 계약이다.

● 강행법(强行法)
당사자의 자유의사와는 상관없이 적용되는 법규를 말한다. 헌법이나 형법 따위의 공법(公法)이 이에 속한다.

● 죄형법정주의
범죄와 형벌을 미리 성문의 법률로 규정해야 한다는 형법의 대원칙이다.

무효와 취소

무효	• 의사무능력자의 법률행위 • 원시적 불능의 법률행위 • 강행법규를 위반하는 법률행위 • 반사회질서의 법률행위 • 상대방이 확인한 비진의 의사 표시 • 허위표시 등
취소	• 제한능력자의 법률행위 • 착오에 의한 의사표시 • 사기 또는 강박에 의한 의사표시

확인문제

39. 미성년자가 단독으로 유효하게 할 수 없는 것은?
① 채무면제의 청약에 대한 승낙
② 허락을 받은 특정한 영업에 관한 행위
③ 부담 없는 증여를 받는 행위
④ 혼인

확인문제

40. 「민법」상 미성년자, 피성년후견인, 피한정후견인을 무엇이라 하는가?
① 부양자　　② 제한능력자
③ 무능력자　　④ 법정대리인

확인문제

41. 질병, 장애, 노령 그 밖의 사유로 인한 정신적 제약으로 사무를 처리할 능력이 지속적으로 결여되어 법원의 심판을 받은 자를 무엇이라 하는가?
① 미성년자　　② 피특정후견인
② 피한정후견인　④ 피성년후견인

확인문제

42. 공탁이 행해지는 경우가 아닌 것은?
① 변제자가 사망하였을 때
② 채권자가 변제를 받지 않을 때
③ 누가 채권자인지 알 수 없을 때
④ 채권자가 변제를 받을 수가 없을 때

답　39. ④　40. ②　41. ④　42. ①

● 자구행위(自救行爲)

「형법」에서, 자기의 권리를 침해받았을 때에 공권의 발동을 기다리지 아니하고 피해자 자신이 직접 권리를 보전하기 위하여 실력을 행사하는 일. 「민법」에서는 자력구제라고 한다.

● 미필적 고의(未畢的故意)

어떤 행위로 범죄 결과가 발생할 가능성이 있음을 알면서도 그 행위를 행하는 심리상태를 말한다. 통행인을 칠 수 있다는 것을 알면서도 골목길에서 차로 질주하는 경우 따위가 해당된다. 결과 발생 자체는 불확실하나 만일의 경우에 결과가 발생할지도 모른다고 인정하면서도 그러한 결과의 발생을 부득이하다고 용인하는 심리상태이다.

● 구속영장실질심사

구속영장이 청구된 피의자에 대하여 법관이 수사기록에만 의지하지 아니하고 구속 여부를 판단하기 위하여 필요한 사항에 대하여 직접 피의자를 심문하며, 필요한 때에는 심문장소에 출석한 피해자, 고소인 등 제3자를 심문하거나 그 의견을 듣고 이를 종합하여 구속 여부를 결정하는 제도이다.

● 구속적부심(사)

피의자 구속이 적법한가의 여부를 법원이 심사하는 제도로, 국민의 신체의 자유를 보장하는 데 중요한 역할을 하고 있다. 현행법상 구속적부심사를 청구할 수 있는 사람은 형사피의자 · 변호인 · 법정대리인 · 배우자 · 직계친족 · 형제자매 · 호주 · 가족이나 동거인 · 고용주 등이다. 형사피의자에 대해서만 권리를 인정할 뿐 형사피고인에 대해서는 권리를 인정하지 않는다. 법원은 24시간 안에 적부심을 결정해야 한다.

● 불고불리(不告不理)

형사 소송법에서, 법원은 원고가 심판을 청구한 때에만 심리를 개시할 수 있고, 청구한 사실에 대해서만 심리 · 판결할 수 있다는 원칙이다.

● 일사부재리원칙(一事不再理原則)

형사 소송법에서, 한 번 판결이 난 사건에 대해서는 다시 공소를 제기할

정당방위(正當防衛)

형사법상 자신을 보호하기 위한 수단으로 행해졌다는 이유로 타인에게 해악을 가하는 것을 정당화시키는 것.

확인문제 [한국전력공사]

43. 다음 법규 중 효력이 가장 낮은 것은?
① 조약   ② 명령
③ 긴급명령   ④ 법률

법의 단계

법 적용이 이루어지는 단계는 '헌법 → 법률 → 명령 → 자치법규(조 ·규칙)'의 순이다.

확인문제 [동원산업]

44. 형벌의 주체는?
① 개인   ② 법원
③ 국가   ④ 사회

확인문제 [한국전력공사]

45. 형법에서 범죄로 규정된 행위, 즉 구성요건에 해당하는 위법하고 책임 있는 행위는 법에서 정한 형벌을 받게 된다. 그러나 특별한 사정이 있는 경우, 위법성이 조각되는데, 다음 중 그 사유가 아닌 것은?
① 정당행위   ② 자구행위
③ 긴급피난   ④ 사실의 착오

범죄 성립의 3요소

• 구성요건 해당성 : 구체적인 사실이 추상적인 범죄구성요건에 해당하면 구성요건 해당성을 갖게 된다. 구성요건 해당성은 행위주체, 행위객체, 사용수단, 보호법익 등 다양한 기준으로 평가한다.
• 위법성 : 위 내용의 행위가 법률상 허용되지 않는 것을 말한다.
• 책임성 : 위 내용에 해당하는 행위를 한 자에 대한 비난 가능성을 말한다. 형법상 책임능력은 만 14세가 넘어야 한다고 규정하고 있다.

답 43. ② 44. ③ 45. ④

수 없다는 원칙이다. 다시 공소가 제기되었을 때는 실체적 소송조건의 흠결을 이유로 면소의 판결이 선고된다.

●미란다 원칙

Miranda Rule. 피의자가 변호사 선임의 권리와 묵비권 행사의 권리, 모든 발언이 법정에서 불리하게 작용할 수 있다는 것을 피의자(용의자)가 충분히 고지받아야 하며, 이것이 고지되지 않은 상태에서 이루어진 자백은 배제되고 변호인을 선임할 수 있다는 것으로 수사기관에서 피의자를 구속하는 때에 일정한 사항을 알려 주어야 한다는 원칙이다. 피의자를 체포할 때 피의자에게 반드시 알려야 할 기본 원칙이다.

●공소시효

어떤 범죄에 대하여 일정 기간이 지나면 공소의 제기를 허용하지 않는 제도로, 수사기관이 법원에 재판을 청구하지 않는 불기소처분의 한 유형이다. 즉, 일정 기간이 지나면 범죄 사실에 대한 국가의 형벌권을 완전히 소멸시키는 것이다. 따라서 공소시효가 완성되면 설령 범죄를 저질렀어도 수사 및 기소 대상이 되지 않는다.

●구인장

법원이 피고인이나 사건 관계인, 증인 등을 강제로 소환하기 위하여 발부하는 영장이다.

●동행명령

형사 소송법에서, 지정한 장소에 피고인 또는 증인의 동행을 명하는 재판이다. 법원은 정당한 이유 없이 동행을 거부하는 증인에 대하여 구인(拘人)할 수 있도록 되어 있다.

●집행유예

일단 유죄를 인정하여 형을 선고하되, 정상참작해 일정한 요건하에 일정한 기간 동안 그 형의 집행을 유예한 후, 특별한 사고 없이 그 기간을 경과하면 형의 선고의 효력을 상실하게 하는 제도이다. 3년 이하의 징역 또는 금고 또는 500만원 이하 벌금의 형이 선고된 범죄자에게만 적용한다.

확인문제 [한국전력공사]
46. 범죄의 성립요건이 아닌 것은?
① 구성요건 해당성
② 책임성
③ 위법성
④ 처벌조건

확인문제 [서울특별시농수산식품공사]
47. '동일한 범죄에 대하여 거듭 처벌받지 아니한다'는 원칙은?
① 연좌제의 금지
② 소급입법의 금지
③ 일사부재의의 원칙
④ 일사부재리의 원칙

고소(告訴)
범죄의 피해자 또는 그와 일정한 관계가 있는 고소권자가 수사기관에 범죄사실을 신고하여 범인을 처벌할 것을 구하는 의사표시.

고발(告發)
고소권자와 범인 이외의 사람이 수사기관에 범죄사실을 신고하여 그 소추를 요구하는 의사표시.

재정신청(裁定申請)
국가기관인 검사가 고소나 고발 사건을 불기소했을 경우에, 그 결정에 불복한 고소인 또는 고발인이 10일 이내에 그 검사가 소속하는 고등 검찰청과 그에 대응하는 고등 법원을 상대로 그 결정의 당부를 묻는 것을 말한다.

확인문제 [부산교통공사]
48. 형을 선고함과 동시에 정상을 참작하여 형의 집행을 일정기간 유예하고 그 기간이 무사히 경과하면 형의 선고를 실효케 하는 제도는?
① 집행유예   ② 선고유예
③ 기소유예   ④ 공소유예

답 46. ④ 47. ④ 48. ①

● 기소유예

범인의 성격, 연령, 환경, 범죄의 종류 등에 따라 소추를 필요로 하지 않을 때 검사가 공소를 제기하지 않는 일이다. 해당 처분을 받은 경우 수사경력 자료는 5년 경과 뒤 삭제 또는 폐기된다.

● 선고유예

범죄 정황을 참작해 경미한 범행을 한 자에게 일정한 형의 선고를 유예하고 그 기간을 특정한 사고 없이 경과하면 선고를 면하는 제도이다.

● 과태료(過怠料)

공법에서, 의무 이행을 태만히 한 사람에게 벌로 물게 하는 돈이다. 벌금과 달리 형벌의 성질을 가지지 않고 법령 위반에 대하여 부과한다.

● 배임죄(背任罪)

타인의 사무를 처리하는 자가 그 임무에 위배되는 행위를 함으로써 재산상의 이익을 취득하거나 제3자로 하여금 이를 취득하게 하여 본인에게 손해를 가하는 것을 내용으로 하는 범죄이다.

● 무고죄(誣告罪)

타인으로 하여금 형사처분 또는 징계처분을 받게 할 목적으로 공무소 또는 공무원에게 허위의 사실을 신고함으로써 성립하는 범죄이다.

● 친고죄(親告罪)

검사의 공소제기를 위하여 피해자나 기타 일정한 자의 고소를 필요로 하는 범죄를 말한다.

● 범인은닉죄(犯人隱匿罪)

벌금형 이상의 형에 해당하는 죄를 범한 자를 은닉 또는 도피하게 함으로써 성립하는 범죄이다.

● 반의사불벌죄(反意思不罰罪)

피해자가 명시한 의사에 반해서는 처벌할 수 없는 범죄이다. 즉, 공소의 제기는 피해자의 의사와 관계없이 할 수 있으나 피해자가 범인의 처벌을

형벌의 종류

생명형	사형	사람의 생명을 박탈하는 최고 형벌
자유형	징역	교도소 내에 30일 이상 가두고 노역을 시키는 형벌
	금고	교도소 내에 30일 이상 가두지만 노역은 시키지 않는 형벌
	구류	형무소 내에 30일 미만의 짧은 기간 동안 구금하는 형벌
명예형	자격상실	공적인 자격(공무원이 되는 자격, 선거권 피선거권 등)을 상실시키는 형벌
	자격정지	자격을 일시적으로 정지시키는 형벌
재산형	벌금	상당히 무거운 금액의 재산을 징수하는 형벌
	과료	벌금과 비슷하나 그 액수가 적은 형벌
	몰수	범죄자가 범죄행위에 사용한 물건 등을 몰수하는 형벌

원하지 않는다는 명시적인 의사표시를 하거나 처벌의 의사표시를 철회한 경우에는 범인을 처벌할 수 없다.

● 피의사실 공표죄(被疑事實 公表罪)

검찰이나 경찰 혹은 기타 범죄수사관이 수사 과정에서 알게 된 피의사실을 기소 전에 공표할 경우 성립하는 죄를 말한다. 인정될 경우 3년 이하의 징역 또는 5년 이하 자격 정지 등의 처벌을 받으며, 아직 입증되지 않은 피의사실이 공표되었을 때 부당한 피해를 받을 수 없는 것을 방지하기 위해 규정되었다.

● 작위범(作爲犯)

신체의 적극적인 동작에 의하여 성립되는 범죄이다. 형법이 규정하고 있는 범죄의 대부분은 이에 속한다. 행위자의 적극적인 동작(작위)에 의해서 행해지는 범죄를 뜻한다.

● 부작위범(不作爲犯)

마땅히 하여야 할 일을 일부러 하지 아니해서 성립하는 범죄. 또는 그런 죄를 지은 사람을 말한다. 불해산죄나 불퇴거죄 따위이다.

● 공범(共犯)

공동정범의 약칭. 단독으로 규정되어 있는 구성요건을 여러 사람이 가공하는 범죄를 말한다. 공동행위가 모든 구성요건을 실행하는 경우를 부가적 공범, 분업적으로 구성요건을 실행하는 경우를 기능적 공범이라 한다.

● 정범(正犯)

자기의 의사에 따라 범죄를 실제로 저지른 사람을 말한다.

● 종범(從犯)

정범을 방조한 자를 말한다. 방조범이라고도 하며, 정범의 형보다 감경하다. 다만, 자기의 지위와 감독을 받는 자를 방조하여 범죄행위의 결과를 한 경우에는 특수종범이라 하여 정범의 형으로 처벌한다.

확인문제 [한국전력공사]

53. 법률행위의 해석에 있어서 가장 먼저 적용되는 기준은?
① 임의법규   ② 사실인 관습
③ 조리   ④ 당사자의 의도

확인문제 [KBS]

54. 다음 중 경범죄 처벌법상의 위반 행위에 해당되지 않는 것은?
① 노상방뇨
② 정류장에서의 새치기
③ 무단횡단
④ 출입금지 구역의 무단출입
해 ③은 도로교통법의 적용을 받는다.

확인문제 [중앙일보]

55. 갑은 을녀가 목욕탕에서 목욕을 하고 있는 동안 그녀의 옷을 숨겨, 나오지 못하게 했다. 이 경우 갑의 형사 책임은?
① 감금죄   ② 폭행죄
③ 협박죄   ④ 무죄

확인문제 [한겨레신문]

56. 공범에 속하지 않는 것은?
① 공동정범   ② 교사범
③ 간접정범   ④ 방조범

답 53. ④ 54. ③ 55. ① 56. ③

● **교사범(敎唆犯)**

범죄 의사가 없는 타인(정범)으로 하여금 범죄를 결의하여 실행하게 한 자를 말한다.

● **간접정범(間接正犯)**

책임 능력이 없는 사람이나 범죄 의사가 없는 다른 사람의 행위를 이용하여 행하는 범죄 또는 그 범인이다. 정신이상자를 꾀어 방화하게 하거나 어린아이를 꾀어 물건을 훔치게 하는 짓 따위이다.

● **상소(上訴)**

상급법원에 하급법원 판결의 심사를 구하거나 행정기관의 명령에 대한 심사를 각급 법원에 호소하는 것이다. 모든 법체계는 적어도 형식적으로는 몇몇 유형의 상소를 규정하고 있다.

● **항소(抗訴)**

하급법원에서 받은 제1심의 판결에 불복하여 판결의 취소·변경을 상급법원에 신청하는 일을 말한다.

● **상고(上告)**

항소심의 종국 판결이 확정되기 전에 법령의 판결에 심사를 구하는 불복 신청을 말한다.

● **항고(抗告)**

판결 이외의 재판인 결정이나 명령에 대해 불복하여 상급법원에 상소하는 것을 말한다.

● **보안처분**

형벌로는 행위자의 사회복귀와 범죄의 예방이 불가능하거나 행위자의 특수한 위험성으로 인하여 형벌의 목적을 달성할 수 없는 경우에 형벌을 대체·보완하기 위한 예방적 성질의 조치이다.

● **보호처분**

「가정폭력범죄의 처벌 등에 관한 특례법」, 「소년법」, 「보호관찰 등에 관한

확인문제 [한겨레신문]

57. 다음의 범죄행위 중 현행법상 공소 시효의 혜택을 누릴 수 없는 것은?
① 살인죄   ② 내란죄
③ 간첩죄   ④ 마약밀수죄

민·형사 사건 심급제도

〈3심〉

대법원

〈2심〉 ↑ 상고·재항고 ↑

고등법원	지방법원 본원 합의부(항소부)

↑ 항소·항고 ↑ 〈1심〉

지방법원 및 지원 합의부	지방법원 및 지원 단독판사

확인문제 [한국전력공사]

58. 현행 민법에서 정한 무효인 법률 행위가 아닌 것은?
① 불공정한 법률행위(폭리행위)
② 강행법규에 위반한 행위
③ 착오에 의한 의사표시
④ 허위표시

해 착오에 의한 의사표시는 취소할 수 있다.

보호조치

경찰관이 행동이 수상한 사람, 길 잃은 아이, 정신병자, 술 취한 사람 등을 경찰 기관이나 병원에 인도하는 조치.

답 57. ② 58. ③

법률」 등에 의한 보호처분제도가 있다. 「가정폭력범죄의 처벌 등에 관한 특례법」에서 가정폭력의 피해자를 보호·지원함을 목적으로 하며, 「소년 법」에서는 반사회성이 있는 소년에게 형사처분에 관한 특별조치를 함으로써 건전하게 성장하도록 돕고, 「보호관찰 등에 관한 법률」에서는 죄를 지은 사람의 재범 방지를 위해 보호관찰, 갱생보호를 함으로써 효율적인 범죄예방 활동을 전개하여 개인 및 공공의 복지 증진과 사회를 보호함을 목적으로 하는 조치이다.

● 인정사망과 실종선고

실종은 종래의 주소 또는 거소를 떠나 쉽사리 돌아올 가망이 없는 부재자가 생사불명의 상태에 있는 경우를 말한다. 인정사망과의 차이점은, 인정사망은 추정되는 것이고 실종선고는 의제된다는 것이다. 따라서 인정사망은 생존이 입증된다면 그 추정이 번복될 수 있지만 실종선고의 경우는 의제규정이라 살아있음이 입증되어도 법원의 실종선고에 대한 취소결정이 있기 전까지는 사망한 것으로 간주하게 된다.

● 근대 민법의 3대 원칙

사유재산권 존중의 원칙(소유권절대의 원칙), 사적자치의 원칙(계약 자유의 원칙), 과실책임의 원칙이다.

● 신의성실의 원칙

권리의 행사와 의무의 이행은 신의를 좇아 성실히 하여야 한다는 원칙이다.

● 선의취득

권리가 없는 것을 모르고 동산을 점유한 경우에, 유효한 거래에 의하여 동산의 소유권이나 질권을 넘겨받는 일이다.

● 쌍무계약과 편무계약

계약의 당사자가 상호 간에 대가적인 의의를 갖는 채무를 부담하는 계약이 쌍무계약이며, 그렇지 않은 계약은 편무계약이다.

확인문제 [한국전력공사, 한국지역난방공사]

59. 근대 민법의 3대 원칙이 아닌 것은?
① 신의성실의 원칙
② 소유권절대의 원칙
③ 계약자유의 원칙
④ 과실책임의 원칙

사용대차

당사자 가운데 한쪽은 상대편에게 무상으로 물건을 쓰게 하고, 상대편은 이를 써서 이익을 얻은 후 그 물건을 반환할 것을 약속함으로써 성립하는 계약.

확인문제 [동아일보]

60. 다음 중 편무계약에 해당하는 것은?
① 도급
② 사용대차
③ 임대차
④ 고용

보증채무

채무자가 채무를 이행하지 않을 경우 본인이 아닌 제삼자가 부담하는 채무.

- **채권의 발생 원인** : 계약, 단독행위, 사무관리, 부당이익, 불법행위
- **채권의 소멸 원인** : 변제, 해지, 상계, 경개, 혼동, 면제

확인문제 [한국전력공사]

61. 다음 중 채권의 내용을 실현하는 채무자의 행위는?
① 경개(更改)
② 변제(辨濟)
③ 면제(免除)
④ 해지(解止)

과실상계

채무 불이행이나 불법 행위에 대해 채권자나 피해자에게도 과실이 있는 경우 법원이 이를 고려하여 배상액을 정하는 제도로, 교통사고가 대표적이다.

답 59. ① 60. ② 61. ②

● 유상계약(有償契約)

계약의 당사자가 상호 간에 대가적 의의를 갖는 출연(경제적 손실)을 하는 계약을 말한다. 쌍무계약은 전부가 유상계약이지만 편무계약은 모두가 무상계약이라고 할 수가 없다.

● 연대채무

여러 명의 채무자가 동일한 내용의 급부에 관하여 각각 독립해서 전부의 급부를 이행할 채무를 부담하고 그 중 1명의 채무자가 전부의 급부를 하면 모든 채무자의 채무가 소멸하는 채무관계이다.

● 구상권

타인이 부담할 것을 자기의 출재로서 변제하여 타인에게 재산상의 이익을 부여한 경우 그 타인에게 상환을 청구할 수 있는 권리이다.

● 물권의 종류

본권	소유권		법률의 범위에서 소유물을 사용 · 수익 · 처분할 수 있는 권리
	제한물권	용익물권	**지상권** 타인의 토지에서 건물 및 기타의 공작물이나 수목을 소유하기 위해 그 토지를 사용할 수 있는 권리
			지역권 설정행위로 정한 일정 목적에 따라 타인의 토지를 자신의 토지의 편익에 이용하는 권리
			전세권 전세금을 지급하고 타인의 부동산을 점유하여 그 부동산의 용도에 좇아 사용 · 수익하며, 그 부동산 전부에 대하여 후순위권리자나 기타 채권자보다 전세금의 우선변제를 받을 수 있는 권리
		담보물권	**유치권** 타인의 물건이나 유가증권을 점유한 자가 그 물건이나 유가증권에 관하여 생긴 채권을 가지는 경우에 변제를 받을 때까지 그 물건 또는 유가증권을 유치할 수 있는 권리
			질권 채권자가 담보로 채무자나 제3자로부터 받은 목적물을 채무의 변제가 있을 때까지 유치하고, 변제가 없을 때 그 목적물에 대해 우선변제를 받는 권리
			저당권 채권자가 일정한 채권 담보를 위하여 채무자 또는 제3자(물상보증인)가 제공한 부동산 기타 재산을 인도받지 않고, 그 목적을 다만 관념상으로만 지배하여, 채무의 변제가 없는 경우에 그 목적물로부터 우선변제를 받을 수 있는 약정담보물권
점유권			물건을 사실상 지배하는 물권

확인문제 [한국전력공사]

62. 법이 인정하고 있는 담보물권에 관한 기술 중 공통의 성질이 아닌 것은?
① 물상대위성　② 불가분성
③ 부종성　　　④ 타물권
🔷 담보물권의 공통 성질 : 물상대위성, 부종성, 불가분성, 수반성

확인문제 [충청일보]

63. 용익물권이 아닌 것은?
① 지역권　　　② 전세권
③ 유치권　　　④ 지상권

확인문제 [한국토지주택공사]

64. 다음 중 부동산등기 사항이 아닌 것은?
① 부동산점유권　② 부동산환매권
③ 저당권　　　④ 전세권
⑤ 지상권

확인문제

65. 다음 중 혼인의 무효나 취소사유에 해당하지 않는 것은?
① 8촌 이내의 혈족 간의 혼인
② 사기나 강박으로 인한 혼인
③ 민법상 혼인연령에 미달된 자
④ 배우자의 생사가 3년 이상 불분명한 경우

조정전치주의

분쟁에 관하여 조정을 먼저 청구하고, 조정이 이루어지지 않은 경우에 비로소 심판을 청구할 수 있다는 원칙이다. 우리나라에서는 가사 조정에서 채택하고 있다.

답 62.④　63.③　64.①　65.④

[KT, 한국전력공사, 한진]

01 국가의 발달 순서를 바르게 나타낸 것은?

① 야경국가 → 경찰국가 → 복지국가

② 경찰국가 → 야경국가 → 복지국가

③ 복지국가 → 야경국가 → 경찰국가

④ 야경국가 → 복지국가 → 경찰국가

해 **경찰국가** : 17~18세기 유럽의 절대 전제 군주 국가관으로, 강력한 국가권력을 배경으로 경찰권의 내용을 확대 · 강화하였다.

[동아일보]

02 1789년 프랑스혁명 당시 생명 · 자유 · 평화에 대한 천부인권사상을 주장한 '인간 및 시민의 권리선언'을 기초한 사람은?

① 로트랙　　　② 라파예트

③ 페르스　　　④ 피오네르

해 **라파예트** : 프랑스의 정치가, 혁명가, 군인이다. 국민공회에 미국의 독립선언과 비슷한 '인권선언안'을 제출했다.

[한국전력공사]

03 「사회계약론」을 저술하였으며 모든 사람의 정치참여이론을 더욱 발전시킨 사람은?

① 로크　　　② 루소

③ 칸트　　　④ 스미스

해 **사회계약론** : 프랑스 사상가 루소의 저서이다. 그는 이 저서에서 자연 상태의 원래 자유롭고 평등하던 인간이 사회계약을 통하여 사회 또는 국가를 형성하지만, 인간의 자유와 평등은 상실되는 것이 아니고, 최고의 의사인 일반 의사 속에 구현된다고 주장하였다.

[한국전력공사]

04 근대 민주주의 발전에 사상적 뒷받침이 되었던 이론과 거리가 먼 것은?

① 사회계약설　　　② 자연법론

③ 계몽주의　　　④ 실정법론

해 **자연법론** : 자연법이 실정법의 기반이 되어야 한다는 법이론으로, 천부인권에 입각한 사상이다.

[한국전력공사]

05 권력분립 제도를 발전시켜 입법, 사법, 행정의 삼권분립을 정식화한 사람은?

① 로크　　　② 루소

③ 몽테스키외　　　④ 보댕

해 **삼권분립** : 국가권력의 작용을 입법 · 행정 · 사법의 셋으로 나누어, 각각 별개의 기관에 이것을 분담시켜 상호 간 견제 · 균형을 유지시킴으로써 국가권력의 집중과 남용을 방지하려는 통치조직원리이다. 이 이론을 처음으로 받아들인 것은 1787년 미국연방헌법이고 권력분립의 필요성을 최초로 주장한 사람은 영국의 로크였다. 그 뒤 프랑스의 몽테스키외가 「법의 정신 ; De l'esprit des lois」(1748)에서 입법 · 행정 · 사법의 삼권분립을 주장하였다.

[MBC]

06 수렴이론에 대한 설명으로 옳은 것은?

① 사회주의적 사회질서는 기존의 자본주의적 사회질서로 수렴된다.

② 자본주의적 사회질서는 혁명적 방법을 피하고도 사회주의적 질서로 환치될 수 있다.

③ 자본주의적 사회질서와 사회주의적 사회질서의 차이는 점점 소멸되고 양자 간 공통점은 확대된다.

④ 사회주의적 사회질서가 혁명에 의해 자본주의화한다.

해 **수렴이론** : 동서가 대립하던 냉전시대에는 대립하는 두 현상이 동질화된다는 이론적 관점이다.

01 ②　02 ②　03 ②　04 ④　05 ③　06 ③ 답

[한국토지주택공사]

07 팔레스타인 난민들이 이스라엘에 대항해 벌인 대중궐기로, 1987년 이스라엘군 지프차에 치여 팔레스타인 사람이 사망한 사건을 계기로 이스라엘에 대한 저항운동으로 시작된 것은?

① 무자헤딘   ② 친디아가
③ 아랍연맹   ④ 인티파다

해 **인티파다** : Intifada. 인티파다는 봉기 · 반란 · 각성을 뜻하는 아랍어로 이스라엘에 대한 팔레스타인들의 투쟁을 통칭한다.
무자헤딘 : Mujahidin. 아랍어로 '성스러운 이슬람 전사'를 뜻하며 아프가니스탄과 이란에 있는 이슬람 게릴라 조직을 말한다.

[한국전력공사]

08 다음 보기 중 다른 것과 성격이 다른 것은?

① 합영법   ② 페레스트로이카
③ 글라스노스트   ④ 솔리다리티

해 **솔리다리티** : 결속, 일치, 연대, 공동 일치를 뜻하는 폴란드 자유노조.
합영법 : 외국인투자를 기 하기 위한 북한의 법제.
페레스트로이카 : 구소련의 개혁정책.
글라스노스트 : 구소련의 대외 개방정책.

[한국전력공사]

09 현재 사용되고 있는 '좌파', '우파'의 용어를 처음 사용한 시기는?

① 러시아혁명
② 중국의 문화대혁명
③ 쿠바혁명
④ 프랑스혁명

해 1792년 프랑스혁명 당시 국민공회에서 의장석을 중심으로 급진파인 자코뱅당이 왼쪽 자리에, 온건파인 지롱드당이 오른쪽에 앉은 데서 유래했다.

[서울메트로]

10 앨빈 토플러의 '권력이동(Power Shift)'에서 권력의 세 가지가 아닌 것은?

① 환경   ② 돈
③ 폭력   ④ 정보

해 고품질 권력(돈), 저품질 권력(폭력), 21세기 권력(정보와 지식)

[중앙일보]

11 제2차 세계대전 이후 등장한 제3세계에 대해 잘못 설명한 것은?

① 반식민주의, 비동맹중립주의의 노선을 채택했다.
② 평화 5원칙에 입각해 공산주의 세력의 침투를 저지했다.
③ 각국의 경제적 이익 우선 추구 경향에 의해 최근 결속력이 약화되었다.
④ 콜롬보회의, 반둥회의를 통해 결속을 강화했다.

해 **제3세계** : 일반적으로 제2차 세계대전 이후 미 · 소 어느 진영에도 가담하지 않고 비동맹노선을 취했던 개발도상국들에 대한 총칭.

[서울메트로]

12 OECD에 대한 설명 중 맞는 것은?

① 경제협력을 위한 국제기구이다.
② 주요 선진국이 회원국으로 가입해 있고 다수의 전문위원회가 설치되어 있다.
③ UN 산하기구로서 본부는 파리에 있다.
④ 우리나라는 1996년 협정안에 서명함으로써 34번째 정식 회원국이 되었다.

해 **OECD** : 경제발전과 세계무역 촉진을 위하여 발족한 국제기구. 경제협력개발기구라고도 한다.

[한겨레신문]

13 탈레반에 대한 내용으로 옳지 않은 것은?

① 1994년 아프가니스탄 북부와 파키스탄 서부에서 태동했다.

② 집권 후 '샤리아'라는 이슬람 율법을 엄격이 적용하여 아프가니스탄을 통치했다.

③ 가혹한 이슬람식 처벌제도를 부활시켰다.

④ 알 카에다의 바미얀 석불 파괴에 반대했다.

해 탈레반은 2001년 3월 군대를 동원해 로켓과 탱크 등으로 아프가니스탄 내 불교 유적과 불상들을 부수는 등 유례없는 유적 파괴 행위를 공개적으로 일삼아 국제적인 비난을 샀다.

[한겨레신문]

14 아래의 항목 중 지역경제통합과 직접 관련이 없는 기구는?

① EFTA   ② NAFTA

③ MERCOSOUR   ④ APEC

해 ①, ②, ③은 경제 블록과 관련된 것이지만 ④는 지역 간 (정치) 협의체이다.

[쌍용건설]

15 선진국의 신보호주의로 인한 무역 마찰을 줄이기 위한 대책으로 옳지 않은 것은?

① 신속한 수입 개방 정책으로 국내 산업의 경쟁력을 기른다.

② 소재 및 부품산업을 육성하여 대외 경쟁력을 강화한다.

③ 연구개발투자를 확대하여 우리 상품의 품질을 높인다.

④ 특정 국가에 편중된 무역구조를 개선하여 수출입 시장을 다변화한다.

해 신속한 수입 개방 정책은 국내 취약 산업의 붕괴를 초래한다.

[한진]

16 다음 중 자국의 이익을 위해서는 수단과 방법을 가리지 않으며 국제정의까지도 부정하는 맹목적 애국주의를 뜻하는 것은?

① 포퓰리즘   ② 마키아벨리즘

③ 징고이즘   ④ 매카시즘

해 매카시즘 : 확실한 이유 없이 불충, 국가 전복, 반역을 고발하는 정치적 행위 또는 극단적이고 초보수적인 반공주의 선풍.

[KT&G]

17 UN헌장의 초안을 채택했던 국제회의는?

① 얄타회담

② 샌프란시스코회담

③ 모스코바 3상회담

④ 덤바턴 오크스회담

해 Dumbarton Oaks Conference : 국제연합의 창설을 위하여 1944년 개최된 국제예비회의.

[KBS, 동아일보]

18 UN의 정기총회는 어느 때 개최되는가?

① 매년 9월 1일

② 매년 9월 셋째 화요일

③ 매년 10월 첫째 화요일

④ 매년 10월 1일

해 UN의 정기총회는 매년 9월 셋째 화요일에 열린다. 특별한 안건이 있을 경우에는 특별총회 또는 긴급총회가 소집된다.

07 ④   08 ④   09 ④   10 ①   11 ②   12 ①   13 ④   14 ④   15 ①   16 ③   17 ④   18 ②   답

19 UN의 최고의결기관은 총회이다. 총회의 의결 방법은?

① 주요 의제는 투표 참가국의 만장일치제, 그 밖의 의제는 과반수 찬성제이다.

② 주요 의제는 투표 참가국의 과반수 찬성제, 그 밖의 의제는 단순 다수 찬성제이다.

③ 주요 의제는 투표 참가국의 2/3 다수 찬성제, 그 밖의 의제는 과반수 찬성제이다.

④ 주요 의제는 투표 참가국의 2/3 다수 찬성제, 그 밖의 의제는 단순 다수 찬성제이다.

[중앙일보, 서울메트로]

20 UN의 주요기관의 구성에 관하여 옳지 못한 것은?

① 국제사법재판소는 13인의 재판관으로 구성되며 본부는 헤이그에 있다.

② 경제사회이사회는 총회로부터 선출된 54개 가맹국으로 구성된다.

③ 총회는 모든 가맹국으로 구성된다.

④ 안전보장이사회는 15개국으로 구성되며 5개의 상임이사국과 10개의 비상임이사국으로 구성된다.

해 국제사법재판소는 15명의 재판관으로 구성되는데, 전원 국적이 달라야 하며 총회와 안전보장이사회에서 선출한다.

[대웅제약]

21 UN의 FAO가 하는 일은?

① 질병추방 ② 도덕재무장
③ 기아해방 ④ 노동조건개선

해 FAO : 유엔식량농업기구. 기아해방을 주목적으로 한다.

[한진, 한국전력공사]

22 UNESCO는 어떤 기구의 약자인가?

① 국제노동기구
② 국제민간항공기구
③ 국제식량농업기구
④ 국제연합교육과학문화기구

해 UNESCO : United Nations Educational, Scientific and Cultural Organization.

[서울메트로, 한국마사회]

23 UN의 주요 기구에 대한 설명으로 옳지 않은 것은?

① UN의 최고 기구는 총회다.

② 국제사법재판소 본부는 헤이그에 소재한다.

③ 사무총장은 안전보장이사회 건의로 총회에서 임명한다.

④ 안전보장이사회는 미국, 영국, 프랑스, 러시아, 중국의 5개국으로 구성되어 있다.

해 안전보장이사회는 5개 상임이사국과 10개 비상임이사국 등 15개국이다.

[중앙일보]

24 APEC은 어떤 기관인가?

① 아 · 태지역 경제협력체
② 아 · 태지역 안보협력체
③ 아 · 태지역 환경협력체
④ 아 · 태지역 정보통신망

해 APEC : Asia Pacific Economic Cooperation. 지속적인 경제성장과 공동의 번영을 위해 창설한 아시아－태평양 경제협력체이다.

[한국전력공사]

25 해방 이후 강대국에 의한 신탁통치를 결정하여 남한에서 미 군정의 토대를 마련한 국제회의는?

① 모스크바회담　　② 카이로회담

③ 포츠담회담　　　④ 얄타회담

剏 '모스크바 3상회의'라고도 한다.

[국민체육진흥공단]

26 '최소의 정부'는 다음 중 어느 것을 말하는가?

① 야경국가　　　② 경찰국가

③ 복지국가　　　④ 공산국가

剏 야경국가 : 국가는 외적의 침략으로부터의 방어, 국내 치안의 유지, 개인의 사유재산 및 자유에 대한 침해의 배제 등 필요한 최소한의 임무만을 수행해야 한다고 하는 자유방임주의에 근거한 자본주의 국가의 국가관이다.

[서울메트로]

27 '최소한의 정부가 최선의 정부'라는 말은 어떤 국가관을 바탕으로 하는가?

① 공산주의 국가관

② 전체주의 국가관

③ 다원주의 국가관

④ 권위주의 국가관

剏 다원주의 : 사회는 여러 독립적인 이익집단이나 결사체로 이루어져 있으므로 권력 엘리트에 의하여 지배되기보다는 그 집단의 경쟁 · 갈등 · 협력 등에 의하여 민주주의적으로 운영된다고 보는 사상.
전체주의 : 개인은 전체 속에서 비로소 존재가치를 갖는다는 주장을 근거로 강력한 국가권력이 국민생활을 간섭 · 통제하는 사상 및 그 체제.
권위주의 : 어떤 일에 대하여 권위를 내세우거나 권위에 순종하는 사고방식 또는 행동양식.

28 다음 세계적 NGO(비정부기구) 가운데 1997년 북한에서 구호활동을 벌인 공로로 서울특별시가 제정한 '서울평화상'을 수상한 기구는?

① Amnesty International

② Greenpeace

③ Club of Rome

④ Doctors Without Borders

剏 Doctors Without Borders : 국경없는 의사회. 1995년 10월부터 2개월간 비정부단체로는 유일하게 북한 수해현장에 직접 투입돼 예방활동을 벌이고 의약품과 의료장비를 지원하기도 했다.

29 다음 중 세계적 NGO(비정부기구)의 본부가 있는 도시가 잘못 연결된 것은?

① Amnesty International – 영국 런던

② Greenpeace – 네덜란드 암스테르담

③ Club of Rome – 프랑스 파리

④ Doctors Without Borders – 스위스 제네바

剏 로마클럽의 본부는 로마에 있다.

30 다음 중 주재국에서 치외법권과 불가침권의 외교특권과 관계가 적은 하나는?

① 대사　　　② 공사

③ 영사　　　④ 특사

剏 영사에게는 수행업무에 관한 재판에 대해서만 치외법권을 인정하고 있다.

31 정치선거 때가 되면 학문 연구는 하지 않고 정치조언만 해주는 사람을 빗댄 표현은?

① 폴리페서(Polifessor)

② 테크노크라트(Technocrat)

③ 스핀닥터(Spin Doctor)

④ 스케이프 고트(Scapegoat)

해 폴리페서(Polifessor) : 영어에서 '정치'를 뜻하는 '폴리틱스(politics)'와 '교수'를 뜻하는 '프로페서(professor)'의 합성어로서, 현실 정치에 적극적으로 참여하는 교수를 일컫는 신조어이다.

32 행정부는 실질적으로 대통령과 수상으로 이원화되어 각각 실질적 권한을 가지는데, 평상시에는 내각수상이 행정권을 행사하나 비상시에는 대통령이 행정권을 전적으로 행사하는 정부형태는?

① 연립내각   ② 공동정부

③ 이원(집)정부   ④ 동거정부

해 공동정부 : 정부가 생산·공급하는 행정 서비스 업무를 민간 등 제3자에게 위임 또는 위탁함으로써 정부의 기능이 현저하게 축소된 정부 형태를 말한다. 공동정부는 지식정보화 시대에 적합한 정부 형태로 제시된다.

[삼성, KB국민은행]

33 우리 헌법은 '대한민국의 영토는 한반도와 그 부속도서로 한다.'라고 규정하고 있으나 현실적으로는 휴전선 이북에는 대한민국의 통치권이 미치지 않고 있다. 이런 현상의 이유는?

① 헌법의 규범적 성격이 없기 때문이다.

② 헌법의 타당성은 있으나 그 실효성이 없기 때문이다.

③ 헌법의 실효성은 있으나 그 규범성이 없기 때문이다.

④ 헌법의 규범성은 있으나 그 타당성이 없기 때문이다.

해 영토고권 : 영토에 미치는 국가의 최고권력을 말한다. 영토 안의 모든 사람과 물건에 대한 지배권을 뜻하며, 영토에만 미치는 것이 아니라 영해·영공을 포함하는 모든 국가영역에 걸치는 것이므로 영역고권(領域高權)이라고도 한다.

[한국전력공사]

34 역사적으로 기본권이 발전하는 과정이 바르게 표시된 것은?

① 참정권 → 자유권 → 사회권

② 자유권 → 사회권 → 참정권

③ 참정권 → 사회권 → 자유권

④ 자유권 → 참정권 → 사회권

해 역사적으로 기본권은 노예해방(자유권), 시민의 투표권 행사(참정권), 생존권적 기본권 보장(사회권)의 순으로 발전했다.

[포스코, 동아일보]

35 헌법에 보장된 자유권에 대하여 가장 잘 표현한 말은?

① 최대 다수의 최대 행복

② 요람에서 무덤까지

③ 신문 없는 정부보다 정부 없는 신문 선택

④ 국민의, 국민에 의한, 국민을 위한 정책

해 미국의 제퍼슨 대통령이 남긴 말이다. 그는 신앙의 자유와 언론의 자유에 대해 각별한 업적을 남겼다.

[중앙일보]

36 저항권의 행사 요건이라고 볼 수 없는 것은?

① 예비적 수단성 ② 보충성

③ 합법성 ④ 최후 수단성

해 저항권 : 법치 국가에서, 기본 질서를 침해하는 국가의 공권력 행사에 대하여 주권자인 국민이 행할 수 있는 최후의 비상 수단적 권리이다.

[포스코]

37 다음 기본권 중 현대복지국가 이념을 배경으로 발전한 것은?

① 재산권 ② 국민투표권

③ 근로의 권리 ④ 신체의 자유

해 현대 복지국가의 기본 이념은 국민복지 증진 및 생존권적 기본권 보장이다.

[LG유플러스]

38 민주주의 원리의 핵심은?

① 의회정치 ② 인권존중

③ 보통선거 ④ 대통령제

해 민주주의는 개인의 인권에 관한 기본권을 강조하고 있다.

[서울메트로]

39 정부 권력이 국민의 지지나 동의를 얻어 구성되어야 함은 무엇을 뜻하는가?

① 권력의 능률성 ② 권력의 효율성

③ 권력의 정당성 ④ 권력의 통제성

해 정치권력의 정당성은, 근대 이전에는 신이나 하늘의 뜻에서 정당성의 근거를 찾았으나(왕권신수설) 근대 이후에는 국민 주권론에 근거하여 국민의 지지에서 정당성의 근거를 찾았다(사회계약설).

[한국환경공단]

40 다음 중 국가적 공권이 아닌 것은?

① 생존권 ② 징세권

③ 형벌권 ④ 징병권

해 국가적 공권 : 국가 또는 공공단체나 그로부터 수권을 받은 자가 우월한 행정권의 주체로서 국민에 대하여 가지는 공법상의 권리이다.

개인적 공권 : 국민이 국가에 대하여 가지는 공법상의 권리로서, 평등권 · 자유권 · 수익권 · 생활권(생존권 · 사회권) · 참정권 등을 말한다.

[신한은행, 한국전력공사]

41 백서(白書)란?

① 형사피고인의 자백서이다.

② 국정감사보고서의 별칭이다.

③ 백지 위임장을 말한다.

④ 일반적으로 정부가 발표하는 행정현황 조사보고서이다.

해 백서 : 정부 각 부가 소관사항에 대해서 제출하는 보고서이다. 원래는 영국 정부의 공식보고서 명칭이다. 표지가 백색이기 때문에 '백서'라는 명칭이 붙었다.

[한국가스공사]

42 우리나라 대통령 자문기관들 가운데 그 설치가 필수적인 것은?

① 민주평화통일정책자문위원회의

② 국정자문회의

③ 국가안전보장회의

④ 국가원로자문회의

해 ③을 제외한 나머지는 임의기구이다.

---

31 ① 　32 ③ 　33 ② 　34 ④ 　35 ③ 　36 ③ 　37 ③ 　38 ② 　39 ③ 　40 ① 　41 ④ 　42 ③ 　**답**

[중앙일보]

43 법률에 시행일에 관한 규정을 두지 않을 경우 효력발생일은?

① 제정된 날로부터 14일

② 제정된 날로부터 20일

③ 공포된 날로부터 14일

④ 공포된 날로부터 20일

해 법률안은 특별한 규정이 없는한 공포 20일 이후부터 효력이 발생한다.

[포스코]

44 사회공공질서의 유지를 위해 비교적 제한을 적게 받는 것은?

① 양심의 자유 　② 신체의 자유

③ 종교의 자유 　④ 언론의 자유

해 양심의 자유는 강제할 수 없다.

[KBS, 포스코]

45 다음 중 생존권적 기본권은?

① 청원권

② 재산권

③ 손실보상청구권

④ 균등하게 교육받을 권리

해 생존권적 기본권의 종류 : 교육을 받을 권리, 인간다운 생활을 할 권리, 가족 · 혼인과 보건에 관한 권리, 쾌적한 환경에서 생활할 권리, 근로자의 단결권 · 단체교섭권, 행복추구권 등

[한국전력공사]

46 우리나라 헌법의 기본원리라 할 수 없는 것은?

① 자유민주주의

② 복지국가의 원리

③ 조국의 평화적 통일

④ 복수정당주의

해 우리나라 헌법에서 정당의 설립은 자유주의를 채택하고 있다. 정당의 설립은 자유이며, 복수정당제는 보장된다.

[KT&G]

47 연성헌법이란?

① 국가긴급권과 국민긴급권이 보장된 헌법

② 직접민주제도와 간접민주제도가 혼합된 헌법

③ 헌법재판소와 행정재판소가 규정된 헌법

④ 헌법개정절차와 법률개정절차가 동일한 헌법

해 연성헌법 : 법률과 같은 절차에 의하여 개정될 수 있는 헌법.

민정헌법 : 국민의 의사에 의하여 제정된 헌법.

경성헌법 : 헌법의 개정절차가 법률보다 어렵게 되어 있는 헌법.

[한국전력공사]

48 헌법 개정이 특히 논의될 실익이 없는 불문헌법 · 연성헌법 국가는 어느 나라인가?

① 미국 　② 독일

③ 영국 　④ 일본

해 영국은 대표적 불문법 국가이다.

불문법 : 성문법에 대응하는 것으로서 관습법이나 판례법 등이 가장 중요하다. 영국에서는 헌법의 대부분도 관습법이다.

49 우리나라 헌법기구 중 연임이 가능한 직책은?

① 대통령 　② 국무총리

③ 헌법재판소장 　④ 대법원장

해 ③ 재판소장과 재판관의 임기는 6년이며 모두 연임이 가능하다.

① 대통령은 단임제이다.

② 국무총리는 임기제가 아니다.

④ 대법원장은 연임불가하지만 대법관은 중임이 가능하다.

[신한은행]

50 제9차 개헌에 의해 새롭게 국회의 권한으로 포함된 것으로 가장 알맞은 것은?

① 예산심의권

② 위헌정당해산제소권

③ 명령·규칙·처분심사권

④ 국정조사권

해 제9차 개헌에서 국정조사권이 부활되었다. 현행 헌법인 제9차 개정 헌법의 특징으로는 대통령 직선제 및 5년 단임제, 대통령의 비상 조치권 삭제, 국회의 국정감사권 부활, 국민의 기본권 강화 등이 있다.

[한국전력공사]

51 국무총리의 권한으로 맞는 것은?

① 국무위원 임명권

② 명령제정권

③ 행정부 지휘감독권

④ 국무회의 구성권

해 국무총리가 국무위원을 제청하면 대통령이 임명한다. 명령의 제정권은 대통령의 권한이다.

[수도권매립지관리공사]

52 우리나라 국무회의의 성격은?

① 정책심의기관　　② 의사결정기관

③ 집행기구　　　　④ 합의제기구

해 헌법에 정책심의기관으로 규정되어 있다.

[한국환경공단]

53 대통령의 권한 중에서 사전에 국회의 동의를 요하지 않는 것은?

① 일반사면

② 조약의 체결·비준

③ 계엄선포

④ 감사원장의 임명

해 ①, ②, ④는 국회의 사전 동의를 받아야만 하지만 계엄은 선포 후 국회에 통고한다. 일반사면은 국회 동의를 받아야 하지만 특별사면은 국회 동의를 요하지 않는다.

특별사면 : 특정의 범죄인에 대하여 형의 집행을 면제하거나 유죄선고의 효력을 상실시키는 대통령의 조치이다. 형의 선고를 받은 자에 대하여 법무부장관의 상신으로 국무회의의 심의를 거쳐 대통령이 행한다.

[충주 MBC]

54 국회 인사청문회에 대한 설명 중 틀린 것은?

① 현행법상 대법원장, 헌법재판소장, 국무총리, 감사원장 등은 모두 청문회 대상이다.

② 검찰총장, 국가정보원장도 인사청문회 대상에 포함된다.

③ 인사청문회 대상인 후보자가 특별한 이유로 청문회의 비공개를 요구할 때는 공개하지 않을 수 있다.

④ 국회는 임명동의안이 제출된 날로부터 10일 이내에 인사청문회를 마친다.

해 ④ 국회는 임명동의안이 제출된 날로부터 20일 이내에 인사청문회를 마친다.

인사청문회 : 대통령이 행정부 고위 공직자 임명 시 국회의 검증을 받도록 하는 제도이다. 국회가 대통령을 견제할 수 있는 하나의 장치로 작동하고 있다. 국회의원들은 해당 회의에서 후보자가 공직에 대한 수행 능력을 갖추고 있는지 질문을 통해 검증한다.

55 현행 형법에서는 동법의 효력이 '대한민국 영역 외에 있는 대한민국의 선박·항공기 내에서 죄를 범한 내·외국인에게 적용된다.'고 명시하고 있다. 이는 형법의 적용 범위에 관한 기준 중 어느 것에 해당하는가?

① 속지주의　　② 속인주의

③ 보호주의　　④ 법률주의

해 **기국주의** : 공해상의 선박이나 항공기는 국적을 가진 국가의 배타적 관할권에 속한다는 국제법상의 원칙이다. 기국주의는 법의 효력에 대한 속지주의의 특수한 경우라고 할 수 있다.

속지주의 : 형법의 적용 범위에 관하여 자국 영역을 기준으로 그 영역 내에 있는 모든 사람에게 법을 적용하는 것이다.

속인주의 : 국적을 기준으로 모든 자국민에게 법을 적용하는 원칙이다.

56 법의 효력에 관한 원칙이 아닌 것은?

① 상위법은 하위법에 우선한다.

② 국내법은 국제법에 우선한다.

③ 신법은 구법에 우선한다.

④ 특별법은 보통법에 우선한다.

해 ⑤ 「헌법」에 의하여 체결·공포된 조약과 일반적으로 승인된 국제법규는 국내법과 동일한 효력을 갖는다.

법 적용의 원칙

상위법 우선의 원칙 : 하위의 법규보다 상위의 법규를 우선 적용한다.

특별법 우선의 원칙 : 일반법보다 특별법을 우선 적용한다는 원칙이다.

신법 우선의 원칙 : 신법이 기존의 법과 충돌할 때에는 새로 제정된 신법을 우선 적용한다.

법률불소급의 원칙 : 새로 제정 또는 개정된 법률은 그 법률이 효력을 가지기 전에 발생한 사실까지 소급하여 적용할 수 없다는 원칙이다.

57 다음 중 유효한 법률행위는?

① 당사자의 궁박·경솔·무경험으로 현저하게 공정을 잃은 계약

② 이미 소실된 건물의 매매계약

③ 밀수입을 위한 출자행위

④ 배임행위가 적극 가담된 부동산의 이중매매

⑤ 무허가 음식점의 음식물 판매행위

해 ⑤ 무허가 음식점의 음식물 판매행위는 법규 위반이 아닌 행정 위반이다.

무효와 취소 : 무효는 애초부터 법률행위의 성립이 없던 경우이고, 취소는 최초 법률행위 시부터 유효하게 성립되었지만 확인 결과 무효한 것으로 밝혀져 취소시점에서 최초 법률행위 시점으로 소급해서 무효와 같은 효과가 발생하는 것이다.

무효인 법률행위

• 의사무능력자의 법률행위

• 선량한 풍속, 기타 사회질서에 위반한 사항을 내용으로 하는 법률행위.

• 당사자의 궁박, 경솔 또는 무경험으로 인하여 현저하게 공정을 잃은 법률행위.

• 상대방과 통정한 허위의 의사표시.

• 무권대리(대리권 없이 행하여진 대리행위).

• 불법조건(어떤 조건을 붙임으로 인하여 법률행위가 불법성을 갖게 되는 조건).

취소할 수 있는 법률행위 : 원칙적으로 제한능력 또는 의사표시가 사기·강박·착오로 행하여진 것을 이유로 일단 유효하게 성립한 법률행위의 효력을 후에 행위 시에 소급하여 소멸케 하는 특정인(취소권자)의 의사표시.

• 제한능력자의 법률행위는 취소할 수 있다.

• 의사표시는 법률행위의 중요 부분에 착오가 있는 때에는 취소할 수 있다. 그러나 그 착오가 표의자의 중대한 과실로 인한 때에는 취소하지 못한다.

• 사기나 강박에 의한 의사표시는 취소할 수 있다.

58 다음 중 보기와 같은 내용을 갖는 원칙은?

> 2018년 1월 1일 제정된 법률은 2018년 1월 1일 이전에 행한 행위에 대하여 적용할 수 없다.

① 특별법 우선의 원칙
② 신법 우선의 원칙
③ 법률불소급의 원칙
④ 죄형법정주의

해 **법률불소급의 원칙** : 모든 법률은 행위 시의 법률을 적용하고, 사후입법(事後立法)으로 소급해서 적용할 수 없다는 원칙이다.
죄형법정주의 : '법률이 없으면 범죄도 없고, 법률이 없이는 형벌도 없다(nullum crimen, sine lege nulla poena sine lege)'는 원칙이다.

[한겨레신문, 한국전력공사]
59 다음 중 대통령의 권한에 속하지 않는 것은?

① 대통령은 국가의 원수이며, 외국에 대하여 국가를 대표한다.
② 대통령은 국가의 독립, 영토의 보전, 국가의 계속성과 헌법을 수호할 책무를 진다.
③ 대통령은 조국의 평화적 통일을 위한 성실한 의무를 진다.
④ 대통령은 행정 각부를 직접 통할한다.

해 ④ 행정 각부의 통할은 국무총리에게 있다.
국무총리 : 대통령의 명을 받아 행정 각부를 통괄하는 대통령 제의 보좌기관이다. 대통령중심제에 내각책임제를 가미시킨 헌법에서 볼 수 있는 직제이다.

[SBS]
60 다음 우리나라 국회와 관련된 설명 중 틀린 것은?

① 정기국회 개최는 매년 9월 10일, 공휴일인 때는 그 익일로 한다.
② 총선 후 최초의 임시국회는 임기 개시일로부터 7일 이내에 개회한다.
③ 대법원은 정당의 해산을 판결할 권한이 없다.
④ 우리나라에서는 필리버스터를 허용하지는다.

해 필리버스터(Filibuster)는 의회 안에서 소수파 의원들이 다수파 의원들의 독주를 막기 위해 합법적으로 의사진행을 방해하는 행위를 말한다. 우리나라의 경우, 재적의원의 3분의 1 이상이 무제한 토론에 대한 종결동의 요구서를 의장에게 제출할 수 있다. 무제한 토론의 종결동의가 제출된 때부터 24시간이 경과한 후에 무기명투표로 표결하되, 재적의원 5분의 3 이상이 찬성으로 의결하면 무제한 토론의 종결동의에 대해서는 토론하지 않고 표결한다.

[한국전력공사]
61 국회의 의회에 관한 설명 중 틀린 것은?

① 임시회는 대통령 또는 국회 재적의원 4분의 1 이상의 요구로 집회하며 대통령이 임시회를 요구한 경우에는 기간과 이유를 명시하지 않아도 된다.
② 국회의원 제명에 필요한 의결 정족 수는 재적의원 3분의 2 이상의 찬성이 필요하다.
③ 정기회는 매년 1회 집회하며 회기는 100일 이내이다.
④ 캐스팅 보트(Casting Vote)는 우리나라에서는 인정하지 않는다.

해 어떠한 경우에도 임시회 소집에 관한 이유와 기간을 명시해야 한다.

62 국회의원 선거운동을 할 수 있는 시기는?

① 등록마감 후   ② 공고 30일 후

③ 공고 후   ④ 공고 전

해 법적인 선거운동은 후보자 등록마감일 다음날부터 투표일까지이다.

63 보궐선거는 다음 중 어느 경우에 시행하게 되는가?

① 임기 중 사직 · 사망 · 실격의 경우

② 선거 무효의 판결이 있는 경우

③ 당선인이 피선거권을 상실한 경우

④ 당선인이 없는 경우

해 ②, ③, ④는 재선거의 사유에 해당한다.

64 다음 중 국회의원선거에서 당선인이 당선무효가 되는 경우가 아닌 것은 어느 것인가?

① 당선인 본인이 선거법 위반으로 100만 원 이상의 벌금형 또는 징역형을 받은 경우

② 선거사무장 및 회계책임자가 선거법 위반으로 징역형을 받은 경우

③ 직계 존 · 비속이 선거법 위반으로 징역형을 받은 경우

④ 배우자가 선거법 위반으로 200만 원 이상의 벌금형 또는 징역형을 받은 경우

해 당선무효가 되는 경우
- 당선인이 100만 원 이상의 벌금형을 선고 받았을 때
- 선거사무장 · 회계책임자 · 직계존비속 · 배우자 등이 300만 원 이상의 벌금형을 받았을 때

65 선거공영제를 위한 두 가지 원칙은?

① 기회균등과 비용의 후보자 부담원칙

② 부정선거 방지와 비용의 국가 부담원칙

③ 기회균등과 비용의 국가 부담원칙

④ 부정선거 방지와 비용의 정당 부담원칙

해 선거공영제 : 선거운동의 무분별함으로 인한 폐단을 방지하고 선거의 공정성을 견지하기 위한 제도.

66 다음은 국회기관 및 권한에 관한 설명으로 틀린 것은?

① 국회의장은 상임위원회에 출석해 발언할 수 있으나 표결에는 참가 못한다.

② 국회의장과 부의장은 국회의 동의를 얻어 그 직을 사임할 수 있다.

③ 국회의원 총선 후 첫 임시회 집회 공고는 사무총장이 의장 직무를 대행한다.

④ 국회의장과 부의장 선거는 거수의 방법도 가능하며 재적의원 과반수 득표로 당선된다.

해 국회의장과 부의장은 국회에서 무기명 투표로 선출한다.

67 다음 설명 중 옳은 것은?

① 국회는 재적의원 3분의 1 이상의 발의와 재적의원 과반수의 찬성으로 국무총리와 국무위원의 해임을 건의할 수 있다.

② 대통령의 임기가 만료된 때에는 임기만료 60일 내지 40일 전에 후임자를 선거한다.

③ 군인은 현역을 면한 후에도 국무총리나 국무위원에 임명될 수 없다.

④ 검찰총장, 국립대학교 총장의 임명은 국무회의의 심의를 불요한다.

해 ② 대통령선거는 그 임기만료일 전 70일 이후 첫 번째 수요일이 선거일로 법제화되어 있다.
③ 현역 군인이 국무위원으로 제청을 받으면 전역한 후에 임명된다.
④ 검찰총장, 합동참모의장, 각군참모총장, 국립대학교 총장 기타 법률이 정한 공무원과 국영기업체 임명은 국무회의 심의를 거친다.

[한겨레신문]

68 다음 중 국회의 권한이 아닌 것은?

① 입법권 　　　　② 예산편성권
③ 국정조사권 　　④ 결산승인권

해 국회는 정부가 제출한 예산(편성)을 심의 · 승인한다.

[수도권매립지관리공사]

69 사면권에 관한 설명 중 틀린 것은?

① 일반사면은 죄의 종류를 정하여 행하는 사면이다.
② 특별사면은 특정한 자에 대하여 행하는 사면이다.
③ 일반사면은 형이 선고의 효력 또는 공권력을 상실시키지만 특별사면은 형의 집행을 면제시킨다.
④ 일반사면, 특별사면 모두 국회의 동의를 요한다.

해 일반사면만 국회의 동의를 받아야 한다.

[중앙일보]

70 국정조사 · 감사의 대상이 되는 것은?

① 조사 중인 범죄에 대한 기소 여부
② 국정에 관계없는 사적 사건
③ 법원의 인사행정에 관한 사항
④ 대통령의 일반 사면권 행사

해 국회의 국정조사와 감사는 국정 전반에 대한 것이며, 대통령의 일반사면은 사전에 국회의 동의를 받아야 한다.

[한겨레신문]

71 다음 내용 중 헌법재판소의 심판대상에 해당하지 않는 사항은?

① 검사가 내린 불기소처분
② 법률이 헌법에 위반되는지의 여부
③ 대통령에 대한 탄핵 여부
④ 대법원 판결이 헌법에 위반되는지의 여부

해 대법원의 판결은 법 적용과 절차에 대한 심판이므로 헌법에 위반되는 경우가 없다.

[국민건강보험공단]

72 미성년자 입장불가의 경우에 성년자는 입장할 수 있다는 해석은?

① 확대해석 　　　② 유추해석
③ 물론해석 　　　④ 반대해석

해 반대해석 : 법문이 규정하는 요건과 반대의 요건이 존재하는 경우에 그 반대의 요건에 대하여 법문과 반대의 법적 판단을 하는 해석.
확대 · 축소해석 : 법조문의 의미를 넓게 해석하면 확대해석, 한정하여 해석하면 축소해석.
유추해석 : 법조문에 포함되어 있지 않은 사항에 대해 유사규정을 적용하는 것. 형법에서는 엄격히 금지하고 있다.
물론해석 : 입법 취지로 보아 유사한 사항에 대한 해석(자동차 통행금지, 자전거는 통행 가능).
문리해석 : 법의 1차적 해석방법. 법조문을 문장 그대로 해석하는 방법.
유권해석 : 국가의 권위 있는 기관의 법규 해석.
학리해석 : 법이론에 의한 해석.

[한국전력공사]

73 실종선고의 취소요건이 아닌 것은?

① 법원의 공시최고
② 실종기간 만료 시와 다른 시기에 사망
③ 실종자의 생존 사실
④ 본인의 청구

해 문제에서 ②, ③, ④는 생사 여부가 확인된 경우이다. 법원의 공시최고 기간 안에 ②, ③, ④가 확인되면 취소된다.

---

62 ①　63 ①　64 ④　65 ③　66 ④　67 ①　68 ②　69 ④　70 ③　71 ④　72 ④　73 ①　**답**

74 다음 연령과 관련된 우리나라의 법률 규정 중 연결이 바른 것은?

① 14세–형법상 미성년

② 16세–주민등록증 발급

③ 18세–남·녀 모두 부모의 동의 얻어 혼인 가능

④ 18세–민법상 성년

해 법적 나이

14세 미만	형사 미성년자(소년원 감치)
15세 미만	취업 제한(15세 이상을 경제활동 인구로 분류)
17세 이상	주민등록증 발급 대상자, 군 자원입대 가능
18세 이하	유해매체 이용 제한
18세 이상	(남·녀 불문)부모 동의 하에 혼인(약혼) 가능
19세 이상	민법상 성년, 선거권 행사, 부모의 동의 없이 혼인 가능, 병역을 위한 징병검사 대상, 유해매체 이용 가능
65세 이상	노인

[경향신문]

75 임차인의 권리를 보호하기 위해 만들어진 「주택임대차보호법」에서 취소 임대차 계약기간은?

① 6개월   ② 1년

③ 2년   ④ 3년

[쌍용]

76 서울 시내를 지나던 행인이 가로수가 부러져 다쳤을 경우 누구를 피고로 하여 손해배상을 청구할 수 있는가?

① 국가   ② 서울특별시장

③ 관할 구청장   ④ 서울특별시

해 가로수 관리기관이 배상청구 대상이다.

[SBS]

77 다음 중 혼인에 따르는 일반적 효과가 아닌 것은?

① 동거·부양·협조의 의무

② 배우자의 재산 공유

③ 정조의무

④ 일상 가사채무의 연대책임

⑤ 성년으로 의제한다.

해 **혼인의 일반적 효과** : 친족관계의 발생, 호적의 변동, 동거의무, 부양·협조의무, 정조의무, 부부 간의 계약취소권, 법정재산제, 생활비용의 부담 등이 있다. 그러나 혼인 전에 형성된 재산은 법정재산권에 포함되지 않는다는 것이 통설이다.

[한국식품연구원, 한겨레신문]

78 형벌의 종류와 그 예의 연결이 잘못된 것은?

① 생명형–사형   ② 자유형–금고

③ 명예형–자격상실   ④ 재산형–과태료

해 과태료는 벌금이나 과료(科料)와 달리 형벌의 성질을 가지지 않는 법령위반에 대하여 과해지는 금전벌이다.

[한국전력공사]

79 다음 중 무효한 법률행위가 아닌 것은?

① 반사회질서 행위

② 불공정한 행위

③ 강행법규 위반 행위

④ 강박에 의한 행위

해 강박에 의한 법률행위는 취소할 수 있다.

[경향신문]

80 다음 중 법정형량이 가장 가벼운 것은?

① 내란목적살인죄

② 전시군수계약불이행

③ 외국원수폭행죄

④ 내란수괴죄

해 **외국원수폭행죄** : 대한민국에 체재하는 외국의 원수에 대해 폭행 또는 협박한 자는 7년 이하의 징역 또는 금고에 처한다.

내란목적살인죄 : 국토를 참절하거나 국헌을 문란할 목적으로 사람을 살해한 자는 사형, 무기징역 또는 무기금고에 처한다.

전시군수계약불이행 : 전쟁 또는 사변에 있어서 정당한 이유 없이 정부의 군수품 또는 군용공작물에 관한 계약을 불이행했을 때 10년 이하의 징역에 처한다.

내란수괴죄 : 내란수괴는 사형, 무기징역 또는 무기금고에 처한다.

[한국수력원자력]

81 사실 여하를 불문하고, 일정한 상태를 인정하는 것이며, 이에 대하여는 반증을 가지고 그 효력을 깨뜨리지 못한다. 이것을 인정할 수 있는 상태는 아니나 인정할 필요에 의하여 효력을 인정하는 것은 무엇인가?

① 간주　　　　② 준용

③ 유추　　　　④ 추정

해 **간주** : 상태, 모양, 성질 따위가 그와 같다고 봄. 또는 그렇다고 여김.

준용 : 어떤 사항을 규율하기 위하여 만들어진 법규를 그것과 유사하나 성질이 다른 사항에 대하여 필요한 약간의 수정을 가하여 적용시키는 일.

유추 : 같은 종류의 것 또는 비슷한 것에 기초하여 다른 사물을 미루어 추측하는 일.

추정 : 명확하지 않은 사실을 일단 있는 것으로 정하여 법률효과를 발생시킴.

의제 : 본질은 같지 않지만 법률에서 다룰 때는 동일한 것으로 처리하여 동일한 효과를 주는 일이다. 민법에서 실종 선고를 받은 사람을 사망한 것으로 보는 것 따위이다.

[쌍용건설]

82 달려오는 자동차를 피하려다가 길가에 있는 소녀를 넘어뜨려 부상을 입혔다면 이 행위는 형법상 무엇이라 하는가?

① 정당방위　　　② 정당행위

③ 긴급피난　　　④ 자구행위

해 위급을 피하려다 부득이하게 소녀를 다치게 한 경우 위법성 조각사유에 해당한다.

정당행위 : 법령에 의한 행위 또는 업무로 인한 행위 기타 사회 상규에 위배되지 아니하는 행위이다.

[MBC]

83 갑과 을은 상호 협의 없이 각자 살의(殺意)를 가지고 동시에 병에 대하여 발포했고, 그 결과 병이 사망했으나 누가 쏜 탄환에 의해 사망했는지 알 수 없을 경우 갑, 을의 형사책임은?

① 살인죄

② 살인미수죄

③ 상해치사죄의 공동정범

④ 누가 쏜 탄환에 의해 사망했는지 알 수 없으므로 모두 무죄

해 살인의 의도를 가지고 있으면서 실제 살의를 목적으로 발포했으나 그 원인의 행위 결과를 알 수 없으므로 미수범으로 처벌한다.

84 다음 중 형법상 죄가 되지 않는 것은?

① 남의 자살을 돕는 행위

② 수사기관에 참고인으로 나가 허위진술을 하는 행위

③ 남편이 아내에게 온 편지를 몰래 뜯어보는 행위

④ 사람들 앞에서 상대방에게 '나쁜 놈(년)'이라고 욕설한 행위

해 ② 선서하지 않은 상태에서의 위증은 죄가 없다.

①은 방조죄, ③은 비밀침해죄, ④는 모욕죄에 해당한다.

[경향신문]

85 다음 중 명예훼손죄에 대한 설명으로 틀린 것은?

① 허위사실을 퍼뜨린 경우에만 적용되며, 사실을 적시했을 경우에는 적용되지 않는다.
② 죽은 사람의 명예를 훼손해도 처벌받는다.
③ 출판물에 의한 명예훼손죄는 단순 명예훼손죄보다 형량이 더 무겁다.
④ 오로지 공공의 이익에 관한 경우는 처벌을 면할 수도 있다.

해 사실을 적시했더라도 그 사실이 남에게 알려지는 것을 원치 않는 경우라면 명예훼손에 해당된다.

[한국전력공사]

86 법의 효력에 관한 설명 중 틀린 것은?

① 신법 우선의 원칙은 시간적 효력의 예이다.
② 영토고권은 장소적 효력의 예이다.
③ 법률불소급의 원칙은 대인적 효력의 예이다.
④ 외교관에 대한 치외법권 인정은 속지주의의 예외이다.

해 법률불소급의 원칙은 시간적 효력의 예이다.

[중앙일보]

87 다음 중 형법상 수뢰죄의 적용대상이 아닌 사람은?

① 시중은행 임원　　② 국회의원
③ 지방의원　　　　④ 법관

해 **수뢰죄** : 공무원 또는 중재인이 그 직무에 관하여 뇌물을 수수 · 요구 또는 약속하는 죄.
뇌물죄 : 뇌물을 주고받거나 알선하고 전달함으로써 성립하는 범죄.

[한국마사회]

88 형사재판에서 원고는 누구인가?

① 경찰　　　　　② 검사
③ 고발자　　　　④ 피해자

해 민사재판에서는 소송을 청구한 자가 원고가 되지만 형사재판에서는 검사가 원고가 된다.

[경향신문]

89 다음 중 형사사건 처리과정에 관한 설명으로 틀린 것은?

① 범죄용의자를 긴급구속한 경우, 판사의 영장이 발부되지 않으면 72시간 내 석방해야 한다.
② 사법경찰관은 피의자를 구속한지 10일 이내에 검찰에 송치해야 한다.
③ 구속적부심은 피의자가 기소된 뒤에는 청구할 수 없다.
④ 모든 형사사건은 검사만이 수사를 종결할 수 있다.

해 체포 뒤 48시간 안에 법원의 영장을 발부받지 못하면 석방해야 한다.

[한겨레신문]

90 다음 중 본인의 의사에 반하여 강제로 할 수 있는 처분으로만 구성된 항은?

ㄱ. 체포	ㄴ. 압수
ㄷ. 임의동행	ㄹ. 현행범 체포
ㅁ. 소지품 검사	ㅂ. 수색
ㅅ. 긴급 체포	ㅇ. 불심검문
ㅈ. 구속	

① ㄱ, ㄴ, ㅂ, ㅅ, ㅇ, ㅈ
② ㄱ, ㄴ, ㄷ, ㅂ, ㅅ, ㅈ
③ ㄱ, ㄴ, ㄹ, ㅂ, ㅅ, ㅈ
④ ㄱ, ㄷ, ㅁ, ㅂ, ㅅ, ㅈ

해 임의동행과 소지품 검사, 불심검문은 상대방의 동의가 있어야 한다.

[EBS, 한국토지주택공사, 시사저널]

91 기소편의주의란?

① 범죄가 성립하고 소송조건이 완비된 경우에도 검사가 반드시 기소를 강제당하지 않고 기소 · 불기소에 관한 재량권이 인정되는 제도

② 피의자에 대한 구속이 적법한지의 여부를 법원이 심사하는 제도

③ 민사 또는 형사소송에 있어서 제1심 판결이 법령에 위반된 것을 이유로 하여 고등법원에 항소를 하지 않고 직접 대법원에 상소하는 제도

④ 확정판결 전에 시간의 경과에 의하여 형벌권이 소멸하는 제도

해 **기소편의주의** : 검사에게 기소 · 불의 재량의 여지를 인정하는,제도이다.
기소독점주의 : 형사소송법상 검사에게만 공소권이 있다는 주의이다.

[한겨레신문]

92 현행 형사제도에 관한 설명 중 올바른 것은?

① 경찰이나 검찰의 수사가 진행되는 동안에는 공소시효가 정지된다.

② 뇌물혐의 공직자에 대한 검사의 불기소처분도 재정신청으로 다툴 수 있다.

③ 법원의 구속적부심 결정에 대해 검찰은 항고로 다툴 수 있다.

④ 임의동행을 승낙한 사람도 6시간을 초과해서 경찰관서에 머물게 하면 위법이다.

해 법원의 구속적부심 결정에 대해서는 검사가 항고를 할 수 없다.

[한국전력공사]

93 다음 중 국제법상 치외법권을 가지지 않는 자는?

① 대사

② 외국 원수

③ 국제연합의 대표자

④ 영사

해 ④ 영사에게는 주어진 업무수행과 관련한 법률위반에 대해서만 치외법권이 주어진다.
③ 국제연합을 대표하는 사무총장은 국제사회의 최고위 외교관으로서 국가원수와 대등한 지위를 갖는다.

[동아일보]

94 다음 중 주한 미국대사가 적용받는 것은?

① 자기 본국인 미국의 법이 적용된다.

② 거주하고 있는 곳인 대한민국 법이 적용된다.

③ 대한민국의 법도, 미국의 법도 적용되지는다.

④ 미국의 법과 대한민국의 법 중 본인이 원하는 나라의 법이 적용된다.

해 **치외법권** : 외국인이 현재 체재하고 있는 국가의 권력작용. 특히 재판권에 복종하지 않을 수 있는 자격 또는 권리이다. 외국 주재 외교관은 주재국이 아닌 본국의 법령에 따른다.

[한겨레신문]

95 다음 중 상속인이 될 수 없는 사람은?

① 태아

② 사실혼의 배우자

③ 북한에 있는 상속인

④ 이혼 소송 중인 배우자

해 법률상 혼인관계에 있는 배우자만이 상속을 받을 수 있으므로 사실혼의 배우자는 상속인이 될 수 없다. 다만 상속인이 없을 때에 한하여 특별연고자로서 청구에 의해 상속재산을 분여 받을 수 있다.

[경향신문]

96 법원이 빚을 갚을 능력이 없는 사람에게 빚을 면제시켜주는 제도는?

① 자율부도제   ② 금치산제
③ 소비자 파산제   ④ 화의제

해 **개인 파산제(소비자 파산제)** : 능력에 비해 지나친 빚을 진 개인 채무자로 하여금 빚을 청산·탕감해 빠른 재기를 하도록 도와주는 회생 제도이다. 이 절차는 법원의 파산 선고로 이루어진다.
개인회생제도 : 채무를 변제할 의지와 능력이 있는 채무자를 위해 법원이 강제로 채무를 조정해 파산을 면할 수 있도록 도와주는 제도이다.

[KT]

97 어떤 사실에 관한 규정이 없을 때 그와 비슷한 속성의 다른 사항에 대한 법규의 취지에 따라 법률적 판단을 하는 해석방법은?

① 문리해석   ② 확대해석
③ 유추해석   ④ 유권해석

해 **유추해석** : 법조문에 포함되어 있지 않은 사항에 대해 유사한 규정을 적용하는 것이다.

[한국전력공사]

98 법의 1차적 해석방법은?

① 문리해석   ② 논리해석
③ 유추해석   ④ 물론해석

해 법 문구 해석이 법의 1차적 해석에 해당한다.

[근로복지공단]

99 다음 유권해석 중에서 최종적인 효력을 나타내는 것은?

① 입법해석   ② 행정해석
③ 사법해석   ④ 유추해석

해 사법부의 판단이 최종 판단이 된다.

[KBS]

100 다음 기본권 중 외국인에게도 우리 국민과 동등하게 보장되고 있는 것은?

① 재산권   ② 재판 청구권
③ 거주이전의 자유   ④ 직업선택의 자유

해 외국인은 재산취득이나 거주이전, 직업선택의 자유에 제약을 받는 편이다.

[중앙일보]

101 헌법 개정 발의에 대한 설명 중 옳은 것은?

① 대통령만 발의를 할 수 있다.
② 대통령 또는 국회 재적의원 과반수의 찬성이 있어야 한다.
③ 대통령 또는 국회 재적의원 3분의 1 이상의 찬성이 있어야 한다.
④ 대통령 또는 국회 재적의원 4분의 1 이상의 찬성이 있어야 한다.

해 개헌은 대통령 또는 국회의원 과반수의 찬성으로 발의할 수 있다.

[한국석유공사]

102 우리나라의 국회의장과 대법원장의 임기를 합한 숫자는?

① 7   ② 8
③ 9   ④ 10

해 국회의장의 임기는 2년이고 대법원장의 임기는 6년이다.

[한국장애인고용공단]

103 다음 중 임기가 같은 것으로 묶인 것은?

① 대통령 – 국회의장

② 국회의원 – 감사위원

③ 감사위원 – 검찰총장

④ 일반법관 – 한국은행총재

해 한국은행 총재의 임기는 4년이다.

2년	국회의장 · 부의장, 검찰총장, 경찰청장
4년	감사장, 감사위원, 국회의원, 지방자치단체의 장
5년	대통령
6년	헌법재판소 재판관, 중앙선거관리위원회 위원, 대법원장, 대법관
10년	일반법관

[안양시]

104 우리나라 헌법상 국민의 의무인 동시에 권리인 것은?

① 교육, 국방, 근로

② 납세, 교육, 근로

③ 국토방위, 근로, 재산권

④ 교육, 근로, 환경권, 재산권

해 생존권적 기본권이 권리이자 의무에 속한다.
　국민의 의무 : 납세의 의무, 국방의 의무, 교육의 의무, 근로의 의무, 재산권 행사의 의무, 환경보전의 의무 등

[서울메트로]

105 대통령의 권한 중 행정수반의 권한에 해당하는 것은?

① 계엄선포권　　② 위헌정당해산 제소권

③ 법률안거부권　④ 긴급명령권

해 ①, ②, ④는 국가원수로서의 권한이다.

[중앙일보]

106 다음 중 대통령이 국회 동의를 받아야만 임명할 수 있는 사람은?

① 중앙선거관리위원장

② 경찰청장

③ 감사원장

④ 일반 법관

해 중앙선거관리위원회 위원장과 상임위원은 위원들 중에서 선출하며, 대법관이 아닌 일반 법관은 국회의 동의나 인사청문회와는 관계없이 대통령이 임명한다.

[경향신문, 중앙일보]

107 다음 중 국회의 동의를 받지 않아도 임명할 수 있는 직책은?

① 국무총리　　　② 헌법재판소 재판관

③ 감사원장　　　④ 검찰총장

해 검찰총장, 국정원장, 경찰청장 등은 국회의 동의가 아니라 소관 상임위원회의 인사청문회를 거쳐서 임명된다.

[한국환경공단]

108 우리나라 국가인권위원회에 대한 설명으로 틀린 것은?

① 독립된 국가기관이다.

② 국제인권조약에 가입하고 이행하기 위한 방안을 연구하여 제시한다.

③ 인권침해를 받은 당사자만이 진정을 할 수 있다.

④ 우리나라의 인권상황 전반에 대한 조사를 한다.

해 개인이나 단체의 진정에 의한 심의를 우선으로 하지만 진정이 없는 경우에도 인권침해가 있다고 믿을 만한 상당한 근거가 있고 그 내용이 중대하다고 인정될 때는 이를 직권으로 조사할 수 있다.

109 감사원에 대한 설명으로 틀린 것은?

① 국가의 세입·세출에 대한 결산감사를 한다.

② 국가·지방자치단체·정부투자기관의 회계감사를 실시한다.

③ 입법부·사법부·행정부에서 독립된 기관이다.

④ 감사원장의 임기는 4년이며, 1차에 한하여 중임할 수 있다.

🎯 감사원은 헌법상의 기구이기도 하지만 대통령 직속기관이기도 하다.

[서울특별시농수산식품공사]

110 다음 중 재산공개 대상 공직자에 해당되지 않는 사람은?

① 경찰서장

② 지방 국세청장

③ 지방의회 의원

④ 정부투자기관 상임감사

🎯 「공직자윤리법」에 따르면 경찰공무원은 지방경찰청장까지만 공개한다.
재산공개 대상 공직자 : 대통령, 국무총리, 국회의원, 대법관, 헌법재판관, 검사장급 이상 검사와 치안감 이상 경찰관, 국가기관의 정무직 공무원과 지방자치단체 고위 공무원 등.

[한국산업인력공단]

111 다음 중 국정감사에 대한 설명으로 옳지 않은 것은?

① 국정감사는 특정 범위에 한한다.

② 공개가 원칙이다.

③ 국회법에 규정되어 있다.

④ 정기회 집회기일 다음 날부터 20일간 행해진다.

🎯 국정감사에 대한 내용은 「헌법」에 명시되어 있다.

[한겨레신문]

112 다음 중 탄핵소추 대상이 아닌 직책은?

① 국무총리　　② 대통령

③ 국회의장　　④ 대법원장

🎯 탄핵소추의 1차적 대상은 헌법기관이다.

[한국환경공단]

113 국회의 회의에 대한 설명으로 잘못된 것은?

① 회의에는 정기국회와 임시국회가 있다.

② 정기국회는 년 1회, 9월 1일 소집되고 회기는 100일 이내이다.

③ 임시국회는 2·4·6월의 1일에 소집되고 회기는 30일 이내이다.

④ 회기는 일단위로 위원회 활동을 한다.

🎯 국회 회기는 주단위로 운영된다.

114 다음 중 선거와 관련이 없는 것은?

① Exit Poll　　② People Meter

③ DK그룹　　④ Manifesto

🎯 Exit Poll : 투표를 마치고 나오는 유권자를 대상으로 어느 후보를 선택했는지 조사하는 것이다.
DK그룹 : 여론조사 때 '잘 모르겠다(don't know)'라고 답하는 사람들이다.
Manifesto : 유권자에게 목표와 이행 가능성, 예산 확보의 근거 등을 구체적으로 제시한 공약을 말한다.

[농협, 한국전력공사, SBS]

115 '법률이 없으면 범죄도 없고 형벌도 없다'는 근대 형법의 기본 원리는?

① 기소법정주의　　② 기소편의주의

③ 직권주의　　④ 죄형법정주의

🎯 기소편의주의 : 검사에게 기소·불의 재량(裁量)의 여지를 인정하는 제도를 말한다.

116 [서울특별시농수산물공사] 재해나 대형 참사와 같이 사망의 확률이 높은 사고에 대해서 사체의 확인은 없으나 사망한 것이 거의 확실한 경우 법원의 재판을 거치지 고 이를 조사한 행정관공서의 보고에 따라 사 망을 확인하는 제도는?

① 추정사망 ② 인정사망

③ 동시사망 ④ 실종선고

해 **인정사망** : 수해, 화재 등의 재난으로 인하여 사망한 자 가 있는 경우에 이를 조사한 관공서의 사망보고에 의하 여 죽은 것을 인정하는 제도이다.

117 성년후견제도에 대한 설명으로 틀린 것은?

① 성년후견제도는 금치산·한정치산 제도 의 문제점을 극복하기 위해 도입되었다.

② 성년후견의 종류로는 성년후견, 한정후 견, 특정후견, 임의후견이 있다.

③ 성년후견의 대상자에는 만 19세 이상의 지체장애인도 포함된다.

④ 가족, 친족 외에 제3자나 법인도 후견인 이 될 수 있다.

해 우리나라의 성년후견제도에서 성년후견의 대상자는 만 19세 이상의 발달장애인(지적, 자폐성), 정신장애인 또는 치매어르신 등 정신적 제약으로 인하여 의사결정의 지 원이 필요한 사람이다. 따라서 지체장애인은 성년후견 의 대상자로 포함되지 않는다.

118 [한국전력공사] 다음 중 무효한 경우는?

① 피성년후견인의 법률행위

② 제3자의 사기에 의한 의사표시

③ 상대방과 통정한 허위의 의사표시

④ 강박에 의한 의사 표시

해 무효는 애초부터 법률행위의 성립이 없었던 경우이다.

119 [한국전력공사] 허가를 받아야 할 행위에 대해 허가를 받지 않 고 한 행위의 원칙적 효력은?

① 무효 ② 부당

③ 유효 ④ 부존재

해 허가를 요하는 행위에 대해 허가를 받지 않고 행한 경 우는 형사고발과 강제처분 등의 대상이 된다.

120 [SBS] 다음 연령과 관련된 우리나라의 법률규정 중 연결이 바른 것은?

① 형법상 성년 – 14세

② 주민등록증 발급 – 16세

③ 남·녀 모두 부모의 동의없이 혼인이 가 능한 나이 – 18세

④ 민법상 성년 – 18세

해 ② 17세, ③ 19세, ④ 19세

121 [인천교통공사] 소송에서 판결의 효력발생 시기는?

① 판결원본 작성 시

② 판결선고 시

③ 판결문 송달 시

④ 판결원본에 법관이 서명할 시

⑤ 판결송달을 받은 날로부터 일정기간 경과 시

해 판결은 선고로 효력이 발생한다.

122 [서울메트로, 한국전력공사] 법률상 소송에서 국가를 상대로 했을 때 국가 를 대표하는 피고는?

① 대통령 ② 국무총리

③ 법무부장관 ④ 행정자치부장관

해 「국가를 당사자로 하는 계약에 관한 법률」에는 '국가소 송에 있어서는 법무부장관이 국가를 대표한다.'라고 규 정되어 있다.

123 다음 중 우리나라의 형법과 관계가 없는 것은?

① 죄형법정주의

② 불고불리의 원칙

③ 일사부재리의 원칙

④ 일사부재의의 원칙

해 **일사부재의의 원칙** : 의회에서 한 번 부결된 안건은 같은 회기 내에 다시 제출할 수 없다는 원칙.

죄형법정주의 : 범죄와 형벌을 미리 법률로써 규정하여야 한다는 근대 형법상의 기본원칙.

불고불리의 원칙 : 「형사소송법」에서, 법원은 원고가 심판을 청구한 때만 심리를 개시할 수 있고, 청구한 사실에 대해서만 심리·판결할 수 있다는 원칙.

일사부재리의 원칙 : 어떤 사건에 대하여 일단 판결을 내리고 그것이 확정되면 그 사건을 다시 공소를 제기할 수 없다는 원칙.

[부산교통공단]

124 다음 중 자유형이 아닌 것은?

① 징역　　　　② 벌금

③ 구류　　　　④ 무기징역

해 벌금은 재산형에 속한다.

[한국전력공사, 국민연금공단]

125 형법상 형벌의 종류가 아닌 것은?

① 벌금　　　　② 과태료

③ 자격정지　　④ 몰수

해 한국 형법은 생명형인 사형, 자유형인 징역·금고·구류, 재산형인 벌금·과료·몰수, 명예형인 자격상실·자격정지의 9가지를 인정하고 있다. 그 중 몰수 이외의 형은 독립하여 선고할 수 있는 주형(主刑)이며, 몰수는 다른 형벌에 부가하여서만 선고할 수 있는 부가형이다.

과료와 과태료 : 과료는 재산형의 하나로 가벼운 죄에 물리며, 벌금보다 가볍다. 과태료는 형벌의 성질을 가지지 않는 법령위반에 대하여 가해지는 금전벌이다.

[부천산업진흥재단]

126 다음 중 영장이 필요하지 않은 경우는 어느 것인가?

① 심문　　　　② 구속

③ 압수　　　　④ 수색

해 영장이란 법원 또는 법관이 사람 또는 물건에 대하여 체포, 구금, 수색, 압수의 명령 또는 허가를 내용으로 하여 발부하는 문서를 말한다.

[한국전력공사]

127 범죄와 형벌에 관한 법(형법)에 대한 설명으로 잘못된 것은?

① 범죄의 성립과 이에 부과되는 형벌의 내용은 법률로써 정하여야 한다는 '죄형법정주의'는 이 법의 기본원칙이다.

② 어떤 행위가 범죄로서 성립하기 위해서는 반도덕성, 구성요건의 해당성, 위법성, 책임성 등의 4가지 요건을 갖추어야 한다.

③ 이 법의 목적은 범죄예방이나 범죄자의 처벌을 통하여 사회의 안정과 질서를 유지하는 것이다.

④ 형벌의 종류는 일반적으로 생명형, 자유형, 재산형, 명예형으로 구분된다.

해 범죄의 성립요건은 구성요건의 해당성, 위법성, 책임성 등 세 가지를 말한다. ②에서 반도덕성은 범죄 성립요건에 해당하지 않는다.

128 자신의 행위로 인해 발생할 어떤 범죄의 결과를 인식하면서도 그렇게 되어도 상관없다고 생각하고 한 행위를 일컫는 말은?

① 미필적 고의　　② 미수

③ 무과실 책임　　④ 간접정범

해 **미필적 고의** : 어떤 행위로 범죄 결과가 발생할 가능성이 있음을 알면서도 그 행위를 행하는 심리상태를 말한다. 통행인을 칠 수 있다는 것을 알면서도 골목길을 차로 질주하는 경우가 해당한다.

[한국전력공사]

129 다음 중 정당행위라고 할 수 없는 것은?

① 학생에 대한 교사의 징계행위
② 정신병자에 대한 감호행위
③ 출생 후 양육을 할 수 없음을 고려한 낙태행위
④ 소년원에 수용된 소녀에 대한 징계행위

해 ③에서 낙태 자체는 불법이지만 예외적으로 허용하고 있는 경우가 있는데, 이는 모자보건법에서 모체의 생명과 건강을 보호하고 건전한 자녀의 출산과 양육을 도모하기 위해서 일부 낙태를 허용하는 규정이 있을 뿐이다.

정당행위 : 법령에 의한 행위 또는 업무로 인한 행위 기타 사회 상규에 위배되지 아니하는 행위를 말한다.

[서울메트로, 경남행정직]

130 다음은 어떤 원칙을 말하는가?

피의자는 체포·구속의 이유 및 변호인의 조력을 받을 권리가 있음을 고지 받지 않고서는 체포·구속되지 않는다.

① 죄형법정주의
② 불고불리의 원칙
③ 일사부재리의 원칙
④ 미란다원칙

해 **미란다원칙** : Miranda Rule. 수사기관에서 피의자를 구속하는 때에 일정한 사항을 알려 주어야 한다는 원칙이다. 피의자가 변호사 선임의 권리와 묵비권 행사의 권리, 모든 발언이 법정에서 불리하게 작용할 수 있다는 것을 충분히 고지 받아야 하며, 이것이 고지되지 않은 상태에서 이루어진 자백은 배제된다.

불고불리의 원칙 : 소송법상 법원은 원고가 심판을 청구한 때만 심리를 개시할 수 있고, 심판을 청구한 사실에 대해서만 심리·판결한다는 원칙이다.

[한국토지주택공사]

131 다음 물권에 관한 기술 중 맞는 것은?

① 물권은 법률 또는 사적 자치의 원칙에 따라서 창설할 수 있다.
② 부동산의 경우 법률의 규정에 의한 물권의 취득은 등기를 하여야 그 효력이 발생한다.
③ 우리나라는 등기에 공신력을 인정하고 있다.
④ 동산 중에서 등기·등록을 공시방법으로 하는 것이 있다.

해 ④ 등기를 요하는 동산 : 선박, 자동차 등

물권법정주의 : 물권의 종류와 내용은 법률이 정하는 것에 한하여 인정되고, 당사자가 그 밖의 물권을 자유롭게 창설하는 것을 금하는 근대 사법(私法)의 원칙이다. 반면 채권은 계약자유의 원칙이 적용되므로 이를 자유로이 창설할 수 있다.

공시의 원칙 : 물권은 배타성을 가지는 독점적 지배권이므로 그 내용은 제3자가 알 수 있도록 하지 않으면 일반인에게 손해를 주어 거래안전을 해치게 된다. 따라서 물권은 언제나 변동관계를 외부에서 알 수 있게 공시방법을 갖춰야 한다는 원칙이다. 부동산의 공시방법은 등기(민법 제186조)이고, 동산의 공시방법은 점유(민법 제188조)이다.

부동산 등기 : 민법은 '부동산에 관한 법률행위로 인한 득실 변경은 등기하여야 그 효력이 생긴다.'고 규정하고 있다. 그러나 부동산의 공시방법인 등기에는 공신력을 인정하지는 않는다.

부동산 등기를 요하지 않는 경우 : 상속(회사의 합병 포함), 공용징수, 판결, 경매, 신축건물의 소유권 취득 등 기타 법률이 정하는 경우이다.

132 다음 중 질권에 대한 설명으로 옳은 것은?

① 채권자가 채권의 담보로서 채무자로부터 받은 담보물권을 뜻한다.

② 채무의 변제를 강제할 수 있는 제도는 아니다.

③ 변제가 없을 때는 변제가 이루어질 때까지 담보물건을 유치하고 있어야 한다.

④ 질권을 설정할 수 없는 대상은 부동산에 한한다.

해 질권 : 채권자가 채권의 담보로서 채무자 또는 제3자 (물상보증인)로부터 받은 담보물권을 말한다. 담보물권을 채무의 변제가 있을 때까지 유치함으로써 채무의 변제를 간접적으로 강제하는 동시에, 변제가 없는 때에는 그 질물로부터 우선적으로 변제를 받는다. 질권은 저당권과 함께 약정담보물권으로서 금융을 얻는 수단으로 이용된다. 질권을 설정할 수 있는 것은 동산과 양도할 수 있는 권리(채권·주식·특허권 등)이다.

133 소송이 진행 중이어서 정확한 액수가 정해지지은 빚으로, 판결 후 갚아야 할 돈을 뜻하는 표현은?

① 자연채무 ② 미확정채무

③ 보증채무 ④ 연대채무

해 자연채무 : 빌려준 사람이 빌려 쓴 사람에게 소송으로서 요구하지 못하는 채무관계를 말한다. 그러나 우리나라 법률에는 이에 대한 정의는 없다.

보증채무 : 채무자가 채무를 이행하지 않을 경우 본인이 아닌 제3자가 부담하는 채무이다.

연대채무 : 여러 명의 채무자가 동일한 내용의 급부에 관하여 각각 독립해서 전부의 급부를 해야 할 채무를 부담하고 그 중 1명의 채무자가 전부의 급부를 하면 모든 채무자의 채무가 소멸하는 채무관계를 말한다.

[한국전력공사]
134 다음 중 법률행위로 발생하는 채권은?

① 사무관리 ② 부당이익

③ 계약 ④ 불법행위

해 사무관리는 법률상의 의무 없이 타인을 위한 행위이다.

135 법의 절차에 따라 행해진 도시계획사업에 의해 개인의 사유재산에 손해를 입었을 경우, 그 손해의 전보에 대해서 구제해주는 행정구제제도는?

① 손해배상제도 ② 행정심판제도

③ 행정소송제도 ④ 손실보상제도

해 손실보상제도 : 적법한 행정작용에 대한 구제.

손해배상제도 : 위법한 행정작용에 대한 구제.

136 다음 생활법률에 대한 설명 중 맞는 것은?

① 무단횡단을 하면 경범죄처벌법상의 제재를 받는다.

② 집행유예가 끝나면 집행이 종료된 것으로 간주한다.

③ 경찰은 상대방의 동의 없이도 임의동행과 소지품검사, 불심검문 등을 할 수 있다.

④ 법원의 구속적부심 결정에 대해서 검사가 항고를 할 수 있다.

⑤ 체포 뒤 48시간 안에 법원의 영장을 발부 받지 못하면 석방해야 한다.

해 ① 무단횡단을 하면 「도로교통법」 위반으로 처벌된다.

② 집행유예가 종료되면 선고 효력을 상실한다.

③ 경찰은 상대방의 동의가 없으면 임의동행과 소지품 검사, 불심검문 등을 할 수 없다.

④ 법원의 구속적부심 결정에 대해서 검사가 항고를 할 수 없다.

137 다음 중 계약과 채권 및 채무관계에 관한 설명 중 잘못된 것은?

① 공법상의 채권 소멸시효는 5년이다.

② 질권은 채권자가 채권의 담보로서 채무자로부터 받은 담보물건을 뜻한다.

③ 미확정채무란 소송이 진행 중이어서 정확한 액수가 정해지지 않은 빚으로, 판결 후 갚아야 할 돈을 말한다.

④ 사용대차는 편무계약에 속한다.

⑤ 채권의 소멸 원인으로는 경개, 변제, 면제, 대체 등이 있다.

해 ⑤에서 대체는 채권의 소멸 원인에 들지 않는다.

[한국환경공단]

138 국민사법참여제도의 도입에 따른 효과로 가장 알맞은 것은?

① 법 해석과 적용과정에서 통일성이 향상된다.

② 사법절차에 있어 민주적 정당성이 약화된다.

③ 재판과정에서 법률전문가의 비중이 높아진다.

④ 재판에 있어 법적 안정성보다는 국민의 신뢰성이 높아진다.

해 ④ 국민사법참여제도(국민참여재판제도)의 도입으로 재판에 대한 국민의 신뢰성과 재판의 정당성 등이 제고되고, 법적 안정성보다는 구체적 타당성이 더 강조된다. 국민참여재판제도는 재판에 일반 시민이 배심원으로 참여하여 유무죄 평결을 내리게 하는 것으로, 2008년부터 도입 · 실시되고 있다.

① 국민이 재판과정에 참여함으로써 법 해석 및 적용에 있어 통일성은 저하되나, 융통성 및 신축성 등은 향상된다.

② 국민이 참여함에 따라 사법절차에 있어 민주적 정당성이 강화된다.

③ 일반 시민이 참여함에 따라 재판과정에서 법률전문가의 비중은 상대적으로 낮아진다.

[한국환경공단]

139 다음 중 법률상의 혼인관계로부터 발생한 자녀를 말하는 것은?

① 무능력자　　② 미성년자

③ 금치산자　　④ 적출자

해 적출자 : 혼인관계에 있는 남녀 사이에 출생한 자녀.

서얼 : 양반의 자손 가운데 첩의 소생을 이르는 말.

서자 : 양인 첩의 자손.

얼자 : 천인 첩의 자손

[중앙일보]

140 사업자 A씨가 사망했다. 상속재산에 대해 가장 많은 권리를 가진 사람은?

① 배우자

② 장남

③ 장녀

④ 분가하지 않은 아들

해 법정상속 배분 : 배우자(1.5), 직계비속(1)

상속의 순위 : 피상속인의 직계비속(사망자의 아들, 딸, 손자, 증손)과 배우자 · 피상속인의 직계존속(사망자의 부모, 조부모)과 배우자 · 피상속인의 형제자매 · 피상속인의 4촌 이내의 방계혈족 순이다(피상속인의 배우자에 대하여는 직계비속이나 직계존속의 상속분의 5할을 가산하며, 태아는 출생한 것으로 본다).

순위	상속인	법정 상속분
1순위	직계비속과 배우자	배우자 : 1.5, 직계비속 : 1
2순위	직계존속과 배우자	배우자 : 1.5, 직계존속 : 1
3순위	형제자매	균등분할
4순위	4촌 이내의 방계혈족	균등분할

단답형 문제

다음 질문에 답하시오. (기업체 직무적성검사 대비 문제)	Answer
01 OECD 회원국 수는?	01 34개국
02 유로화가 통용되지 않는 EU국 수는?	02 9개국
03 APEC 회원국 수는?	03 21개국
04 BRICs란 용어를 처음 사용한 기관은?	04 골드만 삭스
05 프리탈룩스 회원국들은?	05 벨기에, 네덜란드, 룩셈부르크, 프랑스, 이탈리아
06 유럽통합을 이끈 조약 명칭은?	06 마스트리히트조약
07 신남방정책이 내세운 3p는?	07 사람, 평화, 상생번영
08 개발도상국 가운데 자원도 없고 공업화를 위한 자본도 기술도 갖추지 못한 후발도상국을 일컫는 용어는?	08 제4세계
09 유엔기구 중에서 전문기구는 아니지만 실질적으로 전문기구 역할을 담당하고 있는 기구 2개는?	09 IAEA와 WTO
10 세계 최초의 NGO는? [삼성 SSAT]	10 스위스 국제적 자사

11 우리나라의 대표적 시민단체 두 개를 든다면?

11 경제정의실천시민연합(경실련), 환경운동연합

12 유엔의 유네스코가 정한 음악도시 세 곳은?

12 영국 스코틀랜드 지방의 글래스고, 이탈리아의 볼로냐, 스페인의 세비야

13 한 · 미 행정협정의 근거가 되는 조약은?   [SBS]

13 한미상호방위조약

14 KEDO(한반도에너지개발기구)가 감속재로 흑연을 사용하지 않는 경수로를 북한에 제공 중에 있는데 이러한 경수로의 연료가 되는 것은 무엇인가?   [코리아헤럴드]

14 우라늄

15 UN안보리 회원국은 몇 개국인가?   [경향신문]

15 15개국

16 쇼비니즘과 비슷한 용어로 편협한 애국주의, 맹목적인 주전론, 대외적인 강경론을 가리키는 말은 무엇인가?   [경향신문]

16 징고이즘(Jingoism)

17 법은 특별한 규정이 없는 한 원칙적으로 시행하는 날 이전에 발생한 사항에 대하여 적용하지 않는 원칙은?   [우리은행]

17 법률불소급의 원칙

18 24시간 이내에 석방을 조건으로, 법원이 피고인 또는 증인 등을 강제로 소환하기 위해 법원 또는 기타 지정된 장소에서 조사를 하기 위한 목적으로 발부하는 영장을 무엇이라 하는가?   [SBS]

18 구인장(구인영장)

19 범죄의 성립요건에는 (   ), 위법성 그리고 책임성이 있다.

19 구성요건해당성

20 '일사부재리의 원칙은 같은 사건에 대해 다시 공소를 제기할 수 없다는 것이다'가 맞으면 ○표, 틀리면 ×표 하시오. [KDB산업은행]

20 ○

21 구속된 피의자에 대해 혐의가 추가돼 기소됐을 경우, 판사가 직권으로 영장을 재발부해 구속기간을 연장하는 조치는 무엇인가? [경향신문]

21 별건구속

22 범죄의 기소 및 소추권한을 국가기관인 검사만이 갖도록 하는 원칙은 무엇인가? [경향신문]

22 기소독점주의

23 남의 사무를 처리하는 사람이 그 임무에 위배되는 행위로써 자기나 제3자가 이익을 얻어 재산상의 피해를 입히는 죄를 (   )라 한다. [우리은행]

23 배임죄

24 하나의 사건이 끝날때까지 공판의 심리를 가능한 연이어 계속적·집중적으로 해야한다는 원칙으로 심리의 신속하고도 내실있는 진행을 위해 마련된 제도이다. 최근 각급 법원이 활용범위를 넓히고 있는 이 제도는 무엇인가? [경향신문]

24 집중심리제

25 국적 취득은 출생에 의한 선천적 취득과 혼인·(   )·귀화 등의 후천적 취득이 있다. [삼성 SSAT]

25 인지

26 헌법상 국민의 권리인 동시에 의무인 것은? [롯데]

26 교육권, 근로권, 재산권, 환경권

27 물권의 종류와 내용은 법률이 정하는 것에 한하여 인정된다는 원칙은?

27 물권법정주의

다음의 각 용어에 대해 간략하게 설명하시오. (공사·공단, 언론사 대비 문제)

01 Euro Zone

02 GATT

03 NAFTA

04 FTA

05 APEC

06 G8

07 G20

08 GCC

09 BRICS

10 MINTs

11 NICs

12 OPEC

13 ILC

14 ASEM

15 ADB

16 EU

17 체 게바라

18 Syndicalism [삼성 SSAT]

19 아그레망

20 옴부즈맨

21 게리맨더링

22 쇼비니즘

23 범인인도협정

24 정황증거

25 감치명령 [연합뉴스]

26 Independent Counsel [한국일보]

27 재산명시신청 [한국일보]

28 VWP

01_ Euro Zone

유로를 국가 통화로 도입해 사용하는 국가나 지역을 통틀어 부르는 말이다. 유럽중앙은행이 이 구역 내의 통화정책에 책임을 맡고 있다. 다른 말로 Euroarea 또는 Euroland라고 부르기도 한다.

02_ GATT

General Agreement on Tariffs and Trade. 관세와 무역에 관한 일반 협정. 세계무역기구 체제 이전의 체제이다.

03_ NAFTA

North America Free Trade Agreement. 미국 · 캐나다 · 멕시코 3국이 관세와 무역 장벽을 폐지하고 자유 무역권을 형성한 협정이다.

04_ FTA

Free Trade Agreement. 둘 또는 그 이상의 나라들이 상호 간에 수출입 관세와 시장점유율 제한 등의 무역 장벽을 제거하기로 약정하는 조약이다.

05_ APEC

Asia–Pacific Economic Cooperation. 아시아 태평양 경제협력체. 환태평양국가들의 경제적 · 정치적 결합을 돈독하게 하고자 만든 국제 기구이다.

06_ G8

Group of 8. 독일, 러시아, 미국, 영국, 이탈리아, 일본, 캐나다, 프랑스 등 선진 8개국의 모임을 말한다.

07_ G20

Group of 20(G20 major economies, Group of Twenty Finance Ministers and Central Bank Governors)는 선진 산업화된 국가들의 기구 모임이다.

08_ GCC

Gulf Cooperation Council. 걸프협력회의. 페르시아만 산유국들이 정치 · 경제 · 군사 등 다양한 분야에서 협력하여 종합적인 안전보장체제를 확립할 목적으로 1981년 5월 설립했다.

09_ BRICS

브라질 · 러시아 · 인도 · 중국 · 남아프리카공화국의 신흥 경제 5국을 말한다.

10_ MINTs

멕시코 · 인도네시아 · 나이지리아 · 터키의 4개국 국가명의 첫 글자를 조합한 신조어로 짐 오닐이 2014년에 세계경제의 차세대 주자로 'MINTs'가 부상할 것이라고 전망하면서 주목받았다.

11_ NICs

Newly Industrialized Countries. 신흥 공업국. 1970년대에 공업화된 나라들로 한국 · 대만 · 홍콩 · 싱가포르 등에 대한 별칭이다.

12_ OPEC

Organization of Petroleum Exporting Countries. 석유수출국 기구.

13_ ILC

International Law Commission. 국제법의 점진적 발달 및 임무 수행을 위해 설립된 유엔 총회의 보조기관이다.

14_ ASEM

Asia Europe Meeting. 아시아 유럽 정상회의. 세계 경제의 대 축인 아시아 – 북미 – 유럽연합 간의 균형적 경제발전을 모색하기 위해 창설된 지역 간 회의체이다.

15_ ADB

Asian Development Bank. 아시아개발은행. 아시아와 극동 지역의 경제성장 및 경제협력을 증진하고 동 지역 내 개발도상국의 경제개발을 촉진하기 위하여 1966년에 설립된 국제개발은행을 말한다.

16_ EU

European Union. 유럽공동체가 1993년 11월 1일 발효된 유럽통합조약(마스트리히트조약)에 따라 재탄생한 연합기구로, 본부는 브뤼셀에 있다.

17_ 체 게바라

쿠바혁명의 이념적 지도자(1928~1967).

18_ 생디칼리즘

Syndicalism. 산업 일선의 노동자 계급의 활동을 통해 자본주의 사회를 붕괴시키는 것을 목적으로 하는 운동이다.

19_ 아그레망

Agrément. 접수국이 외교사절을 파견할 때 동의를 구하는 것을 말한다.

20_ 옴부즈맨

정부나 의회에 의해 임명된 관리로서, 시민들에 의해 제기된 각종 민원을 수사하고 해결해주는 사람을 말한다.

21_ 게리맨더링

Gerrymandering. 선거구를 집권세력이 일방적으로 확정하여 당리당략이나 특정 후보에게 유리하게 확정되는 경우를 의미한다.

22_ 쇼비니즘

Chauvinism. 자국의 이익을 위해서는 수단과 방법을 가리지 않으며 국제 정의조차도 부정하는 배타적 애국주의를 말한다.

23_ 범인인도협정

범죄자가 입국한 경우 그 범죄자를 인도할 것을 규정하는 국가 간 조약이다. 범죄인도협정이라고도 한다.

24_ 정황증거

간접적으로 권리 · 의무의 발생 · 소멸의 요건이나 범죄사실의 존재를 추측하게 하는 사실을 증명하기 위한 증거를 말한다.

25_ 감치명령

법정의 질서 유지를 위해 재판부의 명령에 위배되는 행위를 하거나 폭언 · 소란 등으로 재판부의 심리를 방해하여 재판의 위신을 훼손하는 사람들을 구치소에 감치하는 것을 말한다.

26_ Independent Counsel

특별검사. 미국식 명칭은 독립검사이다. 1972년의 워터게이트 사건을 계기로 1978년 입법화됐다.

27_ 재산명시신청

채권자가 재판에서 승소판결을 받아도 채무자가 자발적으로 의무를 이행하지 않으면 채권자는 채무자의 재산에 대하여 강제집행으로 채권을 회수할 수밖에 없다. 그러나 채무자가 강제집행을 면탈하기 위하여 재산을 은닉하거나 가장양도를 하는 경우에는 채권자가 힘들게 얻어낸 판결이 무용지물이 될 수 있다. 이런 일을 사전에 방지하고 강제집행제도의 실효성과 기능을 제고하여 적정 · 신속한 집행을 도모하기 위한 법적 절차로 마련된 것이 이 제도이다.

28_ VWP

Visa Waiver Program. 미국 정부가 지정한 국가의 국민에게 최대 90일간 비자없이 미국 방문을 허용한 제도로 관광 및 상업 목적에 한한다.

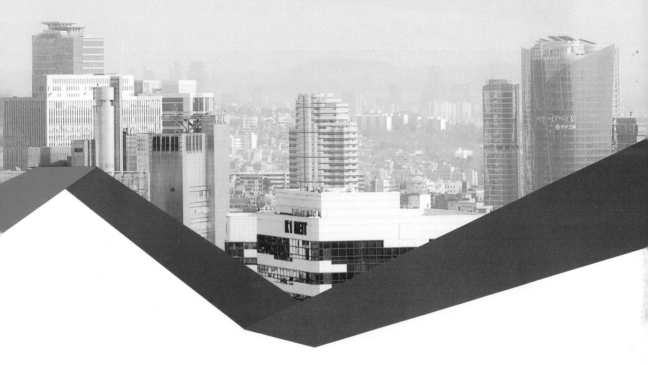

CHAPTER **02**

경제 · 금융

경제 · 금융

① 경제와 재화

● 경제
생산 · 분배 · 소비의 순환으로 이루어지는 부(富)의 사회적 재생산 과정이다. 궁극적인 목적은 물질생활의 향상에 있다.

● 경제의 주체와 객체
경제주체는 경제활동을 하는 단위로, 가계(家計), 기업, 정부 따위가 있다. 그리고 경제의 객체로는 재화와 용역이 있다.

● 경제원칙
최소한의 비용과 노력으로 최대한의 효과를 얻는다는 원칙이다. 자원의 양은 제한되어 있고 인간의 욕망은 무한하다는 현실 인식에 기반을 두고 합리적인 경제행위에 의해 선택과 배분이 이루어져야 한다는 점을 강조한다.

- 최대 효과의 원칙
- 최소 비용(희생)의 원칙
- 최대 잉여의 원칙

● 희소성의 원칙
인간의 욕망은 무한한 데 비해서 자원은 그러지 못하므로 이 욕망을 충족시키지 못하는 것을 희소성의 원칙이라고 한다. 이 원칙 때문에 '경제문제'가 발생하며, 부족한 자원을 가장 효율적으로 이용하기 위한 '경제원칙'이 필요해지는 것이다.

- 가계 + 기업 = 민간경제
- 가계 + 기업 + 정부 = 국민경제
- 가계 + 기업 + 정부 + 외국 = 국제경제

'경제'의 어원

경세제민(經世濟民), 즉 '세상을 경륜하고 백성을 구제한다'에서 비롯 .

확인문제

1. 경제라는 어원의 본뜻은?
① 사회적 생산
② 한 집안의 가계를 꾸림
③ 나라를 다스리고 백성을 구제함
④ 최소 비용으로 최대 효과를 거둠

확인문제 [국민연금공단 5급]

2. 경제원칙이란 무엇인가?
① 최소의 비용을 들인다.
② 최대 다수의 최대 행복을 얻는다.
③ 합리적으로 수지의 균형을 이룬다.
④ 최소의 비용으로 최대의 효과를 얻는다.

경제문제

- 무엇을 얼마나 생산할 것인가?
- 어떻게 생산할 것인가?
- 누구를 위하여 생산할 것인가?

자본주의 시장경제의 3대 원칙

- 사유재산제
- 사적 영리 추구
- 자유경쟁

시장경제

자유경쟁의 원칙에 의해 시장에서 가격이 형성되는 경제.

답 1. ③ 2. ④

● 재화와 용역

인간의 다양한 욕망을 충족시키는 데 필요한 사용가치를 지닌 물자, 활동을 말한다.

● 재화의 종류

- **자유재(Free Goods)** : 경제학에서 희소성이 없기 때문에 대가 없이 획득 가능한 재화이다.
- **경제재** : 경제적 가치를 지니며 점유나 매매 같은 경제 행위의 대상이 되는 재화이다. 보통 재화라고 하면 경제재를 뜻한다.
- **대체재** : 어느 한 재화가 다른 재화와 비슷한 유용성을 지니고 있어 한 재화의 수요가 늘면 다른 재화의 수요가 줄어드는 경우이다. 쌀과 밀가루, 만년필과 연필, 버터와 마가린 등이 이에 해당한다.
- **보완재** : 상호 보완의 관계에 있는 재화이다. 커피와 설탕, 잉크와 펜, 버터와 빵 등과 같이 어느 한쪽의 수요가 증가하면 다른 한쪽의 수요도 같이 증가하는 재화를 말한다.
- **독립재** : 소비 측면에서 서로 관련이 없이 독자적인 목적으로 사용되는 재화이다. 예를 들면 차와 소금과 같은 관계에 있는 물건이다. 서로 효용의 크기에 전혀 영향을 주지 못하는 재화를 말한다.
- **열등재** : 소득이 증가(감소)함에 따라 수요가 감소(증가)하는 재화를 말한다.
- **기펜재(Giffen Goods)** : 가격이 하락할 때 오히려 수요량이 감소하는 재화를 말한다. 즉, 열등재 중에서 대체효과보다 소득효과가 더 큰 재화가 바로 기펜재로서, 수요의 법칙이 지켜지지 않게 된다(기펜의 역설).
- **메리트재(Merit Goods)** : 소득 수준에 관계없이 모든 사람에게 필요한 것으로 간주되는 재화 또는 서비스이다.

● 소비자 잉여

Consumer's Surplus. 소비자가 실제로 치르는 대가와 그가 주관적으로 평가하는 대가 사이의 차이다. 소비자가 재화를 구입함으로써 얻어지는 총효용에서 총시장가치를 차감한 것을 말한다.

● 경제잉여

생산량과 소비량 간의 차이다. 바란(Baran)에 의하면 후진국에서는 투자재원이 부족한 것이 아니라 잠재적 투자재원이 많더라도 그것을 잘못 사용하므로 후진성을 면하지 못하는 것이다.

확인문제 [모스크, 신한은행]

3. 사용가치는 크지만 존재량이 무한하여 경제행위의 대상이 되지 않는 재화는?

① 보완재　　② 자유재
③ 독립재　　④ 대체재

효용·총효용·한계효용

- **효용** : 소비자가 재화나 용역의 소비로부터 느끼는 만족 또는 즐거움의 크기를 말한다.
- **총효용** : 일정 기간에 어떤 소비로부터 얻게 되는 효용의 총량을 말한다.
- **한계효용** : 재화 1단위를 더 소비함으로써 얻어지는 총효용의 증가분을 말한다.

소비성향·저축성향 공식

- 소득(Y)　= 소비(C) + 저축(S)
- 소비성향 = $\dfrac{소비(C)}{소득(Y)}$

　　　　= 1 − 저축성향
- 저축성향 = $\dfrac{저축(S)}{소득(Y)}$

　　　　= 1 − 소비성향

∴ 소비성향 + 저축성향 = 1

한계소비성향·한계저축성향 공식

- 한계소비성향 = $\dfrac{소비의 증가분(\varDelta C)}{소득의 증가분(\varDelta Y)}$

　　　　　= 1 − 한계저축성향
- 한계저축성향 = $\dfrac{저축의 증가분(\varDelta S)}{소득의 증가분(\varDelta Y)}$

　　　　　= 1 − 한계소비성향

∴ 한계소비성향 + 한계저축성향 = 1

확인문제 [국민연금공단 5급]

4. 소득을 Y, 소비를 C, 저축을 S라 할 때 Y = S + C이다. 여기서 소비성향은?

① $\dfrac{Y}{C}$　　② $\dfrac{C}{Y}$

③ $\dfrac{\varDelta Y}{\varDelta C}$　　④ $\dfrac{\varDelta C}{\varDelta Y}$

답 3. ② 4. ②

● 유효수요

Effective Demand. 물건을 실제로 살 수 있는 돈으로 물건을 구매하려는 욕구를 말한다. 확실한 구매력이 뒷받침하는 수요이다.

● 완전경쟁

생산자와 소비자가 시장의 가격 결정에 아무런 영향을 미칠 수 없는 시장을 말한다. 현실적으로는 존재할 수 없는 이론적인 모형이다.

● 일물일가의 법칙

완전경쟁이 이루어지고 있는 시장에서 같은 상품에는 오직 하나의 가격만이 있다는 원칙이다.

● 수요공급의 법칙

수요와 공급이 일치하는 점에서 가격이 결정된다는 명제로서, 시장가격과 거래량의 결정을 설명하는 가장 커다란 근본원리로 다루어져 왔다. 수요와 공급의 변화에 따른 가격 결정과 변화를 설명한 법칙으로, 가격은 수요와 공급이 균형을 이룰 때 정해지며 수요가 공급보다 많으면 가격이 오르고, 공급이 수요보다 많으면 가격이 내려가게 된다.

● 기펜의 역설

Giffen's paradox. 한 재화의 가격 하락이 도리어 그 재화의 수요를 감소시키고 가격 상승이 그 재화의 수요를 증가시키는 현상으로 일반적인 수요법칙의 예외현상이라 할 수 있다. 그러나 특수한 재화, 즉 열등재 또는 하급재에서는 소비자가 부유해짐에 따라 수요는 감소하고 우등재 또는 상급재로 대체되어 상급재의 수요가 증가한다. 이때 하급재의 가격이 하락하면 소득효과가 양으로 나타나기 때문에 수요의 감소를 가져오게 된다.

● 세이의 법칙

Say's Law. 프랑스 경제학자 장 밥티스트 세이(Jean-Baptiste Say)에 의해 제시된 주장으로 흔히 '공급은 스스로 수요를 창출한다(Supply creates its own demand).'라는 말로 표현된다.

보이지 않는 손

애덤 스미스가 표현한 것으로, 경쟁시장을 통한 가격기구의 작용을 말한다.

수요와 공급의 탄력성

$$\frac{수요변동률}{가격변동률} = \frac{수요변동분}{원래의 수요} \div \frac{가격변동분}{원래의 가격}$$

$$\frac{공급변동률}{가격변동률} = \frac{공급변동분}{원래의 공급} \div \frac{가격변동분}{원래의 가격}$$

확인문제 [한화생명]

5. 일물일가의 법칙이 성립되는 경우에 해당되는 것은?
① 완전경쟁 아래서만
② 독립상태 아래서만
③ 과점상태 아래서만
④ 불완전경쟁 아래서만

확인문제 [국민연금공단]

6. 공급의 가격탄력성이 1.2일 때 15% 가격이 인상되면 공급은?
① 18% 증가   ② 18% 감소
③ 15% 증가   ④ 15% 감소

해 공급의 탄력성 = $\dfrac{공급변동률}{가격변동률}$

공급변동률을 x(%)라고 하면

$\dfrac{x}{100} \div \dfrac{15}{100} = 1.2$, $x = 18$

∴ 18% 증가

거미집이론

동학적 가격분석 이론으로, 한 가지 상품시장에서 진행되는 일시적 균형가격의 변동을 거미집 모양의 그림으로 나타내 가격과 공급량의 변화를 설명한다.

답 5. ① 6. ①

● 베블렌효과

Veblen Effect. 가격이 상승한 소비재의 수요가 증가하는 현상으로 허영심에 의해 수요가 발생하는 효과이다.

● 앵커링효과

Anchoring Effect. 배가 닻(anchor)을 내리면 닻과 배를 연결한 밧줄의 범위 내에서만 움직일 수 있듯이 처음에 인상적이었던 숫자나 사물이 기준점이 되어 그 후의 판단에 왜곡 혹은 편파적인 영향을 미치는 현상이다.

● 스놉효과

Snob Effect. 특정 상품에 대한 소비가 증가하면 그에 대한 수요가 줄어드는 소비현상을 뜻한다. 소비자가 제품을 구매할 때 자신은 남과 다르다는 생각을 갖는 것이 마치 백로와 같다고 하여 '백로효과'라고도 한다.

● 밴드웨건효과

Bandwagon Effect. 밴드웨건은 퍼레이드 행렬의 맨 앞에서 악대가 탄 역마차를 말하는데 이를 선두로 길게 퍼레이드 행렬이 이어지고, 사람들이 점점 그 행렬에 참가하기 시작하는 현상에서 편승효과가 유래했다. 앞에서 이야기한 스놉효과와는 반대개념으로 어떤 선택이 대중적으로 유행하고 있다는 정보가 그 선택에 더욱 힘을 실어주는 효과를 말한다.

● 전시효과

Demonstration Effect. 소비 지출이 자신의 소득 수준에 따르지 않고 타인을 모방하며 늘어나는 사회적 · 심리적 효과로, 저축이 줄어드는 현상이 발생한다.

● 기저효과

Base Effect. 경제지표를 평가하는 과정에서 기준시점과 비교시점의 상대적인 수치에 따라 그 결과에 큰 차이가 나타나는 현상.

● 의존효과

Dependance Effect. 산업사회와 같은 풍요한 사회에서 실제적인 필요에 의해서가 아니라 생산 과정 자체가 소비자의 욕망을 만들어 내는 현상.

확인문제 [한국전력공사]

7. 자유경제의 경쟁하에서 일반적인 생산 과잉은 있을 수 없고 공급은 그것만큼의 자기 자신의 수요를 창조한다고 주장한 사람은?
① 그레셤　　② 베블렌
③ 세이　　　④ 엥겔

확인문제 [한국전력공사]

8. 화장품, 고급양주 등 사치품에 대한 과시적 소비형태에서 발생하는 현상으로 가격이 오를 때 수요량이 늘어나는 현상을 가리키는 것은?
① 베블렌효과　② 의존효과
③ 백로효과　　④ 편승효과

확인문제 [한국환경공단]

9. 사람들 중에는 평소에 소비하던 물건도 바겐세일을 하면 소비하지 않는 사람이 있다. 이처럼 남이 살 때 자기는 사지 않는 소비현상은?
① Demonstration Effect
② Veblen Effect
③ Snob Effect
④ Bandwagon Effect
⑤ Ratchet Effect

확인문제 [인천교통공사]

10. 후진국이나 저소득자가 선진국이나 고소득자의 소비양식을 모방하여 소비를 증대시키는 경향은?
① 가격효과　　② 시너지효과
③ 전시효과　　④ 대체효과
⑤ 의존효과

수요법칙의 예외

- 기펜의 역설
- 가수요
- 베블렌효과

답 7. ③　8. ①　9. ③　10. ③

● 아마존효과

Amazon Effect. 세계 최대의 유통기업인 아마존의 사업 확장이 업계에 파급되는 효과를 이르는 말로, 아마존이 해당 분야에 진출한다는 소식만 들려도 해당 산업을 주도하는 기업들의 주가가 추락하고 투자자들이 패닉에 빠지는 현상을 뜻하는 말이다.

● 생산의 3요소

생산활동에 필요한 장소, 원료, 동력 등을 제공하는 자연(토지), 인간의 지적 · 육체적 노동, 영리를 목적으로 생산에 투여하는 자본 등 이 세 가지를 생산의 3요소라고 한다. 근래에는 경영을 추가하여 생산의 4요소라고 한다.

● 기회비용

하나의 재화를 선택했을 때 포기한 다른 재화의 가치, 즉 포기된 재화의 대체 기회 평가량을 의미하는 것으로 어떤 생산물의 비용을, 그 생산으로 단념한 다른 생산기회의 희생으로 보는 개념이다.

● 패리티 가격

Parity Price. 정부가 다른 물가와 균형을 이루려고 결정하는 농산물의 가격이다. 패리티 계산에 의하여 결정된 가격으로, 농산물 생산자의 소득을 다른 생산자의 소득과 균등하게 보장하기 위하여 책정한다.

● 협상가격차

Scissors. 농산물가격지수와 공산품가격지수 간의 간격이 마치 가위의 양날을 벌린 듯한 형태로 나타난다고 해서 붙여진 이름이다. 일반적으로 공업생산물은 독점도와 탄력성이 크고 농업생산물은 독점도와 탄력성이 작아서 생기는 문제라고 할 수 있다.

● 쿠르노의 점

Cournot's Point. 독점기업은 총이윤이 극대화되는 시점에서 독점가격을 결정하는데, 이때 수요곡선상에서 공급자(독점기업)에게 극대이윤을 주는 가격과 공급량이 동시에 표시되는 점을 말한다. 이 점에서 한계수입(MR)과 한계비용(MC)이 같아지며 이윤의 극대화가 이루어진다는 이론이다.

재생산

생산 과정이 끊임없이 되풀이되는 것으로 단순재생산, 확대재생산, 축소재생산으로 나뉜다.

우회생산

생산재를 먼저 만든 다음에 이를 이용하여 소비재를 만드는 것으로, 대량 생산이 능률적으로 단기간에 이루어진다. 오늘날 자본주의 사회에서는 거의 이 같은 생산 방식을 따르고 있다.

확인문제

11. 생산에서 소비까지의 순환이 계속적으로 반복되는 것을 재생산이라고 한다. 재생산의 종류가 아닌 것은?
① 단순재생산   ② 반복재생산
③ 확대재생산   ④ 축소재생산

확인문제 [한국방송광고진흥공사]

12. 패리티 가격(Parity Price)을 실시하는 목적은?
① 생산자 보호   ② 소비자 보호
③ 근로자 보호   ④ 독점의 제한

확인문제 [KBS]

13. 협상가격차란?
① 도매물가와 소매물가의 차
② 노동자임금과 소비자물가의 차
③ 공산품가격과 농산품가격의 차
④ 독점가격과 경쟁가격의 차

확인문제 [한국전력공사]

14. 기업의 총이윤이 최대화 되기 위한 조건은?
① 한계비용보다 한계수입이 클 때
② 한계수입과 한계비용이 같을 때
③ 총비용이 최소가 될 때
④ 한계수입과 한계비용 차이가 가장 클 때

답 11. ② 12. ① 13. ③ 14. ②

② 소득과 분배

● 로렌츠곡선

소득분포의 불평등한 정도를 나타내는 도수곡선. 미국의 경제학자 로렌츠(Lorentz, M.O.)가 고안했다.

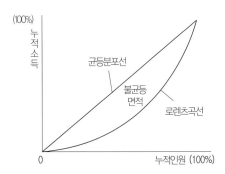

● 엥겔의 법칙

Engel's Law. 경제학에서 총지출의 식료품비 지출이 차지하는 비율을 계산한 값을 엥겔계수라고 하며, 이 값이 저소득 가계에서는 높고 고소득 가계에서는 낮다는 통계적 법칙을 엥겔의 법칙이라 한다. 법칙의 발견자인 에른스트 엥겔의 이름을 따서 명명된 것이다.

● 슈바베의 법칙

Schwabe's Law. 소득이 많아질수록 주택비, 특히 집세의 지불액이 많아지지만 가계 지출액 전체에서 차지하는 그 비율은 점차 작아진다는 내용이다. 이를 제시한 독일의 경영학자 이름을 따서 슈바베의 법칙이라 명명되었다. 가계지출의 상태를 살피는 한 지표로서 엥겔계수와 더불어 쓰이는데, 이 법칙이 반드시 옳다고는 할 수 없다는 견해도 있다.

● 파레토 최적

Pareto Optimality. 게임이론과 엔지니어링 및 기타 다양한 사회과학분야에서 쓰이는 경제학적 개념이다. 하나의 자원배분상태에서 다른 사람에게 손해가 가지 않고는 어떤 한 사람에게 이득이 되는 변화를 만들어내는 것이 불가능할 때의 배분상태를 말한다. 즉, 다른 사람의 효용을 감소시켜야만 자신의 효용이 증가하는 상태를 말한다.

소득 불평도 측정 지표

- 지니계수
- 소득 5분위 계수
- 소득 10분위 계수
- 앳킨슨지수
- 지브라의 법칙

지니계수

소득 불균형의 정도를 나타내는 통계학적 지수로, 지니계수는 0과 1 사이의 값으로 나타내며 0에 가까울수록 소득이 균등하게 배분됨을 의미한다. 이탈리아의 통계학자인 코라도 지니(Corrado Gini)가 개발하였다.

● 빈곤의 악순환

국가의 낮은 소득으로 인해 자본이 형성되지 않고 경제발전을 저해하는 요소들로 인해 빈곤이 악순환한다는 이론으로, 미국의 경제학자 넉시(Nurkse, R.)가 주장한 것이다.

● GNP, GDP, GNI

- GNP(국민총생산) : 국내외를 막론하는 자국 국민에 의한 생산.
- GDP(국내총생산) : 생산자의 국적을 불문하고 자국 영토에서 만들어진 최종 생산물의 시장가치의 합계.
- GNI(국민총소득) : 한 나라의 국민이 생산활동에 참여한 대가로 받은 소득의 합계.

● GNE

Gross National Expenditure. 국민총지출. 국민총생산을 소비하는 제 지출의 합계이며, 개인은 물론 정부 등 모든 경제단위의 소비지출 합계를 말한다.

● GPI

Genuine Progress Indicator. 기존의 국민총생산(GNP)이나 국내총생산(GDP) 개념의 대안으로 새롭게 등장한 경제지표이다. 개인소비 등 시장가치로 나타낼 수 있는 경제적 활동 외에 가사노동·육아 등에서 유발되는 긍정적 가치와 범죄, 환경오염, 자원고갈 등의 부정적 비용 등 모두 26개 요소의 비용과 편익을 포괄하는 개념이다.

● 국민소득 3면 등가의 법칙

국민의 경제활동에 의하여 새로 창출된 순생산물의 가치, 즉 국민소득의 생산·분배·지출의 3면의 접근방법은 이론적으로 모두 등액이라는 원칙이다.

● 소득대체율

연금 가입 기간 중 평균소득을 현재의 가치로 환산한 연금 지급액으로, 연금액이 개인의 생애 평균소득의 몇 %인지를 보여주는 비율이다. 연금 수령액을 연금 가입 기간의 월평균 소득으로 나눠 산출한다.

쿠즈네츠의 U자형 가설

전통사회는 국민 모두가 저소득수준에 머물러 비교적 평등한 소득분배가 이루어지는 반면, 경제발전 중기에는 경제발전 대열에 참여한 사람은 소득이 높고 그렇지 못한 사람은 소득이 낮아 소득 불평등이 점차 확대되다가 경제발전이 성숙되면 전반적으로 임금 수준이 향상되고 각종 사회보장제도, 최저임금제, 누진세 제도 등이 실시되면서 소득불평등이 크게 완화된다는 것이다.

GNP 산출 공식

GDP + 내국인이 해외에서 벌어들인 소득 − 외국인이 국내에서 벌어간 소득

확인문제 [국민건강보험공단]

18. 국내총생산(GDP)이 130억 원이고 해외 근로자 수입총액이 20억 원이며, 국내 거주 외국 기술자가 우리나라에서 얻은 소득이 30억 원일 경우, 국민총생산(GNP)을 구하면?
① 180억 원   ② 140억 원
③ 130억 원   ④ 120억 원

GRDP

Gross Regional Domestic Product. 지역 내 총생산. 일정 기간 또는 지역에서 생산된 상품과 서비스의 가치를 시장가격으로 평가한 수치.

Deflator

일정 기간의 경제현상을 분석할 때 그 기간의 가격변동을 고려하지 않을 경우에는 분석에 왜곡이 발생한다. 이런 경우에 실질적인 가격변동을 참작해 수정해야 하는데 이것을 가격수정요소라고 한다.

답 18. ④

③ 예산과 조세

● 조세법률주의
조세의 부과 및 징수는 반드시 법률의 근거에 따라야 한다는 원칙이다.

● ZBB
Zero-Base Budgeting. 매년 증액하거나 새로 추가하는 사업뿐 아니라 모든 정부 사업의 예산을 근본부터 경제성 검토의 대상이 되도록 하는 예산 책정 방법이다.

● 추가경정예산
예산의 성립 후에 발생한 사유로 인하여 이미 성립된 예산을 추가·변경하고 작성한 예산을 말한다.

● 세계잉여금
정부 재정에서 1년 동안 필요한 비용을 다 지출하고 국고에 남은 출납 잔액으로 다음 해의 세입에 이월된다.

● 준조세
조세는 아니지만 실질적으로 조세와 같은 성질의 공과금이나 기부금을 일컫는 용어이다.

● 조세피난처
Tax Haven. 기업·개인의 실제 발생 소득에 세금을 부과하지 않거나 아주 낮은 세율이 적용되는 등 세제특혜가 있는 국가 또는 지역을 말한다.

● 래퍼곡선
Laffer Curve. 세수와 세율 사이의 역설적 관계를 그림으로 나타낸 곡선이다. 보통은 세율이 높아질수록 세수가 늘어나는데, 세율이 일정 수준(최적조세율)을 넘으면 반대로 세수가 줄어드는 모습을 나타낸다. 미국의 경제학자 래퍼(Laffer, A. B.)가 주장하였다.

재정의 3대 원칙
양입제출의 원칙, 수지균형의 원칙, 능력 강제의 원칙.

확인문제 [국민체육진흥공단, 동아일보]

19. 제로베이스예산(ZBB)제도의 올바른 설명은?
① 적자도 흑자도 아닌 예산계획
② 단단위 인상의 예산안
③ 전년도의 불필요한 낭비요인을 없앤 예산안
④ 전년도 예산안을 기준으로 한 예산

사전재원배분제
Top Down. 각 부처별로 자유롭게 예산을 편성할 수 있게 부처의 자율성을 높이는 예산편성제도.

개별소비세
특정한 재화와 용역에 특정 세율을 선별적으로 부과하는 조세를 말한다.

역진성
Regressiveness. 소득이 증가함에 따라 유효세율이 줄어드는 현상이다. 즉, 소득액에 따라서 세 부담액이 줄어드는 것을 의미한다.

래퍼곡선

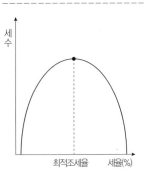

답 19. ③

● 직접세

국가가 납세 의무자에게 직접 징수하는 조세를 말한다. 소득세ㆍ법인세ㆍ상속세와 증여세ㆍ종합부동산세가 있다.

● 간접세

세금을 납부할 의무가 있는 납세자와 세금을 최종적으로 부담하는 조세 부담자가 다른 조세이다. 부가가치세ㆍ개별소비세ㆍ주세ㆍ인지세ㆍ증권거래세가 있다.

● 부가가치세

VAT ; Value-Added Tax. 기업이 재화의 생산ㆍ유통 과정에서 상품에 부가하는 가치에 대해 정부가 부과하는 조세이다. 과세부담을 소비자에게 전가하므로 조세부담의 형평성 문제를 불러일으킨다.

● 원천과세

소득이나 수익에 대한 세금을 소득자에게 종합적으로 부과하지 아니하고 소득이나 수입을 지급하는 곳에서 개별적으로 직접 부과하는 방법이다. 원천과세는 세목이 아니다.

● 우리나라의 조세체계

구분		보통세	목적세
국세	내국세	직접세 : 소득세(종합소득세, 퇴직소득세, 양도소득세, 산림소득세 등), 법인세, 상속세와 증여세, 종합부동산세	교육세, 농어촌특별세, 교통ㆍ에너지ㆍ환경세
		간접세 : 부가가치세, 개별소비세, 주세, 인지세, 증권거래세	
	관세	국경을 통하여 수입되는 물품에 부과되는 세금	
지방세	특별시ㆍ광역시세	취득세, 레저세, 담배소비세, 지방소비세, 주민세, 지방소득세, 자동차세	지역자원시설세, 지방교육세
	도세	취득세, 등록면허세, 레저세, 지방소비세	
	구세	등록면허세, 재산세	
	시ㆍ군세	담배소비세, 주민세, 지방소득세, 재산세, 자동차세	

조정관세

수출국이 공정가격으로 수출을 하더라도 수입국의 산업에 큰 피해를 줄 경우 한시적으로 관세를 부과, 그 상품의 수입가격을 높여 수입국의 업자를 보호해 주는 제도이다.

확인문제 [한국환경공단]

20. 수출국이 공정가격으로 수출을 하더라도 수입국의 산업에 큰 피해를 줄 경우 한시적으로 관세를 부과하여 수입국의 업자를 보호해주는 제도는?
① 반덤핑관세   ② 조정관세
③ 상계관세   ④ 할당관세
⑤ 탄력관세

할당관세

일정량이 초과되면 그 이후에는 고율의 관세가 부과되는 제도를 말한다.

확인문제 [국민연금공단]

21. 일정 수량 한도를 넘으면 관세를 고율로 부과하는 관세는?
① 할당관세   ② 계절관세
③ 탄력관세   ④ 조정관세

답 20. ② 21. ①

④ 물가와 인플레이션

● 물가

개개의 재화를 화폐로 측정한 가격의 평균이자 물건의 값. 여러 가지 상품이나 서비스의 가치를 종합적이고 평균적으로 본 개념을 말한다.

● 물가지수

가격의 상대적 변동을 측정하는 지표이자 물가의 변동을 종합적으로 나타내는 지수. 일정한 장소나 일정한 시기의 일정한 상품의 가격을 100으로 잡고 다른 시기의 상품가격 변동 상태를 100에 대한 비례 수로 나타낸다.

- **생산자물가지수**: 국내생산자의 출하(판매)단계에서 주로 기업 상호 간에 거래되는 상품과 서비스의 평균적인 가격변동을 측정하기 위하여 작성되는 지수.
- **수출입물가지수**: 우리나라가 대외적으로 거래하는 모든 수출입상품의 평균적인 가격변동을 측정하기 위한 지수.
- **소비자물가지수**: 소비자가 구입하는 상품이나 서비스의 가격변동을 나타내는 지수.

● 가격효과

가격이나 소득의 변화가 경제에 미치는 영향이다. 상품에 대한 수요는 그 가격이 싸면 늘고 비싸면 준다. 이와 같이 상품의 가격 변동이 가져오는 수요량 변동을 협의의 가격효과라고 한다.

● 외부효과

어떤 경제활동과 관련하여 다른 사람에게 의도하지 않은 혜택이나 손해를 가져다 주면서도 이에 대한 대가를 받지도 않고 비용을 지불하지도 않는 상태를 말한다.

● 인플레이션

Inflation. 경제학에서 통화공급·명목소득·물가의 전반적인 증가현상을 말한다. 인플레이션은 일반적이고 전반적인 물가수준의 지나친 상승으로 간주된다.

확인문제 [한국환경공단]

22. 가격안정에 따른 소비자보호 효과가 있는 반면에 암시장 등장이라는 문제점이 발생할 수 있는 정책은?
① 패리티가격제
② 개별소비세
③ 이중가격세
④ 최고가격제
⑤ 농산물 가격지지정책

물가지수 조사·발표

한국은행 조사발표	PPI(Producer Price Index), 생산자물가지수
	Export and Import Price Index, 수출입물가지수
통계청 조사발표	CPI(Consumer Price Index), 소비자물가지수

물가연동제

Indexation. 임금, 금리 등을 정할 때 일정한 방식에 따라 물가에 연동시키는 정책.

확인문제 [서울특별시도시철도공사]

23. 인플레이션일 때 유리한 사람은?
① 채무자   ② 봉급자
③ 채권자   ④ 예금자

마이너스 금리

금리가 0% 이하인 상태. 예금을 하거나 채권을 매입할 때 그 대가로 이자를 받는 것이 아니라 오히려 일종의 '보관료' 개념의 수수료를 내야하는 상태를 말한다. 마이너스 금리는 시중은행이 적극적으로 대출을 하도록 유도해 경기를 부양하고, 인플레이션을 유인하기 위해 시행되는 정책으로 민간은행으로 차츰 확산되고 있다. 아시아에서는 일본이 2016년부터 마이너스 금리 도입을 전격 결정했다.

답 22. ④ 23. ①

● 인플레이션의 종류

- Bottleneck Inflation : 수요 증가를 따르지 못하여 가격이 급등하는 일.
- Stock Inflation : 토지, 주식, 주택, 귀금속 따위와 같은 자산의 가격 상승으로 생기는 인플레이션.
- Inflation Caused by Budgetary Deficit : 정부의 재정지출이 민간의 자금수급 균형을 깨뜨릴 정도로 지나치게 증가해 필요 이상으로 정부자금이 민간에 유통되는 인플레이션.
- Cost Inflation : 생산비용의 상승을 기업이 가격에 전가함으로써 발생하는 물가 상승을 말한다. 비용이 물가를 밀어 올린다는 의미에서 코스트 푸시 인플레이션이라고도 한다.
- Imported Inflation : 일반적으로 여러 나라로부터 수입되는 수입품 가격이 상승해 국내물가가 상승하는 것을 말한다.
- True Inflation : 완전고용이 달성되면 생산성은 향상되지 않고 물가만 올라간다는 케인즈의 이론.

● 스태그플레이션

Stagflation. 경기 침체하의 인플레이션. '경기침체'를 의미하는 스태그네이션(Stagnation)과 '물가 상승'을 뜻하는 인플레이션(Inflation)의 합성어이다.

● 디스인플레이션

Disinflation. 인플레이션에 의해 통화가 팽창되고 물가가 폭등할 때 그것을 진정시키면서 디플레이션에 이르지 않도록 하는 경제 정책이다.

● 애그플레이션

Agflation. 농업(Agriculture)과 인플레이션(Inflation)의 합성어로 곡물 가격이 상승하면서 물가가 급등하는 현상을 말한다. 곡물의 수요와 공급의 변화로 인해 발생하며 곡물을 이용하여 에너지로 사용하는 바이오연료(Bio-Fuel)산업의 발달과 바이오연료에 대한 수요 급증으로 인해 더욱 심화되었고, 식량자원을 자원화하는 국가들의 정책에도 큰 영향을 미치고 있다. 이러한 상황이 지속될 경우 저개발국가의 저소득층 국민과 곡물 자급률이 낮은 국가는 큰 위기를 겪을 수 있다.

인플레션

Inflession. 인플레이션(Inflation)과 리세션(Recession)의 합성어로, 미국의 토리핀 교수가 쓴 말이다. 스태그플레이션이 불황과 물가고의 단순한 병존상태를 설명하는 말임에 비해 토리핀 교수는 이 말로 불황과 물가의 인과관계를 명확히 제시했다.

디플레이션

Deflation. 통화량의 수축에 의해 명목물가가 하락하는 현상.

조정 인플레이션

Adjustment Inflation. 국제수지의 흑자 초과를 해소하기 위해 국내물가의 상승을 방임하거나 정책적으로 진행시키는 일.

크리핑 인플레이션

Creeping Inflation. 물가가 서서히 오르는 인플레이션.

하이퍼 인플레이션

Hyper Inflation. 초(超)인플레이션. 단기간에 발생하는 심한 물가 상승 현상으로 전쟁이나 대재해 후에 생산이 수요를 따라가지 못하여 생기는 현상.

확인문제 [롯데, 삼부토건]

24. 경기침체 속에서도 물가가 상승하는 현상은?
① 리플레이션
② 스태그플레이션
③ 진정 인플레이션
④ 디스인플레이션

확인문제 [국민연금공단]

25. 인플레이션을 극복하기 위한 재정·금융을 긴축하는 경제조정정책은?
① 조정 인플레이션
② 재정 인플레이션
③ 디스인플레이션
④ 크리핑 인플레이션

 답 24. ② 25. ③

⑤ 금융시장과 환율

● 제도금융

사금융 또는 지하금융에 대응해 공적 금융기관에서 행해지는 금융 일반으로, 공금융이라고도 한다.

● 사금융

금융기관 등의 제도금융이 아니라 개인 또는 조직이나 중개인·친척·지인 등이 개인이나 기업에게 자금을 제공해주는 것을 말한다.

● 시중은행

Commercial Bank. 큰 도시에 본점이 있고 전국에 지점을 둔 일반 은행 또는 상업은행(대부 능력을 가진 은행)으로, 주된 업무는 대부와 할인이다.

● 제1금융권

일반 시중은행을 말한다.

● 제2금융권

Nonmonetary Institutions. '비통화금융기관'이라고도 한다. 자금의 중개기능을 주로 할 뿐, 요구불예금을 취급할 수 없기 때문에 예금통화의 공급에 의한 신용창조를 할 수 없다. 현재 우리나라의 경우 제2금융권은 개발기관, 투자기관, 저축기관, 보험기관 등으로 분류된다.

● 제3금융권

제도권 밖의 대금업체를 말하며 사금융권이란 말과 같은 뜻으로 사용된다. 언론에서는 '소비자 금융'이라고 표현하기도 한다. 주로 대출을 전문으로 하는 대부업체 및 사채업체가 여기에 해당된다.

● 소매금융

Consumer Banking, Retail Banking. 소매금융이란 기업보다는 개인고객에 치중하는 영업 스타일의 금융업으로, 주로 개인대상의 예금과 적금, 대출 등을 취급하고 있다.

자통법

원래 명칭은 '자본시장과 금융투자업에 관한 법률'이다. 하나의 금융회사에서 은행, 보험, 증권, 단기자금, 팩토링 등 모든 금융업무를 처리하겠다는 의도하에 제정된 법률이다.

직접금융

자금의 수요자인 기업이 은행 등의 금융기관을 통하지 아니하고 직접 자금을 조달하는 방식의 금융 메커니즘을 말한다. 조달수단에는 주식·채권 따위가 있다.

간접금융

개인이 은행에 예금을 하면 은행은 이 돈을 기업에 대출하는 방식으로, 자금의 공급과 수요시장에 은행 같은 금융기관이 개입하는 형태를 의미한다.

확인문제 [삼부토건]

26. 직접금융에 속하는 것은?
① 중앙은행　　② 단자은행
③ 증권시장　　④ 시중은행

은행

자금의 운용을 원하는 그룹과 자금의 대여를 원하는 그룹 사이에서 공급과 수요를 중개하는 역할을 담당한다. 즉, 돈이 필요한 사람에게는 돈을 빌려주는 대신 대출이자를 받는다. 그리고 돈을 가진 사람의 돈을 예치해 예금이자를 주고 돈을 굴린다. 대출이자와 예금이자 사이의 마진 차이로 수익(예대마진)을 챙기는 곳이 은행이다.

신용협동기구

조합원에 대한 저축편의 제공과 상호 간 상부상조를 목적으로 조합원의 여·수신업무를 취급하는 금융기관으로 신용협동조합, 새마을금고, 농·수협단위조합의 상호금융 등이 해당한다.

답 26. ③

● 도매금융

Wholesale Banking. 기업고객을 대상으로 하면서 기업대출, 무역금융, 어음교환, 환거래 등 개인보다는 덩치가 큰 거래를 많이 하는 기업 중심의 은행이다.

● 투자금융

Investment Banking. 증권회사나 투자은행이 주식과 채권의 매입, 인수 등 증권 업무를 영위하는 것을 말한다.

● 팩토링 금융

Factoring. 금융기관이 기업으로부터 상업어음, 외상매출증서 등 매출채권을 매입하여 이를 바탕으로 자금을 빌려주는 제도이다. 기업이 상거래 대가로 현금 대신 받은 매출채권을 신속히 현금화하여 기업 활동을 돕고 있으며 주로 종합금융회사들이 활발하게 취급하고 있다. 외상매출채권 담보대출이라고 볼 수 있다.

● 비트코인

Bitcoin. 지폐나 동전과 달리 물리적인 형태가 없는 온라인 가상화폐(디지털 통화)다. 미국발(發) 금융위기가 한창이던 2008년 나카모토 사토시라는 이름으로 위장한 정체불명의 컴퓨터 프로그래머가 창안했다. 특히 2009년은 연방준비제도(Fed)가 막대한 양의 달러를 찍어내 시장에 공급하는 양적완화가 시작된 해로, 달러화 가치 하락 우려가 겹치면서 비트코인이 대안 화폐로 주목받기 시작했다.

● 불완전판매

고객에게 금융상품을 판매할 때 상품에 대한 기본 내용 및 투자위험성 등을 충분히 설명하지 않고 판매하는 행위를 말하며 고객은 손해를 입었을 때 이러한 금융회사의 불완전판매에서 원인을 찾을 경우 손해배상을 받을 수 있다.

기업금융

기업이 사업을 하는 데 필요한 자금을 조달하는 일. 또는 그런 자금의 수요와 공급의 관계.

투자은행

Investment Bank. 증권 투자를 전문으로 하는 은행.

Bad Bank

부실자산이나 채권만을 사들여 전문적으로 처리하는 금융기관.

Bank-Run

예금 대량 인출 사태를 말한다. 예금자들이 예금을 찾기 위해 부실해진 은행으로 몰려가는 것을 뜻한다.

EFTS

Electronic Funds Transfer System. 은행 등 금융기관의 금융업무 전산화 시스템에 대한 총칭. 자금이체, 현금인출, 홈뱅킹, 폰뱅킹, 펌뱅킹 등 금융기관의 모든 금융 업무를 통신망에서 이루어지도록 만든 온라인 시스템.

DLS, DLF

Derivatives Linked Securities(파생결합증권), Derivative Linked Fund(파생결합펀드). 파생결합증권은 주가, 주가지수뿐만 아니라 이자율, 통화, 실물자산 등을 기초자산으로 해서 정해진 조건을 충족하면 약정한 수익률을 지급하는 상품을 일컫는다. 사전에 정해진 방식으로 수익률이 결정되기 때문에 기초자산이 일정기간에 정해진 구간을 벗어나지 않으면 약정 수익률을 지급하고, 구간을 벗어나게 되면 원금 손실을 보게 되는 구조이다. 파생결합펀드는 이 DLS를 편입한 펀드를 말하며 사전에 정해진 방식에 의해 수익률이 결정되는 특징을 가지고 있다.

● 환율

Exchange Rate. 외국화폐로 표시한 자국화폐의 가격. 외국환시세. 다른 나라 통화와의 교환비율을 말한다.

● 환율의 결정 요인

- **누적경상수지** : 경상수지가 흑자가 계속되면 환율은 떨어지며, 원화표시환율은 내려가게 된다. 반대인 경우는 올라간다.
- **구매력평가설** : 화폐의 구매력(구매력의 비율, G 카셀이 주창)에 의해 환율이 결정된다는 이론이다.
- **내외 실질금리차** : 실질금리가 상대적으로 높은 나라로 자금이 유입되면 그 나라의 환율은 낮아진다.
- **밴드왜건효과** : 어떤 통화에 대한 수요가 많아지면 다른 사람들도 그 경향에 따라서 통화 수요를 증가시키는 편승효과를 말한다.

● 평가 절하와 평가 절상

평가 절하란 외환에 대한 한 나라 화폐의 가치가 낮아지는 것을 말한다. 예를 들어 1달러 당 1,000원에서 1,200원으로 오르는 것이다. 환율이 오르면 평가는 절하(Devaluation)되고 그 반대는 평가 절상(Revaluation)이라고 한다.

● 유동성 딜레마

Liquidity Dilemma. 한 나라의 통화를 국제 통화로 사용할 때, 국제 유동성이 커지면 국제 수지 적자로 인해 그 통화의 신뢰도가 떨어지고, 그 나라가 적자를 줄여 통화의 신뢰도를 높이면 국제 유동성이 작아지는 현상을 말한다.

● Bretton Woods System

1944년 미국 뉴햄프셔주의 브레튼우즈에서 탄생한 국제적인 통화제도 협정. 이 협정에 따라 IMF와 IBRD가 설립되고 미국 달러화를 기축통화(Key Currency)로 하는 금환본위제도가 실시되었다.

확인문제 [KDB산업은행]

27. 화폐의 대외가치는 무엇으로 표시하는가?
① 물가지수
② 구매력의 정도
③ 환율시세
④ 소비자 물가지수

환율변동이 경제에 미치는 영향

구분	환율 하락 (평가 절상)	환율 상승 (평가 절하)
국제수지	악화	개선
물가	하락	상승
경제성장률	하락	상승
외재상환 부담	감소	증가

확인문제

28. 환율이 오르면 나타나는 현상은?
① 수출, 수입둔화
② 수출촉진, 수입둔화
③ 수출, 수입촉진
④ 수출둔화, 수입촉진

빅맥지수

햄버거 구매력으로 본 실질환율로, 각 나라의 구매력을 비교하는 경제지표이다. 1986년 9월에 영국의 이코노미스트지에서 처음 사용하였다.

Basket System

변동환율제와 고정환율제의 중간단계에 해당하는 것으로 주 교역국의 통화 또는 외환시장에서 주로 거래되는 통화 등의 통화가치와 자국의 물가 상승률을 감안하여 환율을 결정하는 제도.

답 27. ③ 28. ②

⑥ 실업과 일자리

● 필립스곡선

Phillips Curve. 실업률 또는 실업의 증가율과 명목임금 상승률 간의 경제적 관계를 그래프로 나타낸 것이다. 실업률이 낮을 때 임금이 보다 빠르게 상승하는 경향이 있음을 보여준다.

● 경제활동인구와 자연실업률

15세 이상의 인구 중 학생·주부·환자 등 노동을 제공함으로써 경제활동을 할 수 없거나 의사가 없는 사람들을 제외한 인구를 말한다. 만 14세 이하의 인구를 비생산연령인구로, 15세 이상의 인구를 생산연령인구(15~64세)로 구분한다. 자연실업률은 자발적 실업만이 존재하는 경우로, 완전고용상태라고 한다.

● 실업의 종류

자발적 실업	일자리가 충분함에도 자발적인 실업상태인 경우. 자발적 실업만이 존재하는 경우를 자연실업률 또는 완전고용상태라고 한다.
비자발적 실업	일할 의사와 능력은 있으나 일자리가 부족해서 생기는 실업으로, 실업문제의 근원이 된다.
잠재적 실업	표면상으로는 실업이 아니지만 개인의 능력이나 역량에 비해 생산성과 급여가 낮은 부문에 취업한 상태를 말한다.
화폐적 실업	유효수요의 부족으로 발생하는 선진국형 실업이다.
마찰적 실업	일시적이고 단발적인 원인에서 비롯되는 실업상태로, 완전고용상태에서도 나타나는 2~3%의 실업률이다.
계절적 실업	농업과 같은 자연적 요인 등 산업활동의 계절적 영향에 따라 나타나는 실업이다.
구조적 실업	자본주의 구조의 모순에 의해 발생하는 만성적·장기적 실업이다.
기술적 실업	기술 진보에 따른 자본의 유기적 구성의 고도화로 인해 발생하는 실업이다.

● Decent Job

일반적인 관점에서 평균을 상회하는 조건의 일자리를 뜻한다. 괜찮은 일자리의 평가 기준은 매우 다양하다.

고용률

15세 이상 생산가능인구 중 취업자가 차지하는 비율로 실질적인 고용 창출 능력을 나타내며 취업인구 비율이라고도 불린다. 실업률 통계에서 제외되는 비경제활동인구 수를 포함해 계산하므로 구직을 단념했거나 노동시장에 빈번히 들어오고 나가는 반복실업 등에 의한 과소 추정의 문제를 해결한다.

● 실업급여

실직한 근로자의 생활안정과 재취직을 촉진하기 위해 지급하는 급여로 구직급여와 취직촉진수당이 있으며 취직촉진수당에는 조기재취직수당, 광역구직활동비, 직업능력개발수당, 이주비로 구분한다.

● 피보험자

고용보험적용사업에 고용된 근로자로서 보험에 가입한 근로자를 말한다.

● 적성검사

각자가 맡은 직업을 성공적으로 수행하기 위하여 개개인의 능력과 각종 직업이 요구하는 특질을 대비하고 그 적응성을 판단하는 목적으로 지능, 언어능력 등 적성요인을 측정하는 것을 말한다.

● 우선지원대상기업

고용보험법 시행령 제15조에 의하여 고용안정 사업 및 직업능력개발사업을 실시함에 있어 우선적으로 고려해야 하는 기업의 범위를 산업별로 규정하고 있다. 광업의 경우 300인 이하, 제조업의 경우 500인 이하, 건설업의 경우 300인 이하, 운수·창고 및 통신업의 경우 300인 이하, 기타 산업은 100인 이하 우선지원대상 기업에 해당한다. 또한 중소기업기본법상 중소기업은 위의 규모와 무관하게 우선지원 대상기업을 본다.

● 조기재취직수당

구직급여 수급자격이 있는 근로자가 안정된 직장에 취직한 경우 지급하는 급여이며 지급목적은 적극적인 구직활동으로 조기에 취직하는 것을 장려하기 위함이다.

● 적응훈련지원금

채용장려금의 지원대상이 되는 이직자를 피보험자로 채용하여 새로운 직장적응에 필요한 적응훈련을 실시하는 사업주에게 훈련비용과 훈련기간 중 지급한 임금의 1/2(대규모기업 1/3)을 6월 한도로 지원한다.

무기계약직

기간을 정하지 않고 근로계약을 체결한 사람. 공무원의 경우 정규직에 해당하는 일반직 공무원과 비정규직에 해당하는 기간제 근로자의 사이에 있다고 할 수 있다.

비정규직

근로기간이 정해져 있지 않은 상시근로자와는 달리 근로기간이 정해져 있는 계약직, 일용직, 해당 사업주의 사업장에서 근무하지 않는 파견 도급직, 상시근로를 하지 않는 시간제 근로자를 총망라한 개념이다.

중규직

정년은 보장되나 정규직의 60~70% 수준인 임금 등 근로조건은 비정규직처럼 열악하다는 의미에서 사용하는 용어로 정규직 신분이지만 비정규직과 같은 처우를 받는 근로자들을 일컫는 말이다.

최저임금제

국가가 노사 간의 임금결정과정에 개입하여 임금의 최저수준을 정하고, 사용자에게 이 수준 이상의 임금을 지급하도록 법으로 강제하여 저임금 근로자를 보호하는 제도. 근로자에 대하여 임금의 최저수준을 보장하여 근로자의 생활안정과 노동력의 질적 향상을 꾀함으로써 국민경제의 건전한 발전에 이바지하게 함을 목적으로 한다.

⑦ 부동산문제와 정책

● 분양가상한제

공동주택의 분양가를 산정할 때 일정한 표준건축비와 택지비(감정가)에 가산비를 더해 분양가를 산정하고, 그 가격 이하로 분양하도록 한 제도를 말한다. 감정된 토지비용(택지비)과 정부가 정한 기본형 건축비에 개별 아파트에 따라 추가된 비용인 가산비용을 더해 분양가의 상한선을 결정하며 기본형 건축비는 6개월마다 조정된다.

● 마이너스 옵션제

아파트 분양 시 입주자들이 골조, 미장 등을 제외한 내부 마감재와 인테리어를 자신의 기호에 맞게 개별적으로 선택해 설치하도록 하고, 그 비용은 분양가에서 공제하는 제도를 말한다. 즉, 시공사가 건물 외관 등 골조까지만 마감한 뒤 내부 공사는 입주자가 하는 방식으로, 내부 마감재 등의 비용은 분양가에서 공제하여 소비자가 자신의 취향에 맞게 실내 구조나 인테리어를 직접 꾸밀 수 있다는 장점이 있다.

● 용적률

대지 면적에 대한 건축물 연면적의 비율이다. 용적률이 높을수록 대지 면적에 대한 호수밀도 등이 증가하므로 대지 내 건축밀도를 나타내는 지표로 활용된다.

● 건폐율

대지 면적에 대한 건축 면적의 비율이다. 즉, 수평적 건축밀도를 말하며 규정하는 목적은 건축물의 밀집 방지, 일조, 채광, 통풍, 방화, 피난 등에 필요한 공지를 확보하기 위함이다.

● 토지거래허가제

토지매매 시 사전에 반드시 허가를 받아야 하는 제도를 말한다.

종합부동산세

부동산을 종합적으로 합산하여 과세하는 세금이다. 전국의 부동산을 유형별로 구분하여 세대별 또는 개인별로 합산한 결과, 일정 기준을 초과하는 보유자에게 과세하는 세금이다.

공시지가

정부가 토지의 가격을 조사, 감정해 공시하는 제도. 표준지의 단위 면적당 가격.

기준지가

토지 거래에서 지표가 되는 가격.

기준시가

투기가 우려되는 특정 지역의 아파트, 회원권, 자가용 등을 대상으로 국세청이 고시하는 기준금액.

체비지

토지 구획 정리사업의 시행자가 그 사업에 필요한 재원을 확보하기 위하여 환지(換地) 계획에서 제외하여 유보한 땅.

주거정책심의위원회

분양가상한제 적용 지역의 지정과 해제, 주거종합계획의 수립, 택지개발지의 지정과 해제, 투기과열지구 및 조정대상지역의 지정과 해제 등 주요 주거 정책을 심의한다. 25명의 위원으로 구성되는데 국토부 장관, 기획재정부 1차관을 포함한 8개 부처 차관과 안건 해당 시·도지사 등 당연직이 14명에 이르고 나머지 11명은 연구원과 교수 등 위촉직 민간 인사들이다.

● 투기지역과 투기과열지역

투기지역은 일정 수준 이상의 가격 상승을 보이는 지역을 부동산가격안정위원회 심의를 거쳐 지정, 고시하는 것이다. 양도소득세를 실거래가액으로 과세하는 것을 골자로 한다. 반면 투기과열지역은 과열 양상을 보이는 아파트 신규분양 시장에 대하여 전매제한이나 청약제한 등 투기억제 목적으로 지정, 고시하는 것으로 양도소득세를 실거래가로 부과하는 효과가 발생한다.

● 개발제한구역

Green Belt. 시가지의 과도한 팽창을 방지하기 위해 대도시 주변에 설정한 녹지대이다. 도시의 무질서한 확산을 막고, 도시 주변의 자연환경을 보전하여 도시민의 건전한 생활환경을 확보하기 위해 국방안보상의 필요에 의하여 도시개발을 제한하는 구역이다.

● 대토보상

토지보상금을 효율적으로 관리하기 위해, 각종 공공사업에 흡수되는 토지에 대한 손실분을 현금 대신 토지로 보상하는 것을 말한다. 손실보상은 현금보상이 원칙이지만, 토지소유자가 원하는 경우 사업시행자가 해당 공익사업의 합리적인 토지이용계획과 사업계획 등을 고려하여 토지로 보상이 가능한 경우에는 토지소유자가 받을 보상금 중 현금 또는 채권으로 보상받는 금액을 제외한 부분에 대하여 공익사업의 시행으로 조성한 토지로 보상할 수 있다.

● 부동산투자신탁

REITs. Real Estate Investment Trusts. 다수의 투자자로부터 자금을 모아서 부동산소유지분이나 주택저당담보증권에 투자하거나 부동산관련 대출(Mortgage Loan) 등으로 운영하여 얻은 수익을 투자자에게 되돌려주는 제도를 말한다. 즉, REITs는 부동산에 투자하는 뮤추얼펀드(회사형투자신탁)라고 할 수 있으며, REITs회사의 지분은 주식형태로서 주식시장에서 자유롭게 거래되고 있다.

확인문제 [한국토지주택공사, 한국전력공사]

33. 대지면적에 대한 건축면적의 비율은?
① 용적률   ② 건폐율
③ 건축률   ④ 대기율

투기과열지역 적용범위(31곳)

서울 25개구(강남, 송파, 서초, 강동, 동작, 용산, 영등포, 강서, 마포, 중구, 성동, 동대문, 종로, 노원, 도봉, 강북, 성북, 중랑, 광진, 은평, 서대문, 구로, 관악, 금천, 양천), 경기 5개시(과천, 광명, 성남, 분당, 하남), 대구 수성구

확인문제 [서울경제, 헤럴드경제]

34. 다음 용어의 설명이 잘못 풀이된 것은?
① 용적률 – 대지 면적에 대한 지상 건축물의 연면적 비율
② 건폐율 – 대지 면적에 대한 건축 면적의 비율
③ 공시지가 – 부동산, 골프회원권 등을 팔거나 상속 또는 증여할 때 세금을 부과하는 기준가격
④ 기준시가 – 투기가 우려되는 지역 내의 토지나 건물 같은 부동산, 골프회원권 등을 팔거나 상속 또는 증여할 때를 대비하여 국세청이 정해 놓은 기준가격

답 33. ② 34. ③

[국가정보원]

01 다음 중 거시경제지표에 해당되지 않는 것은?

① 국민소득　　　② 환율

③ 매출액　　　　④ 이자율

해 거시경제지표 : 각 경제주체(가계·기업·정부) 활동의 합이 어떻게 나타나는가를 알려주는 국민소득, 물가, 국제수지, 실업률, 환율, 통화 증가율, 이자율 등으로, 국가적 차원에서 경제상황을 판단할 수 있는 기준으로 활용된다.

미시경제지표 : 각 개별경제주체의 활동을 대상으로 매출액 순이익이나 소득 저축 등을 분석한 지표를 말한다.

[부산도시공사]

02 국제금융시장을 이동하는 단기자금을 무엇이라 하는가?

① 소프트 머니　　② 하드 머니

③ 핫머니　　　　④ 스마트 머니

해 소프트 머니 : 직접선거운동이 아닌 정책홍보와 정당활동을 통해 무제한의 기부를 허용하는 기부선거자금

하드머니 : 개인과 단체 또는 정치단체가 일정 후보자나 정당을 지원하는 일종의 선거자금

핫머니 : 국제금융시장을 이동하는 단기성 자금. 각국 단기금리의 차이, 환율의 차이에 의한 투기적 이익을 목적으로 하는 것과 국내 통화불안을 피하기 위한 자본도피 등 두 종류가 있다.

스마트 머니 : 장세변화에 따라 신속하게 움직이는 자금으로 시장정보에 민감한 기관들이 보유한 현금 등이 여기에 해당함

[중앙일보]

03 다음 중 중앙은행의 간접 통화관리수단이 아닌 것은?

① 재할인정책　　② 지급준비율

③ 공개시장조작　④ 총통화증가율관리

해 ④는 직접적 통화관리수단이다.

[한국환경공단]

04 D씨는 5년 전에 총 4억 원을 주고 땅을 1,000평 매입하였는데, 지역의 학교 재단에 무상으로 기증하기로 하였다. 현재 이 땅의 시가가 6억 원이라고 한다면 D씨가 행한 증여의 기회비용은 얼마가 되는가?

① 1억 원　　　　② 2억 원

③ 4억 원　　　　④ 6억 원

⑤ 10억 원

해 기회비용은 과거 시점이 아닌 현재 시점에서의 선택비용이다.

[롯데]

05 가격차별화가 실시되는 시장에서 나타나는 현상이 아닌 것은?

① 두 시장의 수요탄력성 차이

② 두 시장에 판매되는 재화의 질적 차이

③ 두 시장이 상호 분리될 수 있는 진입 여건

④ 두 시장 간의 상호 재판매가 불가능한 조건

해 가격차별화 : 동일한 상품에 대하여 지리적·시간적으로 서로 다른 시장에서 각기 다른 가격을 매기는 가격을 차별가격이라고 한다. 동일한 상품에 별개의 가격이 매겨지는 경제적인 이유는 몇몇 시장에서 뚜렷이 구별할 수 있는 수요의 가격탄력성 크기가 서로 다르기 때문이다.

[한국연구재단]

06 통화량 증가에 대한 효과로 옳은 것은?

① 저축성 예금 증가

② 이자율 하락

③ 물가하락

④ 국민소득 감소

해 일반적으로 통화량은 현금통화와 예금통화의 합으로 정의하며 예금통화에 저축성 예금은 포함되지 않는다. 따라서 통화량 증가는 저축성 예금 증가와 관련이 없다. 또한 통화량 증가는 이자율 하락 – 투자증가 – 물가상승, 국민소득증가 등의 효과를 유발한다.

[국민체육진흥공단]

07 경기순환의 한 국면으로 호황이 중단되며 생산 활동 저하, 실업률 상승 등이 생기는 현상은?

① 콜로니   ② 리세션

③ 크라우딩아웃   ④ 스템피드현상

酬 크라우딩아웃 : Crowding Out, 국가에서 국채를 대량으로 발행하여 자금시장이 어려워지면서 기업에서 자금을 조달하는 것이 힘들어지는 현상을 말한다.

08 인플레이션을 진정시키기 위한 정부와 중앙은행의 경제정책으로 옳지 못한 것은?

① 재할인율 인상

② 지급준비율 인상

③ 대출금리를 낮춰 금융기관의 대출을 장려

④ 흑자예산 편성을 통한 재정긴축정책

酬 ③은 경기 진작을 위해 사용하는 정책수단이다. 대출금리를 낮추면 금리에 대한 부담이 낮아져 대출수요가 많아진다. 즉, 시중에 자금 공급이 더욱 확대된다.

[한겨레신문]

09 1980년대 이후 영국의 대처리즘과 미국의 레이거노믹스를 필두로 이른바 신자유주의적 경제정책이 크게 확산되고 있다. 신자유주의는 케인스적 복지국가체제를 비판하고 과거의 자유주의를 부활시킨 것으로 이해되고 있는데, 다음 중 신자유주의적인 경제정책의 요소라고 할 수 없는 것은?

① 노동시장의 기능강화를 위한 고용, 임금의 유연한 조처

② 공기업의 비효율성 극복을 위한 민영화

③ 균형재정 달성을 위한 사회보장 지출의 축소

④ 국제무역의 안정적 확대를 위한 고정환율제 강화

酬 자유시장과 규제 완화, 사유재산권을 중시하는 신자유주의는 자유롭게 환율을 변동시켜 국제수지를 조정하는 변동환율제를 채택했다.

[한겨레신문]

10 다음 중 신자유주의 경제정책과 관계가 깊은 것은?

① 시장기능의 축소

② 관치경제의 청산

③ 시장실패에 대한 시정

④ 복지국가

酬 신자유주의 경제는 경제활동에서 정부의 간섭을 최소화하고, 모든 것을 자유경쟁과 시장의 자율에 맡겨야 한다는 의미이다. 따라서 정부 주도의 관치경제를 청산하는 것과 관계가 깊다.

[한겨레신문]

11 다음 중 케인스주의에 해당하지 않는 것은?

① 정부의 시장개입 기능 활성화

② 수요관리를 통한 임금 생활자의 구매력 향상

③ 경기조절식 경제정책 추진

④ 적자재정정책의 반대

酬 케인스주의는 국가 재정을 공공부문에 투자해 경기를 활성화시키는 정책을 기조로 한다.

[KBS]

12 다음의 통화관리정책 중 한국은행의 통화안정증권과 가장 관련이 큰 것은?

① 재할인율   ② 지불준비율

③ 공개시장 조작   ④ 선별적 규제

酬 공개시장 조작 : 중앙은행이 정부발행증권 또는 상업어음을 매매해 화폐공급과 신용조건을 지속적으로 규제하는 정책이다.

---

01 ③   02 ③   03 ④   04 ④   05 ②   06 ②   07 ②   08 ③   09 ④   10 ②   11 ④   12 ③   답

[알리안츠생명]

13 수요의 변화를 초래하는 요인이 아닌 것은?

① 가격의 변화   ② 기호의 변화

③ 소득의 증가   ④ 인구의 증가

해 수요의 변화 : 해당 상품의 가격(임대료) 이외의 요인으로 생기는 변화.

[한겨레신문]

14 일국의 조세제도가 소비세 중심의 간접세로 이루어질 경우 국민경제에 어떤 영향을 끼치는가?

① 저소득층의 부담을 가중시킨다.

② 저축을 감소시킨다.

③ 인플레이션을 조장시킨다.

④ 투자를 유발시킨다.

해 간접세는 소득 수준에 따른 누진과세가 아니라 제품에 대한 동일과세이기 때문에 저소득층의 부담이 상대적으로 가중되는 결과를 가져온다.

[중앙일보]

15 부동산과 직접적인 관계가 없는 세금은?

① 양도소득세   ② 취득세

③ 부가가치세   ④ 재산세

해 부동산에는 국세인 종합부동산세(부부합산 6억 이상)와 지방세인 재산세, 그리고 매매에 따른 양도소득세가 부과된다.

[한겨레신문]

16 지대란 토지의 임대료를 말하는데, 이 개념을 확대한 경제적 지대라는 개념이 있다. 다음 중 경제적 지대추구행위(Rent-Seeking Activity)와 가장 관련이 적은 것은?

① 상수도 공급을 국가가 독점하는 경우

② 의사협회가 의대 정원의 확대에 반대하는 경우

③ 독과점 기업들이 담합해서 생산량을 제한하는 행위

④ 수입제한 품목의 수입권을 얻기 위해 로비하는 행위

해 지대추구행위 : 지대란 일반적으로 토지에 대한 임대료를 말하는데, 지대추구행위는 경제 주체들이 자신의 이익을 위해 비생산적인 활동에 경쟁적으로 자원을 낭비하는 현상, 즉 로비·약탈·방어 등 경제력 낭비 현상을 지칭하는 말로 털럭(Gordon Tullock)의 논문(1967년)에서 비롯되었다. 예를 들어 특정 경제 주체가 면허 취득 등을 통해 독과점적 지위를 얻게 되면 별다른 노력 없이 차액지대와 같은 초과 소득을 얻을 수 있다. 각 경제 주체들이 이와 같은 지대를 얻기 위해 정부를 상대로 경쟁을 벌이는 행위를 지대추구행위라 한다.

17 엥겔계수가 나타내는 것은?

① 음식비의 가격탄력성

② 수요의 소득탄력성

③ 음식비의 소득탄력성

④ 수요의 가격탄력성

해 엥겔계수는 가계의 총소비지출액에서 식비가 차지하는 비율을 말한다. 즉, 소득이 높을수록 식비가 차지하는 비율은 줄어든다. 이것은 식비의 소득탄력성이 1보다 작다는 것을 의미한다.

[한겨레신문]

18 1980년대 말 버블경제의 붕괴 이후 장기침체를 벗어나지 못한 일본 정부는 극단적으로 이자율을 낮추어 사실상 제로금리정책을 시행하고 있으나, 투자 및 소비의 활성화 등 의도했던 수요 확대효과가 전혀 나타나고 있지 않다. 이러한 일본 경제 상황과 밀접하게 연관되어 있는 것은?

① 화폐환상   ② 유동성 함정

③ 구축효과   ④ J커브효과

해 유동성 함정 : 금리를 아무리 낮추어도 투자나 소비 등의 실물경제에 아무런 영향을 미치지 못하는 상태를 말한다.

화폐환상 : 화폐는 불변의 구매력을 가진다고 생각하고 화폐의 실질적 가치 증감에 대해서는 인식하지 못하는 상태.

구축효과 : Crowding Out Effect. 정부의 재정적자 또는 확대 재정정책으로 이자율이 상승하여 민간소비와 투자활동이 위축되는 효과를 말한다.

J커브효과 : 환율의 변동과 무역수지와의 관계를 나타
낸 것으로 무역수지 개선을 위해 환율 상승을 유도하더
라도 그 초기에는 무역수지가 오히려 악화되다가 상당
기간이 지난 후에야 개선되는 현상을 말한다.

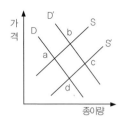

① a   ② b
③ c   ④ d

헤 신문 생산 단가의 하락으로 발행 부수가 늘어날 경우
(종이 수요곡선은 D′으로 이동) b점에서 균형을 맞추게
되지만 차후 특별한 변수가 생기면 c점이 균형점이 될
수도 있다.

[대구도시공사]
19 경제적으로 어렵고 사회적으로 소외되어 있는
사람들이 뜻을 같이하고 힘을 한데 모아 스스
로 자신들의 처지를 개선하고 필요를 충족시키
기 위해 만든 경제조직을 무엇이라 하는가?

① 공제조합   ② 노동조합
③ 협동조합   ④ 익명조합

헤 협동조합은 공통의 전체 이익을 갖고 있는 사람들이 설
립하여 운영하는 경제체에서의 지발적 조직을 말한다.
그것의 취지는 협업을 통한 원가의 절감, 조합원의 수
입증가, 중간이익의 배제 등에 있다.

[한겨레신문]
20 부동산 투기를 잡고 공평과세를 실현하기 위해
서는 재산세를 제대로 물려야 한다는 주장이
많다. 재산세처럼 세금을 걷는 주체가 지방자
치단체인 것은?

① 취득세   ② 상속세
③ 소득세   ④ 양도세

헤 취득세는 지방자치단체가 부과하는 지방세이고 나머지
는 중앙정부가 부과하는 국세에 해당된다.

[MBC]
21 종이 시장에 있어서 다음과 같이 본래의 수요
곡선과 공급곡선을 각각 그림의 D와 S라고 가
정할 경우 a점에서 수요와 공급이 균형을 이루
게 된다. 그런데 신문사의 신문 제작 과정의 전
산화로 신문 생산 단가가 낮아져 발행 부수가
늘어날 경우 종이시장의 새로운 균형점은?

22 다음 중 케인스가 개발한 개념이 아닌 것은?

① 투자의 한계효율
② 한계소비성향
③ 이윤율의 저하현상
④ 유동성 선호설

헤 이윤율의 저하현상 : 자본주의적 생산양식이 발달하면
서 자본의 유기적 구성은 고도화된다. 자본가들은 지속
적으로 생산수단과 불변자본에 투자를 확대함으로써
생산성의 향상을 도모하는데, 이러한 잉여가치의 원천
인 노동력이 상대적으로 줄어들면서 총투하자본에 대
한 잉여가치의 비율도 줄어들게 된다. 이윤율의 저하현
상은 자본의 유기적 구성이 고도화됨으로써 평균 이윤
율이 저하되는 것을 말한다.
투자의 한계효율 : 투자로부터 수입의 현재가치와 투자
비용이 같아지는 할인율을 말한다.
한계소비성향 : 소득 중에서 소비에 쓰이는 비율을 소비
성향이라고 하며, 한계소비성향이란 새로 늘어난 소득
중에서 소비에 향하는 비율을 가리킨다.
유동성 선호설 : 화폐 보유의 동기로는 거래 동기, 예비
적 동기 및 투기적 동기를 들고, 사람들이 이자를 낳는
증권 대신 화폐를 보유하는 것은 화폐가 지니는 유동성
의 수요 때문이라고 하였다.

23 소득 불평등 지표의 하나로 저소득층과 고소득층 간의 소득분배를 나타내는 것은?

① 로렌츠곡선   ② 지니계수

③ 앳킨슨지수   ④ 파레토계수

⑤ 10분위 분배율

혜 **10분의 분배율** : 최상위 20% 계층에 대한 최하위 40% 계층의 소득 비율로, 값이 클수록 소득분배가 균등함을 나타낸다.

앳킨슨지수 : Atkinson Index. 지니계수와 함께 가장 많이 사용되는 불평등도 지수로 '0'에 가까울수록 평등하며 '1'에 가까울수록 불평등하다.

[광주은행]

24 수입 20만 원, 저축 4만 원, 음식물비 8만원일 때 엥겔계수는?

① 40%   ② 45%

③ 50%   ④ 60%

혜 소비지출 = 20만 원 – 4만 원 = 16만 원

$$엥겔계수 = \frac{식료품비}{소비지출} \times 100 이므로$$

$$\frac{8}{16} \times 100 = 50\%$$

[한겨레신문]

25 1977년에 부가가치세 제도를 채택함으로써 나타난 가장 두드러진 현상은?

① 징세비용이 증대하였다.

② 국민의 실질적 세부담이 줄었다.

③ 조세저항을 현저하게 초래하였다.

④ 조세부담의 형평원리가 저해되었다.

혜 부가가치란 생산과정에서 개개의 기업 또는 산업에 새로이 부가된 가치를 말하는데, 조세의 부담이 거래의 과정을 통하여 납세의무가 있는 사업자로부터 최종소비자에게 전가되는 간접소비세이다. 따라서 조세부담의 형평성이라는 문제를 안고 있다고 볼 수 있다.

[동아일보]

26 다음 중 국제금융기구가 아닌 것은?

① ADB   ② OPEC

③ IBRD   ④ IDA

혜 **OPEC** : Organization of Petroleum Exporting Countries. 국제석유자본(석유메이저)에 대한 발언권을 강화하기 위하여 결성된 조직이다.

[한국환경공단]

27 소비자가 생산자의 상품선전활동에 자극되어 소비를 증대하는 경향은?

① 베블린효과   ② 의존효과

③ 관성효과   ④ 가격효과

혜 **의존효과** : 소비재에 대한 소비자의 수요가 자신의 자주적 욕망에 의존하는 것이 아니라 생산자의 광고 · 선전 등에 의존하여 이루어지는 현상을 나타내는 말이다.

28 다음 중 수요법칙의 예외가 아닌 것은?

① 기펜의 역설   ② 가수요현상

③ 베블렌효과   ④ 시뇨지리효과

혜 **시뇨리지효과** : 중앙은행이 발행한 화폐의 실질가치에서 발행비용을 뺀 차익을 의미한다.

[한국마사회]

29 다음 중 기펜재는?

① 쇠고기와 돼지고기

② 가격이 상승한 주식

③ 쌀과 보리

④ 펜과 잉크

혜 ①과 ③은 대체재, ④는 보완재이다.

[한겨레신문]

30 A양이 아르바이트를 해서 한 시간당 4,000원을 벌 수 있을 때 두 시간짜리 영화를 대신 보기로 했다면 이 학생의 영화 관람에 대한 기회비용은?

① 4,000원   ② 6,000원

③ 8,000원   ④ 10,000원

해 시간당 4,000원을 버는 대신 두 시간짜리 영화를 봤으므로 2시간 × 4,000원 = 8,000원.

기회비용 : Opportunity Cost. 하나의 재화를 선택했을 때, 포기한 다른 재화의 가치, 즉 포기된 재화의 대체 기회 평가량을 의미하는 것이다. 어떤 생산물의 비용을 그 생산으로 단념한 다른 생산기회의 희생으로 보는 개념이다. 세 가지 이상의 경우에서 한 가지만 선택하여 두 가지 이상을 포기했다면 포기한 것 중에서 제일 많은 이익을 기대할 수 있는 하나만을 기회비용으로 본다.

31 매리는 남자친구로부터 생일 선물을 약속받았다. 평소 갖고 싶어했던 30,000원짜리 쿠폰과 40,000원짜리 화장품, 25,000원짜리 옷 중에서 하나를 골라야 한다. 만약 쿠폰을 선택했다면 매리가 치른 기회비용은 얼마인가?

① 25,000원   ② 30,000원

③ 40,000원   ④ 65,000원

해 세 가지 이상의 재화에서 하나를 택하였다면 포기한 것 중 가장 큰 것이 기회비용이 된다.

[한국환경공단]

32 어떤 주부가 개당 만족도를 10, 8, 6, 4, 2로 생각하는 사과 5개를 10,000원에 구입하였는데, 이 사과를 먹어 본 결과 만족도(실제 효용가치)는 개당 1,000원에 달한다고 했을 때 이 주부의 소비자 잉여는 얼마인가?

① 10,000원   ② 20,000원

③ 30,000원   ④ 40,000원

해 소비자 잉여 : 어떤 상품에 대해 소비자가 최대한 지불해도 좋다고 생각하는 가격(수요가격)에서 실제로 지불하는 가격(시장가격)을 뺀 차액을 말한다.
기대 효용의 합(10 + 8 + 6 + 4 + 2)에다 실제 효용가치(결과 만족도)가 개당 1,000원에 달한다고 했으므로 효용의 합계는 30 × 1,000 = 30,000원으로, 이는 이 주부가 지불해도 좋다고 생각하는 가격이 된다. 그러나 실제는 10,000원을 지불했으므로 이 주부의 소비자 잉여는 20,000원이다.

[경기도안양과천교육진흥청]

33 다음 중 생산의 3요소로 바른 것은?

① 노동, 자본, 경영   ② 자본, 토지, 기술

③ 노동, 토지, 기술   ④ 노동, 토지, 자본

해 노동, 토지, 자본에 경영을 더하면 4요소라고도 한다.

[한국전력공사]

34 파레토 최적에 대한 설명으로 틀린 것은?

① 생산의 효율에 있어서 한 생산물을 감소시키지 않고는 다른 생산물을 증가시킬 수 없다.

② 한 소비자의 효용을 증가시키려면 다른 소비자의 효용을 감소시키지 않으면 안 된다.

③ 사회후생을 평가하는 한 기준으로, 자원의 효율적 분배를 뜻한다.

④ 시장경제에서만 얻어질 수 있다.

해 파레토 최적은 분배에 대한 설명으로, 시장경제와 관계없이 모든 사회에 통용된다.

[한국환경공단]

35 현재의 경기상태를 나타내는 지표를 동행지수라고 한다. 동행지수의 지표가 아닌 것은?

① 도소매판매액지수

② 시멘트소비량

③ 중간재출하지수

④ 생산자출하지수

해 **경기동행지수** : Coincident CI(composite index). 동행지수는 현재 경기동향을 보여주는 지표로 노동투입량, 총산업생산지수(광업, 제조업, 전기가스제조업 포함), 제조업가동률지수, 생산자출하지수, 전력사용량, 도소매판매지수, 비내구소비재 출하지수, 시멘트소비량, 실질수출액, 실질수입액 등 10개 지표를 합성해 산출한다.

36 케인스가 주장한 것으로, 한 나라가 유동성 함정에 빠졌을 때 취해야 할 정책이 아닌 것은?

① 재할인율 인하정책

② 특별소비세 인하

③ 대단위 토목공사

④ 저소득 계층에 대한 정부의 직접 금융

해 재할인율 인하정책은 중앙은행이 시중은행으로 자금을 늘리는 통화공급정책으로, 이는 통화량을 늘려도 그 중 가분은 은행권 안에서만 맴돈다는 유동성 함정을 해결하지 못한다.

[한국마사회]

37 다음 중 미국의 경제학자 슘페터가 말한 '이노베이션'의 내용이 아닌 것은?

① 새로운 상품의 개발

② 새로운 시장의 개척

③ 새로운 생산방식 도입

④ 새로운 경영자 선임

해 슘페터가 말한 이노베이션은 생산기술의 변화만이 아니라 신시장이나 신제품의 개발, 신자원의 획득, 생산조직의 개선, 신제도의 도입 등을 포함하는 넓은 개념이다.

38 다음 중 정부의 민간기업 구조조정 관련 정책과 관계가 깊은 것은?

① 더블딥   ② 출구전략

③ 프리워크아웃   ④ 골디락스 경제

해 **프리워크아웃** : 부도 위험이 있거나 장기연체로 신용불량자가 되기 전의 기업 또는 개인을 대상으로 하는 사전 신용구제제도를 말한다.

더블딥 : 경기침체 이후 일시적으로 경기가 회복되다가 다시 침체되는 이중침체 현상을 말한다.

골디락스 경제 : 경제가 높은 성장을 이루고 있더라도 물가 상승이 없는 상태로 고성장, 저실업, 저물가의 이상적인 균형을 이루는 경제를 지칭한다.

39 경제위기 상황에서 취했던 각종 재정 – 통화정책을 큰 부작용 없이 서서히 거두어들이는 전략으로, 시중에서 양적 완화에 의한 유동성이 풍부해진 자금을 회수하는 전략은?

① 유동성 개선전략   ② 출구전략

③ 재정정책   ④ 연착륙전략

해 **출구전략** : Exit Strategy. 시중으로 방출된 자금을 경제 상황에 충격을 주지 않고 회수하는 정책을 뜻한다.

[농촌진흥청]

40 인플레이션으로 인해 금액 표시가 커짐에 따른 계산, 지불 등의 불편을 해소하기 위해 화폐단위를 변경하는 것은?

① 디노미네이션   ② 디폴트

③ 변동환율제   ④ 리플레이션

해 **디노미네이션** : Dinomination. 화폐 호칭 단위의 절하이다. 본래는 화폐단위의 호칭을 뜻하는 말이지만, 경제학적으로는 화폐단위의 하향 조정이라는 의미로 쓰인다.

41 다음 중 세금과 관련된 설명으로 잘못된 것은?

① 직접세는 담배, 맥주 등 일반 소비상품의 판매가격에 포함된 세금을 말한다.

② 목적세는 특정한 목적을 달성하기 위한 경비에 충당하려고 부과하는 세금으로 교육세, 농어촌특별세 등이 있다.

③ 조세는 아니지만 실질적으로 조세와 같은 성질의 공과금이나 기부금 등을 준조세라고 한다.

④ 기업·개인의 실제 발생 소득에 세금을 부과하지 않거나 아주 낮은 세율이 적용되는 등 세제특혜가 있는 국가 또는 지역을 조세피난처(Tax Haven)라고 한다.

해 ①은 간접세에 대한 설명이다.
준조세 : 조세는 아니지만 실질적으로 조세와 같은 성질의 공과금이나 기부금을 말한다.
조세피난처 : Tax Haven. 기업·개인의 실제 발생 소득에 세금을 부과하지 않거나 아주 낮은 세율이 적용되는 등 세제특혜가 있는 국가 또는 지역을 말한다.

[한겨레신문]

42 원자재의 해외의존도가 높은 나라에서 해외원자재 가격이 상승하고 정부가 지출을 늘릴 경우에 이 나라의 국민경제에서 일어날 수 있는 상황을 바르게 추론한 것은?

① 가계의 저축 성향이 증대될 것이다.

② 근로자의 실질소득이 증가할 것이다.

③ 기업의 투자활동이 활발해질 것이다.

④ 외국에 대한 상품수출이 감소할 것이다.

해 해외원자재 가격이 상승하면 결국 생산비의 상승을 초래하고, 정부지출의 증가는 통화량을 증대시켜 인플레이션이 발생하게 된다. 따라서 수출이 위축되고 수입이 조장되어 국제수지가 약화된다.

[일동제약]

43 완전고용에 대한 설명으로 가장 적당한 것은?

① 많은 기업가가 최대한 많은 근로자를 사용할 수 있는 상태를 말한다.

② 국민의 경제생활이 안정되어 문화수준이 있는 상태를 말한다.

③ 전 국민이 직업을 가지고 있고, 실직 상태에 있는 사람이 없는 경우를 말한다.

④ 노동력과 노동을 하려는 의사를 가진 사람들이 모두 직업을 가지고 있는 상태를 말한다.

해 **완전고용** : 노동의 의지와 능력을 갖추고 취업을 희망하는 모든 사람이 고용되는 상태이다. 현행의 실질임금 수준하에서 노동의 수요와 공급이 일치하는 상태를 말한다.

[한국토지주택공사, KBS]

44 고용기회에 대한 완전한 정보를 얻지 못해 생기는 실업은?

① 구조적 실업　　② 경기적 실업

③ 마찰적 실업　　④ 잠재적 실업

해 Frictional Unemployment. 고용기회에 대한 정보 부족으로 발생하는 실업유형은 노동수급의 일시적 부조화에 따른 실업으로 볼 수 있다.

[대신증권]

45 필립스곡선에 나타나는 경제 변수는 무엇인가?

① 실업률과 인플레이션율

② 실업과 총생산변화율

③ 실업과 소득변화율

④ 인플레이션과 총생산변화율

해 **필립스곡선** : 실업률과 인플레이션 간의 관계를 나타낸 것이다. 정부가 통화량을 증가시키면, 물가는 상승하나 인플레이션의 기대나 원자재 가격 상승에 따른 물가 상승과 실업률의 관계는 무관하다.

35 ③　36 ①　37 ④　38 ③　39 ②　40 ①　41 ①　42 ④　43 ④　44 ③　45 ①　**답**

46 실업을 줄일 수 있는 방법으로 틀린 것은?

① 공공사업을 통한 고용기회 창출
② 사회보장제도의 확충으로 최저생계비 지원
③ 인력개발 및 직업 기술교육
④ 농촌의 가내공업 육성
⑤ 취업정보의 효율적 제공

해 최저생계비 지원 등의 정책은 유휴 노동력의 취업 포기로 이어질 수 있다.

47 일정 수량 한도를 넘으면 관세를 고율로 부과하는 관세는?

① 할당관세　　② 계절관세
③ 탄력관세　　④ 조정관세

해 할당관세 : Quota Tariff. 수입품의 일정한 수량을 기준으로 일정 한도 초과분에 고율을 부과하는 관세.

48 수출국이 공정가격으로 수출을 하더라도 수입국의 산업에 큰 피해를 줄 경우 한시적으로 관세를 부과하여 수입국의 업자를 보호해 주는 제도는?

① 반덤핑관세　　② 조정관세
③ 상계관세　　　④ 할당관세

해 조정관세 : Adjustment Duties. 한시적 또는 일시적으로 관세를 부과하는 것이다.
반덤핑관세 : Anti-Dumping Duties. 외국의 상품이 지정 가격 이하로 수입되어 국내산업에 손해를 입힐 경우 국내산업을 보호하고 수출국의 덤핑효과를 제거하기 위하여 정상가격과 덤핑가격과의 차액 범위 내에서 추가하여 부과하는 할증관세이다.
상계관세 : Compensation Duties. 수출국이 수출품에 장려금이나 보조금을 지급하는 경우 수입국이 이에 의한 경쟁력을 상쇄시키기 위하여 부과하는 누진관세이다.

49 국제수지표에서 자본수지에 속하는 것은?

① 해외주둔군 유지비
② 증권투자
③ 운임, 보험료
④ 특허권 등 사용료

해 ①, ③, ④는 경상수지에서 무역외 수지계정에 속한다.
자본수지 : 한 나라의 일체의 대외 자본거래를 기록한 국제수지의 구성항목이다.

50 다음 중 잘못된 설명은?

① 무차별곡선과 가격선이 접하는 점에서 효용의 극대화가 일어난다.
② 개당 만족도가 1, 2, 3, 4, 5에 달할 것으로 생각되는 사과 5개를 모두 10,000원에 구입하였는데, 이들 사과를 실제 먹어 본 결과 만족도는 개당 1,000원에 달한다고 했을 때의 소비자 잉여는 5,000원이다.
③ 커피 값이 급등하는 경우 커피 수요는 줄고 대신 홍차 수요가 늘어난다고 하면 교차 탄력성은 양수(+)로 나타난다.
④ 많은 재화 가운데 보석은 수요의 가격탄력성이 큰 편이다.
⑤ 어느 재화의 가격이 15% 인상되어 판매량이 30% 줄었을 경우 이 재화의 가격 탄력성은 1.5로 산출된다.

해 ⑤ 수요의 가격탄력성 = $\dfrac{\text{공급변동률}}{\text{가격변동률}}$ 이므로

$\dfrac{30\%}{15\%}$ = 2%가 된다.

② 기대 효용의 합계(1 + 2 + 3 + 4 + 5)에다 실제 효용 가치(개당 1,000원)을 곱한 금액 15,000원이 효용의 총액이었는데, 실제 구입한 비용은 10,000원이므로 소비자 잉여는 5,000원이 된다.

다음 질문에 답하시오. (기업체 직무적성검사 대비 문제)

01 긴축재정정책으로 경기 인한 침체하에서도 물가가 계속 앙등하는 현상은? [한국전력공사]

01 스태그플레이션(Stagflation)

02 소득이 한정되어 있는 경우, 합리적인 소비자는 가격이 오른 재화의 소비량을 줄이고 가격이 내린 재화의 소비량을 늘리는 법칙은? [MBN]

02 수요의 법칙

03 2001년 11월 카타르 도하에서 종료된 제4차 세계무역기구(WTO) 각료회의 결정에 따라 출범한 새로운 다자 무역 협상체제는? [코리아헤럴드]

03 도하개발아젠다 (DDA ; Doha Development Agenda)

04 '경제'의 어원은?

04 나라를 다스리고 백성을 구제함

05 가격이 하락할 때 오히려 수요량이 감소하는 재화를 말한다. 즉, 열등재 중에서 대체효과보다 소득효과가 더 큰 재화는?

05 기펜재(Giffen Goods)

06 '공급은 스스로 수요를 창출한다(Supply creates its own demand).'는 누가 한 말인가?

06 세이(Say)

07 독점기업은 총이윤이 극대화되는 시점에서 독점가격을 결정하게 되는데, 이때 수요곡선상에서 공급자(독점기업)에게 극대이윤을 주는 가격과 공급량이 동시에 표시되는 점이란?

07 쿠르노의 점 (Cournot's Point)

08 농산물가격지수와 공산품가격지수 간의 차이를 뜻하는 용어는?

08 협상가격차

09 소득이 많아질수록 주택비, 특히 집세의 지불액이 많아지지만 전체 가계 지출액에서 차지하는 그 비율은 점차 작아지는 경제 법칙은?

09 슈바베의 법칙 (Schwabe's Law)

10 일정 기간 동안 한 국가에서 생산된 재화와 용역의 시장 가치를 합한 것을 의미하는 용어는?

10 GDP

11 인플레이션에 의해 통화가 팽창되고 물가가 폭등할 때 그것을 진정시키면서 디플레이션에 이르지 않도록 하는 경제 정책은?

12 화폐 호칭 단위의 절하를 뜻하는 용어는?

12 디노미네이션 (Denomination)

13 '악화가 양화를 구축한다(Bad money drives out good).'라고 표현한 사람은?

13 그레셤

14 은행의 덩치와 상관없이 새로운 금융상품 개발이나 경영방법 등에서 다른 은행보다 앞서가는 은행을 두고 이르는 말은?

14 리딩뱅크 (Leading Bank)

15 은행 및 저축은행의 요구불예금 · 저축성 예금 가운데 관련 법률에 의거 소멸시효가 지났지만 고객이 찾아가지 않은 예금은?

15 휴면예금

16 개인의 신상, 직장, 자산, 신용, 금융기관거래정보 등을 종합 평가해 대출 여부를 결정해주는 자동 전산시스템으로, 개인대출평가 시스템이라고도 불리는 이 용어는?

16 CSS

17 주가의 변동과 연계하여 수익률을 결정하는 새로운 금융상품은?

17 주식연동계좌

18 우리나라 은행 가운데 특수은행 3개는?

18 IBK기업은행, KDB산업은행, 한국수출입은행

19 국제적인 기준금리로 사용되고 있는 금리 2개는?

19 리보(Libor), 롬바르드 금리 (Lombard Rate)

20 정부가 토지의 가격을 조사 · 감정해 공시하는 제도로, 표준지의 단위 면적당 가격은?

20 공시지가

21 한 나라가 특정 국가에 대해 직 · 간접적인 교역, 투자, 금융거래 등 경제 부문의 모든 거래를 중지하는 금수조치는?

21 엠바고(Embargo)

다음의 각 용어에 대해 간략하게 설명하시오. (공사 · 공단, 언론사 대비 문제)

01 잠재성장률 [헤럴드경제]

02 지니계수 [헤럴드경제]

03 경제고통지수(Misery Index) [서울경제]

04 3S업종 [서울경제]

05 생산의 3요소 [삼성 SSAT]

06 Stagflation

07 팩토링 금융

08 투자은행

09 PB

10 빅맥지수

11 피구효과

12 체비지

13 Green Belt

Chapter 02 경제 · 경영

01_ 잠재성장률

한 나라의 자본과 노동력을 최대한 활용하였을 경우에 달성할 수 있는 국민총생산 성장률을 말한다.

02_ 지니계수

소득이 어느 정도 균등하게 분배되는가를 나타내는 소득분배의 불균형 수치를 말한다.

03_ 경제고통지수(Misery Index)

특정한 기간 동안 물가 상승률과 실업률을 합한 수치이며 국민들이 피부로 느끼는 경제적 삶의 어려움을 계량화해서 수치로 나타낸 것이다.

04_ 3S업종

규모가 작고(Small Size), 임금이 적으며(Small Pay), 단순한 일(Simple Work)을 하는 업종을 말한다.

05_ 생산의 3요소

생산 활동에 필요한 장소, 원료, 동력 등을 제공하는 자연(토지), 인간의 지적·육체적 노동, 영리를 목적으로 생산에 투여하는 자본 등의 세 가지를 말한다.

06_ Stagflation

경기침체하의 인플레이션. '경기침체'를 의미하는 스태그네이션(Stagnation)과 '물가상승'을 뜻하는 인플레이션(Inflation)의 합성어이다.

07_ 팩토링 금융

Factoring. 금융기관이 기업으로부터 상업어음·외상매출증서 등 매출채권을 매입하여 이를 바탕으로 자금을 빌려주는 제도이다.

08_ 투자은행

Investment Bank. 증권 투자를 전문으로 하는 은행이다.

09_ PB

Private Banking. 은행이 거액 자산가들을 대상으로 자산을 종합 관리해주는 소비자서비스이다.

10_ 빅맥지수

햄버거 구매력으로 본 실질환율로, 각 나라의 구매력 평가를 비교하는 경제지표이다. 1986년 9월에 영국의 이코노미스트지에서 처음 사용하였다.

11_ 피구효과

케인즈 학파의 유동성함정(Liquidity Trap) 논리에 대항하기 위하여 일부 고전학파가 사용하는 논리이다. 유동성함정이 존재한다고 해도 물가가 신축적이라면 극심한 불황에서 자동적으로 탈출하여 완전고용을 이룩할 수 있다는 것이다.

12_ 체비지

토지구획 정리사업의 시행자가 그 사업에 필요한 재원을 확보하기 위하여 환지계획에서 제외하고 유보한 땅을 말한다.

13_ Green Belt

개발제한구역, 녹지지역. 시가지의 과도한 팽창을 방지하기 위하여 대도시 주변에 설정한 녹지대이다. 도시의 무질서한 확산을 방지하고, 도시 주변의 자연환경을 보전하여 도시민의 건전한 생활환경을 확보하기 위해, 국방안보상의 필요로 도시개발을 제한하는 구역이다.

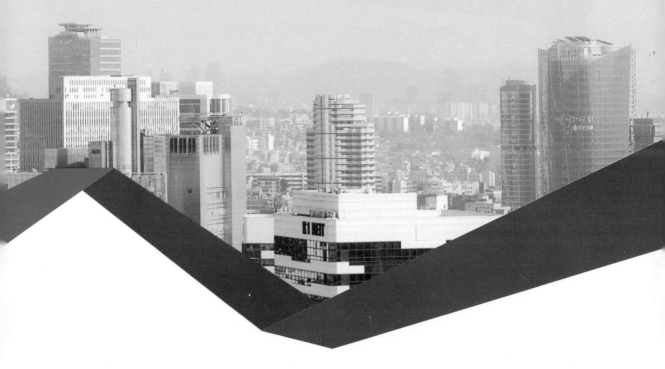

CHAPTER **03**

경영 · 산업

경영 · 산업

① 법인설립과 회사

● 법인회사의 종류

상법에서 정하는 회사의 종류는 다음과 같다.

합명회사	Unlimited Partnership. 회사의 채무에 대한 연대, 무한의 책임을 지는 2인 이상의 무한책임사원으로 조직된 회사를 말한다. 사원 전부가 반드시 출자하고 업무를 집행할 권리와 의무를 가지며, 출자분의 양도에는 사원 전원의 승인이 필요하다.
합자회사	Limited Partnership. 회사 손익의 위험을 부담하고 업무집행의 권리 · 의무를 가지고 있는 무한책임사원과, 자본만 제공할 뿐 업무집행의 권한은 없고 감독원만 가지는 유한책임사원으로 조직된 인적 · 물적 회사
유한회사	Private Company. 2인 이상 50인 이하의 유한책임사원으로 조직된 회사로서 합명회사와 주식회사의 혼합형
주식회사	Stock Corporation. 주식을 발행하여 여러 사람이 자본 투자에 참여할 수 있는 물적 회사로, 설립하는 데 발기인의 수와 자본액의 제한이 없으며, 유한책임사원으로만 구성되는 자본 결합체이다.
유한책임회사	우리나라의 대부분의 회사는 주식회사로 되어 있으나 과거에는 설립 요건이 까다롭고 지배구조가 경직되어 창조적인 아이디어를 가진 청년이나 벤처사업(Venture Business)을 구상하는 사람들이 쉽게 회사를 설립할 수 없었다. 따라서 사원의 유한책임을 인정하면서도 회사의 설립 · 운영과 기관 구성 등에서 사적 자치를 폭넓게 인정하는 유한책임회사를 도입하여 벤처기업이나 1인 창조기업과 같은 회사를 쉽게 설립할 수 있도록 상법이 개정되었다(2012년 4월 시행).

● 모듈기업

Module Corporation. 생산 공장을 거의 두지 않거나 최소한의 제조 시설만 보유한 채 부품 또는 완제품을 타 회사로부터 조달받아 최종 제품을 만들어 내는 회사로, 나이키, 리복 등이 대표적이다.

벤치마킹

benchmarking. 자기 분야에서 가장 우수한 성과를 내고 있는 최고 회사를 모델로 삼아 그들의 독특한 비법을 배우면서 자기 혁신을 꾀하는 것으로 넓은 의미에서는 리엔지니어링의 개념에 포함시키기도 한다.

출자총액제한

기업의 경제력집중을 억제할 목적으로, 한 기업이 회사 자금으로 다른 회사의 주식을 매입하여 보유할 수 있는 총액을 제한하는 제도.

Business Incubator

자본은 없으나 기술과 사업성은 있는 창업자 또는 예비창업자에게 저렴한 시설 제공과 경영, 세무, 기술지도 등의 지원을 통해 창업에 따르는 위험부담을 줄이고 원활한 성장을 유도하여 성공 가능성을 높이기 위해 마련된 제도.

지주회사

Holding Company. 다른 회사의 주식 또는 지분을 소유함으로써 그 회사의 사업활동 지배를 목적으로 하는 회사.

1인 창조기업

주로 지식서비스업, 제조업 등의 분야에서 창의성과 전문성을 갖춘 개인이 창업을 통해 매출 · 이익을 창출하는 기업.

다국적기업

국적을 초월한 범세계적 기업. 외국 소비국 현지에서 직접 생산 · 판매하는 기업.

MRO기업

Maintenance Repair and Operation. 구매 아웃소싱 전문회사.

● 주식회사

용어	해설
주식회사	발행주식을 사람들에게 팔아 조달한 자본으로 만든 회사
주식	주식회사의 자본을 구성하는 단위(= 주권). 1주 1권주의
수권자본금	이사회에서 증자할 수 있는 주식의 총수 또는 주식금액의 총계
납입자본금	수권자본금 범위 내에서 주식을 발행하는데, 이미 주식을 발행해 인수 납입이 완료된 자금.
정관	법인의 목적, 조직, 업무 집행 따위에 관한 근본 규칙
이사회	회사의 업무 집행에 관한 의사를 결정하는 기관. 설립 시 필요한 등기 이사는 최소 1명 이상
사외이사	회사 밖에서 회사의 경영에 관여하는 것을 목적으로 선임된 이사로, 대개 해당 분야의 전문가를 초빙해 선임한다.
공동대표	두 사람 이상이 공동으로 법인을 대표하는 경우의 대표
주주총회	주식회사의 의사를 결정하는 최고기관(정기총회, 임시총회)이다. 주주 총회와 이사회, 감사는 주식회사의 3대 기관이다.

● 사모펀드

PEF, Private Equity Fund. 소수의 투자자로부터 모은 자금을 주식과 채권 등에 운용하는 펀드로, PEF의 PE는 사모펀드를 운영하는 회사 자체를 의미한다. 사모펀드의 운용은 비공개로 투자자들을 모집하고 자산가치가 저평가된 기업에 자본참여를 하게 하여 기업가치를 높인 다음 기업 주식을 되파는 전략을 취한다. 사모펀드는 금융기관이 관리하는 일반펀드와는 달리 '사인(私人)간 계약'의 형태를 띠고 있어 금융감독기관의 감시를 받지 않으며, 공모펀드와는 달리 운용에 제한이 없는 만큼 자유로운 운용이 가능하다.

● 공모펀드

50인 이상의 불특정 다수의 투자자를 대상으로 자금을 모으고 그 자금을 운영하는 펀드를 말하며 주로 개인투자자들을 대상으로 자금을 모집한다. 불특정 다수를 상대로 판매하기 때문에 운용에 제한이 없는 사모펀드와 달리 투자자 모집이나 펀드 운용에 대한 규제가 비교적 엄격하다. 투자자 보호를 위하여 분산투자 등 자산운용규제, 투자설명서 설명, 교부의무, 외부감사 등의 엄격한 규제가 적용된다.

확인문제 [삼성 SSAT]

1. 주식회사의 특징 중 틀린 것은?
① 전형적 인적회사
② 1인 이상의 발기인
③ 주주총회가 최종의사결정
④ 유한책임사원으로 구성

Venture Capital

모험자본.

Invention Capital

창의자본. 아이디어 특허권을 매입한 뒤 부가가치를 높여 이를 필요로 하는 기업에 빌려주는 사업이다. 최근 정부는 민간과 공동으로 5천억 원의 창의자본을 조성키로 했다.

엔젤클럽

Angel Club. 벤처기업의 창업 또는 초기단계에 필요한 자금이나 경영 노하우를 제공하는 개인 투자자들의 조합.

이사회와 이사회 의장

회사. 혹은 기관의 활동을 공동으로 감독하기 위해 선출되거나 지명된 구성원들의 본체이다. 주식회사의 업무 집행은 이사회의 결의로 한다고 되어 있다. 이사회 의장은 이사회를 대표하며 이사회를 소집하거나 회의를 진행하는 사람을 말한다.

지렛대효과

Leverage Effect. 자기 돈만 가지고 기업을 운영하는 것보다 남의 돈을 빌려서 효율적으로 운영하면 자기 돈만 가지고 운영하는 것보다 효과가 크다는 이론.

답 1. ①

● 자본조달 순위이론

Pecking Order Theory. 기업이 사업에 필요한 자본을 조달하는 우선순위는 내부자금–부채–전환사채–주식 순이며 조달비용이 적게 드는 순으로 선호한다는 것이다. 그 이유는 자본 조달에도 정보 비대칭이 존재하므로 외부 투자자들의 경우 주식투자를 권유받으면 그 기업의 내부 사정을 모르기 때문에 약정 발행주식에 알파를 요구할 것이고, 결국 알파만큼의 비용이 늘어나기 때문이다. 마찬가지로 이는 채권시장에서도 나타난다. 주식은 채권에 비해 정보 비대칭으로 인해 발생하는 위험이 더 크다고 볼 수 있다. 즉, 주식은 내부 사정을 자세히 알아야 투자 의사결정을 내릴 수 있지만 채권은 이자만 받으면 되기 때문에 그 기업의 내부 사정을 알 필요가 없다. 따라서 주식 투자자는 더 많은 정보 비대칭 프리미엄을 요구할 것이고, 이는 결국 기업의 자금조달 비용을 증가시킨다.

● 사회적 기업

사회적 목적을 우선으로 추구하면서 영업활동을 수행하는 기업을 말한다. 취약계층인 저소득자나 고령자, 장애인, 새터민 등 일자리와 사회서비스를 제공하며, 수익이 발생하면 사회적 목적 실천을 위해 지역공동체에 다시 투자하는 기업이다. 사회적 기업은 1997년 외환위기 이후 급증한 실업률과 양극화, 고령화 및 저출산 문제의 심화로 지속가능한 양질의 일자리 창출의 필요성이 대두되면서 나타나게 되었다. 현재 「사회적기업 육성법」에 의해 고용노동부장관의 인증을 받은 기업이 활동 중이다.

사회적 기업의 의의

- **지속가능한 일자리 제공** : 취약계층을 노동시장으로 통합하여 보람되고 좋은 일자리 확대
- **지역사회 활성화** : 지역사회 통합, 사회적 투자확충을 통한 지역경제 발전
- **사회서비스 확충** : 새로운 공공서비스 수요 충족, 공공서비스 혁신
- **윤리적 시장 확산** : 기업의 사회공헌과 윤리적 경영문화 확산, 착한 소비문화 조성

● 사회적 기업의 종류

- **일자리 제공형** : 사회적 취약계층의 자활을 돕기 위해 일자리 제공이 주목적이다.
- **사회적 서비스 제공형** : 기업의 주된 목적이 취약계층에 사회적 서비스를 제공하는 것이다.
- **혼합형** : 일자리와 사회적 서비스 제공 두 가지를 동시에 제공한다.
- **지역사회 공헌형** : 지역사회 주민 삶의 질 향상에 기여하는 기업이다.
- **기타** : 사회적 목적의 실천여부를 고용비율과 사회적 서비스 제공비율 등으로 판단하기 곤란한 기업들이 여기에 속한다.

알고리즘 담합

사업자 간 직접적 합의 없이 경쟁사끼리 동일한 수준으로 가격을 책정하는 묵시적 담합. 인터넷 쇼핑이나 예약 사이트 등에서 소프트웨어를 사용해 실시간 가격이나 최저가를 자동으로 산출하는 것을 예로 들 수 있다.

● 대규모기업집단

동일인이 둘 이상의 회사에 단독으로 또는 친인척 비영리법인 계열회사 사용인 등과 합해 최대 출자자로서 당해 회사 발행주식의 30% 이상을 소유하고 있는 경우와 임원 등의 임명 등으로 해당 회사의 경영에 대해 영향력을 행사하고 있다고 인정될 때 이들 회사군을 기업집단이라고 부른다.

● 감사보고서

「주식회사의 외부감사에 관한 법률」에 따라 외부 공인회계사 또는 감사법인이 감사사무가 완료된 후 감사자료를 정리하여 감사결과를 기재한 보고서를 말한다. 주식회사는 회사의 재무상태를 보여주기 위해 재무상태표, 손익계산서 등의 재무제표를 작성하지만 자체적으로 작성하기 때문에 조작이나 실수의 우려가 있어 외부의 전문가가 재무상태의 적정성 여부를 판단하기 위한 회계감사를 해야 하는데, 이 경우 외부감사를 맡은 외부감사인이 기업회계기준에 맞게 재무제표가 작성되었는지를 확인한후 감사의견을 공표한다. 직전 사업연도 말의 자산총액이 120억 원 이상인 주식회사는 반드시 회계법인으로부터 외부감사를 받아야 하며 감사결과를 담은 보고서는 전자공시시스템에 공시되어 투자자 등 기업 이해관계자가 즉시 인터넷을 통해 조회할 수 있도록 하고 있다.

> **감사의견 4가지**
>
> - **적정의견** : 재무제표가 기업회계 기준에 따라 적정하게 기재된 경우 표명한다.
> - **한정의견** : 기업회계기준의 위배로 인해 적정의견을 표시하기 힘들지만 부적절하거나 의견을 거절할 정도의 사안이 아닌 경우 표명한다.
> - **부적정의견** : 기업회계기준에 전체적으로 위배되는 사안이 있어 한정의견으로 재무제표의 왜곡된 내용을 적절히 공시하기 힘들 경우 표명한다.
> - **의견거절** : 감사에 필요한 검사증거를 제한하고 있어 재무제표 전체에 대한 의견을 낼 수 없는 경우 표명한다.

● 전략적투자자

SI ; Strategic Investor. 기업이 M&A를 할 때 또는 대형 개발사업 등을 할 때 경영권 확보를 목적으로 자금을 조달해주는 투자자. 보통 인수하는 기업과 업종이 같거나 시너지(상승효과)를 낼 수 있는 기업이 전략적투자자가 된다. 기업의 경영을 통제하고 감시하는 한편 마케팅 · 생산 · 연구개발 · 일반경영 등의 기업의 모든 문제를 공유하면서 공동경영자로 참여하게 되며, 개발사업에 참여하는 전략적투자자 역시 개발사업을 공동으로 진행하게 된다.

> **재무적투자자**
>
> FI ; Financial Investor. 기업의 M&A(기업인수합병) 또는 대형 개발 · 건설사업으로 대규모의 자금이 필요할 때 경영에는 참여하지 않고 일정 수익만을 취하기 위하여 자금을 지원하는 투자자. 은행이나 증권사, 보험사, 자산운용사 등의 기관투자자 그리고 공적기관들이 재무적투자자가 된다.

② 회계장부에 의한 이해

● 연결재무제표

Consolidated Financial Statement. 지주회사나 자회사, 본점이나 지점 등과 같이 법적으로는 개별 독립기업이지만 경제적으로는 동일 자본에 속하는 조직체로 간주하여 각각의 개별 재무제표를 종합 작성하는 재무제표이다.

● 대차대조표

Balance Sheet. 영업활동에 따른 영업상 재산 및 손익상황을 나타내기 위해 일정시점에서 차변(借邊)과 대변(貸邊)으로 구분하여 대조시킨 장부를 말한다.

차변(借邊, 왼쪽)	대변(貸邊, 오른쪽)
실제 보유하고 있는 재산의 가치총액(자산)	변제 또는 충당을 위해 가져야 할 재산의 가치총액(부채 + 자본)
자산 증가	자산 감소
부채 감소	부채 증가
자본 감소	자본 증가
비용 발생(손익계산서)	수익 발생(손익계산서)

● 거래의 8요소

자산의 증가·감소, 부채의 증가·감소, 자본의 증가·감소, 비용의 발생, 수익의 발생 등의 관계를 거래의 8요소라고 한다. 거래의 8요소는 차변요소가 반드시 대변요소와 결합할 수 있으며 같은 변끼리의 요소는 결합할 수 없다.

● 대차평균의 원리

부기에 있어서 차변의 자산 합계는 대변의 자본과 부채의 합계와 같아야 한다는 원리를 말한다. 모든 거래는 거래의 8요소에 의해 반드시 차변과 대변이 같은 금액이 나오도록 기록해야 한다.

확인문제 [농협, KB국민은행]

2. 기업회계기준에서 재무제표에 포함되지 않는 것은?
① 정산표
② 손익계산서
③ 대차대조표
④ 이익잉여금처분계산서

답 2. ①

● 거래의 이중성

자산, 부채, 자본이 증감 변화하는 거래에 있어 차변에 발생한 거래는 반드시 대변에도 같은 금액의 거래가 발생하여 이중으로 기입하게 되는 것을 말한다.

● 분식회계

Window Dressing Settlement. 경영실적이 악화될 경우 이를 감추기 위해 장부상 가공의 이익을 부풀려 계산하는 회계처리로, 범죄행위에 해당한다.

● 손익계산서

P/L ; Profit & Loss Statement. 기업의 경영성과를 명확히 하기 위하여 한 회계기간에 발생한 모든 이익과 이에 대하는 비용을 기재하고, 그 기간의 손익을 표시하는 계산서이다.

● 손익분기점

Break-Even Point. 일정 기간의 매출액과 그 매출에 소용되는 모든 비용이 일치되는 점을 말하며 투입된 비용을 완전히 회수할 수 있는 판매량. 매출액이 그 이하로 감소하면 손실이 나며, 그 이상으로 증대하면 이익을 가져오는 기점이다.

> • 손익분기점 매출액 = 고정비 / 1 − (변동비 / 매출액)
> • 필요매출액 = (고정비 + 목표이익) / 1 − (변동비 / 매출액)

- **고정비** : 생산량의 증감에 관계 없이 항상 필요한 일정 비용이다. 인건비, 감가상각비, 금융비용, 제경비 등으로 구성된다.
- **변동비** : 생산량의 증감에 따라 변동하는 비용으로, 직접연료비·직접노무비 등이 이 부류에 속한다.

● 이연자산

Deferred Asset. 지출비용 가운데 비용의 효과가 장래에까지 영향을 미치는 자산으로 창업비, 주식발행비, 연구개발비 등이 이에 해당된다.

정산표

손익계산서를 만들 때까지의 계산 과정을 한데 모아 나타낸 표. 정산의 대상에 따라 내용도 달라지며 그 내용에 따라 급여를 제공하고 기타 비용을 지급한다.

시산표

분개장에서의 기록 및 전기 등에 틀림이 없는가를 검증하는 표. 결산제표의 자료가 되며 회사의 매출에 따라 세부사항을 분류한다.

Chapter

03

경영 · 산업

확인문제 [한국토지주택공사]

3. 손익분기점과 관계없는 것은?
① 매출액   ② 변동비
③ 자본금   ④ 고정비

확인문제 [한국토지주택공사]

4. 손익분기점의 산출방식은?
① 고정비/(1 − 변동비/매출액)
② 변동비/(1 − 고정비/매출액)
③ (고정비 + 변동비)/매출액
④ 매출액/(고정비 + 변동비)

답 3. ③ 4. ①

● 고정자산과 유동자산

- **고정자산** : 판매 또는 처분을 목적으로 하지 않고, 장기간에 걸친 영업활동에 사용하고자 취득한 각종 자산
- **유동자산** : 고정자산에 대한 자산의 개념으로, 결산일로부터 기산하여 1년 이내에 현금화가 가능하다고 인정되는 일체의 재산으로 화폐성 자산(현금 예금, 영업채권, 유가증권 등)과 재고자산(상품, 원자재 등) 및 기타의 단기성 자산으로 구성

● 감가상각

Depreciation. 고정자산에 가치의 소모를 산정하고 그 액수를 고정자산의 금액에서 공제하여 비용으로 계상하는 절차이다.

● 이익에 대한 개념

영업이익	매출액 − 매출원가 − (일반 관리비 + 판매비)
경상이익	영업이익 + (영업외수익 − 영업외비용)
순이익	경상이익 + (특별이익 − 특별손실) − 법인세

● 결손금처리계산서

주주총회에서 의결한 결손금 처분안에 따라 처리된 결손금의 내역을 밝히기 위하여 작성하는 계산서를 말한다.

● 이익잉여금

손익거래 또는 이익의 사내유보에서 발생하는 잉여금이다.

● 이익준비금

자산의 증감·변화를 처리하는 계정으로, 현금, 상품, 토지, 유가 증권, 특허권 등이 해당된다. 이익준비금은 자산의 증감 변화와 관련이 없다.

● 계속기록법

계속기록법은 재고자산의 수량을 결정하는 방법 중의 하나로서, 재고자산의 입고 및 출고상황을 계속적으로 장부에 기록하여 그 내용을 통해 일정시점의 재고자산을 파악하는 방법이다. 재고자산의 통제에 필요한 적

자산계정

Assets Account. 자산의 증감·변화를 처리하는 계정. 현금, 상품, 토지, 유가 증권, 특허권 따위의 계정.

자본계정

Capital Account. 자기 자본액이나 실제 재산액의 증감을 적는 모든 계정을 통틀어 이르는 말.

대손상각비와 대손충당금

대손상각은 기업이 경영활동을 하면서 보유하게 되는 외상매출금, 받을어음 등의 매출채권, 그밖의 금전채권 등이 거래 상대방의 지불능력 상실로 인해 회수가 불가능해지는 경우 장부에서 제각처리하는 것으로, 그 대손 예상액을 합리적으로 추정하여 충당금을 설정하는 계정과목을 대손충당금이라고 한다. 대손상각비는 차변에, 대손충당금은 대변에 기록한다.

시성 있는 정보를 제공할 수 있다는 이점이 있으나, 작업이 번거롭다는 것이 단점으로 지적되고 있다.

● 계정(계정과목)

자산 · 부채 · 자본금 · 수익 · 비용 등의 구성부분에 대한 가치증감을 기록계산하는 회계수단을 말하며 각 계정에 붙여지는 명칭을 계정과목이라 한다. 계정과목의 다소는 기록의 상세한 정도를 나타낸다.

● 만기보유증권

유가증권의 분류 중 하나로서 만기가 확정된 채무증권으로 상환금액의 확정이 가능하며 만기까지 보유할 적극적인 의도와 능력이 있는 것을 말한다. 만기보유증권은 만기까지 보유할 경영자의 적극적인 의도와 기업의 보유능력을 필요조건으로 하며 대차대조표일로부터 1년 내에 만기가 도래하는 경우(유동자산으로 분류)를 제외하고는 투자자산으로 분류한다.

● 복식부기

단식부기에 대응되는 개념으로 일관된 원리, 원칙에 의하여 조직적으로 기록하며 자산과 부채의 변동뿐 아니라 자본의 변동과 비용, 수익의 발생 원인에 관한 과목도 기록계산한다. 자산, 부채, 자본, 비용, 수익은 모두 계정에 분류되어 기록계산되므로 복식부기를 계정의 학문이라고 한다.

● 세금계산서

사업자가 물건을 사고 팔 때 부가가치세법에 따라 발행하는 영수증. 부가가치세법에 따르면 납세의무자로 등록한 사업자가 재화 또는 용역을 공급할 때 사업자 등록번호 등을 명기한 세금계산서를 공급받는 자에게 교부토록 규정하고 있다. 세금계산서엔 공급사업자의 등록번호와 성명 또는 명칭, 공급받는 자의 등록번호, 공급가액과 부가가치세액, 작성연월일 등을 기재해야 한다.

● 세무회계

국가재정 조달을 위해 세법의 규정에 따라 공평타당한 조세부담의 배분 기준으로서 과세소득의 계산파악을 목적으로 하는 회계를 말하며 기업회

결손금

적자라고 불리는 것으로, 수지관계에서 지급한 것이 받은 것보다 많은 것

교환거래

자산 · 부채 · 자본만 증감되고 손익이 발생되지 않는 거래. 상품 구입 후 현금을 지출하는 경우가 그 때이다.

손익거래

수익과 비용이 발생되는 거래. 자산의 운용과정으로 표시되며 각종 경제가치의 소비, 제공과 생산물 매출에 의한 수취로 나타낸다.

원가법

결산 기말의 자산의 재고액을 취득원가로 평가하는 방법. 여기서 취득원가는 그 자산의 취득에 필요한 제비용을 더한 실제 구매 원가를 의미한다.

계에 대응된다. 세무회계는 세무소득을 적정히 계산하고 납세자간의 소득계산의 통일성과 조세부담의 공평성을 유지하기 위한 회계라고 할 수 있다.

● 당좌예금 출납장

은행과 당좌거래를 하는 경우 거래은행마다 계좌를 마련하여 예금의 예입과 인출을 기록하며, 당좌예금을 관리하기 위한 장부이다. 통상은 현금출납장과 병합되어 현금예금출납장 또는 단순히 현금출납장으로 불리어지고 있다.

● 선입선출법

매입순법(買入順法)이라고도 하며, 후입선출법(後入先出法)의 상대개념이다. 여러 단가의 재고품이 실제로는 어떤 순서로 출고되든, 장부상 먼저 입고된 것부터 순차적으로 출고되는 것으로 간주하여 출고단가를 결정하는 원가주의 평가방법이다. 따라서 재고품은 비교적 최근에 입고된 물품의 원가주의 구성되며, 출고품의 가격은 일찍 입고된 물품의 원가에 의해 결정·표시된다. 그러므로 단가가 서로 다른 수종의 동일 계열 재고품이 있을 경우에는 장부상의 잔고난에 종류별로 분기되어 있어야 한다.

③ 마케팅과 유통

마케팅

● **마케팅**

생산한 상품이나 제공하는 서비스가 구매자 또는 이용자에게 연결되는 과정에 포함되는 일체의 활동을 말한다.

● **Database Marketing**

고객정보, 산업정보, 기업 내부정보, 시장정보 등 각종 1차 자료들을 수집·분석해 이를 판매와 직결시키는 기법이다.

● **플래그십 마케팅**

Flagship Marketing. 시장에서 성공을 거둔 특정 상품 브랜드를 중심으로 집중적인 마케팅 활동을 하는 것이다.

● **임페리얼 마케팅**

Imperial Marketing. 높은 가격과 양질의 제품으로 소비자를 공략하는 판매기법이다.

● **버즈 마케팅**

Buzz Marketing. 인적 네트워크로 소비자들이 자발적인 메시지를 전달하게 하여 상품에 대한 긍정적인 입소문을 내는 마케팅기법. 꿀벌이 윙윙거리는(buzz) 것처럼 소비자들이 상품에 대해 말하는 것을 마케팅으로 삼는 것으로, 입소문마케팅 또는 구전마케팅이라고도 한다.

● **티저마케팅**

Teaser Marketing. 제품을 직접적으로 노출시키지 않고 이미지나 관련 콘텐츠의 시리즈적 노출을 통해 호기심을 자극하여 관심을 높이고 구매욕구를 유발하는 판매전략이다.

● **니치마케팅**

Niche marketing. 니치란 '틈새, 빈틈'이라는 뜻이며 니치상품은 일반 상

Market-in

생산된 제품을 파는 것이 아니라 팔리는 물건을 만들겠다는 전략. 즉, 수요자 중심의 전략.

마케팅의 4P

마케팅의 4대 요소인 '제품(Product)', '촉진(Promotion)', '장소(Place)', '가격(Price)'을 아울러 이르는 말.

마케팅 믹스

Marketing Mix. 마케팅 목표를 성공하기 위해 목표시장(Target Market)을 특성에 따라 분류하고, 그 분류한 세부시장(Segmental Market)에 대해 가장 적합한 수단을 선정·결합하여 마케팅 총력을 형성하는 것을 말한다.

Private Banking Marketing

은행·증권·보험 등의 금융권에서 우수고객이나 부유층을 대상으로 자산을 특별관리해주는 고급형 서비스 마케팅기법으로, 소수이더라도 규모로 볼 때 대단히 큰 비중을 차지한다.

3F 시대

미국의 미래학자 John Naisbitt 박사의 주장이다. 그는 21세기를 '3F(Female〈여성〉, Feeling〈감성〉, Fiction〈상상〉)의 시대'로 불렀다.

확인문제 [한국전력공사]

5. 업계 선두기업을 표본으로 삼아 이를 능가하려는 노력을 통해 경쟁력을 제고하려는 기업의 혁신방법은?
① Reengineering
② Restructuring
③ M & A
④ Bench Marking

답 5. ④

품군의 구분을 세밀하게 연령층, 성별, 직업별, 특정상황에 맞춰 소비자를 특화시키고 이들에게 가장 적합한 것을 만들어낸 상품을 의미한다.

● 벤치마킹

Bench Marking. 경쟁 업체 또는 특정 분야에서 뛰어난 업체의 장점을 면밀히 분석한 후 자사의 경영과 생산에 합법적으로 응용하는 것이다.

● 감성마케팅

Emotional Marketing. 인간미에 호소하는 마케팅 기법으로, 아래의 세 가지로 구분되고 있다.

> • 웜 마케팅 : 인간의 따스한 감정에 호소하는 기법.
> • 펀 마케팅 : 고객을 즐겁게 해주면 지갑도 열린다는, 즐거움 추구 마케팅 기법.
> • 디지로그 마케팅 : 디지털과 아나로그의 합성어로, 디지털 기기에 아날로그형 수동기능을 갖춘 것.

● 레트로 마케팅

Retro Marketing. 일명 복고마케팅으로, 과거의 제품이나 서비스를 현재 소비자들의 기호에 맞게 재해석하여 마케팅에 활용하는 것을 말한다.

● 디마케팅

Demarketing. 인체에 유해한 상품의 소비를 줄이기 위한 해당 제품 생산업체의 소비억제 마케팅으로, 역마케팅이라고도 한다. 담배제조 회사가 담배는 건강에 해롭다고 광고하는 마케팅을 대표적인 예로 들 수 있다.

● 광고마케팅 기법

PPL 광고	Product Placement. 영화나 드라마 중간에 광고를 내보내, 무의식 속에 그 이미지를 자연스럽게 심는 간접광고를 통한 마케팅 기법.
티저광고	Teaser Advertising. 광고를 보는 사람에게 호기심을 제공하면서, 광고 메시지의 관심을 높임과 동시에 후속광고에 대한 기대를 높이는 광고. 일명 '뚜껑광고'.
POP 광고	Point of Purchase Advertising. 광고상품이 최종적으로 구입되는 소매점이나 가두매점 등에서 광고물을 제작, 직접적인 광고효과를 얻게 하는 '구매시점광고'.
DM 광고	Direct Mail Advertising. 우편으로 직접 예상고객에게 전달하는 직접광고 형태.

래핑 광고	Wrapping Advertising. 건물이나 차량을 광고가 인쇄된 필름으로 싸서 덮는 형식으로, 빌딩 외벽이나 버스, 항공기, 지하철 등 여러 분야에 적용이 가능하다. 원하는 이미지를 그래픽 프로그램을 이용하여 제작, 특수하게 제작된 필름에 출력하는 방식으로 시선을 사로잡는 대형 이미지, 색다른 공간 활용 등 기존 광고와 다른 강점을 가지고 있다. 특히, 유동인구가 많은 지하철역이나 버스 정류장에서 흔히 볼 수 있으며, 눈에 잘 띈다는 장점으로 인해 탁월한 광고 효과를 낼 수 있다.

● 애드버커시 광고

Advocacy Advertising. 기업이 소비자의 신뢰를 얻기 위해 기업의 실태를 홍보하고 특정 사업활동 등을 간접적으로 이해시키는 기법이다.

● 시즐광고

Sizzle Advertising. 시즐이란 단어는 원래 쇠고기를 구울 때 나는 지글거리는 소리를 나타내는 의성어이다. 소리를 통해 제품의 감각을 자극해서 이미지를 연상시키고 구매를 유도하는 광고를 말한다.

● 경로갈등

Channel Conflict. 경로구성원들 사이에서 나타나는 갈등으로서 마케팅 경로의 동일한 단계에서 활동하는 경로구성원들 사이의 수평적 갈등과 동일한 고객에게 접근하고 있는 상이한 형태의 중간기관들 사이의 형태 간 갈등, 마케팅 경로의 상이한 단계에서 활동하는 경로구성원들 사이의 수직적 갈등 등의 형태가 있다.

● MOT 마케팅

Moment of Truth(진실의 순간). 소비자와 접촉하는 극히 짧은 순간들이 브랜드와 기업에 대한 인상을 좌우하는 극히 중요한 순간이라는 것을 강조하며 전개하는 마케팅이다. MOT 마케팅은 고객이 여러 번에 걸쳐 최상의 서비스를 경험했다 하더라도 단 한 번의 불만족스러움을 느낀다면 결국 전체 서비스에 대한 만족도를 0으로 만들어버린다는 곱셈의 법칙(100−1=99가 아니라 100×0=0이라는 법칙)에 따라 고객과의 접점의 순간에서 최상의 서비스를 제공할 것을 강조한다.

Advertorial

편집기사처럼 만들어진 광고형태.

확인문제 [KBS]

8. 처음 게재하는 광고에 상품명이나 광고주명을 표시하지 않는 광고기법을 일컫는 말은 무엇인가?
① 블록 광고
② 티저광고
③ 리스폰스 광고
④ 서브리미널 광고

확인문제 [EBS]

9. POP 광고와 거리가 먼 것은?
① 옥외광고
② 상품존재의 고지
③ 구매욕구 유발
④ 월 디스플레이(Wall Display)

확인문제 [일양약품]

10. 애드버토리얼(Advertorial)이란?
① 광고문안
② 광고방송
③ 광고대행
④ 논설식 광고

답 8. ② 9. ① 10. ④

● 집중저장의 원칙

Principle of Massed Reserves. 생산자만이 중간상인 없이 재고를 갖고 있다면 모든 고객들은 구매의 불편함과 재고고갈의 위험, 주문비용 등을 감소시키기 위해 스스로 재고를 확보해야 하는데 최종고객의 수는 중간 상인의 수보다 훨씬 많으므로 교환구조 내의 총재고는 커진다. 그러나 다단계 유통구조에서는 중간상인들만이 재고를 갖는 것으로 충분하므로 전체 경제시스템은 최소한의 총재고로서 모든 수요를 효과적으로 충족시키게 된다.

완전수요

Full Demand. 실제 수요와 바람직한 수요의 평균적 크기뿐 아니라 시간적 패턴까지도 일치하는 수요상태

● 의미차별화 척도

Semantic Differential Scale. 양극적 형용어구들을 극값으로 하는 척도. 응답자로 하여금 대상에 대한 자신의 태도를 가장 정확하게 나타내는 위치를 각 형용어구 상에 표시하도록 함으로써 기업이나 상표 이미지를 연구(프로파일 분석)하는 데 널리 이용된다.

원천효과

Source Effect. 메시지가 동일할지라도 송신자의 특성에 따라 커뮤니케이션의 효과가 다르게 나타나는 현상

● 위풍재

Prestige Goods. 가격이 상승(하락)하면 수요가 증가(감소)하여 가격과 수요가 양(+)의 관계를 가지는 재화를 말한다. 일반적으로 재화는 가격이 높아질수록 수요가 줄어드는 음(−)의 관계로 수요곡선이 우하향하는 형태를 띠며, 이러한 재화를 정상재라 한다. 이와 달리 위풍재의 수요곡선은 우상향하는 형태를 보여 일반적인 수요공급의 법칙을 따르지 않는다.

정의변수

Defining Variables. 전체 시장을 세분하기 위하여 채택된 세분화 근거(기준)

오프라인 유통

● 물류

물적 유통의 약칭. 물자를 공급자로부터 소비자에게 물리적으로 이동시킴으로써 시간적 · 장소적 가치를 창출하는 경제활동을 말한다.

Logistics

'병참'이란 군사적 용어에서 비롯된 표현으로, 현재는 물류회사에서 가장 많이 사용하고 있다. 물류를 가장 효율적으로 처리하는 종합시스템으로 풀이하고 있다.

● POS

Point of Sales System. 판매시점 정보관리 시스템. 소매점에서 상품 판매활동을 종합적으로 파악해 즉각 물류로 연결하는 판매관리 시스템이다.

● Bar Code, KAN Code, QR Code

- Bar Code : 상품의 포장이나 꼬리표에 붙이는 검고 흰 줄무늬. 상품을 제조한 국가 – 회사 – 상품종류 등을 표시하는 '상품주민등록번호'. 표준형은 13자리, 단축형은 8자리로 표시. 처음 3자리는 국가번호, 다음 4자리는 제조회사나 판매원, 다음 5자리는 상품품목 정보를, 그리고 마지막 1자리는 바코드가 올바른지 검증하는 체크비트.
- KAN Code : Korean Article Number Code. 국제상품코드관리협회가 우리나라에 부여한 상품의 공통코드. 우리나라의 코드번호는 880번.
- QR Code : 바코드보다 훨씬 많은 정보를 담을 수 있는 격자무늬의 2차원 코드, 스마트폰으로 QR코드를 스캔하면 각종 정보 확인 가능.

● 쿨링오프 제도

System of Cooling Off. 상품 구입 후 일정 기간 내 반품 혹은 계약 취소가 가능한 제도. 또는 원치 않는 계약이거나 판단 착오로 인한 계약 체결 시 일정 기간까지 계약을 취소하고 계약금을 돌려받을 수 있는 제도이다.

● 리콜

Recall. 제조상의 결함으로 인해 소비자에게 피해를 줄 우려가 있다고 판단되는 제품을 소비자에게 통지하고 관련 제품을 수리 · 교환하는 등 조치를 취하도록 하는 제도이다. 자발적 리콜과 타의적 리콜로 구분된다.

● 제조물책임법

Product Liability. 어떤 제품의 안전성 미흡으로 소비자가 피해를 입었을 경우, 제조 기업이 손해배상책임을 부담하도록 규정한 법률이다. 제조 기업을 알 수 없을 경우에는 공급 업체가 책임을 진다.

● 기업형 슈퍼마켓

SSM ; Super Supermarket. 대기업에서 운영하는 슈퍼마켓으로 일반적인 슈퍼마켓보다는 크고 대형마트보다는 작은 규모로 되어 있다. 기업형 슈퍼마켓은 대기업들이 새로운 대형마트의 부지확보와 출점에 어려움을 겪자 이를 극복하기 위하여 개인업자가 운영하던 슈퍼마켓 시장에 진출을 확대하면서 나타나게 되었다. 하지만 골목상권에까지 기업형 슈퍼마켓(SSM)이 진출함으로써 영세 소상인들과 많은 마찰을 겪고 있는 사회적인 문제점으로 대두되었다.

Cross Docking
제품 이동 시 창고나 배송센터를 경유는 하지만 보관은 하지 않는 물류시스템 보관 작업을 제거하여 물류비용을 절감한다.

ISBN
International Standard Book Number. 세계적으로 통용되는 도서분류코드.

Smart Shop
청결하고 세련되면서 고객맞춤 상품을 갖추고, 친절한 서비스 및 운영 시스템을 구축한 점포.

안테나 숍
제조업체들이 자사 제품에 대한 소비자의 평가를 파악하거나 타사 제품에 대한 정보를 입수하기 위하여 운영하는 유통망을 이르는 말. 판매가 최우선의 목표인 일반 유통망과는 달리 제품 기획과 생산에 필요한 정보 입수를 우선 과제로 삼기 때문에 마치 공중의 전파를 잡아내는 안테나와 같은 기능을 하고 있다는 데서 붙은 이름이다. 체인점 본사가 직영하는 점포를 예로 들 수 있다.

프렌차이즈
상품을 제조하고 판매하는 메이커 또는 판매업자가 본부를 구성, 독립소매점을 가맹점으로 지정하여 그들 가맹점에게 일정한 지역 내에서 독점적 영업권을 부여하는 형태의 조직.

하이퍼텍스트
Hypertext Markup Language. 인터넷 서비스의 하나인 월드 와이드 웹을 통해 볼 수 있는 문서를 만들 때 사용하는 프로그래밍 언어의 한 종류이다. 특히 하이퍼텍스트를 작성하기 위해 개발되었으며, 인터넷에서 웹을 통해 접근되는 대부분의 웹 페이지들은 HTML로 작성된다.

온라인 거래

● 전자거래

재화나 용역의 거래에 있어서 그 전부 또는 일부가 전자문서에 의하여 처리되는 거래를 말한다. 전자상거래 활성화에 따라 전자문서에 의하여 이루어지는 거래의 법적 효력을 명확히 하고, 거래의 안전성과 신뢰성 및 공정성을 위해「전자문서 및 전자거래 기본법」이 제정, 시행되고 있다.

● 전자문서

컴퓨터 등 정보처리능력을 가진 장치에 의해 전자적 형태로 작성되어, 송·수신 또는 저장되는 정보를 말한다.

● 전자문서 표준화

전자문서교환(EDI ; Electronic Data Interchange)에서부터 시작되었다. 기업 간 거래에서 발생하는 종이서류에 의한 오류의 축소, 종이서류를 처리하는 데 드는 비용 절감 등의 장점으로 인해 급속히 확산되는 추세를 보이고 있다. 특히 정부는 전자 정의구현을 위해 전자문서표준화작업을 다각도로 추진하고 있다. 전자문서교환의 운용을 위해서는 프로토콜의 표준화가 요구된다.

● 전자서명

전자문서를 작성한 작성자의 신원과 해당 전자문서가 그 작성자에 의하여 작성되었음을 나타내는 전자적 형태의 서명이다. 전자서명에 대한 인증은 한국정보인증, 코스콤, 금융결제원, 한국전자인증, 한국무역정보통신 등 5개 공인인증기관에서 하고, 인증받은 전자서명키로 서명한 전자문서에 문제가 발생하면 그 책임은 국가가 진다.

● 전자결제시스템

은행창구를 이용하지 않고 전자기기나 전자기기와 연결된 통신망을 통해 입출금하는 방식의 결제시스템이다. 인터넷 뱅킹, 폰 뱅킹, 모바일 뱅킹, ATM기기 등이 대표적이다.

나라장터

조달청이 운영하는 국가 종합 전자 조달 시스템. G2B, 즉 정부와 조달납품업자간의 거래 형태를 띠고 있다.

공인인증서

전자상거래를 할 때 신원을 확인하고, 문서의 위조와 변조, 거래 사실의 부인 방지 등을 목적으로 공인인증기관(CA)이 발행하는 전자적 정보로서, 일종의 사이버 거래용 인감증명서이다. 인증기관으로는 한국정보인증, 코스콤, 금융결제원, 한국전자인증, 한국무역정보통신 등이 있다. 이중 일반인들이 가장 많이 사용하는 인증서는 금융결제원의 yessign이다.

확인문제 [한국환경공단]

11. C씨는 인터넷을 통하여 금융거래를 하기 위해 거래 은행 홈페이지에 접속하여 금융결제원에서 공인인증서를 발급받았다. C씨가 발급받은 공인인증서는?

① NCASign ② Yessign
③ VeriSign ④ SignKorea
⑤ TrandDesign

사이버머니

Cyber Money. 인터넷에서 사용되는 화폐로 물리적으로 눈에 보이지는 않지만 실제 돈과 같은 효력을 발휘하며 금융거래와 쇼핑을 위한 지불 수단으로 사용된다.

 답 11. ②

● MPTP

Micro Payment Transfer Protocol. 소액 지급 처리 프로토콜. 지급 브로커를 통한 거래로, 수시로 일어나는 구매와 지불 행위를 처리하기 위해 판매자와 소비자는 공통의 브로커를 이용한다. 판매자가 자체 결제 솔루션을 개발하지 않고 전문 솔루션 개발 회사의 결제 시스템을 이용하는 방법을 말한다. 여기서 지급 브로커는 신용카드의 신용카드 체크 기기 공급 회사와 같은 기능을 한다고 보면 된다.

K-Cash

Korea Cash. 계좌기반의 IC 카드형 전자화폐.

● Escrow Service

구매자와 판매자 간의 안전거래시스템. 제3자(결제시스템 사업자 등)에게 구매자의 결제대금을 예치한 후 상품이 인도된 경우에 판매자에게 대금이 지불되는 결제 시스템 방식이다.

전자청구지불 시스템

EBPP ; Electronic Bill Presentation and Payment. 인터넷을 통해 각종 요금 청구서를 고객에게 직접 또는 빌링회사를 통해 고지하고, 고객도 인터넷상에서 확인하고 결제하는 서비스의 총칭.

● P2P

- Person to Person : 개인과 개인 간 또는 단말기와 단말기 간의 정보 · 데이터 교환.
- Path to Profitability : '수익으로 가는 길'이라는 의미로 수익모델을 찾는 데 고심하고 있는 인터넷 벤처 기업들의 지상목표를 지칭.
- Peer to Peer : 주로 디지털 미디어 파일의 배포를 위해 사용되는 컴퓨터 네트워크의 한 형태.

품질관리

● KC 마크

Korea Certification. 중복 인증에 따른 기업의 경제적 부담을 줄이고 소비자들은 하나의 인증마크만을 확인해 좋은 제품을 고를 수 있도록 하기 위해 2009년 7월 1일 도입된 국가통합인증마크이다.

KC 마크

● UL 마크

Underwriters Laboratories. 미국 최초의 제품 및 시설 안전 규격 개발 기관이자 인증기관으로, 116년이 넘는 기간 동안 해당 국가 안전 표준 및 관련 기준에 따라 수천 종류의 제품을 테스트하고 인증마크를 부여하고 있다.

D 마크

독일상품 마크.

JIS 마크

Japanese Industrial Standards.

GR 마크

품질이 우수한 재활용품에 부여되는 마크.

KT 마크

국산 신기술 인증마크.

태극마크

한국귀금속감정센터가 일정 품질 이상의 귀금속이라고 평가하여 우수한 공장에 주는 마크

열마크

열을 사용하는 기자재의 열효율과 안전도 등을 검사하여 에너지관리공단이 부여하는 합격증이다. 열사용 기구는 이 표시가 없으면 제조 · 판매할 수 없다.

電마크

전기를 사용하는 제품 중 전기용품 안전관리법에 따라 감전 · 화재 등 사고가 일어날 가능성에 대해 안전시험을 통과해야 받을 수 있다.

● 오가닉 마크

수입 유기농 가공식품에 부여하는 표시로, 농산물과 달리 수입 유기농 가공식품은 수출국에서 받은 인증만 있으면 별도의 인증절차 없이 국내에서 자유롭게 유기농(Organic)이라고 표시하고 판매할 수 있다. 오가닉(Organic)은 인증을 받아야만 사용할 수 있는 반면, 내추럴(Natural)은 임의대로 사용할 수 있다.

● LOHAS 마크

Lifestyles of Health and Sustainability. 한국표준협회가 생산과정에서 건강과 환경을 고려한 제품에 부여하는 마크이다.

● KS 마크

공산품의 품질을 정부가 정한 표준 규격으로 평가해 일정 수준에 이른 제품에 부여하는 표시이다.

● Q 마크

제조업체가 원해서 임의로 부착하는 마크로, 해당 분야 민간 시험소에 신청해 품질 기준에 합격해야 한다.

● 환경마크

같은 용도의 제품들 가운데 생산, 유통, 사용, 폐기 과정에서 다른 제품에 비하여 환경오염을 덜 일으키거나 자원, 에너지를 절약할 수 있는 환경 친화적인 상품에 대한 품질인증제도이다.

● GD 마크

사용하기 편리하며 상품의 외관이 종합적으로 아름답게 구성되어 있는 상품에 표시하는 Good Design 표시이다.

● GP 마크

Green Packaging Mark. 국내·외에서 판매되거나 판매 예정인 제품의 포장을 소재, 제조방법, 디자인, 기능 등으로 종합적으로 평가하여 인증하는 마크이다. 기업의 환경친화적 포장기술 및 포장디자인 개발을 유도하고 소비자의 친환경 포장제품에 대한 관심을 고취하는 것을 목표로 한다.

● EMI 마크

Electro Magnetic Interference. 가전제품에서 발생하는 유해전자파를 억제하는 장치가 부착되었다는 표시이다.

● ISO 9000 시리즈

국제표준화기구(ISO)가 제정한 품질보증 및 품질관리를 위한 국제 규격. 국제적으로 인정할 수 있는 품질보증에 대한 기준을 설정하여 국가 간 기술 장벽을 제거하고 국가 간에 상호 인정할 수 있는 여건을 조성하여 세계시장에서 공급자와 수요자 모두에게 품질에 대한 신뢰감을 제공하기 위해서 제정되었으며 업종은 제조업, 서비스, 유통, 정보, 교육 등 산업 전반에 이른다. 크게 기본규격과 지원규격으로 분류할 수 있는데 기본규격은 품질보증 체제의 인증을 받을 경우 9001, 9002, 9003 규격 중 하나를 선택하여 반드시 적용하여야 하는 규격으로, 간단한 제품은 출하 시 확인만 하면 되는 9003만으로도 충분하며, 제품의 설계에서부터 출하까지의 전 과정에 대한 체제인증이 필요한 경우는 9001을 선택하면 되지만 일반적으로는 9002 규격에 의한 인증이 가장 많다. 지원규격은 기본규격에 대한 지침서 역할을 하며, 적용을 권유하거나 참고하도록 하는 규격으로 반드시 적용하지 않아도 무방한 규격이다. 그러나 이러한 지원규격의 내용은 기본규격을 탄탄하게 받쳐 주는 내용으로 품질보증시스템 수립 시 많은 참고가 되는 사항이다.

● HACCP

Hazard Analysis and Critical Control Point. HACCP은 위해요소 분석(Hazard Analysis)과 중요관리점(Critical Control Point)의 영문 약자로서 '해썹' 또는 '위해요소중점관리기준'이라고 한다. 위해요소 분석이란 '어떤 위해를 미리 예측하여 그 요인을 사전에 파악하는 것'을 의미하며,

확인문제 [한국환경공단]

12. 제조업체가 부착을 원할 경우 해당 분야 민간 시험소에 신청해서 얻은 임의 표시사항으로 각종 마크 중 유일하게 환불보상제가 보장되는 인증마크는?
① A/S 마크   ② KT 마크
③ Q 마크   ④ 열마크
⑤ 전(電)마크

확인문제 [일동제약]

13. 디자인이 우수한 상품에 부여하는 마크로 새로 도입된 것은?
① KS   ② GD
③ QC   ④ 품(品)

답 12. ③ 13. ②

Chapter 03

경영·상식

중요관리점이란 '반드시 필수적으로 관리하여야 할 항목'이란 뜻을 내포하고 있다. 즉, HACCP은 위해 방지를 위한 사전 예방적 식품안전관리체계를 말하는 것으로 전 세계적으로 가장 효과적이고 효율적인 식품 안전관리 체계로 인정받고 있으며, 미국, 일본, 유럽연합, 국제기구(Codex, WHO, FAO) 등에서도 모든 식품에 HACCP을 적용할 것을 적극 권장하고 있다.

● TRIZ

러시아의 과학자 겐리히 알츠슐러가 개발한 창의적인 아이디어 고안 방법론 또는 창의적 문제 해결이론이다. 모순(Contradiction)이 존재한다면 그것이 기술적(Technical)인지, 물리적(Physical)인지에 따라 모순을 극복하는 방법을 제시하고 있다.

④ 주식과 산업

주식

● KOSPI
The Korea Composite Stock Price Index. 한국거래소 상장회사들을 대상으로 만든 주가지수를 말한다.

● 장외거래·장외시장
주식 등 유가증권이 정규 증권거래소 이외의 시장(장외시장)에서 매매되는 거래 형태이다.

● 증자
회사가 자본금을 증가시키는 것이다. 수권자본금 범위 내에서 신주를 발행할 수 있는데, 불입금을 받고 신주를 발행하는 유상증자와 다른 자산과 대체해서 교부하는 무상증자가 있다.

● IR, IPO
• IR(Investor Relations) : 기업설명회. 기업설명회를 통한 투자자 이해 증진 및 투자 유치. IPO는 기업공개를 뜻한다.
• IPO(Initial Public Offering) : 일반적으로 유가증권시장이나 코스닥 시장에 처음 상장한다는 의미로 통용되고 있다. 기업이 최초로 외부투자자에게 주식을 공개·매도하는 것을 말한다.

● 시가발행
Issue at Market Price. 신주를 발행할 때 시장의 가격을 기준으로 액면가를 상회하는 금액으로 가격을 결정하는 것이다.

● 선물거래
Futures Contract. 장래의 일정한 기일에 현품을 인수·인도할 것을 조건으로 하여 매매 약정을 맺는 거래를 말하며 파생상품의 한 종류로서 품질, 수량, 규격 등이 표준화되어 있는 상품 또는 금융자산을 미리 결정된

상장회사
증권거래소에서 자사의 주식이 공개되어 매매되고 있는 회사.

주가지수
Stock Price Index. 증권시장에서 주식시세 현황을 종합적으로 나타내는 지표. 산출방식에는 다우존스 방식의 주가 평균법과 미국의 스탠더드 앤드 푸어 회사의 주가지수 방식이 있다. 현재 우리나라는 스탠더드 앤드 푸어 회사의 시가 총액식 주가지수를 사용하고 있다.

KOSDAQ
Korea Securities Dealers Automated Quotation. 1996년 설립된 대한민국의 주식시장으로 첨단 기술주 중심인 나스닥(NASDAQ) 시장을 본떠 만든 것으로 유가증권시장과는 별개의 시장이다.

장외시장
현물 거래시장을 전체의 장으로 봤을 때 어디에도 상장되지 못한 종목이 거래되는 시장. 거래소를 장으로 본다면 코스닥은 장외시장에 해당된다.

조선취인소
일제시대 운영됐던 우리나라 최초의 증권 거래소 형태의 유가증권 시장.

시가총액
상장주식 전체를 시가로 곱한 금액의 합계.

상장주
증권거래소에서 거래 품목으로 상장돼 매매되고 있는 주식.

가격으로 미래 일정시점에 인도·인수할 것을 약정한 거래를 말한다. 이러한 표준화된 상품, 자산은 정해진 시장을 통해서만 거래된다.

● 블루칩

Blue Chip. 주식시장에서 재무구조가 건실하고 경기변동에 강한 대형우량주이다. 오랜 기간 안정적인 이익창출과 배당지급을 실행해 온 수익성·성장성·안정성이 높은 종목으로 비교적 고가(高價)이자 시장점유율이 높은 업종대표주이다. 카지노에서 포커 게임에 돈 대신 쓰이는 하양, 빨강, 파랑 세 종류 칩 가운데 가장 가치가 높은 것이 블루칩인 것에서 유래되었다.

● 옐로칩

Yellow Chip. 준(準)우량주를 이르는 것으로 주식시장에서 대형 우량주인 블루칩(Blue Chips) 반열에는 들지 못하지만 양호한 실적에 기초한 주가상승의 기회가 있는 종목이다. 핵심 블루칩이 뛰어난 내재가치를 보유하고 있으나 상대적으로 고가권에 있어 가격 부담이 있는 반면, 옐로칩은 블루칩에 비해 주가가 낮아 매입 시 가격 부담이 적고 유동물량이 많아 블루칩에 이은 실적장세 주도주로 평가받는다.

● 레드칩

Red Chip. 홍콩증시에 상장된 중국기업들의 주식을 통칭하는 것으로서 블루칩(Blue Chip)과 구분하여 홍콩 주식투자가들이 만들어낸 신조어이다. 지난 1990년 11개에 불과했던 레드칩 종목 수는 97년 6월 48개로 크게 증가했고, 현재는 홍콩주식시장 시가총액의 35% 가량이 중국기업 상장주식인 레드칩으로 구성되어 있다.

● 주가수익비율

PER(Price Earning Ratio). 주가가 그 회사 1주당 수익의 몇 배가 되는가를 나타내는 지표로 주가를 1주당 순이익(EPS : 당기순이익을 주식수로 나눈 값)으로 나눈 것이다. 즉, 어떤 기업의 주식가격이 10000원이라고 하고 1주당 수익이 1000원 이라면 PER는 10이 된다.
- PER(Price Earning Ratio) = 주가/1주당 당기순이익(납세후)
  = 주가/ EPS

호가

증권 시장에서, 거래원이 주문에 따라 표시하여 전달하는 매도, 매수의 가격

골든크로스

단기 주가이동평균선이 중장기이동평균선을 아래에서 위로 뚫고 올라가는 것

데드크로스

주식시장에서 주가의 단기이동평균선이 중장기이동평균선을 아래로 뚫는 현상

옵션

미리 정해진 조건에 따라 일정한 기간 내에 상품이나 유가증권 등의 특정자산을 사거나 팔 수 있는 권리

증자

주식을 발행해 회사의 자본금을 증가시키는 것

감자

기업의 규모를 줄이거나 합병할 때 자본금을 줄이는 것
- 유상감자 : 주주에게 현금을 돌려주고 주식수를 줄이는 것
- 무상감자 : 자본잠식이 있을 때 기업이 재무구조를 건실하게 하기 위해 아무런 대가 없이 주식수를 줄이는 것

변동성완화장치

주가가 직전 체결가 또는 전일 종가보다 일정 수준 이상 변동되면 2~10분간 단일가매매로 전환하는 것

● 주당순이익

EPS(Earning per Share). 기업이 벌어들인 순이익(당기순이익)을 그 기업이 발행한 총 주식수로 나눈 값이다. 1주당 이익을 얼마나 창출하였느냐를 나타내는 지표로 그 회사가 1년간 올린 수익에 대한 주주의 몫을 나타내는 지표라 할 수 있다. 따라서 EPS가 높을수록 주식의 투자 가치는 높다.

- EPS = 당기순이익/주식수

● 총자산이익률

ROA(Return on Assets). 총자산은 자기자본과 타인자본(부채)을 합한 총자본과도 같기 때문에, 총자산이익률을 총자본순이익률이라고도 한다. ROA가 높다는 것은 자산에 비해 이익이 많다는 의미로서, 자산을 기준으로 볼 때 수익성이 높다고 할 수 있다. 즉, 총자산이익률은 주주의 돈과 은행에서 빌린돈 등을 모두 이용해 얼마나 벌었는지를 나타내는 값이라고 할 수 있다.

- ROA(%) = (당기순이익/총자산)×100

● 모멘텀

Momentum. 증권 용어로서의 모멘텀은 주가 추세의 속도가 증가하고 있는지, 아니면 감소하고 있는지를 추세 운동량으로 측정하여 나타낸 지표의 뜻으로 사용된다. 즉, 주가가 상승을 지속하더라도 모멘텀의 기울기가 둔화되면 향후 주가 하락을 예상할 수 있고, 반대로 주가가 하락을 지속하더라도 모멘텀의 기울기가 상승하면 주가 상승을 예상할 수 있다.

● 주당순자산가치

Bookvalue per Share(BPS). 기업의 총자산에서 부채를 빼면 기업의 순자산이 남는데, 이 순자산을 발행주식수로 나눈 수치를 말한다. 기업이 활동을 중단한 뒤 그 자산을 모든 주주들에게 나눠줄 경우 1주당 얼마씩 배분되는가를 나타내는 것으로, BPS가 높을수록 수익성 및 재무건전성이 높아 투자가치가 높은 기업이라 할 수 있다.

특정 자산 혹은 기업의 현재 가치를 평가하는 프로세스를 의미하는데, 가치를 평가하는 밸류에이션 기법은 매우 다양하다. 기업의 가치를 평가하는 애널리스트들은 기업의 경영진, 자본구조의 구성, 미래수익의 전망 및 기업이 보유한 자산들의 시장가치를 살펴본다.

자기자본이익률(Return on Equity(ROE))

투입한 자기자본이 얼마만큼의 이익을 냈는지를 나타내는 지표. 기업이 자기자본(주주지분)을 활용해 1년간 얼마를 벌어들였는가를 나타내는 대표적인 수익성 지표로 경영효율성을 표시해 준다. 산출되는 공식은 다음과 같다.
자기자본이익률(ROE) = 당기순이익/평균 자기자본 ×100

주가순자산비율(Price Book-Value Ratio(PBR))

주가를 주당순자산가치(BPS, book value per share)로 나눈 비율로 주가와 1주당 순자산을 비교한 수치이다. 즉 주가가 순자산(자본금과 자본잉여금, 이익잉여금의 합계)에 비해 1주당 몇 배로 거래되고 있는지를 측정하는 지표이다.

산업

● 산업의 구조

영국의 경제학자 클라크는 산업구조를 제1차, 제2차, 제3차 산업으로 분류하며, 한 나라의 경제가 발달할수록 제1차 산업의 비중은 작아지고 2차, 3차 산업이 차지하는 비중이 커진다는 것을 통계적으로 입증했다.

- **1차 산업** : 농업, 목축업, 임업, 수산업 등
- **2차 산업** : 제조업, 광업 등의 가공산업
- **3차 산업** : 상업, 운수업, 금융, 보험업, 자유업, 창고업 등의 서비스업
- **4차 산업** : 의료, 교육, 정보 등의 지식집약형 산업
- **5차 산업** : 취미, 오락, 패션 산업 등

● 나노융합 2020

미래창조과학부와 산업통상자원부가 나노 산업의 시장 선점을 위해 공동으로 추진하는 사업이다. 나노(Nano)란 10억 분의 1을 의미하며 1나노는 머리카락 굵기의 약 10만 분의 1로, 나노기술은 물질을 나노미터 크기의 범주에서 조작·분석하고 새로운 소재·소자 또는 시스템을 창출하는 과학기술을 말한다. 나노융합산업은 나노기술을 기존 기술에 접목하여 기존 제품을 개선하고 혁신하거나, 전혀 새로운 나노기능에 의존하는 제품을 창출하는 산업으로 국내 나노기술 수준은 미국, 일본, 독일에 이어 세계 4위 수준이지만 미국과 일본과 독일과 기술 격차가 클 뿐만 아니라, 후발국인 러시아, 중국 등도 정부의 집중투자 노력을 하기 때문에 많은 투자를 필요로 하는 미래 성장동력 산업이다.

● 숙련기술장려법

산업에 필요한 숙련기술의 습득을 장려하고 숙련기술의 향상을 촉진하는 동시에 숙련기술자에 대한 사회적 인식을 높임으로써 숙련기술자의 경제적·사회적 지위를 향상시키고 산업경쟁력을 높이는 것을 목적으로 제정된 법률이다. 이 법에 따라 산업 현장에서 최고 수준의 숙련기술을 보유한 기술자로서 산업 현장에 장기간 종사하고 숙련기술 발전 및 숙련기술자의 지위 향상에 크게 공헌한 사람을 '대한민국 명장'으로 선정한다.

확인문제 [헤럴드경제]

14. 다음 중 제4차 산업은?
① 정보산업 ② 원양산업
③ 서비스업 ④ 전자산업

5S 서비스

- 기업·개인의 업무를 대행하는 섭스티튜트(substitute) 서비스
- 컴퓨터 시스템의 사용·유지관리, 프로그램 등의 소프트웨어(software) 서비스
- 개인·기업의 안전, 생명·재산 보호에 대한 시큐리티(security) 서비스
- 복지사업 등 사회보장 확립을 위한 사회적(social) 서비스
- 변호사·의료·사설학원에 의한 특수(special) 서비스

확인문제 [한국환경공단]

15. 새로 개발된 5가지의 서비스산업(5S)에 해당하지 않는 것은?
① 변호사, 의사, 사설학원에 의한 특수 서비스
② 맞벌이 부부를 위한 쇼핑 서비스
③ 컴퓨터 시스템 사용, 유지관리, 프로그램 등의 소프트웨어 서비스
④ 기업, 개인의 안전, 생명, 재산보호에 대한 보안 서비스
⑤ 복지사업 등 사회보장 확립을 위한 사회적 서비스

명장의 조건

- 기계, 재료, 건축, 농림 등 업종별로 고용노동부장관이 정하여 고시한 직종에서 15년 이상 종사한 사람
- 지정된 직종에서 최고의 숙련기술을 보유하였다고 인정되는 사람
- 숙련기술의 발전이나 숙련기술자의 지위 향상에 크게 기여하였다고 인정되는 사람

답 14. ① 15. ②

농업

● 유기농법

Organic Gardening. 살충제를 사용하는 대신 생물학적인 방식으로 비료를 주고 병충해를 방지하는 경작방식이다.

● 다각농업

벼나 보리 농사뿐만 아니라 특용 작물의 재배, 축산 따위를 같이 하는 농업이다. 토지와 노동력을 합리적으로 분배하여 토지의 생산성 및 농가의 소득을 높이기 위한 영농 방법이다.

● 청정채소

인분이나 퇴비 따위를 쓰지 아니하고 재배한 채소를 말한다.

● 유료작물

oil crops. 식물체에 들어 있는 식물유지를 생산할 목적으로 재배하는 작물. 대체로 식물성 기름은 종자에 들어 있는 식물유지와 꽃·잎·줄기에 들어 있는 식물성 정유(방향유)로 구분된다. 정유는 휘발성이 높고 향기를 내는 특수한 것이며, 이것을 생산하기 위해서 재배되는 작물은 향료작물로 다룬다. 식물유지는 참깨·들깨·콩·땅콩·아주까리·해바라기·잇꽃 등의 씨알에서 채취되며, 그밖에 다른 목적으로 재배한 작물의 씨알 또는 그 부산물에서도 채취된다.

● 관개

Irrigation. 우리말로 물대기라고 하며 주로 작물의 생육에 필요한 수분을 공급하는 일이지만 이런 목적 이외에도 농경지에 비료성분을 공급하고 지온을 조절하며, 동상해(凍霜害)를 방지하고, 작물에 대한 해독을 제거하고, 작업상의 편의를 도모하며, 저습지의 지반을 개량하고, 풍식을 방지하는 등의 목적도 포함된다.

확인문제 [한국토지주택공사]

16. 정부가 쌀·보리 등 주곡을 농민들로부터 비싼 값에 사들여 이보다 낮은 가격으로 소비자에게 팔아 물가를 안정시키는 제도는?
① 다원곡가게 ② 혼합곡가제
③ 단일곡가제 ④ 이중곡가제

시비

재배하는 작물에 인위적으로 비료성분을 공급하여 주는 일

정지

파종, 이식에 앞서서 알맞은 토양상태를 조성하기 위하여 토양에 가해지는 처리

수리안전답

자연에만 의존하여 용수를 이용하는 천수답과는 반대개념으로 각종 수리시설물을 이용해 용수를 이용하는 지역

위조

식물체의 수분이 결핍하여 시들고 마름

답 16. ④

어업

● 200해리 어업수역

연안에서 근해 200해리에 걸쳐서 생식하는 수산자원은 모두 연안국의 것이라는 주장에 근거해 어족자원의 보호를 위해 외국 어선의 어획을 규제하는 수역이다.

● 배타적 경제수역

EEZ ; Exclusive Economic Zone. 영해를 넘어 영해 기준선으로부터 200해리 이내의 영해에 접속한 수역이다. 자국 연안으로부터 200해리까지의 모든 자원에 대해 독점적 권리를 인정하는 국제 해양법상의 개념으로 다른 나라 배와 비행기의 통항 및 상공비행 자유가 허용된다는 점을 제외하고는 영해나 다름없는 포괄적 권리가 인정된다.

● 전관수역

연안국이 어업이나 그 밖의 자원 발굴 따위에 대하여 특권을 가지는 수역이다.

● 파시

고기가 한창 잡힐 때에 바다 위에서 열리는 생선시장이다.

● 가두리

내만이나 외해 등에서 그물로 만든 가두리를 수면에 뜨게 하거나 수중에 매달아 기르는 양식방법. 수심의 깊이(35m기준)에 따라 내만가두리와 외해가두리로 구분한다.

● 도류제

Jetty. 토사의 퇴적 등으로 인하여 유로(流路)가 교란되는 것을 방지하기 위하여 하천이 합류하는 곳이나 하구부분에 설치하는 제방. 수류의 흐름을 조정하고 유사를 바다 깊숙이 유도하기 위하여 항만 입구나 하구에 설치하여 해안이나 하안(河岸)을 보호하고 수심을 유지하는 기능을 한다.

정치망

어군의 자연적인 통로를 차단하여 함정으로 유도하고, 함정에 빠지게 하여 잡는 함정 어법이다. 단번에 대량 어획하는 데 쓰인다. 연안의 얕은 곳(대략 수심 50m 이하)에서만 쓴다.

안강망

안강망은 대상물을 함정 속으로 들어가도록 한 후 다시 나가지 못하게 하여 잡는 함정 어구이다. 안강망은 사전에 '아귀를 잡는 그물'이라고 풀이되어 있다.

유자망

유자망 어업은 그물실의 굵기와 그물코의 크기가 일정한 사각형 그물감의 언저리에 뜸줄과 뜸을 달고, 아래 언저리에 발줄과 발돌을 달아서 그물을 연직 방향으로 전개시켜 어군이 그물코에 꽂히게 하여 잡는 방법이다.

● 에너지

● 아라비안라이트

Arabian Light. 사우디아라비아에서 생산되는 경질 원유를 말한다. 중동 원유 중에서 생산량이 가장 많고 표준적인 품질을 가지고 있어 1974년 이후 원유 가격을 정할 때 기준 원유로 채택되고 있다.

● 세계 3대 유종

두바이유	중동 UAE에서 산출되는 고유황 중질 원유로서 중동 및 아시아 원유 시장의 기준 원유이다.
WTI유	WTI는 West Texas Intermediate의 약자로서 주로 미국 텍사스주 서부와 뉴멕시코주 동남부에서 생산되는 저유황 경질원유이다.
브렌트유	영국령 북해의 Brent 등 9개의 유전에서 생산되는 원유 브랜드로서 유럽시장의 기준유로 통용되고 있다.

● 그린 에너지

Green Energy. 공해물질을 배출하지 않는 환경친화적인 에너지이다. 녹색 에너지, 청정 에너지(Clean Energy)라고도 하며, 기존 화석연료나 원자력을 대체한다는 측면에서 '대체 에너지'로도 불린다. 태양열, 지열, 풍수력, 조력, 파력 등의 자연 에너지와 수소 에너지, 바이오매스(Biomass) 등이 해당된다.

● 바이오디젤

Bio Diesel. 쌀겨 기름이나 식용유 따위의 식물성 기름을 특수 공정으로 가공하여 그것을 경유와 섞어서 만든 디젤 기관의 연료이다.

● Bioenergy와 Biomass

바이오에너지는 바이오매스를 연료로 하여 얻어지는 에너지로 직접 연소 · 메테인 발효 · 알코올 발효 등을 통해 얻어진다. 농작물 – 목재 – 가축 분뇨 등을 이용한 에너지를 말하며, 바이오매스는 식물이나 미생물 등을 에너지원으로 이용하는 생물체를 말한다.

옥탄가

Antiknock Rating. 연료가 내연기관의 실린더 속에서 공기와 혼합하여 연소할 때 노킹을 억제시킬 수 있는 측정값.

나프타

Naphtha. 휘발성 · 가연성이 높은 다양한 액체 탄화수소 혼합물.

확인문제 [부광약품]

17. 나프타(Naphtha)란?
① 소독약의 일종
② 액화천연가스
③ 조제된 가솔린
④ 원유

LPG, LNG

Liquefied Petroleum Gas, 액화석유가스.
Liquefied Natural Gas, 액화천연가스.

엑스코

대구광역시 북구에 있는 종합 전시센터로 2000년 1월 설립했다. 개관 초기부터 지역특화 산업을 중심으로 한 무역전시회를 기획, 개최해왔고, 대표적으로 대한민국 소방안전박람회, 대구국제광학전, 국제석유박람회, 대구국제기계산업대전, 국제그린에너지 엑스포 등이 있다. 특히 국제그린에너지엑스포는 세계 전시연합(UFI)로부터 인증을 받으며 세계적 신재생에너지 전문전시회로 성장하였다.

확인문제 [경향신문]

18. 바이오에너지(Bioenergy)와 관계 없는 것은?
① 농작물   ② 석유
③ 알콜   ④ 메테인

답 17. ③ 18. ②

● 정맥산업

더러워진 피를 새로운 피로 만들기 위하여 심장으로 돌려보내는 정맥과 같이 산업 폐기물을 해체·재생·재가공하는 산업. 돼지의 배설물에서 돼지의 먹이를 재생산한다거나 농업 폐기물에서 플라스틱이나 세제 따위를 재생산하는 산업분야를 가리키는 표현이다.

친환경산업

친환경산업은 환경에 영향을 주는 부하를 최소화하는 기술을 적용한 산업이다. 새로운 블루오션으로 부상하고 있다.

● 환업혁명

Eco - Industrial Revolution. 환경이 부가가치 창출의 거대한 주제로 부상하는 현상을 말한다. 일본이 만든 조어로, 환업은 환경과 산업의 합성어이다. 18세기가 산업혁명, 20세기가 정보혁명이라면, 21세기는 환경 비즈니스 혁명의 시대라는 패러다임이다. 환경을 돈을 벌기 위한 차세대 핵심산업으로 발전시킨다는 일본의 국가 전략이 담겨 있다.

Eco Fund

각종 에너지 등의 상품에 직접 투자하거나 이와 관련된 산업에 종사하는 기업의 주식을 사는 데 투입되는 자금.

● CCS

Carbon Capture and Storage. 탄소 포집 장치. CCS는 석탄이나 화력발전 과정에서 배출되는 이산화탄소를 모아 액체 형태로 바꾼 뒤 땅이나 바다 속에 저장하는 기술이다.

GCCSI

Global Carbon Capture & Storage Institute. 국제탄소포집저장연구소. 대규모 CCS 개발을 지원하기 위해 2009년 7월 G8 정상회의에서 출범시킨 단체.

● 탄소배출권

CER ; Certified Emission Reduction. 인증감축량 또는 공인인증감축량. CDM 사업을 통해서 온실가스 방출량을 줄인 것을 유엔의 담당기구에서 확인해 준 것을 말한다. 탄소를 허용량보다 많이 배출한 국가나 기업은 초과분 만큼의 탄소배출권을 돈 주고 사야 한다. 반대로 적게 배출한 국가나 기업은 미달분 만큼의 탄소배출권을 팔 수 있다. 우리나라는 2012년 산업계와 시민단체, 국회의 의견수렴과 합의를 통해 「온실가스 배출권의 할당 및 거래에 관한 법률」을 제정하고 2015년 1월 1일부터 시행하기 시작하였다.

CDM

Clean Development Mechanism. 청정에너지 개발체제. 선진국이 개도국에 투자하는 온실가스 감축협력 사업으로 배출권 거래. 공동이행과 함께 교토의정서 3가지 메커니즘의 하나이다.

● 탄소펀드

Carbon Fund. 교토의정서 발효 이후 각 선진국의 주요 정책과제가 된 청정에너지 개발체제(CDM ; Clean Development Mechanism)를 금융투자의 방식으로 해결하는 도구로서, 지구 온난화를 막기 위해 온실가스 저감사업에 투자하여 확보한 탄소 배출권을 매매함으로써 얻은 수익을 투자자에게 나눠주는 신종 금융상품이다.

● 태양전지

Solar Battery. 태양전지는 태양빛의 에너지를 전기에너지로 바꾸는 것으로, P형 반도체와 N형 반도체라고 하는 2종류의 반도체를 사용해 전기를 일으킨다. 전기적 성질이 다른 N(Negative)형의 반도체와 P(Positive)형의 반도체를 접합시킨 구조로 전기를 일으킨다. PN 반도체의 경계부분을 PN 접합(PN – Junction)이라고 한다.

● 리튬전지

Lithium Battery. 충전이 안 되는 전지를 1차 전지라고 하고 충전이 가능한 전지는 2차 전지라고 부르는데, 음극에 금속리튬을 사용한 전지들을 리튬전지라고 한다. 주로 1차 전지가 많으며 망가니즈건전지에 비해 전압과 에너지 밀도가 높아서 카메라나 전자시계 등의 전원으로 많이 사용된다.

● 리튬폴리머 전지

Lithium Polymer Battery. 작동원리는 리튬이온 전지와 동일하고, 젤타입의 고분자(Polymer)가 양극과 음극 사이에 분리막을 구성하며, 전해질의 역할까지 하는 것을 말한다. 리튬폴리머 전지는 이온 전도가 우수한 고체 전해질을 사용, 액체 전해질을 사용하던 전지의 단점인 누액 가능성과 폭발 위험성이 없다는 것이 가장 큰 장점이다. 또 고체 전해질을 사용하여 형상을 다양하게 설계할 수 있으며 휴대기기의 면적 전체를 활용할 수 있다. 한마디로 '종이처럼 얇고 가벼울뿐만 아니라 어떤 모양으로도 만들 수 있는 안전한 전지'라 할 수 있다.

탄소세

탄소세는 환경세의 일종으로, 이산화탄소와 같은 온실가스 방출 시에 부과되는 세금이다. 대개 화석연료를 사용하는 매체에 부과되며 원자력, 수력, 풍력 등에는 적용되지 않는다.

태양광발전

발전기의 도움 없이 태양전지를 이용하여 태양빛을 직접 전기에너지로 변환시키는 발전 방식

2차 전지

재충전이 가능한 전지이다. 휴대폰이나 노트북 PC, 디지털 카메라 같은 휴대용 IT 기기의 배터리로 쓰인다.

연료전지

Fuel Cell. 연료의 산화에 의해서 생기는 화학에너지를 직접 전기에너지로 변환시키는 전지.

GETI

Green Energy Technology Index. 태양전지, 연료전지, 2차 전지, 발광다이오드, 탄소포집저장장치 등 주요 5개 그린에너지 영역에서 미국 등록 특허 수와 품질 수준을 직접 분석해 산출한 새로운 기술평가지표.

⑤ 경영전략과 시스템

● 공급망관리

SCM ; Supply Chain Management. 원료나 부품 납품업자에서부터 제품 생산자, 물품 배송자, 최종고객에 이르는 물류의 흐름을 하나의 가치 관점에서 파악하고 필요한 정보가 원활히 흐르도록 지원하는 경영시스템을 말한다.

● 가치사슬

Value Chain. 기업이 제품과 서비스를 생산해 부가가치가 생성되는 일련의 과정을 일컫는 용어로, 한 국가 내에 국한되지 않고 여러 국가에 걸쳐 일어날 경우에는 글로벌 가치사슬이라고 부른다.

● 치킨게임

애니메이션 '치킨 런'에서 비롯된 날기 위해 처절하게 노력하는 닭들에서 따온 경영이론. 즉, 제대로 날지는 못하지만 끝까지 달려야만 조금이라도 날 수가 있는 닭에 비유해, 마주보고 차를 몰아 먼저 핸들을 돌리는 쪽이 지듯이 먼저 가동을 멈추는 쪽이 지게 된다는 경영게임을 말한다.

● KMS, PKMS

Knowledge Management System. 지식경영시스템. 21세기 지식산업 사회의 발전 경향에 맞춰 회사 내외부의 인적 자원이 보유한 지식을 체계화하고 공유함으로써 기업 경쟁력을 확보하는 새로운 경영시스템이다. PKMS는 비즈니스프로세스관리(BPM)와 지식경영시스템(KMS)을 결합한 경영시스템이다.

● 고객관계관리

CRM ; Customer Relationship Management. 기업이 고객관계를 관리해 나가기 위해 필요한 방법론이나 소프트웨어 등을 가리키는 용어이다. 현재의 고객과 잠재고객에 대한 정보자료를 정리, 분석해 마케팅 정보로 변환함으로써 고객의 구매 관련 행동을 지수화하고, 이를 바탕으로 마케팅 프로그램을 개발·실현·수정하는 고객 중심의 경영기법을 의미한다.

Scenario Planning

미래에 예상되는 여러 가지 시나리오를 도출하고, 시나리오별 전략적 대안을 미리 수립하는 경영 기법. 가능한 복수의 미래를 가정해 대비함으로써 미래의 리스크를 줄여 나갈 수 있다.

전략적 제휴

Strategic Alliance. 기업 간 상호협력관계를 유지하여 경쟁적 우위를 확보하려는 새로운 경영전략. 상호협력을 바탕으로 기술·생산·자본 등의 기업 기능에 2개 또는 다수의 기업이 제휴하는 것.

전략적 연동모형

정보기술이라는 범위에 경영전략을 수립하는 데 초점이 되는 내외적 요소들을 고려 대상으로 추가한 개념. 구성요소는 경영전략, 조직인프라, 정보기술전략, 정보기술 인프라 등이다. 전략적 연동모형은 다음의 5단계로 나타난다.

- 1단계 : Localized Exploitation
  (국부적 활용)
- 2단계 : Internal Integration
  (내부적 통합)
- 3단계 : Business Process Re-
  design
  (비즈니스 프로세스 재설계)
- 4단계 : Business Network Re-
  design
  (비즈니스 네트워크 재설계)
- 5단계 : Business Scope Redef-
  inition
  (사업영역 재정의)

● MIS

Management Information System. 경영정보시스템. 회사의 업무·경영·의사결정 기능을 지원하기 위한 종합 정보관리 시스템을 말한다.

● SIS

Strategic Information System. 전략적 정보시스템. 경쟁 기업에 경쟁적 우위를 가지기 위해 전략적으로 구축하는 정보시스템을 말한다.

● Brain Storming

창의적인 아이디어 창출을 위한 방법의 하나로 자유로운 형식의 집단토론으로 문제 해결을 위한 방법을 도출해 내는 방식을 말한다.

● ERP

Enterprise Resources Planning. 전사적 자원관리. 인사·재무·생산 등 기업의 전 부문에 걸친 시스템을 하나로 통합한 정보관리 시스템을 말한다.

● BPR, BPM

- BPR(Business Process Reengineering) : 기업 내부의 업무 환경을 혁신적으로 변경하는 목적의 경영시스템.
- BPM(Business Process Management) : 업무를 간소화하고 표준화해서 책임과 의무를 명확히 하자는 경영시스템.

● MRP

Material Requirement Planning. 자재소요량 계획. 재고량 축소를 위한 자재수급관리를 위한 시스템이다.

● PLM

Product Lifecycle Management. 제품 수명주기관리. 제품 설계도부터 최종 제품 생산에 이르는 전체 과정을 일관적으로 관리해 제품의 부가가치를 높이고 원가를 줄이는 생산프로세스이다.

확인문제 [해태]

19. 경영에 관련된 정보를 체계적·조직적으로 수립·보관하였다가 경영의사 결정 시에 검색·전달 이용되도록 하여 주는 정보시스템을 무엇이라고 하는가?
① M&A   ② EDPS
③ MIS   ④ OA

확인문제 [삼성 SSAT]

20. 브레인스토밍(Brain-Storming)의 규칙에 맞지 않는 것은?
① 다른 사람의 아이디어를 결합시켜 사용한다.
② 많은 아이디어를 서로 내놓아야 한다.
③ 아이디어는 양보다 질을 중시한다.
④ 타인의 아이디어를 비판하지 말아야 한다.

해 브레인 스토밍은 아이디어의 양적인 면을 중시한다.

CI와 GI

- CI(Corporate Image Identity) : 기업 이미지 통일화 작업.
- GI(Government Identity) : 정부 또는 국가 이미지 통일화 작업.

SWOT 분석기법

기업경영 환경을 강점(Strength), 약점(Weakness), 기회(Opportunity), 위협(Threat) 등 네 가지 요인으로 규정하고 이를 토대로 경영전략을 수립하는 기법.

PMI 분석기법

Plus-Minus-Interest. 특정한 문제의 긍정적인 면, 부정적인 면, 흥미로운 점을 각각 기록한 다음 이들 각각에 대해 나름대로 판단하여 이익이 되는 점을 찾는 기법.

답 19. ③ 20. ③

6 근로기준과 노사관계

● 모성보호 관련법

「근로기준법」·「남녀고용평등과 일·가정 양립 자원에 관한 법률」·「고용보험법」 등에서 모성보호와 관련된 법안을 총칭하는 개념.

출산휴가	• 출산 전과 후를 통하여 90일(다태아는 120일) • 출산 후의 휴가기간은 45일(다태아는 60일)
생리휴가	월 1회(1일)
휴가기간의 급여	출산·산후휴가에서 최초 60일(다태아는 75일)은 유급으로 하며(기업 규모에 따라 지급범위가 다름), 나머지 30일(다태아는 45일)은 국가에서 부담
배우자 출산 휴가	남성육아휴직이 신청 가능하며, 신청자는 10일의 유급휴가를 받을 수 있으며, 5일 분은 국가에서 부담
연장·야간 및 휴일근로	• 통산 임금의 100분의 50 이상을 지급 • 1주간의 근로시간은 휴게시간을 제외하고 40시간을 초과할 수 없음

● 근로기준법

헌법에 의거하여 근로 조건을 정한 법이다. 근로자의 사람다운 삶을 영위하기 위하여, 기본적 생활을 보장하고 삶의 질을 향상시키며 근로자를 보호하는 데 그 목적이 있다.

● 노동 3권

노동자의 사회·경제적 지위향상을 목적으로 법률이 정한 기본권을 말한다. 노동자의 노동조건 향상을 위한 자주적인 단결권, 단체교섭권 및 단체행동권을 노동 3권이라고 한다. 우리나라 헌법에서는 노동 3권을 보장하고 있으나, 단체행동권의 행사는 법률이 정하는 바에 따르게 되어 있어 제한을 받고 있다. 또한 공무원은 법률로 인정된 자를 제외하고는 노동 3권이 인정되지 않는다.

● Time Off

단체교섭, 고충처리, 산업안정 등 노무 관리적 성격의 활동을 하는 노조 조합원에 대해 해당 활동시간을 근무시간으로 인정해 주는 제도.

통상임금

근로자에게 정기적, 일률적, 고정적으로 소정근로 또는 총근로에 대하여 지급하기로 정해진 시간급·일급·주급·월급 또는 도급금액. 즉, 1 근로시간 또는 1 근로일에 대하여 지급하기로 노사계약에 명시한 통상적인 임금액을 말한다. 통상임금은 해고예고수당, 시간 외·야간·휴일근로 시의 가산수당, 연차유급휴가수당, 퇴직금의 산출기초가 된다.

● 노동쟁의권

Right to Strike. 노동자가 노동조건을 유지 또는 개선하기 위하여 사용자를 대상으로 파업이나 기타의 쟁의행위를 취할 수 있는 권리이다. 우리 헌법에는 '단체행동권'으로 표현하고 있다. 노동쟁의 방법에는 파업(Strike, 출근 거부 또는 작업 거부), 사보타주(Sabotage, 출근은 하지만 생산성을 저하시키는 행위), 보이콧(Boycott, 거래 방해 행위) 등이 있다.

● 단체협약

Collective Agreement. 노동조합과 사용자 사이에 체결된 협정이다.

● 태업

노동쟁의 방법의 하나로, 정상 출근하지만 작업을 게을리하는 등 회사 경영에 방해를 주는 행위로 사보타지가 이와 비슷한 유형이다.

● 알선과 조정 및 중재

- 알선 : 노동쟁의를 담당하는 행정 관청에서 분규를 해결하기 위해 노력하는 쟁의조정 중개행위. 의견 제시 불가.
- 조정 : 쌍방에게 제시하고 이의 수락을 권고하여 노동쟁의의 해결을 도모하는 방식. 안을 조정해 쌍방 간의 수락을 권고하는 행위.
- 중재 : 노사 간에 교섭이 타결되지 않을 경우 정부의 노동위원회에 사태 해결을 요청하는 행위.

● 긴급조정

쟁의행위가 공익에 관한 경우 또는 국민경제를 위협하거나 국민의 일상생활을 위태롭게 할 위험이 있다고 판단될 경우 고용노동부장관이 직권으로 발동하는 긴급조치권을 말한다. 긴급조정권이 발동되면 해당 노조는 30일간 파업 또는 쟁의행위가 금지되며, 중앙노동위원회가 조정을 개시한다.

노동쟁의 냉각기간

- 일반 : 10일
- 공익 : 15일

확인문제 [중앙일보]

24. 공익사업장은 쟁의 발생 신고를 낸 뒤 며칠간의 냉각기간을 거친 후 쟁의행위에 돌입할 수 있나?
① 10일   ② 15일
③ 20일   ④ 25일

확인문제 [한국전력공사]

25. 직장을 이탈하지 않는 대신 원료, 재료를 필요 이상으로 소모함으로써 사용자를 괴롭히는 노동쟁의 방식은 무엇인가?
① 사보타지   ② 스트라이크
③ 보이콧   ④ 피케팅

직권중재

철도·수도 등 국민생활에 중대한 영향을 끼치는 필수공익사업장에서 노동쟁의가 발생할 경우 노동위원회가 직권으로 중재에 회부하는 제도.

필수 공익사업의 종류

철도사업, 도시철도사업(정기운송) 및 항공운수 사업(공항운영, 항공운송지원, 항공기취급), 수도–전기–가스사업, 석유정제 및 공급사업, 병원사업 및 혈액공급사업, 한국은행사업, 통신사업

답 24. ② 25. ①

● 부당노동행위

노동운동에 대한 사용자의 방해행위를 말한다. 「노동조합 및 노동관계조정법」에서 규정하고 있는 부당노동행위는 다음과 같다.

- 노동조합 가입을 이유로 해고하거나 불이익을 주는 경우.
- 조합 가입이나 탈퇴를 고용조건으로 정하는 경우.
- 단체교섭을 정당한 이유 없이 거부하는 행위.
- 노동조합의 조직과 운영에 개입하거나 조합에 운영비를 원조하는 행위
- 단체행동 참가나 노동위원회에 제소한 것 등을 이유로 해고하거나 불이익을 주는 행위 등.

● 직장폐쇄

Lock-Out. 노동자의 쟁의행위에 대항하여 사용자측의 주장을 관철하기 위한 수단으로 노동자를 집단적으로 직장에서 축출하는 등의 행위로 나타난다.

● 산업재해

산업재해는 노동과정에서 작업환경 또는 작업행동 등 업무상의 사유로 발생하는 노동자의 신체적·정신적 피해를 말한다. 제조업의 노동과정에서뿐만 아니라 광업·토목·운수업 등 모든 분야에서 발생할 가능성이 있다.

● 정리해고

사용자 측의 사유, 즉 사용자가 불황 등으로 직면한 심각한 경영위기를 모면하기 위하여 불가피하게 근로자의 감원 등 인원을 정리하는 해고를 말한다.

● 경제 4단체

재계의 이익을 대변하고 대정부 압력단체 역할을 수행하는 단체들로 전국경제인연합회, 대한상공회의소, 한국무역협회, 중소기업협동조합중앙회 등이 있다.

노동귀족

조합원의 이익 대표자로서 책임을 저버리고 이면에서 야합을 하거나 높은 임금을 받는 노조간부를 칭하는 말.

강사법

2010년 조선대 시간강사의 자살사건으로 발제된 법안으로, 시간강사들의 고용 안정성 및 지위 향상을 목적으로 하며 강사에게 대학 교원의 지위를 부여, 강사에 대한 대학의 1년 이상 임용 보장, 3년 동안 재임용 절차를 보장해야 한다. 또한 방학 기간 임금 지급, 재임용 거부 시 강사의 소청심사권 부여, 강사에 대한 퇴직금 지급과 4대보험 가입 의무화 등의 내용이 담겼다.

김용균법

'위험의 외주화' 방지와 산업현장 안전규제를 대폭 강화한 산업안전보건법 개정안으로 2018년 12월 27일 국회를 통과했다. 충남 태안화력발전소 협력업체의 비정규직 노동자 김용균 씨가 운송설비 점검 중 사고로 숨진 후 본격적 논의가 이루어져 이 명칭이 붙었다.

직업병

특정 직업이나 업무에 종사함으로써 생기는 병.

노동생산성

투하된 일정한 노동력과 그것에 의하여 얻어진 생산량과의 비율.

민주노총

KCTU ; Korean Confederation of Trade Unions. 전국민주노동조합총연맹의 약칭.

7 — 기업의 쇠락과 성장의 한계

● **Down Sizing**
기업의 업무나 조직의 규모 따위를 축소하는 일을 말한다.

● **Seed Money**
부실기업 회생을 지원하기 위해 금융기관에서 새로 융자해주는 돈이다.

● **출자전환**
DES ; Debt Equity Swap. 기업의 재무구조를 개선하기 위해 기업의 채무를 주식으로 바꿔서 채권자가 출자자가 되는 것을 말한다.

● **MBO**
Management Buy Out. 기업이 적자사업이나 한계기업을 매각할 경우 회사 내에 근무하고 있는 경영진이 중심이 되어 회사 또는 사업부를 인수하는 것을 말한다.

● **감자**
회사가 자본금을 줄이는 것으로 자본금의 감소, 회사분할, 합병 등의 목적으로 해당 금액만큼의 자본을 소멸시키는 것을 말한다.

● **계획도산**
도산에 임박했음을 미리 알고 회사의 현금이나 예금을 횡령해 결국 도산에 이르게 하는 범죄행위이다.

● **흑자도산**
경영상의 수지균형이 겉보기에는 건전해 보이지만 자금 흐름이 원만하게 돌지 않아 부도를 내는 형태이다.

● **한계기업**
Marginal Firm. 이익을 내지 못하고 있는 기업을 말한다.

● **법정관리 · 화의**
법정관리는 일시적 자금난으로 도산위기에 몰린 회사의 부도를 20년까지 유보하는 조치를 말하며 화의는 채무자가 채권자와 합의를 통해 파산을 막으려는 조치이다.

확인문제 [한국전력공사]

26. Seed Money를 제대로 설명한 것은?
① 부실기업을 정리할 때 덧붙여 해주는 신규대출
② 기업의 외상매출채권을 사서 자기의 위험부담으로 그 채권의 관리와 대금회수를 집행하는 기업금융의 일종
③ 기업의 단기자금조달을 쉽게 하기 위해 도입한 어음형식
④ 금융기관이 고객으로부터 돈을 받아 채권에 투자하고 계약기간이 만료되면 확정된 이자를 얹어 채권을 되사주는 금융 상품

CRV
Corporate Restructuring Vehicle. 출자전환 주식을 인수·운용하는 금융기관으로 기업 구조조정 투자회사. 워크아웃 기업을 맡은 한시적인 기업.

CRC
Corporate Restructuring Company. 기업 구조조정을 전문으로 하는 상법상의 주식회사. CRV는 한시적이지만 CRC는 영속적으로 존재한다.

확인문제 [SBS]

27. 분식결산이란 무슨 뜻인가?
① 대규모 기업집단의 계열사의 영업실적을 합쳐 결산한 것
② 기업들이 자기회사의 영업실적을 부풀려 결산한 것
③ 기업들이 자기회사의 영업실적을 줄여 결산한 것
④ 기업들이 자기회사의 영업실적을 부풀리거나 줄여서 결산한 것
⑤ 기업들이 남의 회사의 영업실적을 빌려 결산한 것

답 26. ① 27. ②

01 경영이론의 밀림(Management Theory of Jungle)이라는 말을 처음으로 사용한 사람은?

① H.D. Koontz ② C.I. Barnard

③ H.A. Simon ④ E. Jayoro

해 신 경영관리론의 대표적인 대가로는 쿤츠(H. Koontz)와 드러커(P.F. Drucker)를 들 수 있다. 이중 Koontz는 이른 바 '매니지먼트 정글'이라는 이론으로 여러 접근방법들의 대립을 비꼬거나 그 학설들을 정면으로 비판하는 식이었다. 이에 반해 드러커는 격변하는 기업 환경 속에서의 바람직한 경영상이나 경영철학을 강조하여 전체적이며 객관적인 관점에서 20세기의 기업경영이 택해야 할 미래상과 경영철학을 주장하였다.

02 실버마켓(Silver Market)에 대한 올바른 설명은?

① 호화 사치품시장

② 비금속 제품시장

③ 노인 대상 상품시장

④ 크리스마스 상품시장

해 실버산업 : 노년층을 대상으로 한 상품·서비스를 제조·판매하거나 제공하는 것을 목적으로 하는 산업이다.

[포스코]
03 다음 중 기업들이 주변에서 뛰어나다고 생각되는 상품이나 기술을 선정, 자사의 생산방식에 합법적으로 응용하는 것을 무엇이라고 하는가?

① 벤치마킹 ② 시뮬레이션

③ 텔레마케팅 ④ 토탈 시뮬레이션

해 벤치마킹 : 경영기법의 하나로서, 기업이 목표달성을 위해 설정하는 측정기준이다.

04 주가상승과 관련이 적은 것은?

① 1월 효과 ② 더블워칭데이

③ 서머랠리 ④ 골든크로스

해 더블워칭데이 : 선물과 옵션의 만기일이 겹치는 날이다.
1월 효과 : 1월의 주가상승이 다른 달에 비해 높게 나타나는 현상을 말한다.
서머랠리 : 매년 초여름인 6월 말부터 7월까지 한 차례 주가가 크게 상승하는 경험을 말한다.
골든크로스 : 단기 이동평균선이 중장기 이동평균선을 아래서 위로 뚫고 올라가는 현상이다.

[한국환경공단]
05 해당기업이 기관투자자들이나 개인투자자들에게 새로운 경영지표와 사업계획 같은 기업정보를 정확하게 알려주는 제도는?

① IR ② PR

③ OR ④ DR

⑤ CR

해 IR : Investor Relations. 기업이 자본시장에서 정당한 평가를 얻기 위하여 주식 및 사채투자자들을 대상으로 실시하는 홍보활동이다.
PR : Public Relations. 공중과의 관계를 좋게 하기 위한 행위 또는 기능을 말한다.

[한겨레신문]
06 주식회사의 이사들이 불법행위 또는 중대한 과실로 인해 회사에 손해를 끼친 경우, 원칙적으로는 회사가 이사들을 상대로 손해배상청구소송을 제기할 수 있으나, 현실적으로 이사들이 그 회사의 경영을 장악하는 한 소송을 제기할 가능성은 거의 없다. 이때 주주들이 회사를 대신하여 이사들에게 손해배상청구소송을 제기하고 승소하는 경우 그 배상금은 회사에 귀속되고 주주는 단지 소송비용만을 보전받는 상법상의 소수주주권을 무엇이라고 하는가?

① 주주제안 ② 주주집단소송

③ 주주대표소송 ④ 소액주주소송

圖 주주대표소송 : 몇 명의 소액주주가 대표자가 되어 이사의 책임을 추궁하기 위해 제기하는 소송을 말한다. 즉, 회사의 경영자인 이사가 의무를 위반했을 때, 일부 주주가 회사를 대신해서 문제된 이사를 상대로 개인적 손해배상을 청구하는 제도이다.

주주집단소송 : 한 명의 주주라도 부실경영을 한 기업에 대한 손해배상 청구소송에서 승소했을 때, 다른 주주들도 별도의 재판 없이 똑같은 배상을 받을 수 있도록 한 제도이다.

[중앙일보]

07 외국계 또는 외국기업과 관계 없는 순수 한국형 할인점은?

① 마크로　　　　② 코스트코

③ E 마트　　　　④ 프라이스클럽

[한국산업인력공단]

08 환율이 1,000원에서 1,100원으로 올랐을 때 발생하는 경제상황은?

① 물가가 하락한다.

② 경제성장률이 하락한다.

③ 외채상환부담이 증가한다.

④ 국제수지가 약화된다.

圖 환율이 오르면(평가절하) 수출경쟁력 우위에 따른 국제수지 흑자를 기대할 수 있으나 외채부담이 증가한다. 즉, 외채를 상환하기 위한 외환매입 비용이 늘어난다.

[포스코]

09 무한책임사원과 유한책임사원으로 조직되어 있는 회사는?

① 주식회사　　　　② 합자회사

③ 합명회사　　　　④ 다국적 기업

圖 주식회사는 유한책임사원으로만 구성되어 있다.

[국민연금공단]

10 코포크러시(Corpocracy)에 대한 설명으로 옳은 것은?

① 사회 각 분야의 행정업무가 상호 밀접한 유대관계를 형성하는 것을 말한다.

② 기업 내 관료주의를 의미하는 것으로 미국의 기업병폐를 상징하는 말이다.

③ 민주주의적으로 운영되는 기업조직을 말한다.

④ 종업원이 경영에 적극 참여하는 제도를 말한다.

圖 Corpocracy : 기업에 의한, 기업의 지배를 일컫는다.

[부산도시공사]

11 적대적 인수 · 합병(M&A)의 시도가 있을 때 기존 주주들에게 시가보다 싼 가격에 지분을 매수할 수 있도록 권리를 부여하는 것을 무엇이라 하는가?

① 포이즌 필　　　　② 황금주

③ 황금낙하산　　　　④ 백기사

圖 황금주 : 보유한 주식의 수량이나 비율에 관계없이 기업의 주요한 경영 사안에 대하여 거부권을 행사할 수 있는 권리를 가진 주식

황금낙하산 : 적대적 M&A 시도가 있을 때, 인수당하는 기업(피인수 기업) 경영진에게 막대한 퇴직금을 지급하도록 회사 정관에 명시함으로써, 인수 기업의 부담을 가중시키는 방법

백기사 : 기존 경영진과 다른 입장을 가진 어느 집단의 총 주식수가 경영진의 것을 넘어 경영권을 빼앗긴 상황에서 그것을 막을만한 자금력이 없을 때, 우리 회사에게 우호적이면서 동시에 자금력이 있는 기업에게 도움을 청하는 행위

---

12 다음 중 '노동의 인간화'에 기여하지 않는 항목은?

① 단능공을 다능공으로 육성한다.

② 생산성의 향상으로 과잉인력을 제거한다.

③ 노동자가 구상과 실행을 동시에 수행한다.

④ 기업가와 노동자 사이의 협력관계를 강화한다.

해 **노동의 인간화** : 노동의 인간소외에 의하여 실추된 노동자의 인간적 가치를 회복한다는 이론으로, 노동자의 경영참가, 직무의 확대, 자주관리, 작업집단 등을 들 수 있다.

13 포드주의에 대한 설명으로 옳은 것은?

① 노동자들의 업무를 최대한 세분화하고 각 업무를 표준화시킴으로써 노동에 대한 구상기능과 실행기능을 분리시켜 작업에 대한 관리와 성과측정을 용이하게 함

② 과학적 관리법으로 노동자들의 숙련지식을 박탈하고 노동을 단순화시킴

③ 유연생산체계를 극복하기 위해 고안된 생산방식

④ 컨베이어 벨트라는 자동화설비를 도입하여 작업의 흐름을 기계의 흐름에 종속시켜 높은 생산성을 유지하게 하는 생산방식으로 대량 생산·소비체제를 구축함

해 **포드시스템의 특성** : 이동식 조립, 부품규격의 통일, 생산라인의 자동화, 대량 생산방식 등이 있다.

14 8시간 노동제가 국제적으로 정식 선포된 것은?

① 와그너법　　② 국제노동헌장

③ 제1인터내셔날　　④ 태프트하틀리법

해 **국제노동헌장** : 1919년 6월 28일 성립된 베르사유조약 제13편(노동편)으로, 노동자의 단결권, 적정임금, 1일 8시간·주 48시간제, 아동노동의 금지와 연소자노동의 제한, 남녀 동일노동·동일임금 등이 규정되어 있다.

와그너법 1935년 뉴딜정책의 일환으로 제정된 미국의 노동조합보호법. 근로자의 단결권 및 단체교섭권을 보호하기 위하여 부당노동행위제도와 교섭단위제도를 설정하였다.

태프트하틀리법 : 1947년에 제정된 미국의 노사관계법으로, 주요 내용은 노동조합의 부당노동행위 금지 규정, 클로즈드 숍(closed shop)제의 금지(유니온 숍만 인정), 국민의 건강과 안전을 위협하는 쟁의에 대한 긴급조정제도의 도입 등이다.

15 총액임금제란 용어의 설명으로 가장 적합한 것은?

① 연봉제와 같다.

② 지급금액이 사전에 확정된 임금의 총액으로서 연장근로수당이 포함된 총액이다.

③ 지급금액이 사전에 확정된 임금의 총액으로서 연장근로수당이 제외된 총액이다.

④ 지급금액이 사전에 확정된 임금의 총액으로 연월차 수당이 제외된 금액이다.

해 총액임금은 기본급에 통상적 수당, 연월차 수당, 정기상여금 등을 포함하지만 연장근무수당은 제외하는 개념이다.

16 노동 3권에 대한 설명 중 틀린 것은?

① 단결권, 단체교섭권, 단체행동권을 말한다.

② 근로조건의 향상을 위해서 행사할 수 있다.

③ 근로기준법은 근로조건의 상한을 규정하고 있다.

④ 사회권에 속한다.

해 「근로기준법」은 노동조건의 하한규정이다.

[한겨레신문]

17 다음 중 우리나라에서 시행되고 있는 제도가 아닌 것은?

① 최저임금제

② 임금채권보장법

③ 외국인고용신고제

④ 남녀평등과 일·가정 양립 지원에 관한 법률

해 외국인고용은 신고제에서 허가제로 변경됐다.

[한겨레신문]

18 최저임금제도에 대한 설명으로 틀린 것은?

① 1인 이상의 업체에 적용한다.

② 해당기업이 이 규정을 어기면 고용노동부장관은 직장폐쇄를 명령한다.

③ 고용노동부장관은 최저임금심의위원회의 결정을 재심의에 회부할 수 있다.

④ 최저임금심의위원회는 동수의 사용자위원·근로자위원·공익위원으로 구성된다.

해 ② 법적인 제재를 받지만 직장폐쇄까지 명하지 않는다.

[서울메트로]

19 다음 중 근로자의 경영참가제도가 아닌 것은?

① 종업원지주제도   ② 경영협의회제도

③ 근로자책임제도   ④ 이윤분배제도

해 종업원지주제도 : 기업의 자사 종업원이 특별한 조건과 방법으로 자사 주식을 분양·소유하는 제도이다.

경영협의회제도 : 근로자와 사용자 쌍방의 이해와 협조를 이끌어 내기 위해 설치한 기구이다.

이윤분배제 : 종업원에게 임금 외에 영업 수입의 이익금 가운데 일정 비율의 금액을 분배하는 임금 제도이다.

[한겨레신문]

20 다음 중 모성보호 관련법에 보장된 산전후 휴가에 관한 규정으로 틀린 것은?

① 산전후 휴가는 출산 전에 30일, 출산 후에 30일 합계 60일 이상을 주도록 법에 명시하고 있다.

② 산전후 휴가 중 최초 60일을 유급으로 한다.

③ 육아휴직 기간엔 고용보험기금에서 월 50만 원을 지급한다.

④ 육아휴직은 생후 1년 미만의 영아를 가진 근로자가 신청할 수 있으며 회사에서는 이 기간을 근속기간에 포함시켜야 한다.

해 ① 법정 출산휴가는 출산 후 45일 포함 90일이다.

[한겨레신문]

21 「노동조합 및 노동관계조정법」상의 공익사업이 아닌 것은?

① 공중위생 및 의료사업

② 은행 및 조폐사업

③ 정부투자기관 및 출연기관

④ 방송 및 통신사업

해 정부투자기관 및 출연기관 중에서도 국민의 생활에 지대한 영향을 미치는 수도-전기-통신-병원 등 필수 사업 분야는 공익사업으로 분류하고 있다.

[한국석유공사, 해태]

22 노동자가 행할 수 없는 쟁의는?

① Lock Out   ② Sabotage

③ Strike   ④ Boycott

해 노사협정에서 사용자가 자신의 입장을 관찰하기 위해서 일정기간 동안 직장 문을 닫아버리는 직장폐쇄(Lock Out)는 노동자의 파업에 맞서는 사용자의 가장 강력한 행위이다. 우리나라에서 사용자에게 유일하게 인정되는 합법적 권한으로, 직장폐쇄 기간 동안 노동자들의 업장 출입은 금지되고 임금도 받지 못한다.

23 우리나라 「노동조합 및 노동관계조정법」은 업무의 정지 또는 폐지가 공중의 일상생활을 현저히 위태롭게 하는 사업을 필수공익사업으로 규정하여 노동위원회 위원장의 결정에 의하여 강제중재가 허용된다. 다음 중 필수공익사업(장)이 아닌 것은?

① 병원　　　　　② 전기
③ 석유정제　　　④ 항공운수
⑤ 선박운송

해 운송부문 필수공익사업 : (특별시, 광역시)시내버스, 항공운수

[국민체육진흥공단]

24 노동쟁의에 있어 제너럴 스트라이크란?

① 동일 산업 전체의 전면적 파업
② 단식투쟁에 의한 파업
③ 노동조합원의 노동 거부
④ 의식적으로 작업을 태만히 하는 것

해 ②, ③은 Strike(출근 또는 노동 거부), ④는 Sabotage에 대한 설명이다.

[한국방송광고진흥공사, 한겨레신문, 동아일보]

25 생디칼리즘(Syndicalism)이란?

① 점진적으로 사회적 · 정치적 변혁을 이룩하려는 것
② 강력한 노동조합을 조직하여 산업통제권을 장악하고 임금제도를 철폐하려 하는 것
③ 노동자가 자본가 및 지식계급과의 타협을 모색하려고 하는 것
④ 폭력적 수단을 써서 사회주의 혁명을 급격히 수행하려고 하는 것

해 19세기 말부터 20세기 초까지 프랑스와 이탈리아에서 일어난 혁명적 조합주의인 생디칼리즘은 생디카(조합)를 노동자의 단 하나의 계급적 조직으로 간주하고, 정당과 선거 및 의회 등의 정치운동을 배척하고 동맹파업 · 사보타주 · 보이콧, 특히 총파업과 무장봉기 등의 직접적 행동에 의해 정부를 타도하고 생산과 분배의 관리권을 조합에서 장악하여 착취 없는 자유로운 새 사회체제를 실현한다는 사상 및 운동이다.

[한국전력공사]

26 노동분쟁 시 당사자가 구속력을 가지는 조정방법은?

① 알선　　　　　② 중재
③ 긴급조정　　　④ 조정

해 노동위원회에 중재가 회부되면 그 날부터 15일간은 쟁의행위를 할 수 없고, 노동위원회의 중재재정 또는 재심결정은 중앙노동위원회의 재심신청 또는 행정소송의 제기에 의해 그 효력이 정지되지 않으며 단체협약과 동일한 효력을 갖는다. 한편 「노동조합 및 노동관계조정법」에 규정된 노동쟁의의 조정에는 '조정, 중재, 공익사업 등의 조정에 관한 특칙, 긴급조정'이 있고, 알선은 폐지되었다.

[KBS]

27 다음 중 확정 중재재정과 같은 효력을 지니는 것은?

① 단체협약　　　② 노동계약
③ 취업규칙　　　④ 행정명령

해 중재재정 : 「노동조합 및 노동관계조정법」 상 중재위원회가 내리는 판단으로, 확정된 중재재정은 단체협약과 동일한 효력(규범적 효력 등)을 가진다.

[KBS]

28 현행법상 민간사업체의 장애인 의무고용 비율은?

① 1.7%　　　　　② 2.7%
③ 3.7%　　　　　④ 5.7%

해 장애인 의무고용 비율은 공공부문(국가와 지자체)은 3%이며 민간영역은 2.7%이다.

29 다음 중 3D에 해당하지 않는 것은?

① Dirty   ② Different
③ Difficult   ④ Dangerous

해 3D업종 : 제조업 · 광업 · 건축업 등 어렵고(Difficult), 더럽고(Dirty), 위험한(Dangerous) 직업 분야의 산업을 일컫는다.

[한겨레신문]

30 산재보험제도에 관한 내용으로 틀린 것은?

① 4대 사회보험제도 중 가장 먼저 도입된 제도다.
② 다른 사회보험제도와 마찬가지로 보험료를 노사가 동등하게 납부한다.
③ 상시 1인 이상 사업장도 당연 적용 대상이다.
④ 개별사업장의 보험료는 사업종류별 보험요율과 개별실적요율을 모두 적용하여 결정된다.

해 산재보험료는 사업자가 전적으로 부담한다.
4대 보험 : 고용보험, 국민연금, 건강보험, 산재보험

[한겨레신문]

31 제도상 정리해고(고용조정)의 요건이 아닌 것은?

① 긴박한 경영상의 필요성
② 해고 회피를 위한 노력
③ 합리적이고 공정한 해고기준에 의한 대상자 선정
④ 노조 또는 노동자 쪽과의 사전합의

해 ④ 합의 → 협의
협의는 결과를 도출하기 전의 과정이고 합의는 도출된 결과물을 일컫는다.

[한겨레신문]

32 기업인수 · 합병과 직접적인 관계가 없는 용어는?

① 황금낙하산   ② 주가지수옵션
③ 그린메일   ④ 백기사

해 주가지수옵션이란 주식의 가격수준을 나타내는 주가지수를 장래에 사거나 팔 수 있는 권리를 뜻하며, 옵션거래이기 때문에 이익을 볼 수 있을 때는 권리를 행사하고 손해를 볼 때에는 권리를 포기하면 된다.
황금낙하산 : 기업이 매수되어도 기존 경영진의 신분을 보장할 수 있도록 사전에 필요한 조치를 해놓는 전략이다.
그린메일 : 경영권을 담보로 보유주식을 시가보다 비싸게 되파는 행위를 말한다.
백기사 : 적대적인 기업인수 · 합병(M&A)의 목표가 된 기업이 모든 수단을 동원해도 공격을 막을 수 없을 때 우호적인 기업인수자에게 경영권을 넘기게 되는데, 이 때 우호적인 기업인수자를 이르는 말이다.

[한겨레신문]

33 「주식회사의 외부감사에 관한 법률」에 따라 감사사무가 완료된 후 감사자료를 정리하여 감사결과를 작성할 때 사용되지 않는 의견은?

① 적정의견   ② 한정의견
③ 부적정의견   ④ 수렴의견
⑤ 의견거절

해 감사의견 : 회사의 재무재표가 재무상태 및 경영성과를 정확하게 반영하고 있는지를 공인회계사가 감사하여 그 의견을 표시하는 것을 말한다. 이 때, 공인회계사가 표시하는 감사의견에는 적정의견, 한정의견, 부적정의견, 의견거절 4가지가 있다.

다음 질문에 답하시오. (기업체 직무적성검사 대비 문제)

01 증권거래소에서 자사의 주식이 매매되고 주식의 소유가 공개되어 있는 법인을 가리키는 말은?
[영진약품]

01 상장회사

02 ( )는 한 회기 동안의 기업의 경영성과를 나타내는 회계보고서이다.
[롯데]

02 손익계산서

03 원래 인체의 근육이나 신경이 결합해 나타나는 활동이나 그 작용을 뜻하는 말로서, 기업 간의 합병 등 독립된 2개 부문 이상이 결합했을 때 단순합산 이상의 효과를 가져오는 경우를 일컫는 말은?
[SBS]

03 시너지효과(Synergy Effect)

04 트리플위칭데이(Triple Witching Day)란 무엇을 뜻하는가?
[헤럴드경제]

04 주가지수선물 · 주가지수옵션 · 개별주식옵션의 만기가 동시에 겹치는 날

05 노동 3권은 단결권, ( ), 단체행동권이다.

05 단체교섭권

06 원하는 직업에 종사하지 못하여 부득이 조건이 낮은 다른 직업에 종사하는 실업을 ( )이라고 한다.
[우리은행]

06 잠재적 실업

07 '고용계약은 쌍무계약이다.'가 맞으면 ○표, 틀리면 ×표 하시오.

07 ○

08 '통제력으로 보아 중간인 것은 유니온 숍이다.'가 맞으면 ○표, 틀리면 ×표 하시오.
[KDB산업은행]

08 ○

09 농토와 노력을 기술적으로 배분하여 여러 가지의 농작물을 심는 농사를 말하는 것으로 단일작물의 재해나 수확률의 가격 저하로 인한 피해를 막고, 농한기를 두지 않는 장점을 갖는 농업기법은?

09 다각농업

10 세계 3대 유종은?

10 두바이유, 텍사스중질유(WTI유), 브렌트유

11 HACCP이란?

11 위해 방지를 위한 사전 예방적 식품안전관리체계

12 부기에 있어서 차변의 자산 합계는 대변의 자본과 부채의 합계와 같게 되는 원리를 뜻하는 말은?

12 대차평균의 원리

13 생산합리화를 위한 3S는? [삼성 SSAT]

13 Standardization, Simplification, Specialization.

14 마케팅의 4P란? [삼성 SSAT]

14 Product, Promotion, Place, Price

15 주식회사의 의사를 결정하는 최고기관은?

15 주주총회

16 주식회사의 3대 기관은? [삼성 SSAT]

16 주주총회, 이사회, 감사

17 영업활동에 따른 영업상 재산 및 손익상황을 나타내기 위해 일정시점에서 차변과 대변으로 구분해 대조시킨 장부는? [삼성 SSAT]

17 대차대조표

18 연구 개발을 가리키는 용어는? [삼성 SSAT]

18 R&D

19 영화나 드라마 중간에 광고를 내보내, 무의식 속에 그 이미지를 자연스럽게 심는 간접광고를 통한 마케팅 기법은? [삼성 SSAT]

19 PPL 광고

20 광고를 보는 사람에게 호기심을 제공하면서, 광고 메시지의 관심을 높임과 동시에 후속광고에 대한 기대를 높이는 광고는? [삼성 SSAT]

20 티저광고

21 기업이 시장에서 예상했던 것보다 저조한 실적을 발표하여 주가에 영향을 미치는 것으로, 2014년 삼성전자의 3분기 영업이익이 지난해 같은 기간보다 60% 가까이 하락하며 실적 부진에 빠진 바 있다. 이러한 상태를 일컫는 경제 용어는 무엇인가?

21 어닝쇼크(Earning Shock)

22 창의적인 아이디어 창출을 위한 방법의 하나로, 자유로운 형식의 집단 토론으로 문제 해결을 위한 방법을 도출해 내는 방식은? [삼성 SSAT]

22 브레인 스토밍

23 모성보호 관련법상의 출산휴가는 며칠인가? [삼성 SSAT]

23 90일(다태아는 120일)

24 은행 등 금융기관들이 경영상태나 재무구조가 우수하여 신용도가 높은 기업에 대출할 때 적용되는 우대금리는? [삼성 SSAT]

24 Prime Rate

25 전직알선프로그램으로 해소 근로자가 재취업하거나 창업할 수 있도록 돕는 종합 컨설팅 서비스는? [삼성 SSAT]

25 아웃플레이스먼트
(Out Placement)

26 국내에서 최초로 개발된 신기술 또는 이를 대체할 수 있는 기술을 적용해 개발한 신제품을 대상으로 한 인증제도는?

26 NEP(New Excellent Product)

27 창작자로서의 저작 권리를 인정하는 저작권을 뜻하는 용어는? [삼성 SSAT]

27 Copyright

다음의 각 용어에 대해 간략하게 설명하시오. (공사·공단, 언론사 대비 문제)

01 고용보험제 [MBN]

02 채권시가평가제 [한국경제]

03 KC 마크

04 프리코노믹스

05 분식회계

06 OEM [삼성 SSAT]

07 PL [삼성 SSAT]

08 전자서명 [삼성 SSAT]

09 K–Cash

10 IR [삼성 SSAT]

11 공급망관리 [삼성 SSAT]

12 베른조약 [삼성 SSAT]

13 지식산업사회

14 CER

15 탄소배출권

16 2차 전지

17 EEZ

18 CCS

Chapter
03

경영·산업

01_ 고용보험제

국가가 실직자에게 실업보험금을 지급하고, 근로자의 능력을 수시로 파악해 산업현장에 재배치하는 제도.

02_ 채권시가평가제

펀드에 편입된 채권을 장부가격으로 평가하지 않고 시가에 따라 산정해 펀드수익률을 계산하는 펀드를 말한다. 따라서 채권의 수익률에 따라 채권가격이 달라질 수 있다.

03_ KC 마크

Korea Certification. 중복인증에 따른 기업의 경제적 부담을 줄이고 소비자들은 하나의 인증마크만을 확인해 좋은 제품을 고를 수 있도록 하기 위해 2009년 7월 1일 도입된 국가통합인증마크이다.

04_ 프리코노믹스

Freeconomics, Free Economics. 상품을 소비자에게 무료로 제공하되 수익은 다른 경로를 통해 확보하는 이른바 '공짜'마케팅방법을 말한다.

05_ 분식회계

Window Dressing Settlement. 경영실적이 악화될 경우 이를 호도하기 위해 장부상 가공의 이익을 내게 하는 회계처리로, 범죄행위에 해당한다.

06_ OEM

Original Equipment Manufacturer. 주문자 상표 부착 생산(수출)방식.

07_ PL

Product Liability. 제조물 책임. 제품의 안정성이 결여되어 소비자가 피해를 입을 경우, 제조자가 부담해야 할 손해배상책임을 말한다.

08_ 전자서명

전자문서를 작성한 작성자의 신원과 당해 전자문서가 그 작성자에 의하여 작성되었음을 나타내는 전자적 형태의 서명이다.

09_ K-Cash

금융결제원과 국내 은행애서 개발한 한국형 전자화폐

10_ IR

Investor Relations. 기업설명회. 기업설명회를 통한 투자자 이해증진 및 투자 유치를 말한다.

11_ 공급망관리

Supply Chain Management. 원료나 부품 납품업자에서부터 제품 생산자, 물품 배송자, 최종 고객에 이르는 물류의 전체 흐름을 하나의 가치 관점에서 파악하고 필요한 정보가 원활히 흐르도록 지원하는 경영시스템이다.

12_ 베른조약

저작권에 관한 국제적 조약.

13_ 지식산업사회

지식을 생산하고 유통하는 산업사회란 뜻이다. 지식을 국제 경제력의 결정요인으로 인식하고, 그것이 경제의 중심적 산업 자원과 생산물이 되는 사회를 이르는 표현이다.

14_ CER

Certified Emission Reduction. 탄소의 인증감축량 또는 공인인증감축량. 유엔에서 공인하고 있다.

15_ 탄소배출권

탄소를 배출할 수 있는 권리. 탄소를 허용량보다 많이 배출한 국가나 기업은 초과분 만큼의 탄소배출권을 돈 주고 사야 한다. 반대로 적게 배출한 국가나 기업은 미달분만큼의 탄소배출권을 팔 수 있다.

16_ 2차 전지

재충전이 가능한 전지로, 휴대폰이나 노트북PC, 디지털 카메라 같은 휴대용 IT 기기의 배터리로 쓰인다.

17_ EEZ

Exclusive Economic Zone. 배타적 경제수역을 말한다.

18_ CCS

Carbon Capture and Storage. 탄소 포집 장치. 최근 각 기업들이 친환경 사업 분야에서 블루 오션으로 인식하고 투자를 서두르는 분야이다.

정보통신 · 커뮤니케이션

정보통신·커뮤니케이션

① 컴퓨터와 IT기기

● 컴퓨터의 발달 순서

마크-1 → ENIAC → EDSAC → EDVAC → UNIVAC(최초의 상업용 컴퓨터)

● 컴퓨터-통신 관련 처리 단위

- Bit : 컴퓨터에서 데이터를 나타내는 최소 단위. '2진 숫자(Binary Digit)'의 준말.
- Byte : 8비트 길이를 가지는 정보의 기본 단위이다. 영어, 숫자, 특수문자는 한 글자를 표현하는 데 1바이트, 한글은 2바이트가 소요된다.
- bps : Bit per Second. 데이터 전송 속도를 나타내는 단위이다. 1초간에 몇 비트를 전송할 수 있는가를 나타낸다.
- Qubit : 양자컴퓨터에서 정보저장의 최소 기본 단위를 말한다.
- MIPS : Million Instructions per Second. 중앙처리장치가 1초 동안 실행할 수 있는 명령의 평균 수를 100만 개 단위로 표시한 것이다.
- FLOPS : Floating-Point Operations per Second. 1초당 수행할 수 있는 부동소수점 연산의 횟수를 의미하는 컴퓨터 성능 단위이다.
- IPS : Instructions per Second. 1초에 연산 가능한 횟수이다.

● 컴퓨터의 기억 용량과 처리 시간 단위

기억 용량 단위		처리 시간 단위	
KB(킬로바이트)	1,024Byte	ms(밀리초)	10^{-3}sec
MB(메가바이트)	1,024KB	μs(마이크로초)	10^{-6}sec
GB(기가바이트)	1,024MB	ns(나노초)	10^{-9}sec
TB(테라바이트)	1,024GB	ps(피코초)	10^{-12}sec
PB(페타바이트)	1,024TB	fs(펨토초)	10^{-15}sec

● 스풀링

Spooling. 컴퓨터 시스템에서 주변 장치와 프로세서를 동시에 작동시키는 기법이다.

확인문제 [MBC]

1. 다음 중 가장 먼저 개발된 컴퓨터 기종은 무엇인가?
① ENIAC　② UNIVAC
③ EDVAC　④ EDSAC

EDPS

Electronic Data Processing System. 컴퓨터를 이용하여 사무나 경영 관리를 위한 데이터를 처리하는 시스템.

확인문제 [EBS]

2. 사무를 컴퓨터 조작에 의해 처리하는 것을 가리키는 것은?
① EDPS　② CAI
③ ULSI　④ CMI

확인문제 [한겨레신문]

3. 통신속도를 표시할 때 쓰는 bps라는 단위의 뜻은?
① 1초당 전송되는 비트 수
② 1초당 전송되는 바이트 수
③ 1분당 전송되는 바이너리 코드 수
④ 1분당 전송되는 비트 수

확인문제 [서울메트로]

4. 컴퓨터 내부에서 번지는 주기억장치에서 어떤 단위로 부여되는가?
① Byte　② Bit
③ Word　④ Record

답 1. ① 2. ① 3. ① 4. ①

● 내장형 시스템

Embedded System. 시스템을 동작시키는 소프트웨어를 내부 하드웨어에 저장하여 특수한 기능만을 수행하는 컴퓨터 시스템을 말한다.

● OLE

Object Linking and Embedding. 윈도우에서, 데이터와 데이터를 연결하는 방법을 말한다. 연결된 데이터는 수정될 때 함께 수정되어 저장된다.

● Real time processing

실시간 처리. 즉시 응답을 얻을 수 있는 프로그램 실행이나 데이터 처리 방식을 말한다.

● 딥 러닝

Deep Learning. 사물과 데이터를 군집화하거나 분류하는 데 사용하는 기술로 수많은 데이터 중 패턴을 발견해 인간이 사물을 구분하듯 컴퓨터가 학습을 통해 데이터를 자동으로 구분할 수 있도록 하는 예측방법이다.

● 다중처리방식

Multi Processing. 일반적으로 둘 또는 그 이상이 상호 연결되어 있는 프로세서, 즉 둘 이상의 CPU가 같은 제어프로그램 하에 같은 기억장치를 공용하고 있으면서 둘 또는 그 이상의 작업(FTASK)을 동시에 실행하는 것을 의미한다. 즉, 주기억장치를 공용하면서 둘 또는 그 이상의 서로 독립된 프로세서로 이어진 컴퓨터 처리를 말한다.

● BUS

여러 장소로 정보를 전송할 경우 회로 구조가 간단하도록 설정된 정보 전송 통로를 말한다.

● Through Put

컴퓨터 시스템에서 단위 시간당 처리할 수 있는 능력을 말한다.

OS
Operating System. 운영체계. 컴퓨터의 하드웨어 운영 소프트웨어.

CPU
Central Processing Unit. 컴퓨터의 중앙처리장치.

Plug & Play
'꽂으면 실행된다.'라는 뜻으로 컴퓨터 실행 중에 주변장치를 부착하면 별다른 설정없이 작동함.

Register
특정한 목적으로 외부 정보를 일시적으로 기억하는 장치.

Registry
시스템 구성정보를 저장한 데이터베이스. 컴퓨터 운영체제에서 환경설정 및 각종 시스템에 관련된 정보를 저장한 장소.

Cache memory
컴퓨터 속에 장착되어 속도를 빠르게 하는 임시메모리.

Buffer
동작 속도가 큰 다른 두 장치 사이에 접속되어 속도 차를 조정하기 위하여 이용되는 일시적인 저장 장치.

확인문제 [한국환경공단]

5. 전자계산기와 이용자 사이에 서로 자료를 전송할 수 있는 단말장치와 통신회선을 구비한 데이터통신에 의하여 자료의 수집 또는 발생과 동시에 즉시 처리하는 방식은?
① 온라인 처리방식
② 시분할 처리방식
③ 실시간 처리방식
④ 오프라인 처리방식
⑤ 일괄처리방식

 답 5. ③

● Parity Bit

컴퓨터가 자료를 입력받아 변환하는 과정에서 생기는 작동 오류를 자동적으로 검사하여 바로잡는 기능을 말한다.

● Web Hard

컴퓨터의 하드디스크처럼 데이터나 파일 따위를 저장할 수 있는 인터넷상의 저장 공간이다. 일정 용량의 저장 공간을 확보해 문서나 파일을 저장·열람·편집하고, 다수의 사람과 파일을 공유할 수 있는 특징이 있다.

● BIOS

Basic Input Output System. 기본 입·출력시스템이란 의미로 메인보드의 ROM에 반영구적으로 저장되어 '롬 바이오스(ROM-BIOS)'라고도 한다. 컴퓨터의 가장 기본적인 처리기능을 갖춘 프로그램을 말한다. 컴퓨터를 켰을 때 제일 먼저 시스템을 자가 진단해 고장 유무를 판단해 주는 한편 디스크 구동장치, 모니터, 키보드 등과의 기본적인 구성을 만들어 주는 역할을 한다.

● 무어의 법칙

Moore's Law. 반도체 칩의 집적회로는 18개월마다 배증한다는 법칙으로, 컴퓨터는 작을수록 좋다는 것이다. 메트칼프의 법칙, 가치사슬의 법칙과 함께 인터넷 경제 3원칙으로 불린다.

● 폼팩터

Form Factor. 하드웨어 제품의 크기나 구성, 물리적 배열을 의미하며 보통 크기, 슬롯 형태 등 컴퓨터 하드웨어의 규격을 지칭할 때 많이 사용되나, 모바일 기기의 발전과 함께 최근에는 스마트폰의 외형적 요소를 가리키는 용어로 많이 사용되고 있다.

● 클라우드 컴퓨팅

Cloud Computing. 웹(Web)을 이용한 가상화 기술을 기반으로 클라우드센터(Cloud Center)로부터 유·무선 네트워크를 통해 사용해야 하는 자료들을 공급받아 사용하는 서비스를 말한다. 즉, 컴퓨터나 스마트폰 자체가 아닌 별도의 서버에 정보를 저장해 두었다가 필요할 때만 원격으로 연

메트칼프의 법칙

Metcalf's Law. 메트칼프는 1980년에 네트워크의 가치는 네트워크 사용자 수의 제곱만큼 커진다고 주장하고, 네트워크의 표준규약을 제창했다.

가치사슬의 법칙

조직은 계속적으로 거래 비용이 적게 드는 쪽으로 변화한다는 법칙.

황의 법칙

Hwang's Law. 반도체 메모리의 용량이 1년마다 2배씩 증가한다는 삼성전자의 황창규 전사장의 '메모리 신성장론'에 대해, 그의 성을 따서 '황의 법칙'이라고 부른다.

그로브의 법칙

Grove's Law. 통신의 대역폭은 전화 통신업자들의 독점이라고 지적하면서 전화통신과 컴퓨터의 사업이 같이 진보해야 한다는 인텔의 최고경영자 앤디 그로브의 주장.

브룩스의 법칙

Brook's Law. 예정보다 늦어진 소프트웨어 개발 프로젝트 마무리를 위해 필요 인력을 더 충원하면 오히려 개발 기간이 더 늦춰진다는 IBM의 소프트웨어 개발자이자 대학교수인 프레드릭 브룩스의 역설의 법칙.

비르트의 법칙

소프트웨어의 진보는 하드웨어의 진보 보다 항상 늦는다는 이론.

리걸테크

Legal-Tech. 법률(Legal)과 기술(Technology)의 합성어. 인공지능을 이용한 법률서비스 산업을 뜻한다.

결해 꺼내 쓰는 것을 말한다. 개인의 기기에 담긴 무형의 정보를 대규모 서버에 업로드 했다가 빗방울이 떨어지듯 조금씩 가져온다는 의미로 '구름(Cloud)'에 비유했다.

클라우드 컴퓨팅은 개인 사용자의 데스크톱 환경부터 기업들의 대용량 정보처리와 인터넷 기업의 웹 2.0 서비스까지 PC 없이도 가능하게 해주는 것으로, 데이터 센터(Data Center)를 통합하고 하나의 컴퓨터로서 가상화 과정을 통해 인터넷에서 사용자에게 필요한 소스를 공급한다. 클라우드 컴퓨팅은 모바일 기기의 확산으로 실시간 서비스의 욕구가 커지면서 그 가치가 점점 커지고 있으며 우리나라에서는 네이버의 'N 드라이브', KT의 'U-cloud', 애플의 'Icloud'가 대표적이다.

클라우드 컴퓨팅이 보편화될 경우 대형 컴퓨터나 외장하드 등의 하드웨어를 사용하지 않기 때문에 컴퓨터 산업의 획기적인 변화를 이끌 것으로 예상된다. 하지만, 클라우드 컴퓨팅은 개인과 기업의 비밀자료가 외부로 누출될 위험이 크기 때문에 서비스 관리자에 대한 체계적인 관리와 보안에 대한 대책이 필요하다.

● 클라우드 파놉티콘

Cloud Panopticon. 기업이 인터넷에서 클라우드 내 콘텐츠를 일일이 모니터링하는 것을 의미한다. '파놉티콘'이란 영국의 철학자 제레미 벤담이 제시한 것으로 소수의 감시자가 자신을 드러내지 않고 모든 수용자를 감시할 수 있는 감옥 형태의 건축양식을 말한다. 즉, 최소한의 감시로 최대의 효과를 누리기 위해 진행되는 모든 것을 한눈에 파악할 수 있는 능력이 파놉티콘의 본질로, 파놉티콘은 클라우드에 저장된 정보를 수익 창출로 이어주는 역할을 하기 때문에 현재 많은 기업들이 클라우드 파놉티콘을 구축하고 있다.

● 유닉스

Unix. 컴퓨터 운영 체제의 하나이며, 1960 ~ 1970년대 벨 연구소 직원인 켄 톰슨, 데이스 리치, 더글러스 매클로리 등이 처음 개발하였다.

● 리눅스

Linux. 1991년 리누스 토르발스가 발표한 개인용 컴퓨터 공개 운영 체제이다.

ICT

Information and Communication Technologies. 정보통신기술. 전기통신 및 컴퓨터 기술의 총칭.

UI

User Interface. 컴퓨터를 편리하게 사용할 수 있도록 해주는 환경설정으로, 사용자가 쉽고 편리하게 사용할 수 있도록 하는 것이 목적이다.

UCI

User Created Interface. '사용자가 만든 인터페이스'라는 의미.

Macro

자주 사용하는 여러 개의 명령어를 묶어서 하나의 이름으로 만든 것.

LISP

인공지능 소프트웨어를 만들기 위하여 사용하는 프로그래밍 언어 중 하나.

APL

산술·논리 연산의 간결한 기술을 목적으로 고안된 프로그래밍 언어.

Patch Program

프로그램 가운데 오류가 있는 부분의 모듈을 수정하거나 기능의 향상을 위하여 프로그램의 일부를 변경해주는 프로그램.

답 6. ①

C 언어

유닉스(UNIX) 운영체제를 만들기 위해 개발되었다. 이식성이 높고 다른 기종에서도 사용이 쉬우며 복잡한 데이터의 모임을 간결하게 기술할 수 있어 사용이 편리하다.

PL/1

Program Language One. 포트란에서 과학용의 특성을, 코볼에서 사무용의 특성을 합하여 다양한 응용을 위해 개발된 프로그래밍 언어이다.

JAVA

네트워크상에서 쓸 수 있도록 미국 선 마이크로시스템사에서 개발한 객체 지향 프로그래밍 언어이다.

베이직

BASIC. 초보자도 쉽게 배울 수 있고 사용하기 편리한, 인터프리터 형태의 프로그래밍 언어이다.

알골

ALGOL. 알고리즘과 데이터가 체계적인 구조로 이루어지고, 문장을 순서적으로 제어하는 특징을 가진 언어로서 과학기술계산에 적합하다.

Convergence

디지털기술의 발전과 전송망의 광대역화에 따라 기존에 통신과 방송으로 각각 분리되었던 콘텐츠, 네트워크, 단말기 및 서비스의 경계가 허물어지고 통합되는 현상을 말한다.

Divergence

잡다한 부가 기능을 없애고 본연의 한 가지 기능에 특화된 제품을 말한다. 앞서 말한 컨버전스와 반대되는 개념으로 여러 기능을 줄임으로써 가격이 줄어들고 이용이 편리하며 가격대비 좋은 성능을 보인다.

확인문제 [롯데]

7. 다음 중 UNIX Operating System과 가장 관계가 있는 언어는?
① C 언어　　② ASSEMBLY
③ BASIC　　④ LISP

Spread Sheet

수치나 공식을 입력하여 그 값의 계산을 차트로 표현하는 특별한 기능을 갖춘 표 계산 프로그램이다. 엑셀이 대표적이다.

스크립트 언어

Scripting Language. 응용소프트웨어를 제어하는 프로그램으로, 응용프로그램의 동작을 최종 사용자가 사용자의 요구에 맞게 수행할 수 있도록 해준다.

ASP

Active Server Pages. 하나 이상의 작은 내장 프로그램(스크립트)를 갖고 있는 HTML페이지가 사용자에게 보여지기 위해 서버에서 수행되는 것이다.

JSP

Java Server Pages. HTML 내에 자바 코드를 삽입하여 웹 서버에서 동적으로 웹 페이지를 생성하여 웹 브라우저에 돌려주는 언어.

PHP

Personal Hypertext Preprocessor. HTML(Hyper Text Markup Language)에 문서를 만들기 위해 사용되는 기본 언어.

CGI

Common Gateway Interface. 서버와 응용 프로그램 사이에 데이터를 주고받기 위해 표준화된 방법.

알고리즘

Algorithm. 체계적 단계를 통해 문제의 해법이나 질문의 답을 구하는 수학적 과정

답 7. ①

● USB

Universal Serial Bus. 범용 직렬 버스. 컴퓨터와 주변 기기를 연결하는 데 쓰이는 입출력 표준 가운데 하나이다. 주변기기를 컴퓨터 제조회사에 관계없이 쉽게 부착할 수 있도록 하는 장치이다.

● PMP

Portable Multimedia Player. 휴대용 멀티미디어 플레이어. 음악 재생은 물론 동영상 재생과 디지털카메라 기능에 이어서 네비게이션 기능까지 갖춘 멀티미디어 플레이어이다.

● BD

Blu-ray Disc. 기존 디스크(DVD)보다 약 10배 용량이 크고 화질이 선명한 DVD 규격이다. CD와 DVD에 이어 차세대 미디어 플레이어 시장을 주도할 제품으로 꼽히고 있다.

● 빅데이터(Big Data)

데이터베이스 관리도구로 데이터를 수집·저장·관리·분석할 수 있는 역량을 넘어서는 대량의 정형 또는 비정형 데이터 집합이자, 데이터의 가치를 추출하고 결과를 분석하는 기술을 의미하기도 한다.

● 태블릿PC

손가락이나 터치 펜으로 쉽게 조작할 수 있는 소형 휴대형 컴퓨터로 무선랜을 통해 어느 곳에서나 인터넷 접속이 가능하다. 터치스크린을 주 입력 장치로 사용하며 키보드나 마우스 대신 손가락이나 터치 펜으로 쉽게 조작할 수 있다. 납작하고 편편한 '판(tablet)'의 형상을 하고 있어 '태블릿'이라는 이름이 붙었으며 일반 컴퓨터처럼 문서 작업 등 콘텐츠를 생산하는 기능보다는 동영상, 음악, 게임 등 이미 만들어진 콘텐츠를 검색하고, 즐기는 소비 기능이 강하다.

● VOD

Video on Demand. 주문형 비디오. 이용자가 원하는 영상정보를 제공받을 수 있는 서비스로, 영상정보를 이용자가 선택할 수 없는 지상파 TV, 케이블 TV와는 다르다.

세계적 전자제품 전시회

- **IFA** : 독일 베를린, 9월에 열리는 가전제품(Consumer) 박람회.
- **CeBIT** : 독일 하노버, 3월에 열리는 컴퓨터(IT) 박람회.
- **CES** : 미국 Las Vegas, 1월에 열리는 가전제품(Electronics) 박람회.
- **COMDEX** : 미국 Las Vegas와 Atlanta, Chicago에서 개최.
- **MWC** : 스페인 바르셀로나, 2월에 열리는 세계 최대 이동통신 박람회.

ODD
Optical Device Drive. CD-ROM, RW, DVD 등 광학 미디어 드라이브의 총칭.

Cybernetics
미국 수학자 N. 위너를 중심으로 하는 과학자그룹을 말한다. 생물 및 기계를 포함하는 계(系)에서 제어와 통신 문제를 종합적으로 연구하는 학문.

확인문제 [MBC]

8. 다음 중 CD(Compact Disc)와 비슷한 모양으로 4,700메가바이트에서 8,500메가바이트까지 대용량의 정보를 기록할 수 있는 기록매체는?
① DVD   ② MD
③ CD-ROM   ④ CD-i

정보격차
Digital Divide. 새로운 정보기술에 접근할 수 있는 능력을 보유한 자와 그렇지 못한 자 사이에 경제적·사회적 격차가 심화되는 현상.

Digilog
정보문화의 신개념 키워드로, 디지털(Digital)과 아날로그(Analog)를 하나로 합친 용어.

답 8. ①

● IPTV

인터넷 TV. 인터넷망을 통하여 이용자의 요청에 따라 양방향으로 실시간 VOD, 게임, 전자상거래, 문자메시지 등 다양한 멀티미디어 콘텐츠를 TV로 제공하는 방송·통신 융합서비스.

● 3D 프린팅

분말형 재료를 설계도면에 따라 차곡차곡 쌓는 방법을 통해 제품을 찍어내는 기술로 레이저나 전자빔 등으로 재료를 녹이고 굳히면서 원하는 디자인의 제품을 만들어낼 수 있다. 의료, 건축, 자동차 산업 등 다양한 산업 분야에서의 활용이 가능하여 '제조업 혁명'으로 불리며 전 분야로 확산되어 기존 산업과 3D 프린팅이 융합되는 단계에 이르렀다.

● 핀테크

Fin Tech. 금융을 뜻하는 파이낸셜(Financial)과 기술(Technique)의 합성어로 모바일 결제 및 송금, 개인자산관리, 크라우드 펀딩 등 '금융·IT 융합형' 산업을 말한다. 1998년 미국에서 페이팔(Paypal)이 등장한 이후, 지금까지 해외에서는 수많은 핀테크 기업들이 등장했고 인기를 끌었다. 핀테크 신생기업(Start-up)들은 해외 송금 외에도 온라인 결제, 개인자산관리, 크라우드 펀딩 등으로 진화하며 기존 금융권이 갖고 있던 문제의 대안을 내놓고 있다.

TV 포털

TV와 인터넷포털사이트를 융합한 개념이다. 리모컨을 누르는 방식으로 디지털 TV에서 인터넷포털사이트에 접속할 수 있다. 텔레비전 수상기와 셋톱박스를 갖추고 초고속 인터넷을 통해 TV 포털에 접속한 뒤 프로그램을 골라 보게 된다. 통신과 방송의 융합 서비스인 IPTV와 비슷하지만 실시간 방송을 하지 않는다는 점이 다르다.

프롭테크

Proptech. 부동산(Property)과 기술(Technology)의 합성어로 인공지능(AI), 빅데이터, 블록체인 등 첨단 정보기술(IT)을 기반으로 한 부동산 서비스를 말한다. 2000년대 등장한 인터넷 부동산 시세조회·중개 서비스에서 기술적으로 더 나아갔다. 부동산 중개, 3차원(3D) 공간설계, 부동산 크라우드펀딩, 사물인터넷(IoT) 기반의 건물관리 등이 프롭테크에 해당한다.

② 인터넷

● 부가가치통신망

VAN ; Value Added Network. 공중전기통신 사업자로부터 통신회선을 차용하며 독자적인 네트워크를 형성, 음성 통신뿐만 아니라 정보의 전달이나 축적 따위의 부가 서비스를 제공하는 통신망을 말한다.

● 근거리통신망

LAN ; Local Area Network. 비교적 좁은 구역에 분산되어 있는 네트워크와의 접속용 게이트웨이(관문장치)를 묶은 구내 네트워크를 말한다.

● 광역종합통신망

WAN ; Wide Area Network. LAN을 광역으로 결합한 것을 일컫는 용어이다.

● 전력선통신

PLC ; Power Line Communication. 전력을 공급하는 전력선을 매개로 음성과 데이터를 주파수 신호에 실어 통신하는 기술을 말한다.

● 프록시 서버

Proxy Server. 클라이언트가 자신을 통해서 다른 네트워크 서비스에 간접적으로 접속할 수 있게 해 주는 네트워크 서비스이다. 서버와 클라이언트 사이에서 중계기로서 대리로 통신을 수행하는 기능을 가리켜 '프록시'라 하며, 그 중계 기능을 하는 것을 '프록시 서버'라고 부른다.

● 방화벽

Firewall. 기업이나 조직의 모든 정보가 컴퓨터에 저장되면서, 컴퓨터의 정보 보안을 위해 외부에서 내부, 내부에서 외부의 정보통신망에 불법으로 접근하는 것을 차단하는 시스템이다.

● 인터넷

Internet. 1991년 미국 정부가 군사적 목적으로만 활용하던 것을 일반인에게 개방하면서 등장한 것으로, WWW는 1993년 Mosaic이라는 웹 브라

블록체인

Blockchain. 블록에 데이터를 담아 체인 형태로 연결, 수많은 컴퓨터에 동시에 이를 복제해 저장하는 분산형 데이터 저장 기술로 공공 거래 장부라고도 부른다. 중앙 집중형 서버에 거래 기록을 보관하지 않고 거래에 참여하는 모든 사용자에게 거래 내역을 보내 주며, 거래 때마다 모든 거래 참여자들이 정보를 공유하고 데이터 위조나 변조를 할 수 없도록 되어 있다.

정보통신·커뮤니케이션

확인문제 [한국전력공사]

9. 기존 전력선을 통신망으로 이용해 음성 및 데이터 등을 전송하는 첨단기술로서 원격검침, 홈네트워킹 등에 다양하게 사용될 수 있는 기술은?
① ISS(Infra Structure Sharing)
② HFC(Hybrid Fiber Coaxial)
③ PLC(Power Line Communication)
④ VDI(Voice & Date Integration)

SMTP

Simple Mail Transfer Protocol. 인터넷에서 전자우편(E-mail)을 보낼 때 이용하게 되는 표준 통신 규약.

서버-네트워크 구성방식

- Host - Terminal 방식
- Peer - to - Peer 방식
- Server - Client 방식

확인문제 [한국환경공단]

10. 메일 프로그램을 이용하여 메일을 사용 가능토록 하는 것으로 메일을 보내는 통신규약은?
① TCP/IP   ② HTTP
③ SMTP   ④ FTP
⑤ POP3

답 9. ③ 10. ③

우저가 GUI(Graphic User Interface)로 개발되면서 인터넷의 중심이 되었으며, WWW 이전에는 FTP, Gopher, Newsgroup 등이 있었다.

● IPv6

Internet Protocol version 6. IPv4에 이어서 개발된 인터넷 프로토콜(IP) 주소 표현 방식의 차세대 버전으로, 현재 사용되고 있는 IP 주소체계인 IPv4의 단점을 개선하기 위해 개발된 새로운 IP 주소체계를 말한다. IPv4는 32비트 주소체계에 42억 개의 주소수를 가지고 있으나 IPv6는 128비트의 주소체계로, 무한대에 가까운 주소체계를 생성할 수 있어 폭발적인 인터넷 사용에 대비할 수 있게 된다.

● Domain

문자로 표시된 인터넷 주소를 말한다. 도메인은 호스트, 소속 기관, 소속 기관의 성격(종류), 국가 순으로 구분되어 있다.

● URL

Uniform Resource Locator. 인터넷에서 접근 가능한 홈페이지, 다운로드할 수 있는 파일 등의 주소를 표현하는 형식.

● 인트라넷

Intranet. 인터넷을 기업 내 네트워크로 활용하는 것을 일컫는 용어로, 방화벽을 설치해 내부 직원만 접속 가능한 사설망을 의미한다. '가상사설망(VPN)'이라고도 한다.

● FTP, TCP/IP

• FTP(File Transfer Protocol) : 네트워크를 통하여 파일을 보내고 받는 데 사용하는 프로토콜을 말한다.
• TCP/IP(Transmission Control Protocol/Internet Protocol) : 컴퓨터와 컴퓨터를 통신회선 등으로 연결하기 위한 통신 프로토콜을 말한다.

● 프로토콜

Protocol. 전자문서나 기타 자료를 서로 원활히 주고받기 위해 약속한 여러 가지 규약.

WWW

World Wide Web. 인터넷에 연결된 컴퓨터들을 통해 사람들이 정보를 공유할 수 있는 전 세계적인 정보 공간으로, 간단히 'WEB'이라고도 한다.

사이버 스쿼팅

Cyber Squatting. 이익을 취할 목적으로 도메인을 선점하는 행위.

ENUM

이메일과 Telephone Number Mapping의 머리글자를 딴 것이다. 인터넷상의 DNS(Domain Name System)를 이용하여 전화번호를 인터넷식별재(웹주소, 전자메일 주소 등)로 변환하는 국제표준기술.

검색로봇

검색엔진이 검색 데이터베이스의 내용을 보충하기 위해, 웹페이지를 검색하여 가져오는 프로그램.

● IP

Internet Protocol. 컴퓨터나 SW가 달라도 영상·음성·문자 등 다양한 정보를 제공할 수 있도록 전송방식 등을 정한 인터넷 규약이다. IP 주소는 인터넷에 접속되어 있는 모든 시스템의 위치를 나타내는 고유 번호로서 0부터 255까지의 숫자로 보여준다.

● ALLIP

All Internet Protocol. 현재 서로 다른 네트워크와 전송방식으로 제공되는 전화·인터넷·방송서비스 등이 인터넷 기반(IP 기반)으로 통합되는 현상. 인터넷망을 통한 모든 서비스를 제공한다.

● 하이퍼텍스트 전송 프로토콜

HTTP ; Hyper Text Transfer Protocol. WWW 상에서 정보를 주고 받을 수 있는 프로토콜을 말한다.

● HTML

Hyper Text Markup Language. WWW에서 하이퍼텍스트 문서를 작성하는 데 사용되는 기본 언어.

● Hyper Text

사용자에게 비순차적인 검색을 할 수 있도록 제공되는 텍스트. 문서 속의 특정 자료가 다른 자료나 데이터베이스와 연결되어 있어 서로 넘나들며 원하는 정보를 얻을 수 있다.

● ActiveX

MS사가 윈도 사용자들이 인터넷을 편리하고 쉽게 이용하도록 개발한 것으로서 기존의 응용 프로그램으로 작성된 문서 등을 웹과 연결시켜 그대로 사용할 수 있도록 해주는 기술이다. 그러나 프로그램이 무겁고 악성코드 및 스파이웨어에 취약하다는 단점이 있으며, 스마트폰은 물론 타 운영체제와의 호환성이 크게 떨어져 해외에서는 잘 사용되지 않고 있다. 이러한 문제점을 들어 2000년대 후반부터 업계에서는 ActiveX를 없애자는 목소리가 높아지고 있다.

확인문제 [한국전력공사]

13. 인터넷에서 입력정보 중 꼭 필요한 정보만을 기록하였다가 다음에 편리하게 찾아갈 수 있도록 고안된 데이터의 묶음으로 인터넷 쇼핑몰에서 상품주문을 하거나 홈뱅킹을 하는 데 필요한 개인신상정보 등을 임시적으로 기록하는 파일을 의미하는 것은?
① Cache　　② Plug-in
③ Streaming　④ Cookie

쿠키

Cookie. 인터넷 웹사이트의 방문기록을 남겨 사용자와 웹사이트 사이를 매개해 주는 정보이다. 일명 '숨은 눈'이라고 한다. 개인의 사생활을 침해할 소지가 있어 인터넷 익스플로어 5.0 이상에서는 쿠키 거부 기능을 첨가했다.

확인문제 [한국환경공단]

14. 주제어와 논리조합을 이용하여 원하는 정보를 찾는 서비스는?
① Telnet　　② Usenet
③ Mosaic　　④ Gopher
⑤ Archie

아키

Archie. 무질서한 FTP를 일목요연하게 정리해 쉽게 검색할 수 있게 해주는 것 인터넷 시스템에 연결된 유닉스 방식 시스템에서 익명 FTP를 사용하여 공개된 파일과 디렉토리가 어디에 있는가를 알려주는 프로그램

Widget

원래는 소형 장치, 부품, 도구 등의 뜻 인터넷에서는 자신의 블로그나 웹사이트에 별도의 설치 없이 손쉽고 간편하게 삽입할 수 있는 일종의 액세서리 같은 것을 말한다.

Plug-in

웹 브라우저에서, 제3자가 만든 소프트웨어를 이용하여 웹 브라우저가 표시할 수 없는 각종 형식의 파일을 웹 브라우저의 윈도 내에 표시되도록 하는 구조

답 13. ④　14. ⑤

● 블로그

Blog. 인터넷을 의미하는 'Web'과 자료 또는 일지를 뜻하는 'Log'의 합성어인 '웹 로그(Weblog)'의 줄임말. 사이트 운영자가 취재·편집·발행을 총괄한다는 점이 특징이다.

● 클릭티비즘

Clicktivism. 클릭(Click)과 행동주의(Activism)의 합성어로 인터넷에서 펼쳐지는 정치적 운동이나 사회운동에 온라인 청원 등을 통해서 소극적으로 참여하는 행동을 뜻한다. SNS나 온라인을 통해 광범위한 시민운동을 일으킬 수 있다는 긍정적인 기능이 있지만 시간이나 노력을 별로 들이지 않고서도 사회 문제의 개선에 참여했다는 자기만족적 행동이라는 비판을 받기도 하며 이러한 게으른 정치 참여는 사회 개선에 도움이 되지 않는다고 주장하는 이들도 있다.

● SNS

Social Network Service. 기존의 인맥을 이용하거나 새로운 인간관계를 맺어 네트워크상에서 활동하는 커뮤니티 웹사이트를 가리킨다. 즉, 인터넷이나 모바일을 통해 가족, 친구, 동료, 동창 등과 같은 지인들과 교류를 하여 인간관계를 강화하거나 모르는 사람과 쉽게 인맥을 형성함으로써 폭넓은 인적 네트워크를 형성하는 데 도움을 주는 서비스를 말한다. 우리나라에서는 싸이월드가 대표적인 서비스로 알려져 있으며 세계적으로는 페이스북(Face book), 트위터(Twitter) 등이 있다.

● UCC

User Created Contents. 사용자 제작 콘텐츠를 뜻하는 신조어이다. 개인적으로 직접 만든 저작물(영상, 사진, 심지어는 카페나 블로그에 게시하는 게시글 등을 모두 포함하는 콘텐츠)을 말한다.

● RSS

Rich Site Summary. 뉴스나 블로그와 같이 콘텐츠가 자주 업데이트되는 웹사이트의 정보를 사용자들에게 자동적으로 쉽게 제공하기 위한 서비스를 말한다. RSS를 사용하면 홈페이지에 일일이 방문할 필요 없이 RSS를 통해 새로운 소식들을 쉽게 확인할 수 있다.

Bookmark

인터넷의 웹브라우저에서 웹사이트의 주소를 등록해 놓고 나중에 바로 찾아갈 수 있도록 하는 기능.

Opt-in

사전동의제도. 영리목적의 광고성 정보를 수신자에게 전송하기 이전에 수신에 대한 동의를 먼저 획득하도록 하는 제도.

Opt-out

수신자가 발송자에게 수신 거부의사를 밝혀야만 광고성 정보를 보낼 수 없도록 하는 제도.

블루리본

Blue Ribbon. 인터넷에서 의사 표현과 정보 교환의 자유를 주장하는 운동.

퍼블리즌

Publizen. 공개를 뜻하는 'Publicity'와 시민을 의미하는 'Citizen'을 합성한 용어로, 인터넷 등을 통해 자신의 개인적인 삶과 생각을 알리고 전파하기를 좋아하는 사람들을 가리킨다. 인터넷에 자신이 만든 UCC를 올려 다른 누리꾼들과 공유하기를 즐기는 적극적인 사고방식의 소유자들로 남녀노소 구별이 없지만 인터넷 사용 인구의 특성상 거의 젊은 세대들이 이에 해당한다.

● 트랙백

Trackback. 트랙백은 주로 블로그에 사용하는 기술로 자신의 블로그에 다른 블로거(Blogger)가 댓글을 달았을 경우 블로거에게 알려주는 인터넷 프로그램용 기술 규격을 가리킨다. 이 기술을 이용해 인터넷 뉴스나 각종 검색 사이트 등은 트랙백 서비스를 제공하는데 이를 통해서 블로거들이 게시판 혹은 뉴스 등에 리플을 입력할 경우 자신의 블로그에 글을 남겨 뉴스 기사와 블로그를 연결하는 '연결고리'를 형성하게 된다.

● 폭소노미

Folksonomy. 대중들(Folks)이 명령하는 데 따라(Order) 이름(Nomes)을 붙인다는 의미의 신조어로 인터넷에서 검색한 정보를 웹페이지가 표준적으로 분류한 체계에 따라 나누지 않고, 자신만의 키워드(태그)에 따라 분류하는 새로운 분류 체계를 의미한다.

● 소셜 커머스

Social Commerce. 소셜 미디어와 온라인 미디어를 동시에 활용하는 공동구매형 전자상거래를 의미한다. 뭐든 순식간에 퍼지는 소셜 네트워크 서비스(SNS)를 이용하여 한꺼번에 많은 사람이 구매하면 파격적 할인 가를 제공하는 새로운 유통방식이다. 소셜 쇼핑(Social Shopping)이라고도 하며 초기에는 소비자들 간의 거래를 연결해주는 것을 의미했다. 2008년 미국 시카고에서 온라인 할인쿠폰업체 그루폰이 처음 공동구매형 소셜 커머스를 도입하였으며 우리나라에는 쿠팡, 티켓몬스터 등이 활동중이다.

● 시멘틱 웹

Sementic Web. 컴퓨터가 사람을 대신하여 정보를 이해하고 가공해 새로운 정보를 창출하는 차세대 지능형 웹을 의미한다. 인터넷과 같은 환경에서 무질서하게 분산되어 있는 각종 웹 문서, 파일, 서비스 등에 대한 정보와 자원을 컴퓨터가 처리하도록 하는 것이다. 즉, 자동차를 구매하기 위해 자동차에 관련된 정보를 웹상에서 직접 찾아서 비교하는 대신에 대략적인 가격 정보와 선호도, 구매 사유 등을 입력하면 자동화된 프로그램이 정보를 찾아주는 시스템이다.

라이프로그

Life Log. 동영상과 음성 등 멀티미디어(Multimedia)로 일생의 모든 순간을 기록할 수 있는 것은 물론 검색을 통해 이를 확인해 볼 수 있는 기술을 말한다. 라이프 로그 기술은 사용자가 언제 어디서 무엇을 보고 듣고 어떤 행동을 했는지에 대한 정보뿐만 아니라 온도, 습도 등과 같은 환경정보, 호흡, 혈압, 맥박 등의 생체정보까지 다양한 정보를 자동으로 기록하기 때문에 그 활용 분야도 광대하다. 또한 기업들은 디지털 장치로 일상생활의 모든 정보를 수집, 분류, 저장하고 이를 필요할 때 꺼내 활용할 수 있는 일종의 일기 형식인 '퍼스널 라이프로그(Personal Lifelog)' 기술도 미래 유망 기술로 연구 중에 있다.

데이터 마이닝

Data Mining. 대용량의 데이터로부터 그 안에 숨겨져 있는 의미 있는 지식을 찾아내는 과정을 말한다. 과거 정보기술과 인터넷이 보편화되기 전에는 사용되는 데이터의 양이 많지 않았기 때문에 데이터 마이닝의 효용은 높지 않았으나 웹 2.0시대에 돌입하면서 누구나 웹에 접속, 데이터를 생산할 수 있게 되면서 데이터 마이닝의 중요성이 대두되었다. 또한 정보를 저장하는 데 들어가는 비용 역시 데이터 마이닝 분야를 발전시키는 원동력이 되었다고 볼 수 있다.

● 웹 2.0

사용자가 주체가 되는 새로운 인터넷 환경을 일컫는 말이다. 즉, 누구나 손쉽게 데이터(Data)를 생산하고 인터넷에서 공유할 수 있도록 한 사용자 참여 중심의 인터넷 환경으로 과거 웹 1.0에서는 웹상의 각종 정보와 서비스들이 특정 생산자에 의해 만들어지고 사용자는 단순히 이용하는 편면적인 수단이었다면 웹 2.0은 사용자들이 스스로 정보와 서비스를 생산하고 이용하는 방식이라고 할 수 있다. 웹 2.0은 정보에 쉽게 접근할 수 있도록 태그와 트랙백, RSS 등의 기술을 통해 필요한 정보를 신속하게 얻을 수 있다. 또한 웹 2.0 시대의 사용자들은 질 높은 콘텐츠를 생산해내는 '집단지성'들의 참여와 공유를 통해 전문가 집단보다도 상황 변화에 더 빠르고 유연히 대처하며 우수한 정보와 서비스를 만들어낸다.

● 디지털 노마드

Digital Normad. 자크 아탈리(Jacques Attali)의 '21세기에는 디지털 장비로 무장하고 지구를 떠도는 새로운 세대가 도래한다'는 주장에서 처음 등장한 용어이다. 라틴어로 유목민을 뜻하는 '노마드'와 '디지털'의 합성어로 이들은 첨단 기계인 스마트폰, 태블릿 PC 등의 장비를 활용해 언제 어디서나 인터넷을 통해 외부 정보를 획득하고, 활동하는 경향을 보인다. 인터넷과 첨단 IT기기의 광범위한 보급으로 장소와 시간에 구애받지 않는 '내 손 안의 인터넷 세상'이 본격화되면서 가속화되었다. 디지털 노마드는 결국 디지털을 통해 자신의 삶의 질을 극대화시키기 위해 자유롭고 창조적인 사고방식을 갖는 자들로 일상생활 방식까지 변화시키고 있다.

● 사물인터넷

IoT ; Internet of Things. 인간이 인터넷을 활용해 정보를 얻고 소통하듯 유무선통신에 연결된 기기가 인간의 개입 없이 상호 간 정보를 공유하고 기기를 작동시키는 기술과 서비스를 말한다. 사람이 일일이 개입하지 않고 사물끼리 상호 소통하는 '사물지능통신(M2M)'과 비슷하지만 인터넷으로 연결돼 더 확장된 개념이다. 집안의 온도를 가전제품이 스스로 제어하고, 일정한 조건이 되면 알아서 청소를 하거나 빨래를 하는 '스마트홈'이나, 무인주행이 가능한 '스마트카'가 사물인터넷의 대표적인 사례다.

웹 3.0

컴퓨터가 정보자원의 뜻을 이해하고 논리적 추론까지 함으로써 이용자의 패턴을 추론해 사용자에게 꼭 맞는 서비스를 제공할 수 있는 지능형 기술 시대를 의미한다. 웹 3.0에서는 유저들 자신이 지금 무엇을 하는지 잊을 정도로 컴퓨터가 '알아서 하는' 시대가 가능해 진다. 웹 2.0에서는 사람이 데이터를 쓰고 읽고 축적하는 모델이 중앙집중형과 분산형으로 이루어진 데 반해 웹 3.0에서는 사람이 아닌 기계나 사물들에 의해 수집, 축적한 지식을 바탕으로 더 많은 지식을 창출하고 세상의 모든 사물들이 인터넷에 연결되는 플랫폼을 기반으로 매우 다양한 서비스들이 실현하는 유비쿼터스(Ubiquitous)적인 형태를 띠게 된다. 따라서 차세대 지능형 웹 기술인 '시멘틱 웹(Semantic Web)'을 통해 웹 2.0의 특징인 공유와 참여의 문화에 지능화 · 개인화가 가능한 맞춤형 서비스가 더해져 이용할 수 있게 된다.

사물지능통신

M2M ; Machine to Machine. 사물에 센서(Sensor)와 통신 기술을 적용해 사람 대 사물, 사물 대 사물 간 정보를 수집하고 가공하여 처리하는 미래 방송통신 융합 서비스를 의미한다. 여기에 이용되는 센서는 각각 유용한 정보를 수집하게 되며 수집된 정보는 한곳에 모아져 사물지능통신망을 통해 원격으로 전송되어 정보를 필요로 하는 곳에서 언제 어디서나 편리하게 받아 볼 수 있다.

사물지능통신(M2M)의 예로는 전자발찌, 버스 · 지하철 도착 알림 서비스 등이 있다. 사물지능통신이 미래 지식사회의 핵심 분야로 각광받으면서 국내를 비롯한 유럽, 미국, 일본, 중국 등 세계 주요국들은 사물지능통신의 중요성을 인식하고 정부 주도의 정책과 사업이 다양하게 추진되고 있다.

I-PIN과 G-PIN

I-PIN은 인터넷 상에서 주민등록번호 사용에 따른 부작용을 해결하기 위해 개발한 사이버 신원 확인번호이며, 일종의 인터넷 가상 주민등록번호이다. 공공기관에서 사용하는 개인 식별 번호는 G-PIN이라 한다.

● 웜 바이러스

Worm Virus. 사용자의 컴퓨터를 다운시키거나 파일을 삭제하는 등 컴퓨터의 운영을 방해하는 악성 프로그램으로, 사용자의 조작 없이도 스스로 번식 · 전파한다.

● 크래커

Cracker. 전산망에 침입해 악의적으로 내부 정보를 파괴하거나 빼내는 해커를 말한다.

● 스푸핑

Spoofing. 고성능 컴퓨터를 이용해 초당 엄청난 양의 접속신호를 한 사이트에 집중적으로 보냄으로써 상대 컴퓨터의 서버를 접속 불능 상태로 만들어 버리는 해킹 수법이다.

● 피싱

Phishing. 개인정보(Private Data)와 낚시(Fishing)의 합성어로, 주로 금융기관이나 유명 전자 상거래 업체를 사칭하여 금융 정보를 빼내는 것을 말한다.

● 다크 패턴

Dark Pattern. 사람을 속이기 위해 디자인(설계)된 사용자 인터페이스(UI)를 뜻하는 말로, 인터넷 사이트나 애플리케이션에서 사용자들을 은밀히 유도해 물건을 구매하거나 현금 결제, 서비스에 가입하게 하는 것을 말한다.

● 다크웹

Dark Web. 인터넷을 사용하지만, 접속을 위해서는 특정 프로그램을 사용해야 하는 웹을 가리키며 일반적인 방법으로 접속자나 서버를 확인할 수 없기 때문에 사이버상에서 범죄에 활용된다. 다크 웹이라는 용어는 지난 2013년, 미국 FBI가 온라인 마약 거래 웹사이트 '실크로드'를 적발해 폐쇄하면서 알려졌다.

랜섬웨어

Ransomware. 컴퓨터 사용자의 문서를 인질로 잡고 '몸값(Ransom)'을 요구한다는 데서 유래했으며 미국에서 발견된 악성 프로그램이다.

스파이웨어

Spyware. 사용자 모르게 또는 동의 없이 컴퓨터에 설치되어 컴퓨터 사용에 불편을 끼치거나 정보를 가로채는 악성 프로그램이다.

좀비 PC

해킹프로그램에 감염돼 PC사용자도 모르는 사이에 다른 사람에 의한 원격 조종으로 스팸 메일을 발송하거나 불법 프로그램을 유포하는 등 사이버 범죄에 악용되는 PC를 말한다.

보트넷

Botnet. 애드웨어나 스파이웨어와 같은 악성코드를 감염시키는 악성코드 봇(Bot)에 감염되어 해커가 자유자재로 제어할 수 있는 좀비 PC들로 구성된 네트워크를 말한다. 보트넷은 피싱메일을 비롯한 스팸메일 발송이나 특정 사이트에 수없이 접속패킷을 발생시켜 마비시키는 디도스 공격에 활용되거나 이용자들의 컴퓨팅을 몰래 모니터함으로써 신용카드번호와 같은 금융정보를 빼내어 범죄 행위에 이용된다.

스턱스넷

Stuxnet. 발전소와 공항, 철도 등 사회 기간시설을 파괴할 목적으로 제작된 악성코드를 말한다. 스턱스넷은 원자력 발전소나 송유관 등 주요 산업 기반시설에 쓰이는 원격 통합감시제어 시스템에 침투해 차단 시설을 마음대로 작동시키는 초정밀 악성코드로 북한, 알카에다 등 국제사회에서 위험군으로 분류된 국가나 조직들이 스턱스넷 같은 신종 사이버 무기를 공격 수단으로 활용할 가능성이 높아 국제사회의 골칫거리이다. 실제로 스턱스넷이 2009년 말까지 이란의 핵 프로그램에 침투해 원심분리기 1,000여 개를 망가뜨린 사례가 보고되기도 했다.

● 스캠

Scam. 기업 이메일 정보를 해킹해 거래처로 둔갑시켜 무역 거래 대금을 가로채는 범죄 수법. 주로 피해 대상 기업에 악성코드를 감염시킨 뒤 업체가 지불 결제 방식을 바꾸도록 유도한 다음 이메일을 해킹해 거래 업체 간에 주고받는 내용을 지켜보다가 송금과 관련된 내용이 있을 때 끼어들어 주요 거래처가 메일을 보낸 것처럼 바뀐 계좌 정보를 보내 거래 대금을 갈취하는 방식이다.

● 파밍

Pharming. 합법적으로 소유하고 있던 사용자의 도메인을 탈취하거나 도메인 이름 시스템(DNS) 또는 프록시 서버의 주소를 변조함으로써 사용자들로 하여금 진짜 사이트로 오인하여 접속하도록 유도한 뒤에 개인정보를 훔치는 새로운 컴퓨터 범죄 수법이며, '피싱(Phishing)'에 이어 등장한 새로운 인터넷 사기 수법이다. 넓은 의미에서는 피싱의 한 유형으로서 피싱보다 한 단계 진화한 형태라고 할 수 있다.

● 분산서비스거부

DDoS ; Distributed Denial of Service attack. 해커가 감염시킨 대량의 좀비 컴퓨터를 이용해 특정 시스템으로 다량의 패킷을 무차별적으로 보내 과다 트래픽으로 시스템을 마비시키는 사이버 공격을 의미한다. 공격자는 다양한 방법으로 일반 사용자 PC(숙주 컴퓨터)에 봇(Bot)을 감염시키고, 악의로 컴퓨터를 조종하여 표적 시스템의 데이터베이스를 삭제하여 서버 마비 등 사이버 공격을 하는 것이 특징이다.

● 이동통신 기술의 세대별 구분

- 1세대 : 음성통화(아날로그방식)
- 2세대 : 음성통화 + 데이터교환(디지털방식. CDMA, GSM)
- 3세대 : 2세대 + 화상통화 + 동영상서비스(WCDMA).
- 4세대 : 하나의 단말기로 음성 · 화상 · 멀티미디어 · 인터넷 · 음성메일 · 인스턴트 메시지 등의 모든 서비스를 해결할 수 있는 최신 통신기술(IMT-Advanced).
- 5세대 : 핸드폰을 넘어 모든 전자기기를 연결함으로써 다양한 분야에서 사용 가능(IMT-2020)

다크웹

Dark Web. 인터넷을 사용하지만, 접속을 위해서는 특정 프로그램을 사용해야 하는 웹을 가리키며 일반적인 방법으로 접속자나 서버를 확인할 수 없기 때문에 사이버상에서 범죄에 활용된다. 다크 웹이라는 용어는 지난 2013년, 미국 FBI가 온라인 마약 거래 웹사이트 '실크로드'를 적발해 폐쇄하면서 알려졌다.

URL

Uniform Resource Locator. 인터넷에서 접근 가능한 홈페이지, 다운로드할 수 있는 파일 등의 주소를 표현하는 형식이다.

무선통신시설 공동이용

Roamimg. 이동통신사업자가 자신의 통신시설(기지국, 교환기)이 없는 지역에서 다른 사업자의 시설을 이용하여 서비스를 제공하는 것.

개정 저작권법 관련 용어

- CCL(CreativeCommonsLicense)

(cc) **creative commons**

(BY:) **Attribution** (저작자표시)

(S) **Noncommercial** (비영리)

(=) **No Derivative Works** (변경금지)

(C) **Share Alike** (동일조건변경허락)

- Heavy Uploader : 불법복제물을 상습적으로 올리는 사람을 칭하는 말.

정보보호 5대 실천 수칙

- 자동 보안패치 설정하기
- 백신 프로그램 또는 개인 방화벽 등 보안 프로그램 설치하기
- 컴퓨터의 로그인 패스워드는 최소 8자리 이상의 영문과 숫자로 만들고 3개월마다 변경하기
- 신뢰할 수 있는 웹사이트에서 제공하는 ActiveX 프로그램 설치하기
- 공인인증서 USB 저장 등 금융 정보 안전하게 관리하기

● Bluetooth

근거리 무선통신 시스템. 10미터 내의 단거리에서 빠른 속도로 데이터를 전송할 수 있는 단거리 무선통신 기술이자 근거리에서 휴대전화·휴대용 단말기·주변장치 등을 무선으로 연결하기 위한 기술 규격이다. 사무실·회의실·가정이나 사용자 주변 공간 등 근거리 내에서 무선으로 서로 다른 통신장치들을 연결하도록 개발되었고 블루투스를 이용한 무선 네트워크는 노트북·PDA·휴대용 단말기 등과 같은 모든 정보기기 간에 자유로운 데이터 교환을 가능하게 한다.

● USIM

Universal Subscriber Identity Module. 휴대전화에서 사용하는 '다기능 가입자 식별카드'를 의미한다. USIM은 간단히 말해서 가입자 식별장치를 단말기 내부에 삽입하여 사용하는 것으로, USIM칩 내부에 휴대폰 사용자의 신원과 전화번호 등의 개인정보나 전자 상거래 등의 목적을 위한 정보가 저장되어 있어 다른 사람의 휴대 단말기를 사용하더라도 USIM칩을 삽입하면 자신의 정보를 인식하기 때문에 다른 사람의 휴대폰도 내 휴대폰처럼 사용할 수 있다. USIM은 이처럼 단순히 가입자를 인증하는 기능 이외에도 신용카드 기능과 모바일 뱅킹(Mobile Banking) 기능, 증권 거래 기능 등 다양한 기능이 있어 모바일 지갑으로 불릴 정도로 활용범위가 넓다.

● 테더링

Tethering. 인터넷에 연결된 모바일 장비가 스스로 중계기 역할을 하여 주변의 다른 기기에 인터넷 접속을 가능케 하는 기술이다. 한마디로 하나의 휴대폰이 정보기기인 동시에 다른 정보기기의 중계기 역할을 하는 것이다.

● 5G폰 전용 통합칩셋

5G 스마트폰에 사용되는 스마트폰의 두뇌 역할을 하고 반적인 시스템 운영을 하는 AP와 통신을 담당하는 모뎀칩을 하나로 통합한 것으로 부품을 최소화해야 하는 스마트폰 특성상 여유 공간이 생겨 공간 활용을 극대화한다는 장점이 있다.

아나디지족(Anadigi)

아날로그(Analog)의 '아나(Ana)'와 디지털(Digital)의 '디지(Digi)'를 합성한 용어로 아날로그의 장점과 디지털의 장점을 조합해 살아가는 사람들을 의미한다. 아날로그가 가지는 느림의 미학과 디지털이 가지고 있는 빠르고 쉬우며 간편한 방식을 어느 한쪽에 치우치지 않으면서 살아가는 것을 미덕으로 추구한다. 아나디지(Anadigi)족은 디지털 시대가 가지고 온 부작용에 대한 반성에서 나온 것이라 볼 수 있는데 즉, 아날로그를 대표하는 책 대신 인터넷, 스마트폰, 태블릿PC 등을 통해 자신이 취하고 싶은 정보만 빠르게 탐식하며, 기기에 의존성이 높아져 기억하기 쉬운 전화번호를 잊어버리는 등의 '디지털 치매(Digital Dementia)'와 같은 현상이 나타남에 따라 이를 극복하기 위한 방법으로 등장하였다.

SIM

Subscriber Indentity Module. 가입자신분 확인모듈.

애플 아이폰

2.5세대 무선통신 방식인 GPRS/EDGE와 Wi-Fi 및 통신사에 관계없이 SIM카드를 넣어 사용할 수 있는 공장 언락버전(factory unlocked version)이 적용된 미국 애플사의 스마트폰이다. PUSH 방식의 IMAP 이메일, 인스턴트 메신저 형식의 SMS, 사파리(웹브라우저), 향상된 음성메시지, Wi-Fi(IEEE802.11b/g), 블루투스 2.0 + EDR, H.264 비디오 재생 등의 기능을 탑재하고 있다. QWERTY 자판에 PC처럼 문자나 글자를 붙이고 자르는(Cut & Paste) 기능, 앨범 검색의 커버 플로, 와이드 포맷 동영상 플레이, 무선 iTunes(애플사가 만든 멀티미디어 플레이어 및 아이팟용 동기화 프로그램) 등을 지원한다. 지도와 지역정보, 위성사진을 볼 수 있으며, 근처의 무선 기지국과 무선랜 시설 인식에 따른 위치 추적(LBS ; Location - Based Service. 위치기반 서비스)을 할 수 있다.

● Wi - Fi

전파나 적외선 전송 방식을 이용하는 근거리 통신망으로, 보통 '무선 랜(LAN)'이라고 한다. 무선 랜을 하이파이 오디오처럼 편리하게 쓸 수 있다는 뜻에서 '와이파이(Wi-Fi)'라는 별칭으로 쓰이게 되었다.

● FMC

Fixed Mobile Convergence. 휴대전화 하나로 무선인터넷 접속이 가능한 곳에선 인터넷 전화로 통화하고, 다른 지역에선 일반 휴대전화처럼 이용하는 유무선 통합 서비스이다. 저렴한 가격으로 서비스를 이용할 수 있다는 점이 강점이다.

● 5세대 이동통신

5G ; Fifth Generation Mobile Communication. 최대 다운로드 속도가 20bps에 달하는 통신규약으로 이전의 4G 이동통신 기술인 LTE와 달리 핸드폰의 영역을 넘어 모든 전자기기를 연결하는 기술이기 때문에 가상현실에서부터 스트리밍 게임까지 다양한 분야에서 엄청난 변화를 만들어낸다. 2019년 4월 3일 우리나라에서 세계 최초로 상용화되었다.

● MVNO

Mobile Virtual Network Operator. 통신망이나 주파수가 없어도 SK 텔레콤 같은 이동통신사의 인프라를 빌려 휴대전화 서비스 사업을 할 수 있는 제도다. 새 사업자는 가격 경쟁력을 확보하기 위해 기존 이통사보다 싼값에 서비스를 제공할 가능성이 크다.

● MIM

Multi - Function Interface Modules. 다기능 인터페이스 모듈. 즉, 하나의 인터페이스가 아닌 여러 기능을 동시에 수행하는 모듈이기 때문에 사용자 환경을 편리하게 할 수 있다.

● 애플리케이션

Application. 컨텐츠 모델. 애플리케이션 프로그램. 즉, 사용자 또는 어떤 경우에는 다른 응용프로그램에 특정한 기능을 직접 수행하도록 설계된 프로그램이다.

모핑(Morphing)

영화나 애니메이션에 쓰이는 특수효과로 하나의 이미지를 다른 이미지로 매끄럽게 전환시키는 기법이다. 대체로 어떤 사람이 기술적인 수단을 통해 혹은 환상 속이나 초현실적 상황에서 다른 사람으로 변하는 것을 묘사할 때 이용된다.

Z세대

Generation Z. 1990년대 중반에서 2000년대 초반에 걸쳐 출생한 젊은 세대를 이르는 말로, 아날로그와 디지털 문화가 혼재된 환경에서 자란 밀레니얼 세대(Y세대)와 달리, 어릴 때부터 디지털 환경에 노출되어 자라 이른바 '디지털 네이티브(Digital Native)'라 불린다. 인터넷과 IT에 친숙하며, TV, 컴퓨터보다 스마트폰, 텍스트보다 이미지, 동영상 콘텐츠를 선호한다. 아울러 관심사를 공유하고 콘텐츠를 생산하는 데 익숙하여 문화의 소비자이자 생산자 역할을 함께 수행한다. 한편, Z세대는 풍족한 사회 속에서 자라난 동시에, 부모 세대인 X세대가 2000년대 말 금융위기로 인해 경제적 어려움을 겪는 모습을 보고 자랐기 때문에 안정성과 실용성을 추구하는 특징을 보인다.

● 앱스토어

App Store. 애플이 운영하고 있는 아이폰 및 아이팟 터치용 응용 소프트웨어 다운로드 서비스이다. 누구나 애플리케이션을 개발해서 이곳에 올려놓고 판매할 수 있는데, 애플은 30%의 수수료를 빼고 판매금액의 70%를 개발자에게 돌려준다.

● 디지털 치매

Digital Dementia. 디지털 기기에 의존한 나머지 기억력이 떨어지고 무기력해지는 것을 의미한다. 즉, 보급화된 인터넷이나 휴대전화 등의 도움 없이는 아무 일도 할 수 없는 무기력증에 빠진 사람들이 겪는 현상으로 기억력을 사용할 필요가 없어 생기는 일종의 퇴화 현상으로 볼 수 있다. 디지털 기기에 친숙한 젊은 층에서 두드러지게 나타난다.

앱이코노미

App Economy. 애플의 앱스토어(App Store)와 구글의 구글 플레이(Google Play)를 통해 생겨난 신조어이다. 스마트폰 보급이 일반화되면서 사용자들의 다양한 요구를 앱스토어라는 개방형 장터를 통해 사용자들은 원하는 앱(Application)을 구입할 수 있고 개발자들은 보다 혁신적인 앱(App) 개발에 뛰어들면서 앱 이코노미가 나타나게 되었다. PC와 달리 스마트폰에서는 정보검색과 음악 감상, e-mail 확인, 게임, 금융거래, SNS 등의 프로그램이 앱을 통해 구현되기 때문에 모바일 앱이 새로운 경제 구도를 만들고 있다.

● 반도체

Semiconductor. 상온에서 전기 전도율이 도체와 절연체의 중간 정도인 물질이다. 낮은 온도에서는 거의 전기가 통하지 않으나 높은 온도에서는 전기가 잘 통한다. 다이오드, 집적 회로, 트랜지스터 따위의 전자 소자에 널리 쓰인다.

● RAM

- 수시로 입출력이 가능한 소자이다.
- 휘발성 메모리이므로 전기가 통하지 않으면 데이터는 사라진다.
- 일반적으로 메모리라 함은 RAM을 말한다.

D램	Dynamic Random Access Memory. 속도가 빠르고 정보 저장은 대용량이지만 전원이 꺼지면 정보가 지워진다.
S램	Static Random Access Memory. 읽고 쓰기가 대단히 빠르고 데이터 처리속도도 빠르지만 소용량 기억장치에만 사용된다. 전원이 공급되는 동안만 저장된 내용을 기억한다.
F램	읽고 쓰기가 가능한 비휘발성 반도체 메모리. D램과 S램, 플래시 메모리의 장점만을 취합해 많은 데이터를 빠르게 처리하면서 전원이 없어도 데이터가 보존되는 통합 메모리.
P램	특정 물질의 상 변화를 판단해 데이터를 저장하는 차세대 메모리 반도체이다. 전원이 끊겨도 저장된 정보가 지워지지 않는 플래시메모리의 장점과, 전원이 끊어질 경우 저장된 자료는 소멸되지만 빠른 처리 속도를 자랑하는 D램의 장점을 모두 지니고 있다.

● ROM

Read Only Memory. 읽기 전용 장치로 컴퓨터에 있는 메모리는 읽을 수 있지만 변경할 수는 없다. 전기가 끊어져도 자료가 지워지지 않으므로 비휘발성 메모리라고 한다.

● 트랜지스터

Transistor. 규소, 게르마늄 등의 반도체를 이용해서 전기신호를 증폭하여 발진시키는 반도체 소자로 세 개 이상의 전극이 있다.

아날로그 반도체

일상생활에서 발생하는 각종 아날로그 신호를 컴퓨터가 인식할 수 있는 디지털신호로 바꾸는 역할을 한다. 또 컴퓨터 연산 결과를 사람이 인식하도록 아날로그 신호로 바꾸는 역할을 하기도 한다.

아모르퍼스 반도체

Amorphous Semiconductor. 무정형 고체물질을 이용한 반도체로, 아모르퍼스 실리콘 반도체가 대표적이다. 결정형 반도체에 비해 성능은 떨어지지만 대량생산으로 대폭적인 생산비 인하가 가능하다.

갈륨비소 반도체

Galium Arsenide Semiconductor. 화합물 반도체의 대표격 실리콘에 비해 연산속도가 아주 빠르고, 발광·수광 기능이 있으며, 열 우주선에 강하고, 광에너지를 전기에너지로 변환시키는 효율이 높다는 점 등의 특성이 있어 폭넓게 실용화되고 있다.

집적회로

Integrated Circuit. 특정 기능을 수행하는 전기 회로와 반도체 소자(주로 트랜지스터)를 하나의 칩에 모아 구현한 것.

ASIC

Application Specific Integrated Circuit. 주문형 집적회로.

● 플래시 메모리

Flash Memory. 전원이 꺼져도 저장된 내용이 지워지지 않는, 메모리 칩 안에 정보를 유지시키는 데에 전력이 필요 없는 비휘발성 메모리이다. 대표적인 활용 예로 디지털 음악 재생기, 디지털 카메라, 휴대 전화를 들 수 있다.

> • 노어 플래시 : NOR Flash. 셀이 병렬로 연결된 방식으로 휴대전화 등 소형 전자기기에 소량 핵심데이터를 저장하는 역할을 한다.
> • 낸드 플래시 : Nand Flash. 셀이 직렬로 연결된 방식으로 카메라나 MP3 플레이어, 카메라폰 같은 대용량 데이터 저장장치에 많이 사용된다.

● LSI, VLSI, ULSI

> • LSI : Large Scale Integration. 다층화 · 미세화 기술을 통해 여러 개의 집적회로를 하나의 기판 위에 집적화함으로써 집적도를 높인 회로로, 하나의 칩에 1,000~10만 개의 소자를 싣고 있다.
> • VLSI : Very Large Scale Integration. 고밀도 집적 회로를 더욱 소형화한 집적 회로. 가로와 세로가 각각 수 밀리미터인 실리콘 기판 위에 10만~100만 개의 트랜지스터, 저항기 따위가 집적되어 있다.
> • ULSI : Ultra Large Scale Integration. 초대규모 집적회로(VLSI)를 더 한층 고밀도화하여 일반적으로 약 100만 개 이상의 소자를 하나의 칩에 담은 집적회로(IC)이다.

● 비메모리 반도체

정보를 저장하는 데 사용되는 메모리반도체와는 달리 정보처리를 목적으로 하는 반도체를 말한다. 컴퓨터 주기억장치(CPU)처럼 제품의 두뇌역할을 하기 때문에 고도의 회로설계기술을 필요로 한다.

● 시스템 반도체

자동차, TV, 휴대폰 등의 상품의 특정 용도에 맞게 설계된 반도체로 주문형 반도체라고도 한다.

● XDR(eXtreme Data Rate) D램

기존 램버스 D램의 계보를 잇는 차세대 제품으로, 초당 3.2기가비트 (3.2Gbps ; Giga - Bit per Second)의 속도로 동작, 범용 램버스 D램

MCP

Multi Chip Package. 메모리 반도체를 하나의 패키지에 집적한 것이다. 휴대폰 중심의 모바일 디지털 기기가 한층 소형화되고 기능이 다양화됨에 따라 각 제품의 메모리 탑재 용량 증가와 동시에 여러 가지 메모리 반도체를 하나의 패키지에 묶어 기능을 다양화 시킨 MCP의 수요는 점차 확대될 전망이다.

MCU

Micro Controller Unit. 전기, 전자 제품에서 두뇌(기능 제어)역할을 하는 반도체.

뉴로모픽 반도체

Neuromorphic Chip. 인간의 뇌 구조를 모방해 효율성을 높인 병렬 연산 인공지능형 반도체 칩으로 대용량 데이터를 병렬처리해 적은 전력으로도 복잡한 연산, 추론, 학습 등이 가능하기 때문에 자율주행차, 드론, 음성인식 등 4차 산업혁명 분야에서 폭넓게 활용될 수 있는 차세대 기술로 주목받고 있다. 인공지능, 빅데이터, 머신러닝 등의 발전으로 방대한 데이터의 연산과 처리를 빠른 속도로 실행해야 하는 필요성에 따라 개발되었고 기존 컴퓨팅 구조가 순차적으로 데이터를 처리했다면 뉴로모픽 칩은 대용량 데이터를 병렬처리한다. 하드웨어 크기도 줄일 수 있기 때문에 컴퓨터의 발전도 기대할 수 있다.

대비 4배, DDR400 대비 8배 빠른 현존 최고 속도의 D램 제품이다. 칩 (Chip) 1개당 1초에 6.4기가바이트(6.4GB)로, 300페이지 기준 단행본 1만 권 분량의 데이터 전송이 가능하다.

● 원 램

One DRAM. 서로 다른 기능을 하는 두 종류의 D램(또는 S램과 D램)을 하나로 합쳐 놓은 D램이다. 일반적으로 모바일 제품에는 통신 기능을 담당하는 CPU와 3차원 그래픽(3D), 동영상 등 멀티미디어 기능을 담당하는 CPU에 각각 D램이 하나씩, 모두 2개가 장착되어 있다.

● DDI

Display Driver IC. TV · 노트북 등에 내장돼 디스플레이 패널을 구동시키는 칩. 화상장치(Display)를 구동하는 역할을 하는 비메모리 반도체이다.

● DDR3

Double Data Rate 3. 컴퓨터와 다른 디지털 회로 장치에서 데이터를 빠르게 처리하는 데 쓰이는 램 기술이다. DDR3의 주된 이점은 입출력 버스를 메모리 셀의 속도보다 4배나 빠르게 동작할 수 있다는 점이며, 이로써 이전의 메모리 기술보다 더 빠른 버스 속도를 구현할 수 있다.

● SoC

System on a Chip. 기존에 여러 개의 칩이 수행하던 기능을 하나의 칩에서 실현할 수 있도록 하는 칩 자체를 일컫는 말이다. 즉, 칩 자체로 시스템을 구현한다는 의미이다. SoC를 사용하면 각종 시스템의 크기를 줄일수 있고 조립 과정을 단순화할 수 있으며, 제조 비용을 절감할 수 있는 등의 이점이 있다.

● 상보형 금속산화반도체

CMOS ; Complementary Metal Oxide Semiconductor. 속도는 느리지만 소비전력이 매우 적어 휴대용 계산기, 전자시계, 소형 컴퓨터 등에 널리 채용되고 있다.

GAMS

세계 반도체 생산국 민관 합동회의. 한국, 미국, 일본, 유럽연합(EU), 대만, 중국 등 반도체를 생산하는 6개 국가 정부 당국자와 산업계 대표들이 모여 현안을 논의하는 자리다.

게이트 어레이

Gate Array. 한 개의 칩 안에 800~6,000개의 게이트가 집적된 초대규모 집적회로로서. 우주선 · 통신위성 등에 광범위하게 사용될 수 있는 초정밀 주문형 논리회로이다.

확인문제

16. 다음의 주문형 논리회로로서 한 개의 칩 안에 전자회로에서 신호를 처리할 수 있는 기본단위인 게이트가 880 ~ 6,000개가 집적된 초대규모 집적회로는?
① SoC
② ROM
③ DDR3
④ 게이트 어레이

답 16. ④

● CIS

CMOS Image Sensor. 카메라 렌즈를 통해 들어오는 빛을 전기신호로 바꿔주는 반도체 부품으로, 휴대폰 카메라 등에 널리 탑재되고 있다. 포토다이오드(PD)를 내장하고 있어서 Sensor에 빛이 들어오면 Transistor로 구성된 Analog Logic과 ADC가 Digital Data로 변환해 주는 장치로서, 폴라로이드 사진기의 필름과 같은 역할을 수행한다.

● 파운드리

Foundry. 팹리스로 불리는 설계 전문 업체의 주문을 받아 칩을 대신 생산해 주는 반도체 제조업체를 말한다.

● 팹리스

Fables. 시스템반도체 설계를 전문으로 하는 기업이다.

● SSD

Solid State Drive. 컴퓨터의 하드디스크를 대체할 차세대 저장장치로, 최근 반도체 업계의 기대를 한몸에 받고 있다. 부팅 속도도 빠르고 충격·소음 등 모든 면에서 하드디스크를 앞지른다. 기술이 축적되면서 가격도 급속도로 떨어지고 있으나, 용량 대비 가격이 하드디스크에 비해 비싸다는 것이 단점이다.

● 플라즈마 표시패널

PDP ; Plasma Display Panel. 플라스마(Plasma)현상에 의해서 자체 발광을 한다.

● 액정표시장치

LCD ; Liquid Crystal Display. 액정이 갖는 여러 가지 성질 가운데 전압을 가하면 분자의 배열이 변하는 성질을 이용하여 표시하는 장치이다.

● 발광 다이오드

LED ; Light Emitted Diode. 화면 스스로 빛을 내는 디스플레이를 말한다.

AP

Application Processor.

DSP

Digital Signal Processing.

PCB

Printed Circuit Board. 인쇄 회로 기판. 반도체 칩을 여러 부품과 연결해 제 기능을 발휘하도록 발판을 제공한다. PCB의 재질에는 여러 종류가 있는데 대표적인 것으로 페놀과 에폭시를 들 수 있다.

IDM

Integrated Device Manufacturer. 반도체 칩 설계에서 제조까지 모두 하는 곳으로, 종합반도체업체라고 부른다.

CRT

Cathode—Ray Tube. 음극선관. 음극선을 방출하여 영상을 표현하는 데 사용하는 진공관.

WVGA

Wide VGA. 해상도를 가리키는 용어로, 액정에서 점으로 표현할 수 있는 개수를 뜻한다.

가상 데스크톱

가상 스크린 기능을 가진 데스크톱이거나 사용자 인터페이스를 확장한 셀 프로그램으로 동작하는 데스크톱.

신클라이언트

Thin Client. 하드디스크나 주변 장치 없이 기본적인 메모리만 갖추고 서버와 네트워크로 운용되는 시스템. Net PC, 윈도우 단말기(Window Terminal) 등이 대표적이다.

● 능동형 유기발광다이오드

AMOLED ; Active Matrix Organic Light-Emitting Diode. 백라이트
에 의해 빛을 발하는 LCD와는 달리 자체에서 빛을 발하는 디스플레이를
말한다. TFT LCD에 비해 동영상 응답 속도가 1,000배 이상 빠르고, 색
재현율과 명암비도 월등하여 동영상에 최적화된 디스플레이로 평가받고
있다.

● BLU

Back Light Unit. 뒤에서 빛을 쏘아주는 장치를 말한다.

● CCFL

필라멘트의 가열 없이 저온에서 점등되는 형광등의 일종이다. 디스플레
이의 후면광(Back Light), 팩스, 스캐너, 복사기, 패널 디스플레이, 장식
용 광원으로 활용된다.

유기발광다이오드

OLED ; Organic Light Emitting Diodes. 한
층 고밀도화하여 약 100만 개 이상의 소
자를 하나의 칩에 담은 집적 회로(IC).

베젤

Bezel. 원래는 보석의 빗면이나 보석, 시계
의 유리 등을 끼우는 홈을 말하지만 현재
는 컴퓨터 케이스에서 주변장치를 연결하
는 부분을 제외한 전면 부분과 TV나 모니
터의 브라운관이나 LCD, PDP 패널을 연
결하는 부분의 전면부를 가리키는 말로
더 많이 쓰인다.

④ 매스커뮤니케이션

● 미디어

Media. 매체·수단이라는 뜻으로, 어떤 작용을 한쪽에서 다른쪽으로 전달하는 역할을 한다. 인간 상호 간에 정보, 지식, 감정, 의사 등을 전달하는 수단으로서의 중간 매체이며 신문·TV·라디오·영화·잡지 등이 대표적이다.

● 멀티미디어

Multimedia. 컴퓨터를 매개로 영상, 음성, 문자 따위와 같은 다양한 정보 매체를 복합적으로 만든 장치나 소프트웨어의 형태를 말한다.

● 매스미디어

Mass Media. 매스커뮤니케이션을 위한 수단이나 기술 또는 정보 전달 매체이다. 신문, 방송, 잡지, 영화, 출판 등을 들 수 있다.

● 매스커뮤니케이션

Mass Communication. 매스미디어를 바탕으로 불특정 다수에게 정보를 전달하는 과정 또는 그로 인해 나타난 사회 현상을 가리킨다.

● 미디어렙

Media Representative. 방송광고를 방송사 대신 판매하는 방송광고 판매대행사를 말한다. 방송사의 위탁을 받아 광고주에게 광고를 판매해주고 판매대행 수수료를 받는 회사이다.

● 저널리즘

Journalism. 팸플렛·뉴스레터·신문·잡지·라디오·영화·텔레비전·책 등을 통하여 대중에게 뉴스·해설·특집물 등을 수집·준비·배포하는 활동을 말한다.

확인문제 [롯데]

17. 매스미디어(Mass Media)가 아닌 것은?
① 신문   ② 엽서
③ 방송   ④ 출판

마셜 맥루한

Marshall McLuhan '미디어는 마사지(massage)다'라는 표현으로 미디어는 인간의 모든 감각에 호소하며 심리적으로 마사지한다고 주장한 미디어 학자.

- 핫미디어 : 정보의 전달량은 풍부하지만, 수신자의 참여도는 낮은 미디어. 신문, 잡지, 라디오, 영화 등
- 쿨미디어 : 여러 감각의 활용을 이끌어 수용자의 주의력과 참여도를 높이는 매체로 직관적이며 감성적으로 관여하는 경향이 있다.

확인문제 [MBC]

18. 미디어는 인간의 모든 감각에 호소하며 「미디어는 마사지다」라는 이론서를 출판한 학자는?
① 시드니 헤드   ② 수잔 이스트만
③ 마셜 맥루한   ④ 존 왈쉬

확인문제 [한국가스공사]

19. 마셜 맥루한이 말한 'Hot Media'에 해당하는 것은?
① 만화   ② 라디오
③ TV   ④ 전화

경마 저널리즘

Horse Race Journalism. 경마 경기를 보도하듯 입후보자들의 승패나 순위에만 초점을 맞추어 흥미성에 집착하는 선거 보도 행태.

답 17. ② 18. ③ 19. ②

● 「언론기본법」

국민의 표현의 자유와 알 권리를 보호하고 언론의 공적 기능을 보장하기 위하여 제정한 법으로 정부의 언론 탄압 및 언론 기관의 권력 남용을 방지하여 국민의 기본권을 보장하기 위해 제정된 법이다. 1987년 6·29 선언 이후 폐지되었다.

● 언론중재위원회

언론보도로 인한 침해사항을 심의하기 위해 1981년에 설치된 준사법기구이다.

● 언론 옴부즈맨

옴부즈맨(Ombudsman)이라는 용어는 본래 스웨덴에서 '중재인'이라는 행정상의 개념으로 시작되었다. 언론 활동을 감시하고 수용자의 불만과 의견을 접수하여 그 결과를 언론에 반영함으로써 수용자의 권익을 보호하려는 장치의 의미로 사용하고 있다.

● 「언론중재 및 피해구제 등에 관한 법률」

언론사 등의 언론보도 또는 그 매개로 인하여 침해되는 명예나 권리, 그 밖의 법익에 관한 다툼을 조정·중재하는 등 실효성 있는 구제제도 확립을 목적으로 제정된 법률이다.

● 액세스권

Right of Access. 국민이 언론기관에 자유로이 접근하여 자신의 사상이나 의견을 발표하기 위해 언론매체를 이용할 수 있는 권리로서 언론기관이 독과점되고 있는 현실에 비추어 그 보장이 특히 중요시되고 있다.

● 엠바고

Embargo. 언론과 정부 또는 개인 간에 맺는 보도 유예 협약이다.

● Off The Record

보도하지 않을 것을 조건으로 제공하는 정보를 말한다.

신문윤리강령

언론의 자유, 책임, 보도와 논평의 태도, 독립성, 타인의 명예와 자유, 품격 등을 규정하고 있다.

방송강령

방송이 가지는 매스미디어로서의 사회적 책임을 인식하여 불량 프로그램, 불량 광고를 배제하고 올바른 자세로 가치 있는 방송을 할 것을 규정한 것.

르포르타주

Reportage. 사회현상을 충실히 기록하거나 서술하는 보고기사 또는 기록문학.

가짜뉴스

Fake News. 뉴스의 형태를 띠고 있지만 실제 사실이 아닌 거짓된 뉴스로, 어떠한 의도를 가지고 조작되거나 거짓 정보를 유포한다는 특징이 있다.

확인문제 [한겨레신문]

20. 독자가 언론중재위원회에 반론을 청구할 경우 그 반론의 내용은 무엇인가?
① 보도 내용의 정정
② 보도 내용에 대한 반박
③ 보도 내용의 정정과 반박
④ 보도 내용이 끼친 피해에 대한 보상

확인문제 [국가정보원]

21. 언론중재위원회가 수행하고 있지 않는 것은?
① 언론피해 신청자의 반론보도 청구를 중재
② 언론피해 신청자의 손해배상 청구를 중재
③ 언론피해 신청자의 정정보도 청구를 중재
④ 언론피해 신청자의 구제청구에 대한 직권중재

답 20. ③ 21. ②

● 클리킹 현상

Clicking. 리모컨을 이용해 채널을 이리저리 돌리는 현상을 말한다.

- Soft Clicking : 보고 있던 채널이 재미없어 바꾸는 현상.
- Hard Clicking : 언제 보아도 재미없는 프로그램에 제재를 가하는 현상.
- Lovely Clicking : 여러 채널에 재미를 느껴 놓치지 않으려 채널을 돌려가며 보는 현상.
- Rational Clicking : 이리저리 채널을 돌리다 특정 채널을 선택한 다음 채널을 바꾸는 현상.

● 빈지 워치

Binge Watch. 폭음, 폭식이라는 뜻의 빈지(Binge)와 본다는 뜻의 워치 (Watch)를 합쳐 만든 신조어로 휴일이나 주말, 방학 등 단기간에 TV 프로그램을 몰아서 보는 행위를 가리킨다.

● 종합편성채널

거대 신문사와 대기업이 방송사를 겸업할 수 있게 되면서 탄생한 방송채널로 조선일보의 'TV조선'과 중앙일보의 'JTBC', 동아일보의 '채널A', 매일경제의 'MBN' 4개 채널 등이 있다. 2009년 「방송법」과 「신문법」, 「인터넷 멀티미디어 방송사업법」 등의 미디어 관련 개정법안의 최대 쟁점 사안이던 '신문사와 대기업의 방송사 지분 허용'이 통과되면서 2011년 12월 1일 종합편성채널이 개국하였다. 종합편성채널은 지상파와 달리 케이블 TV(유선방송)와 IPTV(Internet Protocol Television), 위성방송 등을 통하여 뉴스와 드라마, 교양 프로, 예능 및 스포츠 등 모든 장르를 방송할 수 있다. 또한 막강한 자본을 통해 지상파 방송과 비슷한 수준의 콘텐츠 (Contents)를 방송할 수 있어 지상파 방송과 경합할 것으로 예상하고 되고 있다. 대기업과 신문재벌이라는 거대 자본의 언론시장 장악에 많은 우려를 낳기도 한다.

● 제4매체

신문광고, 잡지광고, DM 광고 등 인쇄광고 외의 판매촉진적인 인쇄물 또는 문헌류를 말하며 연차보고서, 브로슈어, 카탈로그, 뉴스레터 등이 포함된다.

넷플릭스 증후군

Netflix Syndrome. 넷플릭스에서 제공하는 실제 영화나 드라마 콘텐츠를 보는 시간보다 콘텐츠 정보가 나열돼 있는 목록을 더 많이 보게 되는 경우를 일컫는 말이다. 하루 일과를 끝낸 저녁 시간이나, 주말에 휴식을 위해 넷플릭스에서 무엇을 볼지 몇 시간 동안 목록을 살피며 고민하다 결국 잠에 들거나 선택한 콘텐츠가 재미없다는 생각에 집중 못하고 다시 목록을 살피는 식으로 이러한 VOD 서비스가 제공하는 방대한 콘텐츠 양 앞에 결정장애가 발생하는 것이 원인이다.

조셉 퓰리처

Joseph Pulitzer. 미국의 언론인이자 신문 경영자. 그가 죽은 뒤 그의 유언에 따라 1917년 퓰리처상이 제정되었다.

Deep Throat

1972년 닉슨 전 미국 대통령을 사임으로 몰고 간 미국 현대정치사상 최대 비리사건인 워터게이트 사건을 폭로한 「워싱턴 포스트」의 밥 우드워드와 칼 번스타인 기자가 제보자의 신원을 감추기 위해 실명 대신 명명한 취재원의 암호명에서 유래한 말이다.

종합편성채널의 특징

- 중간 광고 허용
- 24시간 방송 가능
- 공중파 방송 수준의 콘텐츠 제공

답 22. ①

● Zero TV

미국 미디어 시장 조사업체인 닐슨이 2013년 3월 발간한 '크로스 플랫폼 리포트 2013'에서 처음 등장한 용어로, 집에서 TV 수상기를 통해 텔레비전을 시청하는 것이 아니라 스마트폰, 태블릿PC, PC 등을 통해 방송 콘텐츠를 소비하는 것을 일컫는 말이다. 최근 들어서는 탈PC 경향으로 VOD 서비스나 온라인 스트리밍을 통해 미디어 콘텐츠를 이용하는 비율도 증가하고 있으며, OTT(Over the Top) 서비스 등을 통해 인기 프로그램의 에피소드를 한꺼번에 몰아 시청하는 행태가 확산되는 등 미디어 콘텐츠 이용행태가 점차 능동적으로 변화하고 있다.

● OTT

Over The Top. 온라인동영상서비스. 인터넷을 통해 볼 수 있는 TV 서비스를 일컫는다. 전파나 케이블이 아닌 범용 인터넷망(Public Internet)으로 영상 콘텐츠를 제공하며 'Top'은 TV에 연결되는 셋톱박스를 의미하지만, 넓게는 인터넷 기반의 동영상 서비스 모두를 포괄하는 의미로 쓰인다. OTT 서비스가 등장한 배경에는 초고속 인터넷의 발달과 보급이 있고 인터넷 속도가 보장돼야 동영상 서비스를 불편함 없이 즐길 수 있기 때문에 대부분의 OTT 서비스들은 2000년대 중·후반부터 나오기 시작했다.

● 국내외 OTT 서비스 기업

구분	서비스 기업
국내	웨이브, U+모바일TV, 올레TV, 티빙, 곰TV 등
국외	넷플릭스, 왓챠플레이, 유튜브, 디즈니 플러스, 애플 TV플러스

● 빅이슈

Big Issue. 홈리스(Homeless)의 자활을 위해 1991년 영국에서 창간된 소셜 엔터테인먼트 매거진(Social Entertainment Magazine)인 빅이슈는 전문가들이 재능을 기부하고 홈리스가 직접 판매함으로써 자립을 돕는다. 거리의 노숙인들에게 일자리를 제공하여 판매수익의 일정 금액을 노동의 대가로 제공하기 때문에 능동적으로 경제활동의 참여를 독려한다. 현재는 10개국에서 15종류가 발간되고 있으며 우리나라에서는 2010년 창간되어 아시아에서는 일본, 타이완에 이어 세 번째로 창간되었다.

다원방송

Multi Organization Broadcast. 하나의 프로그램을 만들면서 여러 지역에서 중계를 행하는 방송 방식.

Telewebzine

네티즌의 의견을 반영해 결말을 완성하는 프로그램.

피플미터

People Meter. 미국의 여론조사 기관인 AC 닐슨사에 의해 개발된 시청률 조사수단. 각 가정에 설치된 TV와 연결하면 현재의 시청 채널, 시청시간, 시청자특징 등 각종 시청률 정보를 전화 회선을 경유해 전송할 수 있는 TV시청률 자동분석 원격장치.

프로추어

Proteur. 프로(Pro)와 아마추어(Amateur)의 합성어로 프로에 가까운 실력을 갖춘 아마추어를 일컫는 말이다. 유튜브와 같은 1인 미디어의 발달과 함께 다방면에서 활동하는 프로추어들이 늘어나고 있으며 프로 못지않은 특기를 지니고도 쌍방향 미디어의 특성상 시청자와 친근하게 소통할 수 있어 큰 인기를 누린다.

스트리트 페이퍼

Street Paper. 거리에 무가로 배포되는 잡지나 인쇄물.

프리 페이퍼

Free Paper. 광고수입만으로 발행되어 배포되는 무가지로, 무료신문 또는 광고신문이라고도 한다.

타블로이드판

Tabloid. 보통 신문의 크기를 blanket sheet라고 하는데 이 크기의 절반 판형을 말한다.

● 미디어밸리

Media Valley. 21세기 정보 미디어 산업이 집중된 곳으로 미국의 실리콘 밸리, 리서치트라이앵글, 일본 도쿄의 텔리포트타운 · 후쿠오카의 텔레콤 리서치파크 등이 대표적이다. 한국에서는 인천 송도에 조성되었다.

● 미디어크라시

Mediacracy. 미디어와 데모크라시의 합성어로, 매스커뮤니케이션의 사회적 지배권에 대한 설명이다.

● 제4부

입법, 행정, 사법과 나란히 권력을 가지고 있다는 의미로 사용되고 있다.

● 제4계급

저널리스트들에 대한 별칭으로 1928년 영국의 매클레이경이 기자석을 가리키며 한 말에서 유래했다. 미국 국방부 기밀문서 사건이 터지자 국민의 알 권리를 옹호하는 제4계급이라는 용어가 유래되었다.

● 매스미디어의 4이론

• 권위주의 : 미디어는 국가권력의 한 수단으로 권력집단의 의사를 대중에게 전달하여 권력을 유지시킨다는 이론이다.

• 자유주의 : 권위주의 이론에 대한 반항으로 '자유로운 사상의 시장(Free Market Place of Idea)'으로서의 역할을 해야 한다는 이론이다.

• 사회책임주의 : 언론은 정부로부터 자유로워야 하며 국민에 대해서는 책임을 져야 한다는 이론으로 1947년 허친스 위원회의 「자유롭고 책임있는 언론」을 발표하며 이 이론을 처음 제시했다.

• 소비에트 공산주의 : 구 소련 및 동구권 국가들의 매스미디어는 공산주의 개념을 수용하여 당의 통제나 운영 하에 두어야 하며, 언론은 사회주의 혁명을 위해 봉사해야 한다는 이론이다.

확인문제 [한국환경공단]

23. 광고수입만으로 제작하여 독자들에게 무료로 배포되는 신문은?
① 옐로 페이퍼
② 프리 페이퍼
③ 퀄리티 페이퍼
④ 스트리트 페이퍼
⑤ 타블로이드 페이퍼

채널4

Channel 4 Television Corporation. 1981년 개국한 영국의 지상파 방송국으로 BBC나 ITV와 같은 다른 영국 방속과 차별화된 프로그램으로 주목을 받았으며 정치권력 및 자본으로부터 독립을 추구했다. 특히 예술성과 흥행성을 갖춘 극장 개봉 영화에 투자해 국제적으로 성공을 거두었으며 소수 인종을 위한 프로그램 등 기존 방송과 차별화된 혁신적인 아이디어로 명성을 쌓아 '공익적 민영방송'의 대표적 사례로 꼽힌다.

비대칭규제

정부와 규제기관이 공정경쟁 및 이용자의 편익 증진을 위해 시장지배적 사업자에 대해서 각종 규제를 엄격히 적용하는 반면 후발사업자에게는 상대적으로 큰 혜택을 주는 정책으로 미디어 시장에서는 주로 시장지배적 사업자인 지상파 방송사에게 케이블이나 종편 방송에 허용된 중간광고, 가상광고 등을 허용하지 않는 경우를 예로 들 수 있다.

답 23. ②

01 다음 설명 중 맞는 것은? [MBC]

① 컴퓨터 바이러스 중 대표적인 것은 트로이 목마이다.

② 금융기관을 사칭하여 메일을 보내 개인의 신상정보를 빼내는 수법을 파밍이라 한다.

③ 크래커는 해커와 달리 해박한 지식이나 기술을 가진 능숙한 프로그래머를 말한다.

④ 화이트 해커는 개인적 목적으로 인터넷 시스템을 악의적으로 해킹하는 해커에 대비해 해킹 방어 전략을 세우는 정보보안 전문가를 말한다.

해 트로이 목마 : Trojan Horse. 컴퓨터 사용자의 정보 탈취, 자료 삭제 등이 되는 악성코드의 한 종류로 컴퓨터 바이러스와 구별된다.
파밍 : Pharming. 합법적으로 소유하고 있던 도메인을 탈취하거나 도메인 이름 시스템(DNS) 또는 프록시 서버를 변조하여 사용자들이 진짜 사이트로 착각하여 접속하도록 한 뒤 개인정보를 훔치는 컴퓨터 범죄 수법이다.
크래커 : Cracker. 네트워크에 침입해 악의적으로 내부 정보를 파괴하거나 빼내는 악의적인 해커를 말한다.

02 컴퓨터에서 각종 정보를 전달하는 경로는?

① Byte ② BUS
③ CPU ④ Terminal

해 BUS : 여러 장소로 정보를 전송할 경우 회로 구조가 간단하도록 설정된 정보 전송 통로이다.

03 다음 중 아날로그(Analog)와 디지털(Digital)에 관한 설명 중 틀린 것은? [한겨레신문]

① 봉화대의 신호는 초기적인 디지털 형식의 신호체계이다.

② 디지털 압축기술을 이용하면 하나의 전송채널에 여러 신호를 싣는 다중화(Multiplex)가 가능하다.

③ 아날로그 신호의 주파수(Frequency)란 신호가 1초 동안 사이클을 이루는 횟수이다.

④ 아날로그 신호를 디지털화하기 위해서는 자연적인 신호를 양자화(Quantization)한 뒤 표본화(Sampling)하는 과정을 거친다.

해 아날로그 신호를 디지털 신호로 전환하기 위해서는 표본화(Sampling) → 양자화(Quantization)의 과정을 거친다.

04 컴퓨터의 구성요소 중에서 프로그램이 지시한 명령을 해독하는 장치는? [일동제약]

① 연산장치 ② 제어장치
③ 입력장치 ④ 주기억장치

해 제어장치 : 기억장치에 축적되어 있는 일련의 프로그램 명령을 순차적으로 꺼내 이것을 분석·해독하여 각 장치에 필요한 지령 신호를 주고, 장치 간의 정보 조작을 제어하는 구실을 한다.

05 컴퓨터의 단위시간당 처리능력을 뜻하는 것은? [내외경제신문]

① Time ② Real Time
③ Through Put ④ Turn Around

해 Through Put : 컴퓨터의 단위시간당 처리능력을 말한다.
Real Time : 입력되는 정보를 중단시키지 않고 계속하여 처리해야 하는 것을 말한다.

06 On-line 시스템이란? [대한생명]

① 은행이 기업에 제공하는 자금관리시스템.

② 문서작성에서부터 기억, 변경, 인쇄 등의 처리기능을 갖춘 문서처리시스템.

③ 문서, 사진, 도면 등을 전기신호로 변환한 다음 통신회선을 통하여 전송하는 시스템.

④ 단말장치나 컴퓨터 주변 시스템을 통신회선 등으로 연결하여 필요한 데이터를 컴퓨터에 보내면 즉시 처리가 가능한 시스템.

해 ②는 Spooling에 대한 설명이다.
온라인 시스템 : On – line 컴퓨터 시스템의 주변 장치들이 중앙처리장치와 직접 연결되어 데이터를 바로 전송해서 처리해 주는 시스템으로, 직결방식이라고도 한다.

[일동제약]

07 다음 설명 중에서 틀린 것은?

① 1Byte는 8Bit이다.
② ROM이란 읽기, 쓰기를 할 수 있는 기억장치를 말한다.
③ 프로그램 내의 오류를 수정하는 작업을 디버깅(Debugging)이라 한다.
④ 프로그램언어에는 FORTRAN, COBOL, PASCAL 등이 있다.

해 **ROM** : Read Only Memory. 읽기 전용 장치이다.
디버깅 : Debugging. 프로그램에서 오류를 발견하고 그 원인을 밝히고 처리하는 과정을 말한다.

[한겨레신문]

08 광대역 네트워크 기술 중 상향 채널과 하향 채널의 전송속도가 다른 것이 특징이며, 전화선이나 전화기를 그대로 사용하면서도 데이터 통신과 일반 전화를 동시에 이용할 수 있는 기술은?

① ISDN
② ADSL
③ 비동기전송방식(ATM)
④ 이더넷(Ethernet)

해 **ADSL** : Asymmetric Digital Subscriber Line. 기존의 전화선을 이용하여 컴퓨터가 데이터 통신을 할 수 있게 하는 통신수단이다.

[동아일보]

09 게이트 어레이(Gate Array)란?

① 컴퓨터 전화번호 시스템
② 음을 전신신호로 바꾸는 장치
③ 초정밀을 요하는 주문형 논리회로
④ 디지털 전송기술을 이용한 통신망

해 **게이트 어레이** : Gate Array. 다용도의 주문형 논리회로로, 한 개의 칩 안에 기본 단위인 게이트가 800~6,000개가 집적된 초대규모 집적회로이다.

[삼익악기]

10 화상회의 시스템의 장점으로 볼 수 없는 것은?

① 시간절약
② 경비절약
③ 의사결정의 신속성
④ 시설비의 저렴과 간편한 시공

해 **화상회의 시스템** : 서로 먼 거리에 떨어져 있는 사람들끼리 각 실내에 설치된 TV 화면에 비친 화상 및 음향 등을 통하여 회의를 진행할 수 있도록 만든 시스템으로 시설비가 고가이며 시공이 어렵다는 단점이 있다.

[대한생명]

11 경영정보시스템의 발전과정으로 맞는 것은?

① MIS-SIS-DSS-EDPS
② EDPS-DSS-MIS-SIS
③ MIS-DSS-SIS-EDPS
④ EDPS-MIS-DSS-SIS

해 **DSS** : Decision Support System. 의사 결정 지원 시스템.
SIS : Strategic Information System. 기업의 전략을 실현하여 경쟁우위를 확보하기 위한 목적으로 사용되는 정보시스템.

01 ④ 02 ② 03 ④ 04 ② 05 ③ 06 ④ 07 ② 08 ② 09 ③ 10 ④ 11 ④ **답**

12 인터넷을 기반으로 모든 사물을 연결하여 사람과 사물, 사물과 사물 간의 정보를 상호 소통하는 지능형 기술 서비스를 무엇이라 하는가?

① 사물지능통신   ② 사람인터넷

③ 사물인터넷   ④ 스마트 인터넷

해 사물인터넷은 사물지능통신과 비슷하지만 인터넷으로 연결돼 더 확장된 개념이다.

[KT]

13 산업계에서 고도의 정보통신 시스템에 대한 과도한 관심 때문에 실태나 장래의 전망에 대한 불분명한 것이 있음에도 불구하고, 인생의 경쟁에서 뒤처질 것에 대한 초조감으로 병적 증세를 보이는 증후군은?

① INS 증후군

② LID 증후군

③ 갈라파고스 증후군

④ VDT 증후군

해 INS 증후군 : Information Network System Syndrome.
LID 증후군 : Loss, Isolation, Depression Syndrome. 핵가족화에 따른 노인들의 고독 병.
갈라파고스 신드롬 : 대륙과 동떨어져 독자적으로 진화한 남아메리카 콜론 제도의 동물들에 빗대어 기술은 최고지만 세계시장과 거리가 먼 일본 전자산업 상황을 설명하는 신조어.
VDT 증후군 : 컴퓨터의 스크린에서 방사되는 X선 · 전리방사선 등의 해로운 전자기파가 유발하는 두통 · 시각장애 등의 증세.

[KT]

14 데이터의 전송방식 중 반이중통신에 대해 맞는 것은?

① 고정된 한쪽 방향으로만 전송이 가능하다.

② 데이터의 송 · 수신을 번갈아가며 실행할 수 있는 방식이다.

③ 데이터를 양쪽 방향으로 동시에 송 · 수신할 수 있는 방식이다.

④ 라디오에서 많이 사용하는 방식이다.

해 반이중통신 : 접속된 두 장치 사이에서 교대로 데이터를 교환하는 통신 방식으로, 동시에 양쪽 방향으로 전송할 수는 없다.

[한국환경공단]

15 세계 최초의 DNA 컴퓨터에 대한 설명으로 틀린 것은?

① 미국의 와이즈만 연구소가 세계 최초로 개발하였다.

② 컴퓨터의 소프트웨어와 하드웨어가 모두 DNA, 효소 등 생체분자로 이루어졌다.

③ DNA를 구성하는 4개의 염기분자로 데이터를 표현한다.

④ 인체 세포 안에서 비정상적인 생화학 징후를 추적, 질병을 찾아낼 수 있을 것으로 전망한다.

해 DNA 컴퓨터를 처음 고안한 것은 미국의 에이드먼 교수이다. DNA 컴퓨터는 네 가지 염기, 즉 아데닌(A), 티민(T), 구아닌(G), 시토신(C)으로 신호가 구성되며, 소프트웨어가 모두 DNA 분자들로 이루어져 있다. 이 DNA 분자들은 생명체에 관한 암호화된 정보들을 저장 · 처리할 수 있다.

[한국환경공단]

16 음악파일이나 동영상 파일과 같은 크기의 큰 자료를 다운로드 받으면서 재생할 수 있도록 해 주는 기술은?

① MPEG   ② Streaming

③ Quicktime   ④ Realtime

⑤ Repeater

해 Streaming : 인터넷에서 음성이나 영상, 애니메이션 등을 실시간으로 재생하는 기법이다.

17 RAM이란?

① 수시로 입출력이 가능한 소자

② 출력 전용 기억소자

③ 주문형 논리회로

④ 반도체 안에 자료를 영구적으로 기억시켜 놓은 기억소자

해 RAM : Random Access Memory. 수시로 입출력이 가능한 소자로, 전기가 통하지 않으면 데이터는 사라진다.

[한국마사회]

18 디스크에서 저장되는 파일을 효율적으로 관리하기 위하여 각각의 성격과 종류에 따라 파일을 구분하도록 만든 임의적인 구역은?

① 데이터베이스   ② 디렉토리

③ 섹터   ④ 데이터

해 디렉토리 : Directory. 파일과 다른 디렉터리들의 그룹을 갖고 있는 파일 시스템 안의 존재물이라고 불린다.

[한국전력공사]

19 일정 기간 동안 모아진 변동자료를 필요한 시점에서 일괄처리하는 자료 처리 방식은?

① Operating System

② Transaction Processing

③ Batch Processing

④ Real Time Processing

해 Batch Processing : 자료를 모아 두었다가 일괄해서 처리하는 자료처리의 형태.
Transaction Processing : 조직체의 운영상 기본적으로 발생하는 거래자료를 신속 정확하게 처리하는 것.
Real Time Processing : 실시간 처리. 즉시 응답을 얻을 수 있는 프로그램 실행이나 데이터 처리 방식.

[한국마사회]

20 다음 중 연결이 잘못된 것은?

① CAD – 컴퓨터 제작 시스템

② LSI – 대규모 집적회로

③ VAN – 부가가치통신망

④ BAS – 빌딩 자동화 시스템

해 CAD : Computer Aided Design. 컴퓨터를 이용하여 설계하는 것을 뜻하며, CAM은 computer Aided Manufacturing의 약칭으로 컴퓨터 원용 생산을 뜻한다.
BAS
• Building Automation System.
• Brake Assist Sysem. 브레이크 보조 시스템.

[KBS]

21 다음 설명 중 잘못된 것은?

① 알권리 – 국민이 필요한 정보를 알기 위해 국가기관 등에 적극적으로 정보의 공개를 요구할 수 있는 권리

② 액세스권 – 일반시민이 매스미디어를 이용해 자유롭게 비판이나 반론 등 자신의 주장을 전달할 수 있는 매체 접근권

③ 정보공개제도 – 알권리를 법제화한 것으로 국민이 필요한 경우 국가기관에 정보공개를 요구할 수 있는 요건과 절차 등을 규정한 법

④ 반론권 – 국가기관의 일방적인 발표 때문에 피해를 당한 국민과 기업이 언론기관에 반론의 게재나 방송을 요구할 수 있는 권리

해 반론권 : Right of Reply. 매스미디어에 의해 비판·공격·기타 어떠한 형태로 언급된 사람이 당해 매스미디어를 통하여 반론을 제기하는 권리를 말한다.

[경향신문]

22 뉴미디어가 많이 출현해도 신문의 존재가 흔들리지 않는 기능상의 주된 이유는?

① 정보전달 기능

② 보도 · 논평 기능

③ 속보 기능

④ 수요자에 대한 서비스 기능

해 종이 신문이 ①, ③, ④를 따라갈 수는 없으나 논평 기능 (사설이나 칼럼 및 해설 등)에서 뉴미디어를 앞선다는 분석이다.

23 방송통신위원회에 대한 설명으로 틀린 것은?

① 방송위원회의 방송 정책 및 규제, 정보통신부의 통신서비스 정책과 규제를 총괄하는 대통령 직속 기구이다.

② 방송과 통신의 융합 현상에 능동적 대응, 방송의 자유와 공공성 및 공익성 보장, 방송 · 통신 간 균형 발전과 국제경쟁력 강화 등을 설립 목적으로 하고 있다.

③ 주요 업무는 방송 · 통신 · 전파연구 · 관리에 관한 사항 등으로, 기존 방송위원회의 방송 정책 · 진흥 · 매체 정책과 정보통신부의 통신 · 전파 · 정보보호 · 인터넷 등 양 기관의 핵심 기능을 두루 포괄하게 된다.

④ 방송통신위원회의 위원들은 야당이 철저히 배제되고 있어 야당으로부터 극심한 반발을 샀다.

해 방송통신위원회 : 디지털 기술 등의 발전으로 급속히 진행되고 있는 방송과 통신의 융합화 추세에 능동적으로 대응하고 나아가 국민들이 보다 풍요로운 방송통신융합의 혜택을 누릴 수 있도록 하기 위해 대통령 직속 합의제 행정기구로 출범하였다. 방송통신위원회는 위원장 1명을 포함, 5명의 상임위원으로 구성된다. 대통령이 2인을 임명하고 그중 1명을 위원장으로 한다. 위원 3명은 국회에서 추천하며 대통령이 소속되거나 소속됐던 정당의 교섭단체가 1명을, 그 외 교섭단체들이 2명을 추천한다.

[KBS]

24 방송광고에 대한 설명으로 틀린 것은?

① 광고대행사는 구입한 방송시간대 값의 15% 정도를 수수료로 받는다.

② 방송광고는 광고대행사와 방송국 사이에 한국방송광고공사라는 대행조직이 있고 반드시 이 기관을 통해서 광고해야 한다.

③ 세계 최대 광고대행사로는 일본의 덴츠와 미국의 영앤루비컴사가 있다.

④ AE는 아이디어를 제시하고 자료를 찾아 직접 광고를 제작한다.

해 AE : 광고 전략 수립부터 제작까지 전 과정을 관리 · 감독하는 역할을 한다. 우리나라에서 방송광고를 하기 위해서는 한국방송광고대행사를 통해야 한다.

[KBS]

25 저렴한 비용, 시간절약, 반대면적 접촉, 표본추출 가능 등 장점이 많아 최근 서베이 방법으로 많이 쓰이고 있으나 조사자의 편견이 개입될 수 있고 심사숙고한 답변을 얻을 수 없는 단점이 있는 조사방식은?

① 전화여론조사   ② 개별면접

③ 우편조사   ④ 피플미터

해 전화여론조사의 장점과 단점

장점 : 면접원들에 대한 통제가 용이하여 정확성이 높고 조사 대상자 접촉이 신속하다.

단점 : 정확한 확률표집이 제한되어 모집단의 추정이 어렵고, 복잡하여 많은 정보를 얻기가 힘들다. 또한, 사기, 영업 등이 범람하면서 응답 기피현상이 심해져 전화설문의 성공률이 낮아지고 있다.

26 다음 중 다원방송(Multi Organization Broadcast)에 대한 설명으로 맞는 것은?

① 교통방송이나 스포츠 중계에서처럼 둘 이상의 지점에서 방송하는 내용을 하나의 프로그램으로 형성하는 방식

② 기존 방송에 스테레오 방송이나 문자정보 등을 덧붙이는 방식

③ TV방송을 동축 케이블로 송신하는 방식

④ 사진이나 그래프 등 정지화면을 보내는 방식

해 ②는 투 캐리어 방식, ③은 유선방송에 대한 설명이다. ④는 FILL(방송시간이 남았을 때 그 시간을 메우기 위한 1∼2분의 영상자료)에 대한 설명이다.

[MBC]

27 정보화 사회의 특징으로 틀린 것은?

① 미디어 믹스 현상이 나타난다.

② 산업사회적 가치와 현상들이 허물어지고 포스트모던한 새 규범과 가치가 일반화된다.

③ 정보의 절대량이 폭증하고 저질, 왜곡, 거짓 등 오염된 정보가 늘어난다.

④ 메시지의 송신자는 능동적인 반면 수신자는 수동적인 관계가 구축된다.

해 ④ 정보화 사회의 특징은 쌍방향이라는 점이다.

[MBC]

28 다음 중 방송규제기구가 아닌 것은?

① 미국 – FCC   ② 영국 – ITC

③ 프랑스 – CSA   ④ 독일 – ZDF

해 ZDF : 독일방송협회(ARD)의 공영 독점을 사전에 예방하기 위해 설립된 방송연합체이다.

FCC : Federal Communication's Commission. 미국 연방통신위원회. 미국 유·무선·위성·케이블 등 전자통신의 규제를 통일하기 위해 설립된 기구로 전자 이용에 포괄적인 업무를 맡고 있다.
ITC : Independent Television Commission. 독립 텔레비전 방송 위원회. 영국에서 BBC 방송사 외 일부 텔레비전 방송 채널의 방송 내용을 통제하는 기구이다.
CSA : Conseil Superieur de l'Audiovisuel. 시청각 최고위원회. 프랑스 방송 규제기관이다.

[KBS]

29 신뢰성있는 보도를 위해서는 취재원의 반대가 없는 경우 취재원을 명시해야 하는데 그 이유가 아닌 것은?

① 책임있는 보도를 하기 위해

② 단순한 소문과 구별하기 위해

③ 오보나 정보조작의 위험성을 막기 위해

④ 법에 정해져 있기 때문에

해 취재원 : 작품이나 기사 재료의 출처를 말한다.
취재원 명시 : 신문윤리 실천요강(제5조) "취재원이나 출처를 가능한 한 밝혀야 한다."
취재원 보호 : 취재원 묵비권 혹은 취재원 비닉권이라고도 하며 방송사나 신문사 등 언론기관에서 취재원을 제3자에게 공개하지 않고 그 비밀을 지키는 것을 말한다.
Deep Throat : 1972년 닉슨 전 미국 대통령을 사임으로 몰고 간 미국 현대정치사상 최대 비리사건인 워터게이트 사건을 폭로한 「워싱턴포스트」의 밥 우드워드와 칼 번스타인 기자가 제보자의 신원을 감추기 위해 실명 대신 명명한 취재원의 암호명에서 유래한 말이다.

[KBS]

30 다음 중 저작인접권자가 아닌 자는?

① 탤런트   ② 작사자

③ 가수   ④ 성우

해 저작인접권 : 실연자의 권리, 음반제작자의 권리, 방송사업자의 권리 등으로 구성된다.

22 ②	23 ④	24 ④	25 ①	26 ①	27 ④	28 ④	29 ④	30 ②

31 방송의 디지털화가 가져오는 장점이 아닌 것은?

① 양자화 잡음이 없다.

② 다채널 서비스가 가능하다.

③ 이동체에서도 고품질 영상수신이 가능하다.

④ 쌍방향 서비스가 가능하다.

해 디지털 방송 : 기존의 아날로그방송과 달리 정보의 신호를 부호화하여 기록하는 디지털 형태로 텔레비전 신호를 압축 후 내보내기 때문에 쌍방향 운용. 재생. 축적이 가능한 차세대 방송기술을 말한다.

양자화 : 연속적으로 보이는 양을 자연수의 셀 수 있는 양으로 재해석하는 것을 말한다.

양자화 잡음 : 원신호에 대한 양자화된 아날로그신호의 오차분으로, 양자화 잡음을 작게 하려면 아날로그—디지털 변환기(ADC)의 비트 수를 확장하여 양자화 스텝의 폭을 줄여야 한다.

32 프로그램과 프로그램 사이의 연결을 매끄럽게 하기 위해 제시되는 영상으로서 프로그램의 포맷 사이의 공간을 자연스럽게 연결해주는 방송 제작물은?

① 브리지 타이틀

② 롤 타이틀

③ 서브 타이틀

④ 오프닝 타이틀

해 Roll Title : 텔레비전 카메라나 필름 카메라의 앞에서 타이틀을 위아래로 또는 가로질러 움직이는 데 사용되는 장치.

Subtitle : 부제. 설명자막.

Opening Title : 텔레비전 방송이 시작될 때에 방송국명. 콜 사인(Call Sign). 주파수 등을 알리는 타이틀.

End Title : 또는 closing title. 영화나 방송의 끝에 나가는 타이틀.

Super(Superimposed) Title : 각 프로그램을 상세히 설명해주고자 할 때 그 프로그램의 정서에 맞는 문자나 필서(모필)로 나타내주는 타이틀.

33 액세스권(Right of Access)은 다음 중 어떤 권리를 말하는가?

① 정보 청구권

② 국민의 알권리

③ 경영 참여의 권리

④ 거부할 권리

해 Right of Access : 국민이 매스미디어에 자유롭게 접근하고 개인이 언론기관을 통해 여론 형성에 참여하도록 하기 위해 액세스권이 인정되며, 매체접근권이라고 한다.

34 지상파 디지털 방송을 가장 먼저 실시한 나라는 어디인가?

① 미국   ② 프랑스

③ 영국   ④ 일본

해 ③ 1998년 9월 23일 영국 BBC가 세계 최초로 지상파 디지털 텔레비전 방송을 시작하였다.

35 다음 설명 중 틀린 것은?

① 우리나라의 기자단 제도는 일본의 선례를 모방한 것으로 기자들이 거대한 관료조직에 공동 대응할 수 있지만 정보통제의 매커니즘으로 이용되는 문제점을 안고 있다.

② '경마 저널리즘'이란 용어는 기자들이 마치 경마를 하듯이 몰려다니며 지나친 속보 경쟁에 몰두하는 취재형태를 말한다.

③ 서양의 언론 발달사를 보면 신문의 객관주의는 다양한 종류의 독자를 만족시키고 보도로 인한 갈등을 피함으로써 시장 확대를 꾀하고자 했던 상업적 대중신문의 전략이었다.

④ 한 사회에서 무엇이 중요하고 중요하지 않은지를 언론이 결정한다면 그것은 언론의 '의제설정' 기능 때문이다.

해 경마 저널리즘 : Horse Race Journalism. 선거 보도 형태의 하나로 후보자의 득표 상황만을 집중 보도하는 것이다. 저널리즘 본연의 자세에서 벗어나 본질을 외면한 채 단순히 흥미 위주로 보도하는 것을 말한다.

36 옐로 저널리즘에 대한 설명으로 맞는 것은?

① 흥미 위주의 보도를 하는 선정주의적 경향을 띤다.

② 공개되지 않은 이면적 사실을 폭로하는 저널리즘을 가리킨다.

③ 극비 문서를 복사기로 몰래 복사해서 발표되는 저널리즘을 말한다.

④ 한 사건에 대해 다양한 측면에서 취재가 이루어지지 않고 취재 방법이나 시각 등이 획일적인 저널리즘을 말한다.

해 ② 블랙 저널리즘(Black Journalism), ③ 제록스 저널리즘(Xerox Journalism), ④ 팩 저널리즘(Pack Journalism)에 대한 설명이다.

[한국마사회]

37 다음 설명 중 옳지 않은 것은?

① 독자의 흥미를 끌기 위해 저속하고 선정적인 보도를 위주로 하는 편집체계의 신문을 'Yellow Paper'라 한다.

② 인간이 지니고 있는 모든 자질을 전면적, 조화적으로 육성하려는 교육을 '전인교육'이라 한다.

③ 신문의 기사에서 독자의 눈을 끌기 위해 기사의 내용을 압축해서 내세우는 것을 '테마'라 한다.

④ 두 곳 이상의 지역방송을 복합, 하나의 프로로 방송하는 것을 '다원방송'이라 한다.

해 ③은 'Head Line'에 대한 설명이다.

[CBS]

38 방송의 공공성이 주장되는 가장 주된 근거는 무엇인가?

① 방송의 영향력

② 방송인의 역할

③ 전파의 국민소유권

④ 방송국의 사회적 기능

해 지상파 방송의 경우 전파는 국민의 재산이자 국가의 재산이기 때문에 사적 방송인 유선방송과는 달리 공익성 또는 공공성이 강조되고 있다. 즉, 전파는 사적 집단 또는 개인의 소유가 아니기 때문이다.

[CBS]

39 '공영방송제도'의 설명 중 거리가 먼 것은?

① 사회적 통제

② 권력으로부터 독립된다.

③ 자본, 광고로부터 자유롭다.

④ 시청료가 없다.

해 공영방송 : 방송의 목적을 영리에 두지 않고, 시청자로부터 징수하는 수신료 등을 주재원으로 하여 오직 공공의 복지를 위해서 행하는 방송을 말한다.

[한국가스공사]

40 다음 중 조지프 퓰리처와 함께 Yellow Journalism을 낳은 언론인은?

① R. 맥스웰   ② W.R. 허스트

③ D. 웰레스   ④ E.W. 스크립스

해 퓰리처상의 제정자인 J. 퓰리처가 발행지 「뉴욕 월드」 일요판에 황색의 옷을 입은 소년 '옐로 키드(yellow kid)' 만화를 게재하였는데, 이를 흉내낸 W.R. 허스트 간의 치열한 선정주의(Sensationalism) 경쟁을 전개하면서 이같은 명칭이 등장했다.

[한겨레신문]

41 'Product Placement'에 관한 설명으로 옳은 것은?

① 특정 회사 상품을 소도구로 등장시키는 영화 속의 광고
② 상품 광고를 본딴 영화의 판촉 방식
③ 셔츠, 인형, 장난감 등 영화와 관련된 상품의 개발
④ 시네플렉스 같은 곳에 영화와 관련된 도서, 포스터, 콤팩트 디스크 등 판매 코너의 설치

해 PPL : 영화나 드라마 등에서 특정 제품을 노출시켜 광고 효과를 노리는 간접광고를 말한다.

42 칼럼(Column)에 대한 정의로 옳은 것은?

① 신문의 만화
② 신문의 컬러 인쇄
③ 방송의 뉴스 해설
④ 신문, 잡지 등에 시사문제나 사회, 풍속 등을 촌평하는 기사

해 칼럼 : Column. '기둥'을 뜻하는 라틴어 '콜룸나(Columna)'에서 나온 말이다. 신문, 잡지에서 정기적으로 시사문제, 사회, 풍속 등을 짧게 비평하는 기사를 말한다.

43 TV를 수신할 때 화면이 겹쳐 보이거나 어긋나 보이는 비정상적인 수신상태는?

① Ghost   ② Gobo
③ Gain   ④ Genlock

해 방송국의 직접파 이외에 산, 건물 등에 의한 반사파가 직접파의 통로보다 길어서 발생하는 것으로 텔레비전에 상이 겹치는 현상을 말한다.

44 방송에서 한 프로그램이 끝나고 다음 프로그램이 시작되는 사이의 시간을 가리키는 말은?

① 스테이션 브레이크
② 커머션 브레이크
③ 커머셜 프로그램
④ 프라임 타임

해 스테이션 브레이크 : Station Break. 프로그램 사이에 방송국의 자사 광고 및 프로그램을 안내하는 시간으로 자유롭게 사용할 수 있다. 라디오, TV 모두 이전 프로그램의 시간에 따라 스테이션 브레이크(Station Break)가 결정되며 최소 1분 50초 이상이다.
프라임 타임 : Prime Time. 시청자나 청취자가 가장 많은 시간대로 텔레비전은 평일에는 오후 8시~11시, 일요일은 오후 7시~11시까지를 가리킨다. 이 시간대에 시청률과 광고비가 가장 높아 네트워크의 편성에서 가장 중요한 위치를 점하게 된다.

45 다음 중 통신사에 대한 설명으로 틀린 것은?

① 서방의 BIG 4 통신사는 AP, AFP, UPI, Reuter이다.
② AP는 1845년 뉴욕의 6개 신문사가 만든 미국의 최대 통신사이다.
③ 독일은 ROSTA, 이탈리아는 ANSA, 중국은 신화사가 대표적인 통신사이다.
④ 4대 통신사 가운데 AFP만 국고보조를 받으며 반관·반민영 형태로 운영된다.

해 ROSTA : 러시아 혁명시기의 통신사이다.

46 다음 중 모바일 운영체제인 Android에 대한 설명으로 거리가 먼 것은?

① 아이폰, 아이패드에 내장된다.

② 오픈 소스 기반으로 무료로 제공한다.

③ Windows나 다른 운영체제와 연동이 자유롭다.

④ Google사에서 개발하였다.

해 아이폰, 아이패드에 내장되는 모바일 운영체제는 iOS이다. 안드로이드는 완전 개방형 플랫폼으로 다른 운영체제와 연동이 자유로우며 Google사에서 개발하였다.

47 다음 중 기억장치에 대한 설명으로 올바르지 않는 것은?

① 보조기억장치는 주기억장치에 비해 속도가 빠르다.

② 주기억장치는 현재 수행 중인 프로그램 및 데이터를 임시로 저장한다.

③ ROM은 저장된 내용을 읽을 수만 있는 읽기 전용 기억장치이다.

④ RAM은 전원이 차단되면 기억된 내용이 지워지는 휘발성 기억장치이다.

해 기억장치의 접근 속도 : 레지스터 〉 캐시기억장치 〉 주기억장치 〉 보조기억장치

48 다음 중 PC 운영체제에 대한 설명으로 틀린 것은?

① UNIX는 대부분 C 언어로 작성되어 이식성과 확장성이 뛰어나다.

② Linux는 Windows를 기반으로 개발되었다.

③ OS X는 전자출판, 디자인, 멀티미디어 부분에서 주로 사용된다.

④ Windows는 OLE을 제공한다.

해 리눅스는 1991년 11월에 리누스 토르발즈(Linus Torvalds)가 버전 0.02을 공개한 유닉스 기반 개인컴퓨터용 공개 운영체제이다.

49 다음 중 대용량의 멀티미디어 자료를 다운로드 받지 아니하고 실시간으로 전송 받아 재생시키는 기술은?

① 일러스트레이터　② 하이퍼바이저

③ 애니메이션　　　④ 스트리밍

해 인터넷에서 음성이나 영상, 애니메이션 등을 다운로드 없이 실시간으로 재생하는 기법을 스트리밍(Streaming)이라고 한다.

50 다음 중 일반인들이 자신의 관심사에 따라 일기, 칼럼, 기사 등을 자유롭게 올릴 수 있는 1인 미디어는?

① 블로그　　　　② 쿠키

③ 세션　　　　　④ 검색엔진

해 보통 사람들이 자신의 관심사에 따라 자유롭게 칼럼과 일기, 취재 기사 등을 올리는 웹사이트를 블로그(Blog)라 한다.

51 다음 중 원음에 가깝게 재생하는 기술인 하이파이에 무선 기술을 접목한 것으로 고성능 무선통신을 가능하게 하는 무선랜 기술은?

① Wi-Fi
② WiBro
③ 빅데이터
④ 유비쿼터스

헤 Wi-Fi는 전파나 적외선 전송 방식을 이용하는 근거리 통신망으로 보통 '무선 랜(LAN)'이라고 한다.

52 다음 중 지하철이나 버스 정류장에서 지역과 관련된 지도나 주변 상가 정보 또는 특정 정보를 인터넷과 연결하여 효과적으로 전달하는 입간판 형태의 정보안내 기기는?

① 주문형 비디오(VOD)
② CAI(Computer Assisted Instruction)
③ 키오스크(Kiosk)
④ 화상회의 시스템(VCS)

헤 키오스크(Kiosk)란 공공장소에 설치된 터치스크린 방식의 정보전달 시스템으로 그래픽, 통신카드 등 첨단 멀티미디어 기기를 활용하여 음성서비스, 동영상 구현 등 이용자에게 효율적인 정보를 제공한다.

53 다음 중 소형화, 경량화를 비롯해 음성과 동작인식 등 다양한 기술이 적용되어 장소에 구애받지 않고 컴퓨터를 활용할 수 있도록 몸에 착용하는 컴퓨터를 의미하는 것은?

① 웨어러블 컴퓨터
② 마이크로 컴퓨터
③ 인공지능 컴퓨터
④ 서버 컴퓨터

헤 웨어러블 컴퓨터(Wearable Computer)란 안경, 시계, 의복 등과 같이 착용할 수 있는 형태로 사용자가 거부감 없이 신체의 일부처럼 항상 착용하여 사용할 수 있는 컴퓨터를 말한다.

54 다음 중 여러 대의 컴퓨터를 일제히 동작시켜 대량의 데이터를 한 곳의 서버 컴퓨터에 집중적으로 전송시킴으로써 특정 서버가 정상적으로 동작하지 못하게 하는 공격방식은?

① 스니핑(Sniffing)
② 분산서비스거부(DDoS)
③ 백도어(Back Door)
④ 해킹(Hacking)

헤 분산서비스거부(DDoS)란 여러 대의 컴퓨터를 일제히 동작하게 하여 특정 사이트를 공격하는 방식이다.

55 다음 중 중앙의 주 컴퓨터에 이상이 발생하면 시스템 전체의 기능이 마비되는 통신망 형태는?

① 버스(Bus)형
② 트리(Tree)형
③ 성(Star)형
④ 메시(Mesh)형

헤 통신망의 구성형태 중 성(Star)형은 중앙에 컴퓨터(또는 전송 제어 장치 및 교환기)가 있고 그 주위에 분산된 단말기가 일대일로 연결되어 있는 중앙 집중형태이다.

56 다음 중 애니메이션에서의 모핑(Morphing) 기법에 대한 설명으로 옳은 것은?

① 종이에 그린 그림을 셀룰로이드에 그대로 옮긴 뒤 채색 하고 촬영하는 기법이다.
② 2개의 이미지나 3차원 모델 간에 부드럽게 연결하여 서서히 변하는 모습을 보여주는 기법이다.
③ 키 프레임을 이용하여 애니메이션을 만드는 기법이다.
④ 점토를 사용하여 애니메이션을 만드는 기법이다.

레 모핑(Morphing)이란 화상을 서서히 변화시키는 기법이다. 몰핑 구현에는 원래의 이미지와 변화시킬 이미지 등 2개 이상의 영상이 필요한데, 이들 복수의 영상 간에 대응점을 찾아서 이미지를 변형시킨다.

57 다음 중 인터넷상에서 동시 접속자 수가 너무 많아 과부하가 걸리거나, 너무 먼 원격지일 경우 발생하는 속도 저하를 막기 위해 동일한 사이트를 허가 하에 여러 곳으로 복사해 놓는 것은?

① 링크 사이트(Link site)
② 미러 사이트(Mirror site)
③ 인터커넥트(Interconnect)
④ 엑스트라넷(Extranet)

레 다른 사이트의 정보를 그대로 복사하여 관리하는 사이트를 미러 사이트(Mirror site)라고 한다.

58 다음 중 정보사회에서 정보 보안을 위협하기 위해 웜(Worm)의 형태를 이용하는 것에 해당하지 않는 것은?

① 분산 서비스 거부 공격
② 버퍼 오버플로 공격
③ 슬래머
④ 트로이 목마

레 웜(Worm)은 자기 스스로 복제하는 방법으로 시스템의 성능을 저하하고 다운시킨다. 바이러스 형태로 침입하는 DDos, 슬래머(Slammer)웜 바이러스, 버퍼 오버플로 등이 해당한다.

59 다음 중 마이크로소프트사의 엑셀이나 워드와 같은 파일을 매개로 하고 특정 응용 프로그램으로 매크로가 사용되면 감염이 확산되는 형태의 바이러스는?

① 부트(Boot) 바이러스
② 파일(File) 바이러스
③ 부트(Boot) & 파일(File) 바이러스
④ 매크로(Macro) 바이러스

레 매크로(Macro) 바이러스는 매크로 명령을 사용하는 프로그램의 데이터에 감염되는 컴퓨터 바이러스이다. 엑셀이나 워드 등 매크로를 사용하는 데이터를 전자우편으로 보낼 때 상대방의 컴퓨터에 감염되어, 작업한 문장을 바꾸어 놓거나 하드디스크를 지워버리는 일을 한다.

60 다음 중 하드웨어 장치의 설치나 드라이버 확장 시 사용자의 편의를 돕기 위해 사용자가 직접 설정할 필요 없이 운영체제가 자동으로 인식하게 하는 기능은?

① 원격지원
② 플러그 앤 플레이
③ 핫 플러그인
④ 멀티스레딩

레 플러그 앤 플레이(Plug and Play)는 컴퓨터 운영 체계에서 시스템을 설치하면 별도의 다른 설정 없이 자동으로 기동하는 것을 말한다.

다음 질문에 답하시오. (기업체 직무적성검사 대비 문제)

01 케이블 TV의 P/P는 무엇의 약자인가? [경향신문]

01 Program Provider

02 우리나라 위성방송이 개시된 날은? [경향신문]

02 1996년 7월 1일

03 인터넷을 통해 서비스되는 뉴스로 선진국 언론들이 독자의 요구에 따라 편집한 정보를 전달하는 것을 무엇이라 하는가? [경향신문]

03 NOD
(News on Demand)

04 신문, 잡지, 방송 등의 언론이 불공정한 보도나 논평을 했을 때 피해를 받은 사람이 해당 언론사에 대해 대응할 수 있는 권리는? [경향신문]

04 반론권

05 전통적인 형태의 TV 수상기를 통해 TV를 시청하지 않고, PC나 스마트폰 등의 기기를 통해 TV 콘텐츠를 소비하는 것을 일컫는 말로, 지상파 프로그램의 시청률 저조 현상의 주요 원인으로 언급되어 있는 이 용어는? [삼성 SSAT]

05 Zero TV

06 비교적 좁은 구역에 분산되어 있는 네트워크와의 접속용 게이트웨이(관문장치)를 묶은 구내 네트워크를 말하는 이것은? [삼성 SSAT]

06 LAN

07 컴퓨터 통신이 가능하게끔 서로 다른 구조의 통신망을 연결하는 장치를 뜻하는 이것은?

07 Gate Way

08 최신 최첨단 제품을 먼저 구입해 사용해 보지 않고는 못 견디는 사람을 가리키는 말은?

08 Early Adopter

09 사용자들이 직접 제작한 콘텐츠로, 전문가나 기관 등 콘텐츠 제공자가 아닌 일반 사용자들이 직접 만들어낸 콘텐츠를 뜻하는 용어는?

09 UCC
(User Created Contents)

10 팹리스로 불리는 설계 전문 업체의 주문을 받아 칩을 대신 생산해 주는 반도체 제조업체를 뜻하는 용어는?

11 인간의 지능이 가지는 학습, 추리, 적응, 논증 따위의 기능을 갖춘 컴퓨터 시스템을 뜻하는 용어는?

11 인공지능

12 최근 청와대 등 정부기관의 사이트를 공격한 바이러스로, 분산거부서비스(DDoS)란 뜻을 가진 이 바이러스의 중간숙주가 된 컴퓨터는?

12 좀비 PC

13 시간과 장소 등의 여건에 구애 받지 않고 자유롭게 네트워크에 접속할 수 있는 정보기술(IT) 서비스 환경을 뜻하는 말은?

13 유비쿼터스

14 셀이 직렬로 연결된 방식으로 디지털 카메라나, MP3 플레이어, 카메라폰 같은 대용량 데이터 저장장치에 많이 사용하고 있는 반도체는?

14 낸드 플래시

15 (사실과 진실은 다르다는 명제 아래) 사건 자체보다는 그 사건의 이면을 적극적으로 파헤치는 언론보도 방식은?

15 블랙 저널리즘

16 크리스마스라는 뜻을 가진 바이러스는?

16 Navidad Virus

17 미디어와 데모크라시의 합성어로, 매스커뮤니케이션의 사회적 지배권을 뜻하는 용어는?

17 Mediacracy

18 언론하고 정부 또는 개인 간에 맺는 보도 유예 협약은?

18 엠바고

Chapter
03

Chapter
04

정보통신·커뮤니케이션

다음의 각 용어에 대해 간략하게 설명하시오. (공사 · 공단, 언론사 대비 문제)

01 Spyware [머니투데이]

02 VAN [삼성 SSAT]

03 Protocol

04 Database

05 와이브로

06 LED

07 DMB

08 Disco News [삼성 SSAT]

09 Gate Keeper

10 Street Paper

01_ Spyware

Spy와 Software의 합성어. 다른 사람의 컴퓨터에 잠입하여 사용자도 모르게 개인정보를 제3자에게 유출시키는 악성 프로그램이다.

02_ VAN

Value Added Network, 부가가치통신망. 공중전기통신 사업자로부터 통신회선을 차용하며 독자적인 네트워크를 형성하여 음성 통신 뿐만 아니라 정보의 전달이나 축적 따위의 부가 서비스를 제공하는 통신망이다.

03_ Protocol

전자문서나 기타 자료를 서로 원활히 주고 받기 위해 약속한 여러 가지 규약을 말한다.

04_ Database

여러 사람에 의해 공유되어 사용될 목적으로 통합 관리되는 정보의 집합. 혹은 그 내용에 쉽게 접근하여 처리하고 갱신할 수 있도록 구성된 데이터의 집합체이다.

05_ 와이브로

Wireless Broadband. 이동하면서도 2.3GHz 주파수의 초고속 인터넷을 사용할 수 있는 서비스이다.

06_ LED

Light Emitted Diode. 발광다이오드. 화면 스스로가 빛을 내는 디스플레이를 말한다.

07_ DMB

음성·영상 등을 디지털 방식으로 변조하여 고정 또는 휴대용 수신기에 제공하는 방송서비스를 말한다.
이동 중에도 방송을 볼 수 있다는 점에서 '손안의 TV'라고도 부른다. 전송방식에 따라 지상파 DMB와 위성파 DMB로 구분한다.

08_ Disco News

본질보다는 스타일을 중요시하는 텔레비전 저널리즘을 비판하여 생긴 신조어이다. 뉴스가 내용의 정확성, 진실성, 신속성에 집중하기 보다 뉴스 진행자의 옷차림, 얼굴, 화면효과 등에 우선하여 편집하는 경향을 비판하는 말이다.

09_ Gate Keeper

사건이 대중에게 전달되기 전에 언론사 내부의 각 부문에서 취사 선택하고 검열하는 직책이나 기능 또는 그러한 직책을 맡은 사람을 일컫는 말이다.

10_ Street Paper

거리에 무가지로 배포되는 잡지나 인쇄물을 말한다.

Chapter 04

정보통신·커뮤니케이션

CHAPTER 05

자연과학 · 공학

자연과학 · 공학

① 생물

● DNA

Deoxyribo Nucleic Acid. 살아 있는 모든 세포에서 볼 수 있는 유전형질을 전달하는 복잡한 유기화학적 분자구조를 말한다.

● 비타민 B12

Vitamin B12. 비타민 B군에 속하는 수용성 비타민의 하나로 세포분열에 관여하고 DNA, RNA, 혈액을 생성하며 신경조직의 대사에 중요한 역할을 하는 등 동물의 정상 발육에 반드시 필요한 영양소다. 동물의 내장 및 근육, 어패류, 유제품 등 동물성 식품에 존재하고 식물성 식품에는 거의 없기 때문에 채식주의자들에게서 가장 결핍되기 쉽다.

● 게놈

Genome. 낱낱의 생물체가 가진 한 쌍의 염색체. 생물체를 구성하고 기능을 발휘하게 하는 모든 유전 정보가 들어 있는 유전자의 집합체로, 유전자(Gene)와 염색체(Chromosome)의 두 단어를 합성해 만든 용어이다.

● 뉴런

Neuron. 신경세포. 대부분의 무척추동물과 척추동물에서 신경계를 이루는 기본세포. 신경세포와 거기서 나오는 돌기를 합친 것으로, 자극을 수용하고 전달하는 기능이 있다.

● 미토콘드리아

Mitochondrion. 동물과 식물의 진핵 세포 안에 존재하면서 호흡을 수행하고 에너지를 생성하는 소기관이다.

● 인터페론

Interferon. 바이러스에 감염된 동물세포가 생성하는 당단백질로, 바이러스의 감염과 증식을 저지하는 작용을 한다. B형 간염이나 헤르페스 등의 바이러스성 질병의 치료에 쓴다.

유전자가위

Geno Scissors. 유전체에서 원하는 부위의 DNA를 정교하게 잘라내는 기술

다위니즘

Darwinsim. 자연도태와 적자생존을 바탕으로 진화를 설명하는 학설. 진화론.

멘델의 유전법칙

- 우열의 법칙
- 분리의 법칙
- 독립의 법칙

뇌 백질

White Matter. 뇌의 조직으로 정보를 전달하는 통로이다. 신경섬유의 피막이 빛을 굴절하는 힘이 강한 미엘린(Myelin)이란 물질로 이뤄져 있기 때문에 흰색으로 보인다.

반성유전

Sex Linked Inheritance. 일반적인 상염색체상의 유전자에 의한 것이 아니고, 성염색체인 X 염색체 상에서 일어나는 유전.

RNA

Ribo Nucleic Acid. 세포 내 단백질 합성에 관여하는 고분자량의 복합 화합물.

염색체

Chromosome. 세포 안에 유전자의 형태로 유전정보를 가지고 있는 실 모양의 현미경적 구조.

● 리소좀

Lysosome. 동물세포의 세포질에 있는 작은 과립 성분이다. 가수 분해 효소를 많이 함유하여 세포 내 소화 작용을 한다.

● 리보솜

Ribosome. 세포질 속에서 단백질을 합성하는 아주 작은 알갱이 모양의 물질로, 단백질 합성이 이루어지는 곳이다.

● 핵산

Nucleic Acid. 염기 · 인산 · 당이 하나의 구성단위가 되어 모든 생물의 세포 속에 들어있는 고분자 유기화합물이다. 유전이나 단백질 합성을 지배하는 중요한 물질로, 생물의 증식을 비롯한 생명 활동 유지에 중요한 작용을 한다. 또한 구성하고 있는 당의 종류에 따라서 DNA와 RNA로 나뉜다.

● 인슐린

Insulin. 췌장 속에 있는 내분비선 조직인 랑게르한스섬의 베타(β)세포라는 세포의 집단에서 분비되는 호르몬이다. 간 · 근육 · 지방조직 등에 작용하여 주로 보급영양계의 체내 동화 · 축적을 촉진하고, 글루카곤 · 생장호르몬 · 코르티졸 · 아드레날린 등의 이화 촉진과 길항작용으로 대사를 조절하며, 결과적으로 혈당량을 저하시킨다.

● 근위축성 측색 경화증

ALS ; Amyotrophic Lateral Sclerosis. 루게릭 병이라고도 하며 운동신경세포만 선택적으로 사멸하는 질환으로, 대뇌피질의 위운동신경세포와 뇌간 및 척수의 아래운동신경세포 모두가 점차적으로 파괴되는 특징을 보인다. 1869년 프랑스의 의사 장마르틴 샤콧(Jean-Martin Chartcot)에 의해 최초로 보고되었다. 초기에는 다리, 손 등 신체 일부의 근육이 위축되고 힘이 빠지는 증상이 나타나지만 나중에는 걷거나 움직이지도 못하고 음식조차 삼킬 수 없는 상태에 이르며 수년 내에 호흡근 마비로 사망하게 된다.

뉴트라수티컬

Nutraceutical. 영양을 뜻하는 뉴트리션(nutrition)과 의약품을 뜻하는 파마수티컬(pharmaceutical)을 합성하여 만든 신조어. 질병 치료나 예방에 도움을 주는 식품, 또는 식품에서 추출한 특정 성분 등이 뉴트라수티컬에 해당된다.

광합성

Photosynthesis. 광화학 반응에 의하여 유기물이 합성하는 작용. 녹색 식물이나 그 밖의 생물이 빛 에너지를 화학 에너지로 바꾸는 과정.

엽록체

녹색식물의 세포 안에 들어 있는 구조물이다. 여기에서 광합성이 일어난다.

글루카곤

Glucagons. 분자량이 작은 단백질로, 인슐린과 반대작용을 한다.

확인문제 [한국토지주택공사]

1. 간에 작용하여 포도당을 글리코겐으로 변하게 하고, 체내의 포도당 소비를 촉진시킴으로써 혈당량을 줄게 하는 호르몬은?

① 인터페론 　　② 구아닌
③ 인슐린 　　　④ 아데닌

셀룰로오스

Cellulose. 섬유소. 자연계에 가장 많이 존재하는 유기화합물.

아미노산

Amino Acid. 산 · 알칼리와 염을 만드는 양성 물질로, 단백질의 가수 분해로 얻을 수 있다.

답 1. ③

Chapter 05 지역과학 · 공학

● 중증혈소판 감소증후군

SFTS ; Severe Fever with Thrombocytopenia Syndrome. 진드기를 통해 전파되는 중증열성 혈소판감소증후군 바이러스 감염에 의한 중증열성 바이러스 질환으로 세계보건기구(WHO)가 신종 전염병으로 2017년 연구·개발에 집중 투자해야 하는 질병으로 선정한 바 있다. 우리나라에서는 2012년 8월 사망한 환자의 혈액을 2013년 다시 조사한 결과 해당 바이러스로 인한 사망사례가 처음 확인되며 법정감염병(제4군)으로 지정됐다. 이후 전라, 강원, 경북, 제주 등 한반도 전역에 걸쳐 환자가 발생하고 있다.

● 아프리카돼지열병

ASF ; African Swine Fever. 감염된 동물의 비율이 높고 고병원성 바이러스에 전염될 경우 치사율이 거의 100%에 이르는 바이러스성 출혈 돼지전염병으로, '돼지 흑사병'으로도 불린다. 아프리카 지역에서 주로 발생하였기 때문에 아프리카돼지열병이라는 이름이 붙여졌다. 우리나라에서는 이 질병을 가축전염병예방법상 제1종 법정전염병으로 지정하여 관리하고 있다. 이 병에 걸린 돼지는 고열(40.5~42℃), 식욕부진, 기립불능, 구토, 피부 출혈 증상 등을 보이다가 보통 10일 이내에 폐사한다. 이 질병이 발생하면 세계동물보건기구(OIE)에 발생 사실을 즉시 보고해야 하며, 돼지와 관련된 국제교역도 즉시 중단된다.

심근경색

Myocardial Infarction. 심장으로 산소와 영양분을 보내주는 3개의 심장혈관 가운데 하나가 막혀 심장에 산소공급이 감소하고 심장근육이 마비되는 질환으로 우리나라 돌연사의 가장 큰 원인으로 꼽힌다. 수면 부족과 과다 모두 심근경색의 위험을 높인다.

A형간염

Hepatitis A. 바이러스성 간염의 하나로 A형간염 바이러스에 감염되어 나타나며 제1군 감염병에 지정되어 있다. 혈액으로 감염되는 B형과 C형 간염과 달리, 오염된 음식물과 환자접촉으로 감염되는 질병으로 증상이 바로 나타나며 초기에는 감기와 유사한 증상을 보이다가 4주가 지나면 식욕부진, 구토 등의 소화기 증상과 붉은색 소변이 나오고 황달이 생긴다. 성인에게서 증상이 심하며 심한 경우 간부전으로 사망하고 여름철에 음식 등 개인위생과 예방접종으로 해결해야 한다.

② 물리와 원자력

● 뉴턴의 운동법칙

- 제1법칙(관성의 법칙) : 물체에 작용하는 힘이 '0'일 때 그 물체는 정지해 있거나 또는 등속직선 운동을 한다.
- 제2법칙(가속도의 법칙) : 물체에 작용하는 힘이 '0'이 아닐 때 그 물체는 힘의 방향으로 가속(시간에 따른 속도의 변화)되며 가속도의 크기는 힘의 크기에 비례한다.
- 제3법칙(작용 · 반작용의 법칙) : 접촉하는 두 물체 사이의 작용력과 반작용력은 항상 같은 크기를 가지며 반대방향이다.

● 상대성 이론

Theory of Relativity. 아이슈타인이 제창한 이론으로 특수상대성이론과 일반상대성이론이 있다. 특수상대성이론은 절대공간과 절대시간이라는 개념은 존재하지 않으며, 시간과 공간은 관측자에 따라 정의된다는 것이다. 이것은 '광속도 불변'과 '상대성'이라는 두 가지 이론을 도입시켰다. 일반성 상대이론에서는 물질의 분포에 의해 시 · 공간의 성질이 규정된다고 했다. 이것은 시 · 공간의 관계를 과학적으로 받아들였던 최초의 이론이다.

● 플라스마

Plasma. 물리학에서 기체를 이루는 원자나, 이온화하여 생성되는 입자의 무리를 일컫는 말이다.

● 모세관 현상

Capillary Phenomenon. 가는 대롱을 액체 속에 넣어 세웠을 때, 대롱 안의 액면이 대롱 밖의 액면보다 높아지거나 낮아지는 현상이다.

● 옴의 법칙

Ohm's Law. 어떤 전기 회로에 흐르는 전류는 그 회로에 가해진 전압에 정비례한다는 법칙이다.

$$전압(V) = 전류(I) \times 저항(R), \ 전류(I) = \frac{전압(V)}{저항(R)}, \ 저항(R) = \frac{전압(V)}{전류(I)}$$

가시광선

Visible Spectrum. 사람의 눈으로 볼 수 있는 파장을 가진 광선.

열의 전달과정

- 전도 : 열 또는 전기가 물체 속을 이동하는 현상이다.
- 복사 : 물체가 방출하는 전자기파 및 입자선의 총칭이다.
- 대류 : 유체가 부력에 의한 상하운동으로 열을 전달하는 것으로써 아랫부분이 가열되면 대류에 의해 유체 전체가 골고루 가열된다.

● 보일-샤를의 법칙

Boyle-Charles's Law. 온도가 일정할 때 기체의 압력은 부피에 반비례한다는 보일의 법칙과, 압력이 일정할 때 기체의 부피는 온도의 증가에 비례한다는 샤를의 법칙을 조합하여 만든 법칙이다. 온도, 압력, 부피가 동시에 변화할 때 이들 사이의 관계를 나타낸다.

● 플레밍의 법칙

Fleming's Law. 전자의 운동과 전자기 마당이 상호 작용하는 방향을 알기 쉽게 기억하기 위한 법칙이다.

● 열역학 제1법칙

에너지 보존의 법칙. 자연계에 존재하는 많은 형태의 에너지는 그 형태가 바뀌거나 한 물체에서 다른 물체로 에너지가 옮겨갈 때, 서로 일정한 양적 관계를 가지고 변환하며 그 총량은 일정하게 유지된다는 법칙이다.

● 열역학 제2법칙

고립계에서 총 엔트로피(무질서도)의 변화는 항상 증가하거나 일정하며 절대로 감소하지 않는다. 에너지 전달에는 방향이 있다는 것이다.

● 열역학 제3법칙

절대영도에서의 엔트로피에 관한 법칙으로, 절대영도에서 열용량은 0이된다.

● 임계온도

Critical Temperature. 어떤 물질의 기체상과 액체상이 같아져 더 이상 분리된 상으로 존재할 수 없는 상태(임계점)의 온도를 말한다. 이 온도 이하가 아니면 기체에 아무리 압력을 가하여도 액화되지 않는다.

● 엔트로피

Entropy. 무질서도. 물리계 내에서 일하는 데 사용할 수 없는 에너지를 나타내는 하나의 척도를 말한다.

섭씨온도

1기압에서 물의 어는점을 0℃로, 끓는점을 100℃로 하여 그 사이를 100등분한 온도이다.

화씨온도

1기압에서 물의 어는점을 32℉, 끓는점을 212℉로 정하고, 이를 180 등분한 온도로 물의 특이성을 이용하여 나타낸다.

절대온도

물질의 특이성에 의존하지 않고 눈금을 정의한 온도로, 영하 273.16℃를 기준으로 한다. 단위는 켈빈(K)이다.

초전도현상

Superconductivity. 어떤 종류의 금속 또는 합금을 냉각할 때, 매우 낮은 온도에서 전기저항이 사라져 전류가 장애 없이 흐르는 현상이다. 초전도체는 어떤 물체가 절대온도에 이르면 전기저항이 0이 되어 전류가 무한히 흐르는 물체를 가리킨다.

> **확인문제** [삼성 SSAT]
>
> 5. 초전도(Superconductivity)에 관한 설명 중 맞는 것은?
> ① 금속의 열전도율이 100%에 달하는 현상
> ② 금속의 완전 반자성을 띠는 현상
> ③ 금속의 자성이 극히 강해지는 현상
> ④ 금속의 전기저항이 0으로 떨어지는 현상

> **확인문제** [서울메트로]
>
> 6. 찬물과 따뜻한 물을 섞으면 미지근한 물이 된다. 그러나 미지근한 물이 저절로 찬물과 따뜻한 물로 나눠지지 않는다. 이 현상을 설명할 수 있는 법칙은?
> ① 줄의 법칙
> ② 열역학 제2법칙
> ③ 에너지보존의 법칙
> ④ 보일-샤를의 법칙

답 5. ④ 6. ②

● 엔탈피

Enthalpy. 열역학 함수의 하나. 계(系) 밖에서 가하여진 압력과 그것에 의하여 변화한 계의 부피의 곱을 계의 내부 에너지에 합한 양으로, 일정한 압력 아래에서 계에 출입하는 열량은 엔탈피의 변화량과 같다. 기호는 H이며, 내부에너지가 U, 압력이 p, 부피가 V일 때 H=U+pV(내부에 가지고 있는 에너지와 그 안의 부피변화를 압력과 곱한 값을 더한 것)이다.

● 베르누이의 정리

Bernoulli's Theorem. 운동하고 있는 유체 내에서의 압력과 유속, 임의의 수평면에 대한 높이 사이의 관계를 나타내는 유체역학의 정리이다. 예를 들어 항공기 날개의 상단부 곡면을 따라 흐르는 공기는 날개 밑을 지나는 공기보다 빨라서 날개 하단면의 압력이 날개 상단면의 압력보다 커지게 되는데, 이러한 원리로 항공기가 뜨게 된다.

● 금속피로

Metal Fatigue. 금속 재료에 계속하여 변형력을 가하면 연성이 점차 감소하는 현상으로, 결국에는 파괴된다.

● 형상기억합금

Shape Memory Alloy. 여러 가지 금속합금 가운데 전이 온도 이하에서 변형되어도 전이 온도 이상이 되면 변형 이전의 모양으로 되돌아가는 성질을 가진 합금이다.

● 나노테크놀로지

Nano-Technology. 나노미터는 극미세의 세계에서 물질의 구조와 조성을 제어하여 지금까지는 없었던 혁신적인 재료나 디바이스 시스템을 만들어내는 과학기술이다. 나노(Nano)는 10억분의 1을 나타내는 단위로, 난쟁이를 뜻하는 고대 그리스어 나노스(Nanos)에서 유래되었으며 1나노미터(nm)는 10억분의 1m, 머리카락의 굵기의 약 8만분의 1 크기로 수소원자 10개를 나란히 늘어놓은 정도이다.

물질의 성질

- **인성** : 끌어당기는 성질.
- **탄성** : 원래의 모양으로 되돌아가려는 성질.
- **전성** : 압축력에 대하여 물체가 부서지거나 구부러짐이 일어나지 않고, 물체가 얇게 영구변형이 일어나는 성질이다. 부드러운 금속일수록 이 성질이 강하고, 불순물이 적을 때 강하다.
- **취성** : 메짐(brittleness). 물체가 연성을 갖지 않고 파괴되는 성질.
- **연성** : 탄성한계를 넘는 힘을 가함으로써 물체가 파괴되지 않고 늘어나는 성질.
- **관성** : 현재의 운동 상태를 지속하게 하는 물체의 성질.

표면장력

Surface Tension. 액체의 표면이 스스로 수축하여 가능한 한 작은 면적을 취하려는 힘이다. 액체의 표면을 이루는 분자층에 의하여 생긴다.

코리올리 효과

Coriolis Effect. 일정하게 회전하고 있는 계에서는 회전 중인 물체에는 원심력이 생기지만, 만약 물체가 운동하고 있으면 원심력뿐만 아니라, 운동의 방향에 수직한 속도에 비례하는 힘이 생긴다는 것이다.

● 극한기술

극단적인 환경을 조성함으로써 새로운 현상과 신물질을 창출하는 기술로, 극저온 · 초고온 · 초고진공 · 초전도 · 초저공해 등의 분야가 있다.

● 완전비탄성충돌

Perfect Inelastic Collision. 탄성계수란 충격을 가했을 때 가해진 에너지에 비하여 튕겨 나오는 에너지의 비를 말하는데, 완전비탄성충돌이란 탄성계수가 0임을 뜻한다. 따라서 충돌 후에 튕겨 나오는 에너지가 '0', 즉 튕겨 나오지 않는다는 것을 의미한다. 따라서 충돌하였을 때 두 물체가 서로 붙어버리는 현상을 말한다.

● 카오스

Chaos. 우주가 발생하기 이전의 원시적인 상태로 혼돈이나 무질서 상태를 말한다. 카오스 이론은 무질서하게 보이는 혼돈 상태에도 논리적 법칙이 존재한다는 주장이다.

● 미립자

Grain. 원자나 원자핵 따위의 물질을 이룬 아주 작은 구성원을 말한다.

● 소립자

Elementary Particle. 현대 물리학에서, 물질 또는 장(場)을 구성하는 데 가장 기본적인 단위로 설정된 작은 입자를 통틀어 이르는 말이다. 광양자, 전자, 양성자, 중성자, 중간자, 중성미자, 양전자 따위이다.

● 파이 중간자

Pion. 소립자의 하나. 전하는 음 · 양의 전기 소량과 중성의 3종이다. 스핀은 영, 질량은 전자의 약 270배이다. 강입자가운데 중간자에 속하며, 핵력을 전달한다. 1947년에 파월이 발견하였다.

● 중성자

Neutron. 수소를 제외한 모든 원자핵을 이루는 구성입자를 말한다.

홀로그래피

Holography. 위상이 갖추어진 레이저 광선을 이용하여 렌즈 없이 한 장의 사진으로 입체상을 촬영 재생하는 방법. 또는 이것을 응용한 광학 기술.

홀로그램

Hologram. 홀로그래피에서, 입체상을 재현하는 간섭 줄무늬를 기록한 매체이다. 기준이 되는 레이저광과 물체로부터의 반사 레이저광으로 이루어지는 간섭 줄무늬를 필름에 농담(濃淡)으로 기록한 것으로, 간섭 줄무늬는 사진화되는 물체의 광학적인 모든 정보를 지닌다.

확인문제 [서울메트로]

7. 매우 무질서하고 불규칙적으로 보이는 현상 속에 내재된 일정 규칙이나 법칙을 밝혀내는 이론은?
① 카오스 이론 ② 빅뱅 이론
③ 퍼지 이론 ④ 엔트로피

초미립자

Ultra Fine Particle. 금속 따위에서 입자의 지름이 1백만 분의 1mm에서 1만 분의 1mm 사이인 미립자. 단위 무게당 표면적이 커서 뛰어난 자기 특성이나 촉매 작용을 갖게 된다.

ITER

국제 열핵융합 실험로. 핵융합 에너지 상용화에 대한 공학적 실증을 위해 우리나라가 미국 · EU · 일본 · 중국 · 러시아 · 인도와 공동으로 추진하는 프로젝트이다.

답 7. ①

● 양성자

Proton. 원자핵을 구성하는 소립자의 하나. 수소 이외의 모든 원자의 원자핵은 양성자와 중성자를 포함하고 있다.

● 핵분열

Nuclear Fission. 우라늄이나 플루토늄 같은 무거운 원자핵이 대략 같은 질량을 가진 두 토막으로 갈라지는 것이다. 이 과정에서 대량의 에너지가 방출되면서 핵폭발을 하게 된다.

● 핵융합

Nuclear Fusion. 가벼운 원소 사이의 핵반응에 의해서 무거운 원소가 형성되는 반응을 말한다.

● 반감기

Half—Life. 방사능에서, 방사성 물질의 원자핵 절반이 붕괴(입자와 에너지를 방출해서 자발적으로 다른 종류의 원자핵으로 변하는 것)되어 감소하는 데 필요한 시간을 말한다.

● 동위원소

Isotope. 원자번호는 같으나 질량수가 서로 다른 원소 또는 그런 원소의 원자핵으로, 양성자의 수는 일정하고 중성자의 수가 다르다.

● 원자력 발전

원자력 발전이란 우라늄이 핵분열할 때 나오는 열로 증기를 만들고 그 힘으로 터빈을 돌려 전기를 생산하는 발전 방식이다. 1942년 이탈리아계 미국인인 엔리코 페르미(Enrico Fermi)가 핵분열 연쇄반응을 발견한 이후, 1954년 구소련에서 세계 최초의 흑연감속형 원자로인 오브니스크(OBNINSk, 5㎿)를 가동하며 본격적인 원자력 발전이 시작됐다.

● 고속증식로

Fast Breeder Reactor. 고속 중성자에 의한 핵분열의 연쇄 반응을 이용하여, 소비한 연료 이상의 핵분열 물질과 에너지를 만드는 원자로를 말한다.

쿼크

Quark. 물질의 기본적인 구성입자로 추측되는 원자 구성 입자의 하나이다. 양성자와 중성자가 원자핵을 이루는 것과 같이 양성자와 중성자 그 자체도 쿼크로 이루어져 있다고 생각한다.

> **확인문제** [서울메트로]
> 8. 물질을 구성하는 가장 기본적인 단위라고 이해되고 있는 것은 무엇인가?
> ① 전자　　　② 원자
> ③ 분자　　　④ 쿼크

> **확인문제** [인천도시공사]
> 9. 수소폭탄 제조에 이용되는 반응은?
> ① 핵융합 반응　　② 핵분열 반응
> ③ 수소 결합　　　④ 핵자기 반응

> **확인문제** [한국방송광고진흥공사]
> 10. 제4의 불이란?
> ① 석탄　　　② 석유
> ③ 원자력　　④ 핵융합

안정동위원소

Stable Isotope. 스스로 방사성 붕괴를 하지 않는 동위원소.

> **확인문제** [한국전력공사]
> 11. 핵력이란?
> ① 원폭이나 수폭의 폭발력이다.
> ② 중성자가 원자핵에 충돌하는 힘이다.
> ③ 화학에너지를 열에너지로 바꾸는 힘이다.
> ④ 원자핵의 구성입자인 양성자와 중성자를 결합시키고 있는 힘이다.

답 8. ④　9. ①　10. ④　11. ④

● 경수로

Light Water Reactor. 냉각재와 감속재를 경수(물)로 사용하는 원자로의 한 종류이다.

● 중수로

Heavy Water Reactor. 천연 우라늄을 연료로 하고 중수소를 감속재와 냉각재로 사용하는 원자로이다.

● 우라늄

Uranium. 천연으로 존재하는 가장 무거운 방사성 원소이다. 은백색을 띠며 14종의 동위 원소가 있는데, 질량수 235는 중성자를 흡수하여 핵분열을 일으킨다. 원자 기호는 U, 원자 번호는 92, 원자량은 238.029이다.

● 냉각재

Coolant. 원자로 속에서 핵분열 반응으로 생기는 열을 없애기 위하여 쓰는 물질로, 보통 중수와 경수가 사용되나 공기, 이산화탄소, 헬륨, 액상 유기물, 나트륨, 수은 따위가 사용되기도 한다.

● 방사능

Radioactivity. 어떤 종류의 물질이 자발적으로 에너지와 원자구성 입자를 방출하는 현상으로, 라듐, 우라늄, 토륨 따위 원소의 원자핵이 붕괴하면서 방사선을 방출하는 일 또는 그런 성질이다. 방사능의 세기는 우라늄 함유량에 비례하고 화학결합에는 영향을 받지 않는다.

● 방사성(방사능) 원소

방사능을 가지는 원소를 말한다. 좁은 뜻으로는 인공 방사성 원소를 제외하고 천연적으로 있는 것만을 가리키며, 안정동위원소를 갖지 않는 원소만을 이르기도 한다. 천연적인 것으로는 우라늄, 악티늄, 토륨 따위가 있고 인공적인 것으로는 넵투늄 따위가 있다.

칼리머

Kalimer. 한국형 액체 금속로이며 냉각재로 고압의 물 대신 금속인 나트륨을 쓰고 원자로 안에서 고속의 중성자가 핵반응을 일으키는 점이 기존 경수로와 다르다.

APR1400

원전 선진국 진입을 목표로 국가선도 기술개발 사업(G7-Project)의 일환으로 '차세대 원자로 기술개발 사업'을 지난 1992년에 착수한 뒤 1999년 기본설계를 완료하고 개발한 한국형 신형 경수로의 명칭이다. 한국표준형 원전(OPR 1000) 설계, 건설, 운영 등의 과정에서 얻은 기술을 토대로 신개념 기술을 도입해 개발한 3세대 신형 경수로로서, 아랍에미리트(UAE)에 수출하는 원자력발전소에 공급될 예정이다.

농축우라늄

Enriched Uranium. 천연우라늄보다 우라늄 235의 함유율을 인위적으로 높인 우라늄.

감속재

Moderator. 원자로 안에서 핵분열의 속도를 늦추는 재료로, 흑연, 중수(重水), 베릴륨 따위를 쓴다.

방사성 폐기물

Radioactive Waste. 원자로, 핵연료, 인공 방사성 동위 원소 따위를 다루는 데서 생기는 방사성 물질이 들어 있는 갖가지 폐기물.

방사선

Radioactive Ray. 일반적으로 방사성 원소가 붕괴할 때 방출되는 알파선·베타선·감마선을 가리키는 말.

확인문제 [현대자동차]

12. 다음 중 방사성 원소가 아닌 것은?

① 우라늄   ② 라듐

③ 토륨   ④ 헬륨

답 12. ④

③ 지질과 대기

● 판구조론

Plate Tectonics. 1960년대 후반에 등장한 지질학 이론으로, 지구의 크고 작은 여러 개의 단단한 판들이 움직이면서 여러 가지 지질 현상을 일으킨다는 학설이다. 판구조론에 따르면 지구의 표면은 유라시아 판, 태평양 판 등 크고 작은 10여 개의 판으로 나뉘어져 있으며, 이 판들이 상대적으로 움직이면서 각 판의 경계에서 지진, 화산활동과 같은 지각변동이 일어난다. 큰 규모의 지진들은 대부분의 판의 경계에서 발생하며 특히 태평양 판 주변에서 가장 활발한 지각변동이 일어난다.

● 섭입대

Subduction Zone. 독일의 지질학자 베게너가 주장한 판구조론에서 오래된 해양저가 대륙 지괴 아래로 밀려들어가는 대륙 연변의 해구 지역을 가리킨다. 거대한 지각판이 다른 지각판 밑으로 섭입되는 지형으로 섭입에 인한 마찰과 충격은 열을 발생시키고 화산활동을 일으켜 해저 지질 연구에 매우 중요한 것으로 평가된다.

● 크레바스

Crevasse. 빙하가 이동할 때 생기는 응력에 의해 빙하에 형성되는 열극이나 균열을 말한다. 너비 20m, 깊이 45m 정도이며 길이는 수백 미터에 달한다.

● 매그니튜드

Magnitude. 지진의 규모를 나타내는 척도로, 진원에서 100km 지점에 설치한 특정의 지진계로 관측한 지진의 최대 진폭 수치를 상용 대수로 표시한다.

● 와디

Wadi. 건조 지역에서 평소에는 마른 골짜기였다가 큰 비가 내리면 홍수가 되어 물이 흐르는 강을 말한다. 지하수가 솟아 물을 얻기 쉽고, 다니기가 편리해서 통행로로도 이용된다.

쓰나미

Tsunami. 해저에서의 급격한 지각변동으로 발생하는 파장이 긴 해일을 말한다. 대개 30km 이내의 얕은 진원을 가진 진도 7개 이상의 지진과 함께 일어난다. 그밖에 해저화산 등의 폭발이나 핵폭발에 의해서 발생하기도 한다. 쓰나미의 전파속도는 해저의 깊은 대양에서 빠르며, 평균 깊이 4,000m에서는 시속 700km를 초월한다. 리아스식 해안(Ria Shore Line)으로 대표되는 V자 모양의 만아(Head of a Bay)에서 파고와 파괴력이 급격히 증가한다. 쓰나미의 규모는 동일한 규모의 지진에서도 해저 단층의 움직임의 방법에 따라 크게 다르다. 쓰나미의 파고나 파괴력은 진원역과의 위치 관계, 해저형상, 해안형상, 조수간만, 기상조건 등 많은 요인에 의해 좌우된다.

화산폭발지수

VEI ; Volcanic Explosivity Index. 화산 폭발의 크기를 측정하기 위한 지수로, 분출량과 화산재의 분출 높이에 따라 0부터 8까지 9단계로 나눈다.

리히터지진계

The Richter Scale. 전 세계적으로 널리 쓰이고 있는 진도 측정기.

지오이드

Geoid. 평균 해수면과 일치하는 등중력면. 물리적으로 이상적인 지구의 형체.

습곡산맥

습곡(지각의 성층암에 생긴 물결 모양의 기복 또는 굴곡작용)으로 생긴 산맥을 말하며 알프스산맥, 히말라야산맥, 안데스산맥, 로키산맥 따위가 여기에 속한다.

● 주상절리

Columnar Joint. 용암이 냉각 수축되면서 만들어진 돌기둥 모양의 암석지대를 가리킨다. 주상절리는 용암이 식으면서 기둥 모양으로 굳은 것으로 4~6각형의 형태를 띠며, 대개 풍화에 의해 생긴 절리는 암석 속에 스며든 물이 팽창해 만들어진다. 현무암이 두껍게 덮여있는 지역에서는 평면형이 6각형인 형태의 주상절리가 수십 미터의 높이로 발달해 있으며, 이들 지역에서는 절리면을 따라 암주들이 쉽게 풍화되어 폭포가 발달하는 것이 특징이다.

● 빈산소수괴

해수 중에 녹아있는 산소 농도가 통상 3mg/L 이하인 '산소 부족 물덩어리'를 의미한다. 빈산소수괴는 여름철 물 흐름이 원활하지 못한 내만에 육상으로부터 과도한 유기물이 유입되어 수온약층(태양에 가열된 표층수와 저층의 차가운 물이 만나 온도차가 발생하고 물이 순환하지 못하는 수온층)이 강하게 형성될 경우 저층의 용존산소를 고갈시켜 발생하는데 이 산소 부족 물덩어리는 가두리 양식장처럼 이동하지 못하는 지역에서 대량 폐사 등의 피해를 입히는 문제를 발생시킨다. 우리나라에서는 매년 장마 이후, 육상으로부터 영양물질이 다량 유입되고, 본격적인 무더위에 의해 표층수온이 높아지고, 영양물질이 빠른 속도로 분해되어 부영양화가 시작되면 어김없이 발생하여 많은 피해를 주고 있다.

● 이안류

Rip Current. 파도가 해안으로 밀려오다 갑자기 먼 바다 방향으로 빠르게 되돌아가는 해류를 의미한다. 이안류는 해변으로부터 바닷물이 천천히 깊어지는 해변에서 많이 발생하고 우리나라에는 부산 해운대 해수욕장에서 빈번히 일어나고 있으며 동해안과 제주 해안 등에서도 발생하는 것으로 파악된다. 이안류는 해안 가까이에서 파도가 부서지며 바닷물이 특정 지점으로 모여들고, 좁은 통로를 통해 다시 바다로 빠져나갈 때 생기는데 이때 이안류의 유속은 초속 2m 이상으로 이 흐름에 휩쓸리게 되면 매우 위험한 상황에 처할 수 있어 각별한 주의가 요구된다.

싱크홀

Sinkhole. 땅이 원통 혹은 원뿔 모양으로 꺼지는 현상으로, 균열대(지층이 어긋나 균열이 생긴 지역)를 채우고 있던 지하수가 빠져나가면서 빈 공간이 생기거나 지반의 무게를 견디지 못해 땅이 주저앉으면서 생기는 것이다.

대륙붕

대륙 주위에 분포하는 극히 완만한 경사의 해저를 말한다. 대륙붕 끝의 깊이는 100~500m이며, 평균 깊이는 200m이다.

브리니클

Brinicle. 고밀도 염수를 뜻하는 'Brine'과 고드름을 뜻하는 'Icicle'의 합성어로 해수에서 생성된 얼음 기둥을 의미한다. 브리니클(Brinicle)은 일반 해수보다 밀도가 높아 바다 밑으로 가라앉아서 확장되며 생성되므로 빠른 속도로 바닥을 향해 자라게 된다. 온도가 매우 낮기 때문에 주변 생물체들을 마치 급속 냉동이 되는 것처럼 얼려버리기 때문에 '죽음의 고드름'이라고도 불린다.

지구의 대기권

- **대류권** : 지구 대기의 가장 안쪽 부분으로, 지표로부터 약 10km 높이까지를 말한다.
- **성층권** : 10km와 50km 사이의 대기를 말한다.
- **중간권** : 50km부터 80km 높이의 대기를 말하며, 오존층은 성층권에서 형성된다.
- **열권** : 80km 이상의 높이에 있는 대기의 층으로, 대기가 매우 희박하여 자유전자들이 존재한다.

④ 우주와 위성

● 표준시
Standard Time. 각 나라나 지방에서 쓰는 표준 시각을 말한다. 평균 태양이 자오선을 통과하는 때를 기준으로 정하는데, 우리나라는 동경 135도를 기준으로 자오선이 평균 태양시로 쓰인다.

● 케플러의 법칙
Kepler's Law. 독일의 천문학자 케플러가 발견한 행성의 세 가지 운동 법칙이다. 제1법칙은 행성이 태양을 초점으로 타원궤도로 공전한다는 것이고, 제2법칙은 행성의 속도와 동경이 그리는 넓이의 곱이 항상 일정하다는 것이다. 마지막 제3법칙은 행성 공전주기의 제곱은 공전궤도 긴 반지름의 세 제곱에 비례한다는 것이다.

● 허블의 법칙
Hubble's Law. 허블 상수. 국부 은하군 밖에 있는 먼 은하들은 은하계에서 멀리 있는 것일수록 빠른 속도로 은하계에서 후퇴하고 있으며, 그 후퇴 속도는 거리에 비례한다는 법칙이다. 우주 팽창설의 기초가 되는 것으로, 1929년 미국의 천문학자 허블이 발견하였다.

● 빅뱅
Big Bang. 우주의 처음을 설명하는 우주론 모형이다. 적어도 100억 년 전에 일어난 우주대폭발로 인해 극히 높은 온도와 밀도를 가진 상태에서 시작되었다는 이론이며, 매우 높은 에너지를 가진 작은 물질과 공간이 거대한 폭발을 통해 우주가 되었다고 보는 이론이다.

● 도플러 효과
Doppler Effect. 소리나 빛이 발원체에서 나와 발원체와 상대적 운동을 하는 관측자에게 도달했을 때 진동수에 차이가 나는 현상을 말한다.

날짜변경선
International Date Line. 동경 180도의 선을 따라 남극과 북극을 잇는 경계선. 이 선을 동으로 향하여 넘어가면 하루가 늦추어지고, 서로 향하여 넘어가면 하루가 앞당겨진다.

자오선
Meridian. 천구의 두 극과 천정을 지나 적도와 수직으로 만나는 큰 원으로, 시각의 기준이 된다.

보데의 법칙
Bode's Law. 태양에서 행성까지의 거리에 관한 경험적인 법칙으로 태양에서 행성까지 실사거리를 구하는 경험식이다.

카르만선
Karman Line. 국제적으로 통용되는 지구의 경계를 말한다. 해발 100km의 가상의 선으로, 헝가리 출신 과학자인 카르만(Karman)의 이름을 따 만들어졌다. 약 100km 이상인 곳에서는 대기가 너무 얇아 비행기가 공기에 의해 떠 있으려면 공전 속도보다 빨리 움직여야 된다는 사실을 발견하고 100km 이상은 지구보다 우주에 가깝다고 보아, 그곳을 지구의 경계로 정의했다.

확인문제 [중앙일보]

13. 우주대폭발의 '빅뱅'이론을 증명하는 데 이용되는 이론은?
① 케플러 효과
② 보데 효과
③ 도플러 효과
④ 코리올리 효과

답 13. ③

● 블랙홀

Black Hole. 초고밀도에 의하여 생기는 중력장의 구멍으로, 항성이 진화의 최종 단계에서 한없이 수축하여, 그 중심부의 밀도가 빛을 빨아들일 만큼 매우 높아지면서 생겨난다. 중력장이 너무나 커서 사상의 지평선을 지나면 어느 것도 빠져나올 수 없게 되는 공간의 영역을 말한다.

● 인공위성

Artificial Satellite. 행성(주로 지구)의 둘레를 공전하는 인공적인 물체이다. 만유인력의 법칙과 구심력을 사용하면 정지궤도위성이 지구로부터 얼마의 높이로 비행하고 있는지 알 수 있다. 세계 최초의 인공위성은 1957년 10월 14일에 발사한 소련의 스푸트니크 1호이며, 대한민국 최초의 인공위성은 1992년 8월 11일에 발사한 우리별 1호이다.

● 인공위성의 종류

- 방송통신위성(Communication Satellite) : 무궁화호
- 지구관측위성(Earth Observation Satellite) : 아리랑호
- 과학위성(Scientific Satellite) : 우리별호
- 정찰위성(Spy or Reconnaissance Satellite)

● 정지궤도위성

Geostationary Orbit Satellite. 지구의 자전 주기와 동일하게 지구 주위를 공전하는 위성으로 지구 중심에서 36,000km 고도를 유지하면서 지구의 자전속도와 같은 시속 11,000km의 속도로 지구 주위를 돌고 있는 위성이다.

● 우주클럽

Space Club. 자국의 우주센터에서 자국의 발사체를 이용하여 인공위성을 발사하는 국가에 대한 별칭이다. 미국, 러시아, 영국, 프랑스, 이스라엘, 인도, 중국, 일본, 이란, 북한, 한국 등이 이에 해당한다.

ISS

International Space Station. 국제우주정거장. 미국과 유럽우주기구 산하 11개국, 일본, 캐나다, 브라질, 러시아 등 16개국이 참여한 다국적 프로젝트로 우주 공간에서 사람이 장기간 머물 수 있게 설계되었으며 우주선에서 실행된 실험들보다 확장된 우주기술 관련 연구를 수행한다.

⑤ 첨단과학

● 스마트 그리드

Smart Grid. 기존의 전력망에 정보기술(IT)을 접목해 전력 공급자와 소비자가 양방향으로 실시간 정보를 교환함으로써 에너지 효율을 최적화하는 차세대 지능형 전력망 기술을 의미한다. 스마트 그리드는 태양광이나 풍력과 같은 전력 생산이 불규칙한 신재생 에너지의 보급을 확대하기 위한 기반의 조성과 CO_2 감축을 위해 국가정책 사업으로 지정되었다. 이 시스템은 상황에 따라 적절하게 기기를 제어할 수 있어 전력 소비량의 시각화를 통해 불필요한 전력 사용을 통제할 수 있다. 따라서 온난화가 가속화되고 있는 현 시대에 전력 사용 증가를 막기 위한 수단으로 대두되고 있다.

● 스마트 더스트

Smart Dust. '똑똑한 먼지'라는 뜻의 초소형 센서(Sensor)로 온도·빛·진동·성분 등을 감지하고 분석할 수 있는 첨단 기술 집약체이다. 이 작은 센서들을 바탕으로 먼지 크기의 매우 작은 센서들이 주위에 먼지처럼 흩어져 주위의 온도, 습도, 상황 등 원하는 것을 모니터링하여 사용자에게 전달한다.

● 증강현실

AR ; Augmented Reality. 현실 세계에 추가적인 정보를 사용자에게 보여줌으로써 증강된 현실을 만들어내는 기법으로 현실 세계 위에 구현되는 점에서 모든 정보가 가상인 가상현실(Virtual Reality)과 구분된다. 증강현실은 현실 세계와 가상의 디지털 정보가 겹쳐지면서 하나의 영상으로 보이지는 것인데 현재 내비게이션, 버스 정류장 위치 및 상가 정보 제공, 게임 캐릭터 서비스 등에 이용되고 있으며 최근에는 관광, 잡지 광고, 교육, 디자인, 건축, 제품 프로모션 등 다양한 분야로 응용 범위를 넓혀가고 있다.

스마트 그리드에 따른 미래의 변화

- 발전 → 송전 → 배전 → 소비에 이르는 단방향 구조에서 다양한 주체들이 공급하게 되는 복합적 네트워크 구조로 전환
- 전력 인프라와 정보통신 인프라가 융합된 고효율의 차세대 전력망
- 전력망이 전력 공급을 위한 인프라를 넘어 가전과 자동차, 건설 등 비즈니스의 플랫폼 역할로 대체

스마트 워크

Smart Work. 사무실 공간에서 벗어나 언제 어디서나 일할 수 있는 것을 의미한다. 언제든지 휴대 단말기로 각종 콘텐츠를 자유자재로 이용할 수 있는 네트워크 환경인 유비쿼터스 시대가 도래하면서 나타나게 된 현상으로 자택에서 본사 정보통신망에 접속하여 일을 하거나, 스마트폰으로 현장에서 업무를 수행할 수도 있고, 영상회의 시스템 등을 통해 원격근무를 하는 것이다. 스마트 워크가 본격화될 경우 출퇴근 시 일어나는 일시적인 교통 혼잡을 줄일 수 있고 차량의 운행이 감소돼 탄소배출량과 교통비용이 감소되고, 소외계층의 일자리를 창출할 것으로 전망된다.

에지 컴퓨팅

Edge Computing. 다양한 단말기기에서 발생하는 데이터를 클라우드와 같은 중앙 집중식 데이터센터로 보내지 않고 데이터가 발생한 현장 혹은 근거리에서 실시간 처리하는 방식으로 데이터 흐름 가속화를 지원하는 컴퓨팅 방식. 실시간으로 대응해야 하는 자율주행차와 스마트 팩토리, 가상현실, 증강현실 등 4차 산업혁명을 구현하는 데 핵심적인 역할을 한다.

● 신경망 처리 장치

NPU ; Neural Processing Unit. 인간 뇌의 신경망을 모방해 수천 개의 연산을 동시에 할 수 있도록 만든 인공지능 반도체로, 뇌처럼 정보를 스스로 학습하고 처리할 수 있으며 한꺼번에 수천 개의 연산을 동시다발적으로 처리할 수 있다. 따라서 이를 적용하면 스마트폰, 자율주행차 등 다양한 분야에서 기술의 발전을 이룰 수 있다.

● 뇌-컴퓨터 인터페이스

BCI ; Brain-Computer Interface. 뇌파를 이용해 컴퓨터를 사용할 수 있는 인터페이스를 뜻하며 두뇌의 정보 처리 결과인 의사결정을 언어나 신체 동작을 거치지 않고, 사용자가 생각하고 결정한 특정 뇌파를 시스템의 센서로 전달하여 컴퓨터에서 해당 명령을 실행하게 된다.

● 바이오트론

Biotron. 인공 환경 속에서 생물을 기르는 실험실로, 1947년 미국 캘리포니아 주의 에어하드연구소에서 최초로 설치했다. 온도와 습도를 자동 조절하고 채광과 통풍을 마음대로 조절할 수 있는 것이 특징이다.

● 그리드 패리티

Grid Parity. 태양열 에너지로 전기를 생산하는 가격과 화석연료를 사용하는 기존 화력발전의 가격이 동일해지는 균형점을 의미한다. 현재는 태양열이나 풍력, 지열 에너지를 이용하는 신재생 에너지의 발전 단가가 화석연료보다 비싸지만 화석연료의 고갈과 지구 온난화에 따른 세계적인 노력으로, 신재생에너지가 육성되고 기술이 발전하여 신재생에너지의 비용이 낮아지면 언젠가는 등가(parity)를 이루게 될 것이기 때문에 각 국가에서는 그리드 패리티에 도달하기 위한 각축을 벌이고 있다.

● 유전자 재조합 생물체

GMO ; Genetically Modified Organism. 한 생물체의 유용한 유전자(DNA)를 빼낸 후 그 유전자를 갖고 있지 않은 생물체에 삽입하여 유용한 성질이 나타나게끔 하는 유전자 재조합 기술로 만들어진 생물체를 말한다. 유전자 재조합 기술은 품종 개량 기술의 하나로 현대 유전공학의 힘을 이용하여 우연에 의존하던 품종 개량을 의도적으로 이끌어낸 것이다.

불화수소

반도체 제조공정 중 회로의 필요한 부분만 남기고 불필요한 부분은 깎아내는 에칭 공정과 불순물 제거 과정에서 사용되는 부식성 기체이다. 국내에서는 환경규제로 생산이 쉽지 않아 대부분 일본에서 생산하고 있으며 장기간 보관할 경우 물질 특성이 바뀌기 때문에 필요한 양만큼만 수입한다. 고순도의 불화수소는 에칭 가스라고도 부르며 이를 사용하면 생산량 대비 결함이 없는 제품 비율이 높아지고 품질의 신뢰도도 높아진다. 2019년 7월 일본이 한국에 경제 보복의 수단 중 하나로 불화수소의 수출을 규제하면서 한국 반도체 기업이 타격을 입을 위기에 놓였다.

폴리실리콘

Polysilicon. 폴리실리콘은 반도체와 태양광 발전기에 사용되는 핵심 소재로 최근 태양광 산업의 성장성이 입증되면서 관심이 집중되는 차세대 첨단 소재이다. 태양전지에서 빛에너지를 전기에너지로 전환시키는 역할을 하는 작은 실리콘 결정체로 주로 순도가 높은 이산화규소(SiO_2) 광산과 전기가 풍부한 곳에서 주로 생산하는데 러시아, 중국, 브라질, 미주 지역 등에 광산이 다량 분포되어 있다.

아라미드 섬유

Aramid Fiber. 방향성 폴리아미드 섬유의 총칭으로 '섬유의 구성물질이 긴 사슬 모양의 합성 폴리아미드이며, 적어도 85%의 아미드 결합이 두 개의 방향성 고리에 직접 붙어 있는 인조 섬유'로 정의된다. 이 섬유는 고강도 및 탄성계수 외에 화학적, 열적으로 안정되어 있어 인장강도가 크며 방탄조끼 따위에 쓴다.

단시간 내에 의도적인 개량이 가능하고, 변화를 신속하게 관찰할 수 있다는 장점이 있어 각광받고 있다. 유전자 재조합 기술을 이용할 경우 병충해나 질병에 대한 내성이 있고, 비타민, 영양분이 강화된 생물을 만들 수 있어 농가 수확 증대 및 기근으로 고통받는 빈곤 국가의 빈곤 퇴치가 가능하다.

유전자 재조합 생물체를 이용하는 가장 큰 목적은 인구 증가와 중국 및 인도 등 개발도상국의 경제 성장으로 인한 식량 수요의 증가와 유가 급등, 지구 온난화 등 환경문제에 대응한 바이오 에너지(Bio-Energy)의 수요 증가 등으로 인해 곡물가격이 상승하고 경작면적이 줄어드는 상황에서 더 많은 농산물을 생산해야 할 필요성이 제기되었기 때문이다.

유전자 재조합 생물체는 유전자를 변형하여 만든 생물인 만큼 안전성에 대한 논란이 있어 우리나라에서 유전자 재조합 생물체를 식품으로 사용하기 위해서는 유전자 재조합 식품으로서의 안전성을 식품의약품안전처로부터 승인을 받아야 한다.

● 마이어스 칵테일

Myers Cocktail. 1970년대 미국 내과의사 존 마이어스(John Myers)가 비타민과 미네랄을 정맥주사요법으로 사용, 질병 치료에 적용하면서 시작한 요법이다. 적용 대상은 암을 비롯해 심혈관 질환, 면역 질환, 알레르기 등이며, 비타민과 미네랄의 특성상 건강한 사람에게도 항산화 효과를 통한 노화 방지와 체력 증진에 도움을 주는 것으로 알려졌다. 보통 경구로 투여하는 비타민이나 미네랄보다 세포에서 활성도가 높아 즉각적인 효과를 볼 수 있어 다양하게 이용된다.

● 첨단재생바이오약법

재생의료에 관한 임상연구 진행 시 일정 요건이 충족되면 심사기준을 완화해 맞춤형 심사, 우선심사, 조건부 허가 등을 가능하도록 하는 법으로 기존 바이오의약품 규제를 일원화시켜 재생의료에 관련된 임상연구를 활성화하고 바이오의약품을 신속히 허가하기 위한 취지로 발의됐다. 법안은 구체적으로 ▷치료 수단이 없는 질환에 투약하는 혁신 바이오의약품을 다른 의약품보다 먼저 심사하는 '우선 심사' ▷개발자 일정에 맞춰 허가 자료를 미리 제출받아 단계별로 사전 심사하는 '맞춤형 심사' ▷3상 임상시험을 수행하는 조건으로 2상 임상만으로도 일단 의약품 시판을 허가

메타물질

Metamaterial. 원자와 분자 등 자연적으로 존재하는 입자로 구성된 물질과 달리 금속이나 전기장 속에서 분극이 돼 전기가 통하지 않는 물질인 유전체 등 인공적 요소로 이루어진 자연계에 존재하지 않는 물리적 성질을 띠도록 고안된 물질을 메타물질이라 한다. 음의 굴절률을 가지고 있기 때문에 빛을 받으면 물체가 없는 것처럼 보이는 은폐(Clocking) 현상을 나타낸다. 2011년 8월경에 미 캘리포니아 주(州) 버클리 대학의 연구팀이 메타물질을 바탕으로 이산화규소(SiO$_2$)로 만들어진 표면 위를 다시 질화규소로 덮은 뒤 7천 개의 특수 구멍을 뚫어 제작한 '투명망토'를 선보이기도 했다.

바이오세라믹스

Bioceramics. 생체의 일부분을 대체할 목적으로 만들어진 세라믹스로 생체용 세라믹스라고도 부른다. 바이오 세라믹스는 연조직보다는 뼈나 경질 조직을 대체하는 데 더 효과적이며, 금속 보철의 표면 개질, 치과용 재료, 중이소골의 성형, 뼈 보강재 등에 사용되고 있다.

바이오 일렉트로닉스

Bioelectronics. 생명공학(Biotechnology)과 전자공학(Electronics)의 합성어이다. 단백질의 생체물질과 생명이 갖추고 있는 교묘한 구조를 이용하는 기술로 기존의 전자공학 기술과는 전혀 다른 새로운 세계를 여는 첨단 분야이다.

바이오칩

Biochip. 생물의 효소, 단백질, 항체, DNA, 미생물, 동식물 세포 및 기관, 그리고 신경세포 등과 같은 생체 유기물과 반도체 같은 무기물을 조합하여 기존의 반도체 칩 형태로 만든 혼성 소재(Hybrid Device)이다. 바이오칩은 크게 마이크로어레이(Microarray)형과 마이크로플루이딕스(Microfluidics)형 칩으로 구분된다.

해 주는 '조건부 허가' 등을 주요 내용으로 한다.

● 그래핀

Graphene. 흑연을 뜻하는 'Graphite'와 화학에서 탄소 이중결합을 가진 분자를 뜻하는 접미사인 'ene'을 합성한 용어로 흑연의 탄소원자 배열과 같은 모양이지만 두께는 원자 하나 정도에 불과한 2차원의 탄소 나노 구조체를 말한다. 흑연에서 한 겹의 원자층을 벗겨낸 것으로 전자가 빠르게 이동할 수 있어 전도성이 매우 좋은 데다 강도 등 물리적 성질도 뛰어나 신소재로 주목받고 있다. 2004년 영국의 물리학자인 안드레 가임(Andre Geim)이 처음 발견한 것으로 첨단기술인 초고속 반도체와 투명전극, 태양전지 등 적용할 수 있는 범위가 다양하다.

● 멤리스터

Memristor. Memory와 Resistor를 합친 용어로 전류의 양과 방향 등 기존의 경험을 모두 기억하는 특별한 소자를 가리킨다. 멤리스터는 얼마나 많은 양의 전류가 멤리스터를 통과했는지를 기억할 수 있을 뿐만 아니라 전류가 흐르지 않는 상태에서도 전자상태를 저장할 수 있다는 점에서 플래시 메모리를 대신할 차세대 기억소자로, 회로 등에 이용할 수 있는 것으로 평가받는다.

● 강입자 충돌기

LHC ; Large Hadron Collider. 유럽입자물리연구소(CERN) 소속의 실험장치로 스위스와 프랑스 국경지대에 있는 강입자 충돌기(LHC)는 지하 100m에 27㎞ 길이의 터널 형태로 건설된 시설로 전 세계 85개국에서 1만 명이 넘는 물리학자들이 모여 25년간 약 60억 유로를 투입하여 건설한 실험 장치이다. 강입자 가속기는 두 개의 입자 빔을 빛의 속도까지 가속하여 충돌시킴으로써 미니 블랙홀이 생성되는 원리로 139억 년 전 우주 탄생의 순간인 빅 뱅(Big Bang)을 재현할 수 있어 우주 탄생의 비밀과 '힉스(Higgs) 입자'와 같은 물리학과 다른 과학 분야의 이론 증명에 이용된다.

● 수소에너지

Hydrogen Energy. 수소는 연소하기 쉬운 기체로 공기나 산소와 접촉하면 쉽게 불이 붙는다. 수소를 적절한 조건으로 통제하면서 연소시키면 일

DNA칩

1994년 미국 애피메트릭 사의 스티브 포더 박사가 개발한 것으로, 사람의 유전자 정보를 담아 유전자 이상에 의해 발생하는 난치병을 치료하는 데 쓰이는 차세대 유전자 정보 집적체이다. 특정 질병을 일으키는 유전자를 파악한 후 이를 이용한 DNA칩을 만들어 검사 대상자의 혈액이나 조직에서 추출한 DNA 샘플을 한꺼번에 반응시켜 질병을 진단하는 데 사용되고 있다.

힉스 입자

Higgs Boson. 영국의 물리학자 힉스(Higgs)가 주장한 것이다. 우주의 생성과 진화의 원리를 이해하는 단초를 제공할 물질로, '신(神)의 입자'로도 불린다. 힉스 입자는 우주의 구성 원리를 밝힌 '표준 모형(Standard Model)' 이론에서 마지막으로 증명해야 하는 물질이다. 힉스 입자의 존재가 예측된 이후 50년 가까이 그 존재가 확인되지 않아 가설로만 남아 있다가 2013년 유럽입자물리연구소(CERN)가 과학적으로 증명함으로써 현대 이론물리학에서의 '표준 모형'이 완성되었다.

하이브리드카

Hybrid Car. 하이브리드는 '잡종'이라는 뜻으로, 두 가지 이상의 동력을 사용하는 자동차를 말한다. 주로 휘발유 엔진과 전기모터를 사용하며, 저속주행 시에는 전기모터로 움직이다가 고속주행 시에는 휘발유 엔진과 전기모터를 함께 사용하므로 연료를 크게 아낄 수 있다. 대도시의 공기와 주변 환경을 개선할 수 있으며, 교통통제·도로계획 등과도 잘 맞기 때문에 환경자동차(Echo-Car)로도 부른다.

반 도시가스처럼 에너지원으로 이용할 수 있다. 수소는 연소할 때 극소량의 질소화합물만 발생할 뿐 다른 공해물질이 전혀 생기지 않는 청정에너지라는 점에서 석유, 석탄의 대체에너지원으로 지목되고 있으나, 비용이 높아 항공 로켓용 연료 등 특수 분야 이외에는 그 이용이 늦어지고 있다.

● QOL 의약품

QOL은 삶의 질을 뜻하는 'Quality of Life'의 약자로 QOL 의약품은 인간의 삶의 질 향상에 기여하는 의약품을 통칭한다. 소득 수준의 향상으로 생활의 여유와 건강한 삶을 중시하는 트렌드가 확산되었고 삶의 질에 대한 관심도 자연스럽게 높아지면서 QOL 의약품에 대한 수요가 급증하고 있다. QOL 의약품은 생명에 직결되지는 않으나 생활에 불편을 가져오는 증상들을 사전에 치료해 개인의 삶의 질을 풍요롭게 하는 것으로 탈모치료제인 프로페시아(Propecia), 비만치료제인 제니칼(Xenical), 우울증 치료제인 프로작(Prozac) 등이 있다.

은나노

Silver Nanoparticle. 은을 나노미터 크기로 미세화한 입자로 이를 제품에 코팅하거나 혼합하는 방식으로 활용함으로써 항균, 탈취, 공기청정필터, 페인트, 태양전지, 디스플레이 등에 쓰인다.

Chapter
05

자연과학·공학

[한겨레신문]

01 게놈(Genome)에 대한 설명으로 옳은 것은?

① 인류집단 전체에 존재하는 유전자의 총합
② 한 개체군에 존재하는 유전자의 총합
③ 한 개인의 몸 안에 존재하는 유전자의 총합
④ 한 염색체 안에 존재하는 유전자의 총합

해 게놈 : Genome. 한 생물이 가지는 모든 유전 정보를 말하며 유전체라고도 한다.

[MBC]

02 생물의 유전현상에서 중심 역할을 하는 DNA에 대한 설명으로 틀린 것은?

① 1953년 영국의 왓슨과 크릭에 의해 밝혀졌고 이들은 그 이후 노벨상을 수상했다.
② 2중 나선형의 분자구조를 하고 있다.
③ 주로 세포질에 존재한다.
④ 염기와 당류, 인산으로 구성된 고분자 화합물이다.

해 ④는 RNA에 대한 설명이다.
DNA : deoxyribo nucleic acid. 1953년 영국의 왓슨과 크릭에 의해 밝혀진 DNA는 자연에 존재하는 2종류의 핵산 중에서 디옥시리보오스를 가지고 있는 핵산이다. 2중 나선형의 분자구조가 대표적인 특성이다.

[한겨레신문]

03 유전자 조작(또는 유전자 재조합)을 통해 새로운 형질을 지닌 작물로 상업화한 최초의 농산물은?

① 감자
② 벼
③ 토마토
④ 면화

해 최초의 유전자 조작 식품은 1994년 미국의 칼진에서 개발한 무르지 않는 토마토로 미국식품의약국(FDA)의 승인을 얻어 시판에 들어갔다.
유전자 조작 : 유전자를 특수한 효소를 이용하여 절단하거나 연결하여, 그것을 세포 내에서 그 수를 늘려가게 하는 기술이다.

[경향신문]

04 생체리듬을 조절하는 호르몬으로 최근 노화방지약으로도 주목받고 있는 것은?

① 멜라토닌
② 칼시토닌
③ 프로제스테론
④ 도파민

해 멜라토닌 : 밤에 생성되는 호르몬으로 생체 리듬을 조절하며 노화를 방지하는 데도 영향을 준다.
칼시토닌 : 혈액 속의 칼슘량을 조절하는 갑상선 호르몬으로 갑상선 C세포에서 분비되는 32개의 아미노산으로 이루어진 폴리펩티드이며, 혈액 속의 칼슘의 농도가 정상치보다 높을 때 그 양을 저하시키는 작용을 한다.
프로제스테론 : 난소의 황체에서 생산하는 스테로이드호르몬으로 '여성호르몬' 또는 '황체호르몬'이라고도 한다.
도파민 : 호르몬이나 신경전달물질로서 중요한 노르에피네프린과 에피네프린 합성체의 전구물질로 뇌신경세포의 흥분 전달 역할을 한다.

[삼성 SSAT]

05 꿈의 나노 물질이라 불리는 그래핀의 특징으로 옳지 않은 것은?

① 불투명하며, 신축성이 매우 강하다.
② 물리적 · 화학적 안전성이 매우 높다.
③ 휘는 디스플레이와 고효율 태양전지 등에 활용할 수 있다.
④ 강철보다 200배 이상 강하며, 다이아몬드보다 2배 이상 열전도성이 높다.

해 그래핀 : Graphene. 탄소원자들이 벌집 모양으로 얽혀 있는 막 형태의 나노 소재이다. 그래핀은 빛을 대부분 통과하기 때문에 투명하며, 신축성도 매우 뛰어나다. 또한 구리보다 100배 이상 전기가 잘 통하고, 반도체로 주로 쓰이는 단결정 실리콘보다 100배 이상 전자의 이동성이 빠르다. 이러한 우수한 특성으로 휘는 디스플레이, 고효율 태양전지 등 응용분야가 매우 다양하다.

06 세균과 바이러스의 차이점에 대한 설명으로 틀린 것은?

① 바이러스는 자체 증식능력이 없어 숙주에 기생해서만 증식하므로 세균보다 진화론적으로 열등하다.

② 항생제는 세균성 질환에 탁월한 효과를 발휘하나 바이러스에는 속수무책이다.

③ 바이러스는 나쁜 환경에서 단백질 결정형태로 수백 년 이상 생존 가능하다.

④ 뇌염과 홍역은 세균성 질환이고 페스트와 결핵은 바이러스성 질환이다.

解 세균에 의한 질병 : 탄저병, 콜레라, 충치, 디프테리아, 임질, 한센병(나병), 위궤양, 결핵, 장티푸스, 페스트 등
바이러스에 의한 질병 : 감기, 에이즈, 간염 등
세균 : 하나의 세포로서 '박테리아'라고도 한다. 미생물 중에서 핵이 없는 독립된 원핵세포로 2분열법으로 증식한다. 엽록소가 없어 광합성을 하지 않기 때문에 땅속, 물속, 사람의 몸속 등 양분이 있는 곳이면 어디든 기생할 수 있다. 세균은 인간에게 이로운 유용세균과 해를 끼치는 유해세균이 있다.
바이러스 : 살아있는 생명에 기생하는 생물과 미생물의 중간형태의 미생물이다.

07 인체 내에서 비타민이 하는 일은?

① 열량원으로 쓰인다.

② 생리작용을 돕는다.

③ 무기물질의 합성을 돕는다.

④ 근육에서 글리코겐으로 저장된다.

解 비타민 : 동물체의 주 영양소가 아니면서 동물의 정상적인 발육과 영양을 유지하는 데 없어서는 안 되는 유기 화합물을 통틀어 이르는 말이다. 영양소를 에너지로 바꾸는 데 매개적 역할을 한다.
비타민의 역할 : 에너지 대사과정의 촉매 역할, 간의 피로 회복(해독), 성장, 발달, 생리적 기능, 건강유지 등
글리코겐 : 포도당으로 이루어진 다당류로, 동물 세포에서 보조적인 단기 에너지 저장 용도로 쓰인다.

08 생물이 외부로부터 물질을 섭취하여 신체의 구성물질로 바꾸고 신체에서 생긴 노폐물을 몸 밖으로 배출하는 작용은?

① 동화작용 ② 이화작용
③ 원형질유통 ④ 물질대사

解 물질대사 : 생물체 내에서 일어나는 물질의 분해나 합성과 같은 모든 물질적 변화.
동화작용 : 생물이 외부로부터 받아들인 저분자 유기물이나 무기물을 이용해, 자신에게 필요한 고분자 화합물을 합성하는 작용.
이화작용 : 생물이 체내에서 고분자 유기물을 좀 더 간단한 저분자 유기물이나 무기물로 분해하는 과정.
신진대사 : 생물체(동식물)가 생존과 성장을 위하여 기본적으로 필요로 하는 영양분 섭취와 이의 새로운 물질로의 전환 그리고 에너지 생산 등에서 수행되는 일련의 화학적 반응을 지칭하는 말.

09 다음 중 뉴턴이 발견한 운동의 법칙이 아닌 것은?

① 관성의 법칙

② 가속도의 법칙

③ 작용 · 반작용의 법칙

④ 분리의 법칙

解 뉴턴의 법칙 : 관성의 법칙, 가속도의 법칙, 작용 · 반작용의 법칙

10 다음 중 운동의 제3법칙(작용 · 반작용의 법칙)과 관련 있는 사실은?

① 버스가 출발할 때 사람은 뒤로 넘어지려고 한다.

② 대팻날을 뽑을 때 대패를 두들긴다.

③ 인공위성의 운동

④ 로켓의 발사

---

01 ④ 02 ④ 03 ③ 04 ① 05 ① 06 ④ 07 ② 08 ④ 09 ④ 10 ④ 答

해 로켓 발사의 원리 : 뉴턴의 3법칙인 작용·반작용의 원리이다. 바람이 빠지는 반대 방향으로 풍선이 날아가듯이 에너지를 로켓이 진행하는 반대 방향으로 배출시킬 때 발생하는 힘에 의해 움직이게 된다.

[중앙일보]
11 지구 대기 상층부의 전리층에 대한 설명으로 부적절한 것은?

① 이온(ion) 전자를 많이 포함하고 있다.

② 태양의 자외선에 의해 전자 및 분자가 전리되어 생긴다.

③ 여러 층으로 구분되며 전파를 반사하므로 산란파 통신에 이용된다.

④ 밤보다는 낮에 전리층 반사가 더 잘 일어난다.

해 전리층 : 태양 에너지에 의해 공기 분자가 이온화되어 자유 전자가 밀집된 곳을 말하며 지상에서 발사한 전파를 흡수 반사하며 무선통신에 중요한 역할을 한다.

[한국전력공사, 일진그룹]
12 자기장 안에서 전류가 흐르고 있는 도체가 받는 힘의 방향은 어느 법칙에 의하여 결정되는가?

① 플레밍의 왼손법칙

② 플레밍의 오른손법칙

③ 맥스웰의 왼손법칙

④ 앙페르의 법칙

해 플레밍의 왼손법칙 : 자기장 속에 있는 도선에 전류가 흐를때 자기장의 방향과 도선에 흐르는 전류의 방향으로 도선이 받는 힘의 방향을 결정하는 규칙으로, 전동기의 원리와도 관계가 깊다.
플레밍의 오른손법칙 : 자기장 속에서 도선이 움직일 때 자기장의 방향과 도선이 움직이는 방향으로 유도기전력의 방향을 결정하는 규칙으로, 발전기의 원리와도 관계가 깊다.
앙페르의 법칙 : 전류에 의해 형성되는 자기장에서 단위자극이 움직일 때 필요한 일의 양은 단위자극의 경로를 통과하는 전류의 총합에 비례한다는 법칙이다. 한편,

앙페르가 발견한 전류의 방향과 자기장의 방향과의 관계를 나타내는 '오른나사의 법칙'을 '앙페르의 법칙'이라고도 한다. 이때, 자기장의 방향을 오른나사의 회전방향으로 잡으면 전류의 방향이 나사의 진행방향이 된다.

[한국전력공사]
13 옴의 법칙(Ohm's Law)은?

① 전류의 세기는 전기저항에 비례

② 전류의 세기는 전기저항에 반비례

③ 전기저항은 도선의 길이에 비례

④ 전기저항은 도선의 길이에 반비례

해 옴의 법칙 : 전류의 세기는 두 점 사이의 전위차에 비례하고, 전기저항에 반비례한다는 법칙이다. 전압의 크기를 V, 전류의 세기를 I, 전기저항을 R이라 할 때, $V = IR$의 관계가 성립한다.

[쌍용]
14 다음 중 원자로에 쓰이는 핵연료가 아닌 것은?

① 우라늄(U)　　② 플루토늄(Pu)

③ 탄탈(Ta)　　④ 토륨(Th)

해 핵연료 : 원자로 안에 장입하여 핵분열을 연쇄적으로 일으켜서 이용 가능한 에너지를 얻을 수 있는 물질을 말하며 원자연료라고도 한다. 우라늄·플루토늄·토륨 등이 대표적이다.

[일진그룹]
15 동위원소(Isotope)란?

① 원자번호와 양성자 수는 같으나, 중성자 수가 다르다.

② 원자번호와 양성자 수는 다르나, 중성자 수가 같다.

③ 원자번호는 같으나, 양성자 수와 중성자 수가 다르다.

④ 원자번호, 양성자 수, 중성자 수가 모두 같다.

해 동위원소 : 원자번호는 같으나 질량수가 서로 다른 원소를 말하며 양성자의 수는 일정하지만 중성자의 수가 다르다.

[동아일보]

16 Megaton이란?

① TNT 1억t 분량의 폭발력

② TNT 10억t 분량의 폭발력

③ TNT 10만t 분량의 폭발력

④ TNT 100만t 분량의 폭발력

해 메가톤 : 폭발력의 측정단위로 기호는 Mt이다. 핵폭탄의 폭발위력을 나타낼 때 쓰이며, 1Mt은 TNT 100만t에 해당한다.

17 초전도체란 무엇인가?

① 극저온의 일정 온도까지 냉각시키면 전기저항이 0이 되는 물체이다.

② 전자기 전장을 이용하여 레일 위로 떠서 달리는 물체이다.

③ 전기, 전자의 흐름을 완벽하게 차단하는 뉴세라믹의 일종이다.

④ 지구 대기권 밖에서의 위성행속전송을 말한다.

해 초전도체 : 매우 낮은 온도에서 전기저항이 0에 가까워지는 초전도현상이 나타나는 도체를 말한다.

[연합뉴스]

18 홀로그램은 빛의 어떤 원리를 이용한 것인가?

① 직진　　　　② 전반사

③ 간섭　　　　④ 굴절

해 홀로그램 : Hologram. 홀로그래피의 원리를 이용하여 실물과 똑같이 입체적으로 보이는 사진으로, 입체상을 재현하는 간섭 줄무늬를 기록한 매체이다.

[인천교통공사]

19 표준시와 지방시에 대한 설명으로 틀린 것은?

① 평균태양이 남중한 순간을 그 지방에서 12시라 정한 시간을 지방시라 한다.

② 우리나라는 서울에 태양이 남중한 순간을 12시로 정하고 있다.

③ 우리나라는 동경 135도선의 지방시를 표준시로 쓰고 있다.

④ 우리나라의 표준시는 영국 그리니치 지방시보다 9시간 빠르다.

⑤ 우리나라와 일본의 표준시는 같다.

해 ② 우리나라의 현재 표준시는 동경 135°를 사용하고 있다. 즉, 우리나라의 낮 12시는 동경 135° 지점에 태양이 남중하는 순간이다.

지방시 : 그리니치 이외의 지점의 자오선을 기준으로 한 시각으로 그리니치의 본초자오선상의 지방평균태양시를 특히 세계시라고 부르며 세계 각국이 공동으로 사용한다. 한국은 동경 135°인 지점의 지방시를 표준시로 사용한다.

표준시 : 각 나라나 각 지방에서 쓰는 표준 시각을 말한다. 평균 태양이 자오선을 통과하는 때를 기준으로 정하는데, 일반적으로 경도 15°차이마다 1시간씩 다른 표준시를 사용한다.

남중 : 지구가 자전을 하여 천체가 천구의 북쪽 위쪽으로 자오선을 통과하는 것을 말하며 정중 또는 자오선통과라고도 한다.

날짜변경선 : 동경 180°의 선을 따라 남극과 북극을 잇는 경계선이다.

[한국전력공사]

20 기계적 성질 중 충격에 견디는 성질을 무엇이라 하는가?

① 인성　　　　② 취성

③ 탄성　　　　④ 전성

해 인성 : 충격에 견디는 성질(질긴 정도)을 말한다.

[포스코]

21 다음 중 극한기술에 대한 설명으로 틀린 것은?

① 극저온, 초고온, 고진공, 초고압 등을 말한다.

② 아직까지는 항공, 우주 분야에만 쓰이고 있다.

③ 핵융합, 초전도체, 우주에서의 신소재 개발 등에 폭넓게 이용되고 있다.

④ 온도, 압력, 중력 등의 물리적 환경을 극한상태로 변화시켜 새로운 현상과 신물질을 창출해내는 기술이다.

해 ② 핵융합(초고온), 반도체(초청정), 신물질 창출(초고온 · 초고압 · 고진공 등) 등에 응용되고 있다.

극한기술 : 흔히 접하는 환경이 아닌 극한적인 환경을 발생시키고 응용하는 기술이다. 극저온 및 초고온, 초고압 및 고진공, 초청정 등이 이에 속한다.

[SBS]

22 다음 중 온도에 대한 설명으로 틀린 것은?

① 절대온도는 물의 빙점과 비등점의 온도를 100등분한다.

② 화씨온도는 물의 빙점과 비등점의 온도를 180등분한다.

③ 물의 빙점은 $32°F$이다.

④ 물의 빙점인 $0°C$에서 밀도가 최대로 된다.

⑤ 어떤 물체의 온도를 절대온도 $1°C$ 올리는 데 필요한 열량을 열용량이라 한다.

해 ①은 섭씨온도에 대한 설명이다.

섭씨온도 : Celsius Temperature. 물의 끓는 점과 어는 점을 온도의 표준으로 정하며, 그 사이를 100등분한 온도이다.

절대온도 : Absolute Temperature. 물질의 특이성에 의존하지 않는 절대적인 온도를 말한다. 1848년에 켈빈(Kelvin)이 도입했다 하여 '켈빈적 온도' 또는 '열역학적 온도'라고도 하며 기호는 K(켈빈)으로 표시한다.

[한겨레신문]

23 미국항공우주국(NASA)의 화성 탐사와 관련된 설명으로 틀린 것은?

① 2002년 9월 화성에 성공적으로 착륙한 화성 탐사선 마스 패스파인더는 탐사 로봇 소저 가 채취한 화성 토양 표본을 지구로 가지고 돌아오는 데 성공했다.

② 미국 항공우주국에서 화성에 생물이 살아있다는 증거를 알아보기 위해 첫 번째 드릴 작업에 사용한 것은 화상탐사로봇 큐리오시티이다.

③ 화성은 지구에서 달까지의 거리보다 1,000배나 멀리 떨어져 있어, 패스파인더가 화성에 도착하는 데도 7개월이 걸렸다.

④ 미국이 패스파인더 이전까지 쏘아올린 화성 탐사선은 모두 25기로, 그 중 바이킹 등 6기만 성공했다.

해 ① NASA는 2005년과 2007년에 화성의 토양을 지구로 가져오기 위한 로봇을 발사했고, 2013년 최근에는 화성탐사로봇 큐리오시티((Curiosity)가 화성의 암석에 드릴로 구멍을 뚫어 암석 가루를 채취하는 데 성공했다고 밝혔다.

NASA : National Aeronautics and Space Administration. 미국항공우주국. 1915년에 설립된 NACA ; National Advisory Committee for Aeronautics(미국항공자문위원회)를 1958년에 개편하여 창설하였다. 비군사적인 우주 개발을 모두 관할하고 종합적인 우주계획을 추진하는 미국의 대통령 직속기관이다. 항공우주 활동 기획 · 지도 · 실시, 항공우주 비행체를 이용한 과학적 측정과 관측 실시 및 준비, 정보의 홍보 활동 등이 주된 임무이다.

24 다음 중 대기층에서 더운 공기 때문에 그 아래로 찬 공기가 누적되어 나타나는 것은?

① 온실효과 ② 황사현상

③ 스모그 현상 ④ 역전층 현상

해 대기의 윗부분 온도가 아래보다 높아 공기가 움직이지 않고 오염물질이 축적되는 현상은 역전층 현상이다.

25 다음 중 수소폭탄제조에 이용되는 반응은?

① 핵융합반응   ② 핵분열반응

③ 수소결합   ④ 핵자기반응

☑ 핵융합반응이란 두 개의 가벼운 원자핵이 결합하여 보다 무거운 원자핵이 되는 원자핵 반응이다. 수소폭탄은 원자폭탄이 폭발할 때 고온이 되므로 그 주위를 리튬, 중수소로 둘러싸면 원자폭탄이 기폭제가 되어 핵융합의 연쇄반응이 일어난다.

26 다음 중 세계 최초로 혜성 67P에 착륙한 우주 탐사선의 이름은?

① 로제타호   ② 지오토호

③ 챌리저호   ④ 아폴로호

☑ 로제타호는 세계 최초로 혜성 착륙에 성공한 혜성 탐사선으로 2004년 3월 유럽우주국(ESA)이 발사하였고, 탐사로봇 필레(Philae)가 인류 역사상 처음으로 혜성 표면 착륙에 성공했다.

27 지표상의 한 지점에서 인체에 느껴지는 진동의 세기나 이에 수반되는 피해에 대한 상대적 척도를 의미하는 용어는?

① 리히터   ② 진도

③ 불의고리   ④ 진앙지

☑ 진도는 지표상의 한 지점에서 인체에 느껴지는 진동의 세기나 이에 수반되는 피해에 대한 상대적 척도를 의미한다.

28 다음 중 모든 것을 내보내기만 하는 천체이며 아직까지 이론적으로만 존재할 뿐 증명되지 않은 것은?

① 화이트홀   ② 블랙홀

③ 블루홀   ④ 엑시드홀

☑ 화이트홀은 모든 것을 빨아들이는 블랙홀에 반하여 모든 것을 내놓기만 하는 천체를 말하며 아직까지 이론적으로만 존재할 뿐 직접 혹은 간접적인 방법으로 그 존재가 증명되지는 않았다.

29 다음 중 미항공우주국(NASA)이 우주왕복선을 이용해 1990년 4월 지구 궤도에 올려놓은, 천체 관측을 위한 망원경의 이름은?

① 허블우주망원경

② 그레고리망원경

③ 알마전파망원경

④ 콤프턴망원경

☑ 허블우주망원경(Hubble Space Telescope)은 미항공우주국(NASA)이 우주왕복선을 이용해 1990년 4월 지구 궤도에 올려놓은 천체 관측을 위한 망원경이다.

30 다음 중 태양계의 9번째 행성이었으나 2006년 국제천문연맹(IAU)의 행성분류법이 바뀐 후 행성의 지위를 잃은 행성은?

① 세레스   ② 제나

③ 명왕성   ④ 카론

☑ 1930년 발견 이후 태양계의 9번째 행성으로서 명왕성(冥王星)으로 불렸으나, 2006년 국제천문연맹(IAU)의 행성분류법이 바뀜에 따라 행성의 지위를 잃고 왜소행성(Dwarf Planet)으로 분류되었다.

다음 질문에 답하시오. (기업체 직무적성검사 대비 문제)

Answer

01 모든 살아 있는 세포에서 볼 수 있고 유전형질을 전달하는 복잡한 유기화학적 분자구조를 가리키는 용어는?

01 DNA

02 코티졸, 엔케팔린과 함께 3대 스트레스 호르몬으로, 사람이 스트레스 상황에 빠지면 고통을 덜어주기 위해 뇌에서 분비되는 것으로 가장 강력한 마약성 진통제인 모르핀의 2백배에 해당하는 진통효과를 발휘하는 것은?

02 엔돌핀

03 사람의 눈으로 볼 수 있는 파장을 가진 광선은?

03 가시광선

04 액체의 표면이 스스로 수축하여 가능한 한 작은 면적을 취하려는 힘은?

04 표면장력
(Surface Tension)

05 원자로를 처음 만든 사람은?

05 엔리코 페르미
(Enrico Fermi)

06 전 세계적으로 널리 쓰이고 있는 진도 측정기의 명칭은?

06 리히터지진계

07 유전인자가 성염색체 위에 있어 성별과 특별한 관계를 가진 유전현상은?
[한국식품연구원]

07 반성유전

08 기계공학과 전자공학의 합성어로 기계의 전자화를 일컫는 말은 무엇인가?
[OBS]

08 메카트로닉스

09 우리나라가 요르단에 수출한 연구용 원자로 명칭은?

09 하나로

10 냉각재로 고압의 물 대신 금속인 나트륨을 쓰고 원자로 안에서 고속의 중성자가 핵반응을 일으키는 점이 기존 경수로와 다른 한국형 액체 금속로의 이름은?

10 Kalimer

다음의 각 용어에 대해 간략하게 설명하시오. (공사 · 공단, 언론사 대비 문제)

01 쿼크

02 절대온도

03 초전도체

04 크레바스

05 Big Bang

06 형상기억합금

07 금속피로

08 하이브리드카

09 리보솜

10 율리시스계획 [한겨레신문]

11 허블우주망원경 [경향신문]

12 홀로그래피

13 아라미드 섬유

Chapter
05

자연과학 · 약학

01_ 쿼크

Quark. 물질의 기본적인 구성입자로 추측되는 원자 구성 입자의 하나. 양성자와 중성자가 원자핵을 이루는 것과 같이 양성자와 중성자 그 자체도 쿼크로 이루어져 있다고 생각한다.

02_ 절대온도

Absolute Temperature. 물질의 특이성에 의존하지 않고 눈금을 정의한 온도이다. 영하 273.16℃를 기준으로 하며 단위는 켈빈(K)으로 한다.

03_ 초전도체

어떤 물체가 절대온도에 이르면 전기저항이 0이 되어 전류가 무한히 흐르는 물체를 가리킨다.

04_ 크레바스

Crevasse. 빙하가 이동할 때 생기는 응력에 의해 빙하에 형성되는 열극이나 균열을 말한다. 너비 20m, 깊이 45m 정도이며 길이는 수백 미터에 달한다.

05_ Big Bang

우주의 처음을 설명하는 우주론 모형. 적어도 100억년 전에 일어난 우주대폭발에 의하여 극히 높은 온도와 밀도를 가진 상태에서 시작되었다는 이론이다.

06_ 형상기억합금

Shape Memory Alloy. 여러 가지 금속합금 가운데 전이 온도 이하에서 변형하여 도전이 온도 이상이 되면 변형 이전의 모양으로 되돌아가는 성질을 가진 합금이다. 티탄 합금이 대표적이며, 온도센서 등에 쓰인다.

07_ 금속피로

금속 재료에 계속하여 변형력을 가하면 연성이 점차 감소하는 현상으로 결국에는 파괴된다.

08_ 하이브리드카

Hybrid Car. 두 가지 이상의 구동장치를 동시에 탑재한 차량으로 일반 차량에 비해 유해가스 배출량을 획기적으로 줄인 친환경 미래형 자동차를 말한다.

09_ 리보솜

세포질 속에서 단백질을 합성하는 역할을 하는 아주 작은 알갱이 모양의 물질로 RNA와 단백질로 이루어진 복합체이다.

10_ 율리시스계획

Ulysses Project. 미국항공우주국(NASA)과 유럽우주기구(ESA)가 공동으로 추진하고 있는 무인태양탐사계획이다.

11_ 허블우주망원경

무게 12.2t, 주거울 지름 2.5m, 경통 길이 약 13m의 반사망원경이다. 1990년 4월 우주왕복선 디스커버리호에 실려 지구상공 610km 궤도에 진입하여 우주관측활동을 시작하였으며 수명은 약 15년이다. 관찰 가능한 파장영역은 110~1,100nm이며, 지구에 설치된 고성능 망원경들과 비교해 해상도는 10~30배, 감도는 50~100배로, 지구상에 설치된 망원경보다 50배 이상 미세한 부분까지 관찰할 수 있다.

12_ 홀로그래피

Holography. 위상이 갖추어진 레이저 광선을 이용하여 렌즈 없이 한 장의 사진으로 입체상을 촬영재생하는 방법. 또는 이것을 응용한 광학기술.

13_ 아라미드 섬유

Aramid Fiber. 방향족의 폴리아미드 섬유, 인장 강도가 크며 방탄조끼 등에 쓴다.

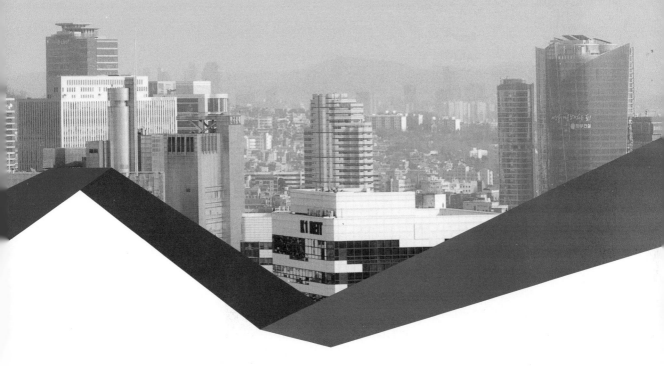

CHAPTER **06**

환경 · 사회

🖍 CHAPTER 06

환경 · 사회

① 기상과 기후

● 각 기후의 특성

- **지중해성 기후** : 지중해 연안을 비롯한 중위도의 대륙 서안 지역에서 나타나는 기후이다. 여름에는 구름이 적고 일사량이 많아 덥고 건조한 가뭄이 계속되나, 겨울에는 강수량이 많고 온화한 날씨가 계속된다. 전체적으로는 맑은 날이 많아 강수량이 적으며 올리브 · 레몬 · 오렌지 · 밀 등의 재배가 활발하다.

- **대륙성 기후** : 대륙의 영향을 강하게 받는 기후로, 해안에서 멀리 떨어진 내륙이나 사방이 산맥으로 둘러싸인 분지 같은 곳에서 볼 수 있는 기후이다. 대륙성 기후의 가장 뚜렷한 특징은 큰 기온변화의 범위이다. 겨울에는 매우 춥고 여름에는 매우 더워 연교차와 일교차가 매우 크게 나타난다.

- **해양성 기후** : 바다에 근접해 나타나는 기후로, 섬과 중위도 편서풍대의 대륙 서안과 몬순 지역의 여름철에 나타나는 기후이다. 바다 공기는 습하고 염핵이 풍부해 육지로 유입되면서 상승해 비를 내리게 하기 쉬우므로 해양성 기후지역에서는 강수현상이 자주 일어나고 일기변화도 심하다.

- **사바나 기후** : 열대 우림 기후와 몬순 기후 주변에 나타나며, 열대 우림 기후와는 달리 건기와 우기가 매우 뚜렷하다. 평균기온이 약 27℃로 매우 더운 편이다.

- **계절풍 기후** : 계절풍의 영향을 받아 나타나는 기후. 여름에는 고온다습하고 강수량이 많으며, 겨울에는 저온건조하고 강수량이 적다.

- **스텝 기후** : 건조한계와 사막한계 사이의 기후를 가리키며 사막기후 지역을 둘러싸면서 분포한다. 스텝은 원래 중앙아시아의 광대한 초원을 뜻하므로 초원 기후라고도 한다. 북아메리카의 프레리, 아르헨티나의 파스, 러시아의 흑토지대가 대표적인 예이다.

● 무역풍

적도의 남북 양쪽으로부터 적도 저압대에 불어 들어오는, 동쪽으로 치우친 바람(북반구에서는 북동풍, 남반구에서는 남동풍)이다.

● 계절풍

계절에 따라 방향을 바꾸는 바람으로, 극동지역과 아시아에서 가장 뚜렷하게 나타난다.

대기권의 구조

대기권은 높이에 따른 온도분포에 따라 4개의 층으로 구분하는데, 지표면으로부터 각각 대류권, 성층권, 중간권, 열권으로 나눈다.

성층권

대류권과 중간권 사이에 있는 대기층이다. 질소가 대부분이며, 온도나 기압의 변화가 없고 습도가 낮은데다 바람과 구름도 거의 없다.

지중해성 기후 지역

지중해 연안, 남아연방 서남부, 미국 캘리포니아 해안, 칠레 중부, 호주 남부 등

확인문제 [농협]

1. 지중해성 기후 지역이 아닌 것은?
① 지중해 연안
② 남아연방 서남부
③ 오스트레일리아 북부
④ 미국 캘리포니아 해안

확인문제 [한국전력공사]

2. 사바나 기후 지역이 아닌 것은?
① 브라질 고원
② 남아프리카 남단부
③ 오스트레일리아 북부
④ 야노스 평원

답 1. ③ 2. ②

● 편서풍

아열대 고기압의 북쪽 북위 30~60°에서 서쪽으로 치우친 바람이다. 특히 상층에서 뚜렷하다. 한국과 같이 중위도 지방에서 날씨가 서쪽에서 동쪽으로 변해가는 현상은 이 편서풍의 영향에 의한 것이다.

● 제트류

Jet Stream. 일반적으로 대류권 상층과 성층권에서 수평상 동쪽으로 흐르는 길고 좁은 고속 기류이다. 항공기에 매우 위협적인 청천난류를 일으키는 주요 원인으로 지목되고 있다.

● 태풍

Typhoon. 저위도 지방의 따뜻한 공기가 바다로부터 수증기를 공급받으면서 강한 바람과 많은 비를 동반하고 고위도로 이동하는 기상 현상을 태풍이라 한다. 중심 최대풍속이 17m/s 이상이며 폭풍우를 동반하는 열대 저기압을 가리키는 말이다.

● 허리케인

Hurricane. 대서양 서부에서 발생하는 열대 저기압을 말하며, 우리말로 싹쓸바람이라고 한다.

● 사이클론

Cyclone. 벵골만과 아라비아해에서 발생하는 열대 저기압이다. 성질은 태풍과 같으며 때때로 해일을 일으켜 낮은 지대에 큰 재해가 발생한다.

● 토네이도

Tornado. 미국 중남부 지역에서 일어나는 강렬한 회오리바람이다. 특히 봄에서 여름에 걸쳐 많이 발생하며 파괴력이 크다.

● 스콜

Squall. 8m/s에서 최고 11m/s까지 풍속이 증가하여 1분 이상 지속되다가 갑자기 멈추는 현상을 말한다. 강수와 뇌우를 동반하기도 한다.

샛바람

동풍. 이른 아침 동틀 무렵 가볍게 불어오는 바람.

하늬바람

서풍. 중국쪽에서 불어오는 바람으로 가을바람(갈바람) 이라고도 함.

마파람

남풍. 시원하게 불어오는 바람.

높바람

북풍. 높은 데서 부는 바람.

황소바람

좁은 곳으로 가늘게 불어오지만 매우 춥게 느껴지는 바람.

꽁무니바람

뒤에서 부는 바람.

확인문제 [KB국민은행]

3. 적도 부근에서 발생하는 기압으로 동부 아시아에서는 태풍(Typhoon), 카리브해에서는 허리케인(Hurricane)라고 부르는 것은?
① 열대성 고기압
② 이동성 고기압
③ 열대성 저기압
④ 이동성 저기압

확인문제 [농협, 한진]

4. 세계의 강풍에 속하지 않는 것은?
① 태풍　　　② 사이클론
③ 스콜　　　④ 허리케인

답 3. ③ 4. ③

● 블리자드

Blizzard. 남극에서 빙관으로부터 불어오는 맹렬한 강풍이다. 풍속 14m/s 이상, 저온, 시정 500ft 이하인 상태를 가리킨다.

● 엘니뇨현상

EL Niño Phenomenon. 스페인어로 남자아이 또는 아기예수를 의미하며, 남아메리카 서해안을 따라 흐르는 페루한류(寒流)에 난데없는 이상난류(異狀暖流)가 흘러들어서 일어나는 해류의 이변현상이다. 높아진 수온에 의해 영양염류와 용존 산소의 감소로 어획량이 줄어 어장이 황폐화되고, 상승기류가 일어나 중남미 지역에 폭우나 홍수의 기상이변이 일어난다.

● 라니냐현상

La Nina. 적도 무역풍이 평년보다 강해지면서 서태평양의 해수면과 수온은 평년보다 상승하게 되고, 찬 해수의 용승 현상 때문에 적도 동태평양에서 저수온 현상이 강화되어 엘니뇨의 반대현상이 나타난다. 이러한 현상을 라니냐(스페인어로 여자아이)라고 한다.

● 블로킹현상

Blocking Phenomenon. 편서풍이 정상적으로 흐르지 못하고 남북으로 크게 사행하는 구조를 유지한 채 일주일 이상 지속되는 현상이나 편서풍이 파동처럼 흐르는 상태를 말한다.

● 핀 현상

바람이 산을 타고 넘을 때, 기온이 오르고 습도가 낮아지는 현상으로 공기의 성질이 고온건조하게 변하는 것이다. 우리나라에서 발생하는 핀 현상은 높새바람이다.

엘리뇨 모도키

El Niño Modoki. 엘니뇨의 두 얼굴. 전통적인 엘니뇨와 달리 대서양에 평소보다 더 많은 허리케인을 일으키는 현상.

윌리윌리

Willy–Willy. 오스트레일리아 북부 해상에서 발생하는 회오리바람.

보라

Bora. 아드리아 해의 북쪽 또는 북동쪽에서 불어오는 차고 건조한 바람

확인문제

5. 엘니뇨현상에 대한 설명 중 부적절한 것은?
① 세계의 기상이변을 몰고 오는 원인으로 받아들여지고 있다.
② 페루 근해를 비롯한 적도 부근의 태평양 해수온도가 오르면서 시작된다.
③ 엘니뇨는 스페인어로 여자아이를 의미한다.
④ 해수온도가 10℃ 내외로 상승하는 경우도 있다.

확인문제 [대구도시철도공사]

6. 엘니뇨란?
① 남미 페루만의 태평양 해면온도가 비정상적으로 낮아지는 현상을 말한다.
② 남미 페루만의 태평양 해면온도가 비정상적으로 상승하는 현상을 말한다.
③ 남미 페루만의 태평양 해면온도가 정상적으로 상승하는 현상을 말한다.
④ 적도부근 표면 해수의 온도가 갑자기 낮아지는 현상을 말한다.

답 5. ③ 6. ②

● 우리나라에 영향을 주는 기단

- **시베리아 기단** : 대륙성 한대 기단으로 겨울에 북쪽에서 오는 차가운 북서 계절풍을 따라 우리나라에 오며, 몹시 차고 건조하다.
- **오호츠크해 기단** : 해양성 한대 기단으로 대개 장마철에 오호츠크 해상에서 발생하며 우리나라로 차고 습한 공기를 보낸다. 초여름 영서지방에 부는 높새바람의 원인이 되며, 북태평양 기단과 만나 장마 전선을 형성한다.
- **북태평양 기단** : 해양성 열대 기단으로 여름에 남동 계절풍을 따라 태평양 방면에서 우리나라 방면으로 확장되며 고온 다습하다. 무더위가 계속되고 가뭄이 일어난다.
- **양쯔강 기단** : 대륙성 열대 기단으로 따뜻하고 건조하다. 주로 봄과 가을에 이동성 고기압을 타고 양쯔강 방면에서 온다.
- **적도 기단** : 해양성 적도 기단으로 덥고 습하다. 태풍이 발생할 무렵인 7~8월에 태풍과 함께 우리나라에 온다.

● 삼한사온

3일간 춥고, 4일간 따뜻한 날씨라는 뜻이다. 한국과 중국 북부 지방의 겨울 날씨의 특징으로, 대륙고기압의 확장과 이동성 고기압의 통과 주기가 7일이라는 것으로, 실제 주기는 약간 달라지기도 한다.

확인문제 [CBS, 한국일보, 경향신문]

7. 적도 부근의 태평양 어느 부분에서 해수면의 온도가 높아지는 현상을 엘니뇨현상이라고 한다. 그렇다면 그 반대로 적도 동태평양에서 저수온 현상이 강화되어 엘니뇨와 반대로 일어나는 현상은 무엇인가?
① 라니냐　　　② 허리케인
③ 타이푼　　　④ 베르누이현상
⑤ 토네이도

청천난류
구름이 없는 맑은 하늘에 생기는 난기류를 말한다. 우리나라에서 지형적으로 청천난류가 잘 발생되는 곳은 추풍령 상공 부근이다.

냉수대
Cold Pool. 주변 수온보다 5℃ 이상 낮은 수온의 해역을 말한다. 국립수산과학원은 냉수대의 발생으로 인한 양식어민의 피해를 최소화하기 위해 출현 해역에 냉수대 주의보를 발령한다.

돌풍
일시적으로 갑자기 큰 풍속으로 부는 바람으로, 실제 바람관측시간 10분 안에 최대풍속이 평균풍속보다 5m/s 이상일 때 돌풍이라 한다.

꽃샘추위
초봄에 날씨가 풀린 뒤 다시 찾아오는 일시적인 추위를 가리키는 고유어이다. 꽃이 피는 것을 시샘하는 듯이 춥다고 해서 이 이름이 붙었다.

확인문제 [롯데, KB국민은행]

8. 우리나라의 겨울철 삼한사온에 영향을 주는 기류는?
① 아랄해 기단
② 시베리아 기단
③ 이동성 저기압
④ 오호츠크해 기단

답 7. ①　8. ②

② 환경과 공해문제

● 오존

Ozone. 화학식은 O_3이며, 3원자의 산소로 된 푸른빛의 기체이다. 특유한 냄새가 나며, 상온에서 분해되어 산소가 된다. 산화력이 강하여 산화제, 표백제, 살균제로 쓴다.

● 오존구멍

Ozone Hole. 성층권의 오존층 농도가 급격히 감소해 오존층에 구멍이 뚫린 것처럼 보이는 현상.

● 오존층 파괴물질

플론가스라 불리우는 CFC 외에도 산화질소, 메틸브로마이드, 할론(Halon), 사염화탄소(CCl_4), 메틸클로로폼 등의 물질이 있다.

● dB

소리의 강도를 표준음과 비교하여 표시하는 데 쓰는 단위이다.

● pH

용액의 수소이온지수, 즉 수소이온농도를 지수로 나타낸 것이다. pH는 용액의 산성도를 가늠하는 척도로 사용한다.

● ppm

parts per million. 수질이나 대기 오염도를 나타내는 농도의 단위로, 1피피엠은 10^{-6}이다.

● DO

Dissolved Oxygen. 물 또는 용액 속에 녹아 있는 분자상태의 산소이다. 수중의 어패류 등은 용존산소로 호흡한다. 하천에 유기물이 증가하면 물 속의 미생물이 용존산소를 소비하여 유기물을 분해한다. 그러므로 용존산소가 부족하게 되면 어패류의 생존이 위협받게 된다.

확인문제

9. 환경오염의 원인으로 볼 수 없는 것은?
① 과학기술의 남용
② 생태계의 보정작용
③ 경제개발과 소비구조의 변화
④ 인간의 편리와 이익추구 경향

확인문제 [한겨레신문, MBC]

10. 산성비의 기준이 되는 pH(수소이온농도지수)는?
① 7.0 ② 5.0
③ 5.4 ④ 5.6

CFC

Haloalkane, 프레온가스, 염화불화탄소, 프레온 등으로 불리는 지구 오존층 파괴 주범이다. 소화기나 추진체, 용매 등으로 널리 사용된다.

생활소음 규제기준

구분	주간	야간
주거지역, 학교	65 이하	60 이하
기타지역	70 이하	60 이하

계면활성제

Surfactant. 물에 녹기 쉬운 친수성 부분과 기름에 녹기 쉬운 소수성 부분을 가지고 있는 화합물이다. 이런 성질 때문에 비누나 세제 등으로 많이 활용되어 왔다.

미세 플라스틱

Microplastics. 5mm 미만의 작은 플라스틱을 말하며 플라스틱 제품이 부서지면서 생성된다. 크기가 매우 작아 하수처리시설에 걸러지지 않고 바다와 강으로 그대로 유입되는데, 이를 먹은 강·바다의 생물들을 결국 인간이 섭취하게 되기 때문에 장폐색을 유발할 수 있으며 에너지 할당 감소, 성장 등에도 악영향을 미치므로 문제가 되고 있다.

답 9. ② 10. ④

● COD

Chemical Oxygen Demand. 화학적 산소 요구량. 가정하수와 산업 폐수의 오염 강도를 측정하는 데 널리 이용된다.

● BOD

Bio-chemical Oxygen Demand. '생화학적 산소 요구량'으로, 어떤 유기물을 미생물에 의해 호기성 상태에서 무해한 상태로 분해·안정화시키는 데 요구되는 산소량을 의미하며, 보통 ppm 단위로 표시한다.

● 스모그

Smog. '연기(Smoke)'와 '안개(Fog)'의 합성어로, 자동차와 공장에서 내뿜는 매연으로 오염된 공기층을 지칭하며 그 구성 성분은 다양하다.

● 온실효과

Greenhouse Effect. 이산화탄소 등의 증가로 생기는 대기의 기온 상승 효과를 말한다.

● 양산효과

Umbrella Effect. 온실효과의 반대 현상. 대기 속에 방출된 미립자가 햇빛을 산란시켜 지표면에 도달하는 햇빛의 양이 줄어들어 지구의 온도가 내려가는 효과를 말한다.

● 열섬현상

Heat Island. 도심의 온도가 대기오염이나 인공열 등의 영향으로 주변 지역보다 높게 나타나는 현상. 자동차 배기 가스 등으로 인해 도시가 하나의 섬과 같은 형태가 되어 온도가 교외보다 더 높게 나타나는 현상이다.

● 적조현상

Red Tide. 적조라고도 한다. 토양이나 하천·바다의 부영양화(富營養化)로 해수 플랑크톤의 수가 급격하게 증가하여 적색계통의 색을 띠는 현상이다.

확인문제 [대구도시철도공사]

11. 수질오염 측정 시 사용되는 COD란 무엇을 나타내는 것인가?
① 생화학적 산소 요구량
② 중금속 검출량
③ 용존 산소량
④ 화학적 산소 요구량

확인문제 [서울특별시도시철도공사]

12. 수질오염의 측정 시에 사용되는 BOD란 무엇을 말하는가?
① 용존 산소량
② 생화학적 산소 요구량
③ 화학적 산소 요구량
④ 중금속 검출량

확인문제 [한국전력공사]

13. 지표부근의 온도가 상승하는 현상으로 이산화탄소가 태양으로부터 오는 가시광선은 그대로 투과시키고 지표면에서 방출되는 적외선은 잘 흡수하기 때문에 발생되는 현상은?
① 적조현상　② 스모그현상
③ 온실효과　④ 개발공해현상

확인문제 [한겨레신문]

14. 지구가 더워지는 이른바 온실효과의 주요한 원인물질이라고 할 수 없는 것을 고르시오.
① 염화불화탄소　② 메탄
③ 암모니아　④ 이산화탄소

온실가스

지구 대기를 오염시켜 온실효과를 일으키는 가스들의 총칭을 말한다. 대표적으로 이산화탄소(CO_2), 메탄(CH_4), 아산화질소(N_2O), 염화불화탄소(CFC) 등이 있다.

확인문제

15. 교토 의정서에서 정한 6대 온실가스가 아닌 것은?
① CO_2　② SF_6
③ CH_4　④ SO_2

답 11. ④　12. ②　13. ③　14. ③　15. ④

● 녹조

Water-Bloom. 부영양화된 호수 또는 유속이 느린 하천에서 녹조류가 크게 늘어나 물빛이 녹색이 되는 현상이다.

● 부영양화

Eutrophication. 호수와 같은 노화된 수중 생태계 안에서 인, 질소 및 다른 식물 자양분들의 농도가 점진적으로 증가되는 상태이다. 부영양화가 일어나면 수중의 질소나 인 등의 영양분 과다로 식물성 플랑크톤 등의 생물이 이상 번식하여 적조현상이 일어난다.

● 계절관리제

고농도 미세먼지가 며칠 동안 계속될 때 일회성으로 시행하던 '비상저감조치'를 미세먼지가 기승을 부리는 12월부터 3월까지 계속 시행하도록 확대하는 제도.

● POPs

Persistent Organic Pollutants. 잔류성 유기오염물질. 일반적으로 내분비계 장애물질이라고도 알려져 있으며, 주로 인간의 생산활동이나 폐기물의 처리과정에서 생성되는 인공적인 산물이다.

● 생물농축

Biological Concentration. 유기오염물을 비롯한 중금속 등이 물이나 먹이를 통하여 생물체 내로 유입된 후 분해되지 않고 잔류되는 현상을 말한다. 이러한 유해물질들이 먹이사슬을 통해 전달되면서 농도가 점점 높아진다.

● 2차 공해

Secondary Pollution. 공장 등 고정 발생원이나 자동차 등 이동 발생원에서 직접 배출되는 유해물질에 의해 발생하는 일반적인 공해에 대해 공해방지나 환경정화를 목적으로 사용한 처리장치나 약품, 첨가물 등에서 파생하는 2차적인 공해를 말한다.

역전층

Inversion Layer. 대류권에서는 고도가 높아질수록 기온이 낮아지는데, 역전층은 고도가 높아질수록 기온이 상승하는 층으로, 안개나 스모그 현상이 발생하거나 이슬이 내린다.

열대야

Tropical Night. 야간(오후 6시 1분 ~ 다음 날 오전 9시)의 최저 기온이 25℃ 이상인 무더운 여름밤을 뜻한다.

미세먼지

Fine Dust. 우리 눈에 보이지 않는 아주 작은 물질로 대기 중에 오랫동안 떠다니거나 흩날려 내려오는 직경 10㎛ 이하의 입자상 물질이다. 미세먼지는 석탄, 석유 등의 화석연료가 연소될 때 또는 제조업·자동차 매연 등의 배출가스에서 나오며, 기관지를 거쳐 폐에 흡착되어 각종 폐질환을 유발하는 대기 오염물질이다. 대부분 자동차의 배출가스, 발전소나 공장에서 배출되는 연소가스, 혹은 요리 과정이나 담배 흡연으로부터 발생한다.

황사

Asian Dust. 봄철에 중국이나 몽골의 사막에 있는 모래와 먼지가 편서풍을 타고 멀리 날아가는 현상을 말한다. 특히 우리나라에 많은 영향을 끼치고 있다.

비오토프

Biotope. 야생동물이 서식하고 이동하는 데 도움이 되는 숲, 가로수, 습지, 하천, 화단 등 도심에 존재하는 다양한 인공물이나 자연물로 지역생태계 향상에 기여하는 작은 생물서식공간.

환경개선부담금

환경오염물질을 다량으로 배출하는 건물이나 시설물의 소유자 또는 점유자, 휘발유나 LNG 등에 비해 상대적으로 오염물질을 많이 배출하는 경유자동차 소유자에게 자신들이 오염시킨 만큼의 복구비용을 부담시키는 제도이다.

● 환경영향평가제

EIA ; Environmental Impact Assessment. 환경에 영향을 미칠 우려가 있는 도로, 항만, 공항, 철도, 공업단지, 체육시설, 간척지 등을 건설할 경우 개발사업을 시행할 때 개발사업이 자연환경, 생활환경, 사회경제환경에 미치는 해로운 영향을 사전에 예측, 분석, 평가해 환경에 미치는 영향을 최소화하려는 제도를 말한다. 1992년 환경영향평가법이 제정되어 시행되고 있다.

● 오존경보제

대기 중 오존의 농도가 일정 기준 이상 높게 나타났을 때 경보를 발령함으로써 주민들의 건강과 생활 환경상의 피해를 최소화하기 위한 제도이다.

● 청정수역

Blue Belt. 바닷물이 오염되는 것을 방지하고 에너지 자원과 수산 자원을 보호할 목적으로 설정한 수역이다.

● 수변구역

환경부가 상수원 수질보전을 위해 지정·고시한 지역이다. 한강수계, 낙동강수계, 금강수계, 영산강·섬진강수계의 4대강 수계로 나누어 전국에 약 1,000km²의 면적이 지정되어 있다.

● 자연휴식년제

오염의 정도가 지나치게 심각하거나 황폐화할 염려가 많은 국·공립 공원에 한해 3년 동안 사람의 출입을 통제함으로써 자연 생태계의 파괴를 막고 복원하기 위해 마련한 제도이다.

● PPP

Polluter Pays Principle. 오염자 부담 원칙. 공해로 인한 피해보상에 있어서 공해를 유발시킨 오염자가 보상을 부담하는 원칙이다.

● LEZ

Low Emission Zone. 환경지역. 공해차량 운행제한지역을 말한다.

● UNEP

United Nations Environment Program. 국제연합 환경계획. 환경에 관한 국제연합의 활동을 조정하는 기구이다.

● UNCED

United Nations Conference on Environment & Development. 유엔환경개발회의이다.

● 그린 라운드

GR ; Green Round. 환경 보존을 위한 다자간 국제협상을 말한다. 환경보호를 위해 만들어진 각국의 무역 관련 규제나 국제환경협약에 나타나 있는 무역 관련 조치들을 통일시켜 세계무역기구(WTO ; World Trade Organization) 안에서 하나의 환경기준을 만들고, 이에 미달하는 무역상품에 대해서는 관세부과 등 각종 제재조치를 가한다는 내용을 골자로 한다.

● 리우선언

Rio Earth Charter. 1972년 6월 스톡홀름에서 개최된 유엔 인간환경회의(UNCHE ; The United Nations Conference on the Human Environment) 개최 20주년을 기념하고 지구환경을 위한 결의에 따라 1992년 6월 3일부터 14일까지 브라질 리우데자네이루에서 세계 각국 정상들의 성명을 통해 공식 선포된 지구환경 보호헌장(Agenda 21)이다.

● 생태도시

Ecological Polis. 사람과 자연, 혹은 환경이 조화되며 공생할 수 있는 도시의 체계를 갖춘 도시를 말한다. 1992년 브라질 리우데자네이루에서 지구 환경보전 문제를 협의하기 위해 개최된 리우회의 이후 도시지역의 환경문제를 해결하고 환경보전과 개발을 조화시키기 위한 방안의 하나로서 도시개발 · 도시계획 · 환경계획 분야에서 새로이 대두된 개념이다.

● 몬트리올 의정서

Montreal Protocol. CFC에 의한 오존층 파괴가 국제적인 문제로 대두되면서 각국의 CFC 사용 삭감과 생산 동결을 선언한 국제환경조약이다.

ESI

Environmental Sustainability Index. 환경지속성지수.

EPI

Environmental Performance Index. 환경성과지수.

환경오염을 원인으로 하는 병

- **이타이이타이병** : 카드뮴이 원인.
- **미나마타병** : 메틸수은 중독이 원인.
- **진폐증** : 폐에 분진이 쌓여 생기는 병.
- **악성 중피종** : 석면을 원인으로 장막에 생기는 종양.

#Pray for Amazonia

아마존을 지키기 위한 브라질 국민들의 열망이 해당 해시태그를 달고 SNS를 통해 전 세계로 퍼져나가면서 영국, 독일 등 각국의 브라질 대사관 앞에서 아마존 화재진압 대책을 촉구하는 시위를 동시다발적으로 일으켰다.

ISO 14000 Series

국제표준화기구(ISO)가 검토하고 있는 환경관리 관련 표준군.

대구 의정서

유전자를 변형시킨(LMO) 곤충 및 세균에 대해 안전성 기준과 규제안을 정한 국제적 가이드라인

LMO

Livings Modified Organisms. 유전자변형생물체.

답 17. ④

몬트리올 의정서 냉매규제내용
- 염화불화탄소(CFC) : 2010년 100% 삭감
- 할론(Halon)
- 사염화탄소(CCl_4)
- 메틸클로로포름($C_2H_3Cl_3$)
- 수소염화불화탄소(HCFC) : 2040년 100% 삭감
- 메틸브로마이드(CH_3Br) : 2015년 100% 삭감

교토 의정서

Kyoto Protocol. 기후변화협약에 따른 온실가스 감축목표에 관한 의정서이다.

확인문제 [중앙일보, 경인방송]
18. 한국이 1997년 7월 28일 가입한 람사르협약이란?
① 국제하천보존협약
② 국제습지보전협약
③ 국제삼림보전협약
④ 국제해양보전협약

● 기후변화협약

UNFCCC ; United Nations Framework Convention on Climate Change. 온실가스의 방출을 규제하여 지구의 온난화를 방지하기 위한 국제협약이다. 리우환경협약이라고도 한다.

람사르협약

Ramsar Convention. 습지의 보호와 지속 가능한 이용에 관한 국제조약이다.

● 생물다양성협약

CBD ; Convention on Biological Diversity. 생물의 다양성 보전, 생물자원의 지속 가능한 이용, 생물자원을 이용하여 얻는 이익을 공평하게 분배할 것을 목적으로 1992년 유엔환경개발회의에서 채택했다.

플라스틱 프리 챌린지

Plastic Free Challenge. 세계 최대 규모의 환경보호 단체인 세계자연기금(WWF)이 주관하는 지구를 지키기 위해 플라스틱 사용을 줄이자는 캠페인. 일반인들이 SNS에 해시태그 운동으로 캠페인을 실천하는 것은 물론 각종 기업들도 캠페인에 참여하고 있다.

● Global 500

유엔환경계획(UNEP)이 환경보호에 기여한 개인 또는 단체를 지구 전체의 환경사절로 위촉, 지구 환경문제 해결에 앞장서도록 하기 위해 제정한 명예제도이다.

Chapter
06

환경·사회

답 18. ②

③ 주거와 생활권

● 환경권
Environmental Right. 인간이 건강하고 쾌적한 생활을 유지하는 데 필요한 모든 조건을 충족시킬 양호한 환경을 구하는 권리이다.

● 공중권
Air Right. 건축물, 도로 등의 부지에 따른 공중 공간의 사용권이다. 우리나라에서는 아직 입법화되지 못하고 해석상 지상권의 일부로 인정하고 있다.

● 조망권
Prospect Right. 먼 곳을 바라볼 수 있는 권리. 일조권과 함께 침해에 따른 분쟁이 잦다.

● 일조권
Right of Sunshine. 햇빛을 받아 쬘 수 있는 법률상의 권리이다.

● 통풍권
자기의 거주공간에 통풍이 잘되도록 요구할 수 있는 권리이다.

● 도시문제의 3P
Pollution(공해), Poverty(빈곤), Population(인구)

● BANANA 현상
Build Absolutely Nothing Anywhere near Anybody. 영어 구절의 각 단어 머리글자를 따서 만든 신조어이다. '어디에든 아무것도 짓지 마라'는 이기주의적 의미로 통용되기 시작했으며, 유해시설 설치 자체를 반대하는 것이다.

외쿠메네

인간이 생활하고 있는 육지 부분으로, 지구상의 인류 거주 지역.

베드타운

Bed Town. 큰 도시 주변의 주택 지역으로, 도심 지역으로 일하러 나갔던 사람들이 밤이 되면 잠자기 위하여 돌아온다는 데서 붙여진 말이다.

도시 확산 현상

Sprawl. 특히 대도시의 교외가 무계획적이고 무질서하게 발전하는 현상.

> **확인문제** [한국토지주택공사]
>
> 19. 도시의 급격한 팽창에 따라 도시의 교외 지역이 무질서하게 주택화하는 현상은?
> ① 스프롤 현상　② 님비 현상
> ③ 공동화 현상　④ 도넛 현상
> ⑤ 스모그 현상

도넛현상

Donut Pattern. 도심지의 땅값 상승으로 도심지 거주 인구가 적어지고 변두리에 주택이 증가하여 그 배치 상태가 도넛 모양을 이루는 현상.

> **확인문제** [한국전력공사, 한국토지주택공사]
>
> 20. 도시지역 내의 지가의 급등 내지 각종 공해로 주민들이 도시 외곽으로 진출하게 된다. 따라서 도심은 텅비어 공동화되고 외곽지역은 밀집되는데, 이 현상을 무엇이라 하는가?
> ① 뉴 리치현상　② 람보현상
> ③ 도넛현상　④ 스모그현상

답 19. ①　20. ③

● 노비즘

Nobyism. 철저한 개인주의에 바탕을 둔 사고방식이다. 이웃이나 사회에 피해가 가더라도 자신에게 손해가 되지 않는 일에는 무관심으로 일관한다. 예를 들면 도로 등 공공장소에 쓰레기를 버리는 것은 상관하지 않지만 자신의 집 앞에 버리는 것은 용납하지 못한다는 심리적 현상을 말한다.

● 님비현상

NIMBY ; Not in My Backyard. '내 뒷마당에서는 안 된다'는 뜻으로, 지역이기주의를 뜻하는 신조어이다. 우리나라에서도 장애인 시설, 쓰레기 소각장, 하수 처리장, 화장장, 핵폐기물 처리장 등의 공공시설물을 자신들이 사는 지역에 설치하는 것을 반대하는 지역 주민들의 집단 이기주의로 사회적인 문제가 되고 있다.

● 님투현상

NIMTOO ; Not in My Terms of Office. '나의 공직 재임기간 중에는 안 된다'라는 뜻이다. 쓰레기 매립장과 분뇨처리장 및 하수처리장 등 시설물 주변 주민들의 민원이 발생할 소지가 많은 소위 혐오시설을 공직자가 자신의 재임기간 중에 설치하지 않고 임기를 마치려는 현상을 일컫는 말이다.

● 핌투현상

PIMTOO ; Please in My Terms of Office. 월드컵 경기장, 사회복지시설 등 선호시설을 자신의 임기 중에 유치하려는 것이다. 특히 선출직 공직자 사회에서 나타나는 현상이다.

● 핌피현상

PIMFY ; Please in My Front Yard. 연고가 있는 자기 지역에 수익성 있는 사업을 유치하고자 하는 현상이다. 님비(NIMBY)에 반하는 개념이지만 지역이기주의를 나타내는 점에서는 같다.

새 집 증후군

Sick House Syndrome. 새로 지은 건물 안에서 거주자들이 느끼는 건강상 문제 및 불쾌감을 이르는 용어이다. 새로 지은 건물의 마감재나 건축자재에서 배출되는 휘발성 유기화합물, 아세톤 등의 유해물질로 인해 두통, 피부염 등이 유발되는 것이다.

베이크 아웃

새로 지은 건축물이나 개·보수 작업을 마친 건물 등의 실내 공기온도를 30~40도 이상으로 하여 건축자재나 마감재료에서 나오는 유해물질을 제거하는 방법이다.

홈코노미

Homeconomy. 집을 뜻하는 '홈(Home)'과 경제를 뜻하는 '이코노미(Economy)'의 합성어로 집이 단순히 주거공간이 아닌 휴식과 여가를 즐기는 공간으로 확대되면서 집안에서 이뤄지는 다양한 경제활동을 이르는 용어. 굳이 밖에 나가지 않고 집에서 대부분의 여가는 물론 소비활동까지 해결하는 사람들이 증가하면서 생겨난 현상이다.

홈루덴스족

Home Ludens. 집을 뜻하는 '홈(Home)'과 놀이를 뜻하는 '루덴스(Ludens)'를 합친 말로 멀리 밖으로 나가지 않고 집에서 여가를 보내는 사람들을 가리키는 용어. 돈 들여서 멀리 떠나지 않고 집에서 휴식을 즐기며 휴가를 보내는. 홈캉스(집(Home)과 휴가(Vacance)의 합성어)와 비슷한 개념이라 할 수 있다.

프렌디

Friendy. '친구 같은 아빠'의 의미로 육아에 적극적인 아빠를 가리킨다.

④ 교육과 심리학

● 학교알리미

각종 교육정보에 대한 교육수요자들의 궁금증을 해소하기 위해 「교육 관련 기관의 정보공개에 관한 특례법」에 따라 2008년 12월부터 시행되고 있는 제도이다. 학교알리미를 통한 학교정보 공시는 매년 학교별로 학습에 관한 사항, 학생·교원 현황, 학교 급식 여건 등에 대한 정보를 공시하는 것이다. 학교정보 공시제도를 통해 파악된 학교의 정확한 정보는 학교가 투명하고 책임 있게 운영되도록 지원함으로써 교육의 질을 높이고 학부모 등 교육수요자의 학교 참여를 유도하는 기능을 한다.

● 대안학교

Alternative School. 공교육의 문제점을 보완하고 학습자 중심의 자율적인 별도 교육 프로그램을 운영하도록 고안된 특별학교를 말한다. 1921년 영국의 교육자이자 작가인 A. S. 닐이 설립한 서머힐이 대표적이다.

● 평생학습계좌제

국민의 다양한 학습경험을 학습계좌(온라인 학습이력관리시스템)에 기록·누적하여 체계적인 학습설계를 지원하고 학습결과를 학력이나 자격인정과 연계하거나 고용정보로 활용할 수 있게 하는 제도이다.

● 학점은행제

고등학교 졸업자가 정규대학에 다니지 않고 학위를 취득할 수 있는 제도이다.

● 전인교육

지적, 사회적, 정서적, 신체적, 영적·도덕적 측면 등 여러 측면이 균형 있게 발달할 수 있도록 교육하는 것을 뜻한다. 인간의 발달을 한 부분에만 치우치게 하지 않고 지식과 인격의 조화, 과학과 예술의 조화처럼 고르게 발달시켜 인간을 교육하는 것으로 학생들로 하여금 비판적인 사고를 가지고 사회에서 필요한 삶을 살 수 있도록 하는 데 목적이 있다고 볼 수 있다.

마이스터고

중견기술인력 육성을 위한 전문계 특성화 고등학교. 기존의 실업계고를 발전시킨 것으로 일과 학습을 병행하며 기술인력을 가르친다.

자율형 사립고

기존의 고등학교보다 학교의 자율성을 더 확대, 발전시킨 것으로 학생의 학교선택권을 다양화하기 위해 교과과정 등을 확대한 고교이다. 자사고는 학생의 학교선택권을 다양화하기 위해 고교 정부 규정을 벗어난 교육과정, 교원 인사, 학생 선발 등 학사 운영의 자율성을 최대한 보장하고 정부 지원 없이 등록금과 재단 전입금으로 운영되며, 등록금은 일반고의 3배 수준까지 받을 수 있다.

고교학점제

학생들이 진로에 따라 다양한 과목을 선택, 이수하고, 누적학점이 기준에 도달할 경우 졸업을 인정받는 제도. 2020년 마이스터고에 우선 도입된 뒤 2022년에는 특성화고·일반고 등에 학점제 제도를 부분 도입하고, 2025년에는 전체 고교에 전면 시행된다.

공정성

교육에서 '공정성'이란 평가 결과가 평가대상이 속한 집단의 평가받는 특성 이외의 요인에 의해 다르지 않게 나오는 정도를 말한다. 평가 대상에는 지역, 학교, 가정환경, 성별 등이 포함된다.

● 순행간섭, 역행간섭

- **순행간섭** : 기존 정보가 새로운 학습을 방해하는 것
- **역행간섭** : 새로 알게 된 정보가 기존의 정보를 떠올리는 것을 방해하는 것

● 홀리스틱 교육

Holistic Education. 전체적인(Holistic)과 교육(Education)을 합성한 용어로 전인교육에서 한발 더 나아가 인간, 세계, 자연을 전체적인 하나의 사고범주로 이해하는 교육사상을 의미한다. 즉, 자연적인 측면과 인간적인 측면, 세계적인 측면을 종합하여 총체적인 관점에서 인간을 바라보는 교육으로 개인의 감정과 지식을 자연과 세계에 통합시키고 조화시키는 것을 의미한다.

● 주의력결핍 과잉행동장애

ADHD ; Attention Deficit Hyperactivity Disorder. 주의력 결핍, 과잉 행동, 충동성, 혹은 이들 증상의 조합으로 이루어진 질환을 의미한다. 주의력결핍 과잉행동장애(ADHD)는 아동기에 가장 많이 진단되는 행동장애로 이 질환을 앓고 있는 아이들의 경우 신경전달물질인 도파민(Dopamine)이나 세로토닌(Serotonin), 아드레날린(Adrenaline) 등의 활성이 또래 정상 아이들과 다른 것으로 밝혀져 있다. ADHD는 학업수행이나 또래와의 관계에 영향을 미치기 때문에 ADHD가 의심되는 아이는 철저한 검사와 관찰을 하여 교정치료를 해야 한다.

● 시행착오

Trial and Error. 손다이크가 발견한 학습 원리의 하나로, 학습자가 목표에 도달하는 확실한 방법을 모르는 채 본능, 습관 따위에 의하여 시행과 착오를 되풀이하다가 우연히 성공한 동작을 계속함으로써 점차 시간을 절약하여 목표에 도달할 수 있게 된다는 원리이다.

● 방어기제

Defense Mechanism. 1894년 지크문트 프로이트의 논문 「방어의 신경정신학」에서 처음으로 사용되었다. 두렵거나 불쾌한 정황이나 욕구 불만에 직면하였을 때 스스로를 방어하기 위하여 자동적으로 취하는 적응 행위

집단적 무의식

개인의 무의식 속에 존재하는 공통적이고 보편적인 내용이다. 스위스의 정신분석학자 융이 발견했으며 조상의 경험이 유전되어 형성되는 것으로 본능적 반응, 조상의 행동 양식, 조상의 해석 방법 등이 포함된다.

분석심리학의 주요개념

- 페르소나(Persona) : 겉으로 드러나는 사회적(가면적) 인격
- 아니마(Anima) : 남성성 속에 있는 여성적 요소
- 아니무스(Animus) : 여성성 속에 있는 남성적 요소
- 그림자(Shadow) : 사회적으로 나타나지 않는 어두운 측면의 인격
- 자기(The Self) : 모든 원형과 콤플렉스를 통일시키고 평형을 유지하는 것

답 21. ③ 22. ③

를 말한다. 억압, 합리화, 반동형성, 투사, 퇴행, 억제, 보상, 치환, 감정전이, 히스테리, 승화, 동일시, 부정 따위가 있다.

- **억압** : 불쾌한 경험과 받아들여지기 어려운 욕구, 반사회적인 충동 등을 무의식 속으로 몰아넣거나 생각하지 않도록 억누르는 방법.
- **합리화** : 상황을 그럴듯하게 꾸미고 사실과 다르게 인식하여 자아가 상처받지 않도록 정당화시키는 방법.
- **투사** : 자신의 감정이나 동기를 다른 사람에게 돌려서 어려움에 대처하는 방법.
- **승화** : 반사회적 충동을 사회가 허용하는 방향으로 나타내는 방법.
- **부정** : 외적인 상황을 감당하기 어려울 때 일단 그 상황을 거부하여 심리적인 상처를 줄이고 보다 효율적으로 대처하도록 돕는 방법.
- **보상** : 어떤 분야에서 탁월하게 능력을 발휘하여 인정받음으로써 다른 분야의 실패나 약점을 보충하여 자존감을 고양시키는 방법.
- **치환** : 원래의 목표를 대용 목표로 전환시킴으로써 긴장을 해소하는 방법. 대용 목표와 원래 목표가 아주 유사할 때만 유용함.
- **퇴행** : 욕구불만에 빠져 도달하고 있는 정신발달의 수준 이전의 미발달단계로 되돌아가, 원시적이고 미숙한 행동을 취하는 것.
- **억제** : 해롭고 바람직하지 못한 생각과 충동에 대해서 의식적으로 통제하는 방법.

● 플라시보 효과

Placebo Effect. 약효가 전혀 없는 약을 먹고도 약효 때문에 병이 나은 것과 같은 효과가 나타나는 현상으로 가짜약 효과, 위약 효과라고도 한다. 플라시보란 생물학적으로는 아무런 효과가 없는 중성적인 물질이지만, 그것이 효과가 있다고 믿는 사람들에게 실제로 효과가 나타나는 약물이나 물질을 말한다.

● 피그말리온 효과

Pygmalion Effect. 한 개인의 기대가 현실로 드러나 다른 사람의 행동에 긍정적인 영향을 주는 것을 말한다. 피그말리온은 그리스 신화에 나오는 뛰어난 조각가로 자신이 만든 조각상과 사랑에 빠진 나머지 신에게 조각상에 생명을 불어넣어 달라고 간청했고, 그의 간절한 소망에 감동한 신이 그 부탁을 들어주었다는 이야기이다. 유사 개념으로 호손 효과와 플라시보 효과가 있고, 상대적 개념으로 낙인 효과가 있다.

프로이트의 성격 발달 5단계

- **구강기** : 구강 주위의 자극에서 쾌감을 얻는 시기.
- **항문기** : 배설에서 쾌감을 얻는 시기.
- **남근기** : 성기로부터 쾌감을 얻는 시기로, 오이디푸스와 엘렉트라 콤플렉스가 나타난다.
- **잠복기** : 지적 활동에 에너지를 집중시키는 시기.
- **생식기** : 12세 이후, 성 에너지가 무의식에서 의식의 세계로 나오는 시기.

리비도

Libido. 프로이트가 정신분석학에 도입한 용어로 성 충동 에너지를 말한다.

확인문제 [MBC]

23. 지그문트 프로이트가 제시한 성격 발달단계 중 오이디푸스 콤플렉스와 엘렉트라 콤플렉스가 나타나는 단계는?
① 구강기(Oral Stage)
② 항문기(Anal Stage)
③ 남근기(Phallic Stage)
④ 생식기(Genital Stage)

확인문제 [MBC]

24. 이솝우화에 나오는 여우가 나무에 포도가 매우 높이 달려 있어 따먹을 수 없게 되자, "저 포도는 너무 시다. 그래서 나는 먹고 싶지도 않다."라고 말하는 것은 심리학적으로 어떤 행동기제에 속하는가?
① 합리화(Rationalization)
② 전위(Displacement)
③ 투사(Projection)
④ 동일시(Identification)

답 23. ③ 24. ①

● 노시보 효과

Nocebo Effect. 위약 효과(Placebo Effect)와 반대되는 개념으로 진짜 약이 아닌 가짜 약을 투여한 사실을 환자가 알았을 경우 치료제의 효능에 대한 의문과 불신으로 환자의 증세가 악화되는 현상을 가리킨다. 윤리적 논란 등의 이유로 실제 치료에 사용되지는 않는다.

● 바넘 효과

Barnum Effect. 사람들이 보편적으로 가지고 있는 성격이나 심리적 특징을 자신만의 특성으로 여기는 심리적 경향이다.

● 베르테르 효과

Werther Effect. 괴테의 소설 「젊은 베르테르의 슬픔」에서 주인공 베르테르는 로테와의 사랑을 이루지 못하고 끝내 권총 자살로 생을 마감한다. 이 소설이 19세기 유럽의 젊은이들 사이에서 공감대를 형성하며 널리 읽혀지자, 소설의 주인공 베르테르처럼 자살하는 젊은이들이 급증했다. 그런 현상에 비유하여 어떤 유명인이 죽은 다음 동조 자살하는 현상을 '베르테르 효과'라고 한다.

● 소크라테스 효과

Socratic Effect. 소크라테스가 제자들에게 질문을 던져 스스로 결론에 이르게 한 것처럼 사람들이 스스로 질의응답을 통해서 자기 태도를 좋음과 나쁨 중 하나로 일관성 있게 유지하려는 현상이다. 좋아하는 사람의 단점이 보이더라도 그 사람만은 그럴 리가 없다고 무시해 버리는 것을 예로 들 수 있다.

● 카피캣 효과

Copycat Effect. 범죄나 자살 등의 방법을 모방하는 행동을 가리킨다. TV 프로그램에서 범죄 현장을 재현하는 장면이나 수법을 묘사한 장면이 노출되고 모방범죄로 이어져 사회적으로 많은 문제가 되고 있다. 카피캣 효과는 주로 정신과적 질환이 있거나 어린 시절 폭력적인 대우를 받은 사람에게서 나타날 수 있다. 카피캣 효과는 마케팅 분야에서 쓰이기도 하는데 단순히 베끼는 수준을 뛰어넘어 점진적 혁신을 통해 차별화된 경쟁력을 확보한 창조적 모방을 가리킬 때 사용한다.

로젠탈 효과

Rosenthal Effect. 하버드대 심리학과 교수였던 로버트 로젠탈 교수가 발표한 이론으로 칭찬의 긍정적 효과를 설명하는 용어다. 그는 샌프란시스코의 한 초등학교에서 20%의 학생들을 무작위로 뽑아 그 명단을 교사에게 주면서 지능지수가 높은 학생들이라고 말했고 8개월 후 명단에 오른 학생들이 다른 학생들보다 평균 점수가 높았는데 교사의 격려가 큰 힘이 되었기 때문이다. '피그말리온 효과'와 일맥상통하는 용어다.

호손 효과

Hawthorne Effect. 누군가 관심을 가지고 지켜볼 때 생산성이 향상되는 현상.

낙인 효과

Stigma Effect. 과거 경력이 현재의 인물 평가에 미치는 영향.

풍선 효과

Balloon Effect. 풍선의 한 곳을 누르면 다른 곳이 불거져 나오는 것처럼 하나의 문제를 해결하는 대신에 또 다른 문제가 새로 생겨나는 현상.

나비 효과

Butterfly Effect. 아주 작은 차이로 전혀 다른 결과가 생길 수 있다는 것. 나비의 날개바람은 아주 미미하지만 그것이 사회적으로 큰 파장을 불러일으킬 수 있다는 표현.

가르시아 효과

Garcia Effect. 어떤 음식을 섭취한 후 질병이 발생했을 경우 그와의 연관성을 학습하는 능력. 어렸을 때 닭고기를 먹고 크게 탈이 났던 사람이 커서도 닭고기를 먹지 못하는 것이 대표적인 예다.

● 자이가닉 효과

Zeigarnik Effect. 첫사랑에 대한 기억과 잘 해내지 못했던 일에 대한 미련과 후회 그리고 아쉬움처럼 어떠한 미완성 과제에 대한 기억이 완성 과제에 대한 기억보다 더욱더 뇌리에 오래 남게 되는 현상을 말한다.

● 스마일마스크 증후군

Smile Mask Syndrome. 감정과 상관없이 다른 사람들 앞에서는 웃음의 가면을 쓰고 있는 증후군을 말한다. 겉으로는 마음이 슬프지 않은 척 웃지만 실제로는 우울한 상태로 식욕이나 성욕이 떨어지고 불면증 증상이 나타나기도 한다. 직업상 항상 남들 앞에서 웃는 모습을 보여야 하는 사람들에게서 자주 발생하며 스트레스가 악화되고 심할 경우 우울증이나 대인기피증으로까지 발전할 수 있다.

● 소포모어 징크스

Sophomore Jinx. 2학년생이라는 뜻의 'Sophomore'와 징크스(Jinx)가 결합한 용어로 성공적인 첫 작품 활동을 하거나 눈에 띄는 활동을 한 이듬해에 성적이 부진하거나 발표한 작품이 성공하지 못하는 경우를 일컫는 말이다. 주로 연예계나 스포츠 업계에서 자주 사용한다.

● 모라토리엄 증후군

Moratorium Syndrome. 노동이나 납세 같은 의무가 없는 청소년기에 머무르려고 하는 현상을 말한다. 20대 후반에서 30대 초반 사이의 청년들에게 나타나며 경기 침체와 고용불안, 미래에 대한 두려움이 주요 원인이다.

● 무드셀라 증후군

Mood Cela Syndrome. 과거의 나쁜 일은 빨리 잊고 좋은 기억만을 남기려는 경향을 의미한다. 과거를 보다 좋게 포장하기 위한 퇴행심리로 해석할 수 있다. 퇴행심리란 정신적으로 곤란한 상황에 직면했을 때 정신발달의 미숙한 단계로 역행하는 심리기제를 말한다.

● 리플리 증후군

Ripley Syndrome. 패트리샤 스미스(Patricia Smith)의 소설인 '재능 있는 리플리 씨(The Telented Mr. Ripley)'의 주인공 이름에서 유래된 리

나르시시즘

Narcissism. 지나친 자기 사랑 또는 자기 중심성.

에오니즘

Eonism. 반대 성의 옷을 입고 싶어하는 일종의 성 도착증.

설단현상

Tip-of-the-tongue Phenomenon. 어떤 사실을 알고 있긴 한데 표현이 안돼 혀끝에서 맴도는 현상.

코쿠닝현상

- Cocooning Syndrome. 거칠고 위험스러운 외부 세상을 피해 스스로 집 내부로 들어오거나, 자식을 보호하기 위하여 폐쇄된 공간으로 그들을 끌어들이는 현상.
- 집에 머물고자 하는 칩거증후군.

파랑새 증후군

Blue Bird Syndrome. 마테를링크의 동화극 파랑새에서의 주인공처럼 미래의 행복만을 꿈꾸면서 현재의 일에는 흥미를 느끼지 못하여 관심을 가지지 아니하는 증후군.

피터팬 증후군

Peter Pan Syndrome. 동화의 주인공 피터 팬처럼 나이를 먹어도 현재의 나는 내가 아니라고 계속 꿈을 꾸며, 영원히 어른이 되지 못하는 사람을 이르는 말.

플리 증후군은 거짓말을 계속하다가 그 거짓말이 마치 진실이라고 자신도 믿게 되고 환상 속에서 사는 것을 말한다. 꿈꾸는 이상이 크지만 사회적으로 꿈을 실현하기 어려운 경우 자주 발생하는 증상으로 현실에서 이룰 수 없는 이상을 가공의 세계를 만들어 그 안에서 대리만족을 즐기게 된다.

● 빈둥지 증후군

Empty Nest Syndrome. 자녀들이 성장해 부모의 곁을 떠난 시기에 중년 주부들이 자아정체성 상실을 느끼는 심리적 현상을 말한다. 빈둥지 증후군은 중년의 위기 증상인데, 중년기 위기는 여성들의 폐경기를 전후해서 나타난다. 정신분석학자 융은 사람들이 40세를 전후로 이전에 가치를 두었던 삶의 목표와 과정에 의문을 제기하면서 중년기 위기가 시작된다고 주장했다.

리셋 증후군

- Reset Syndrome. 컴퓨터 이상 작동 시 Reset 버튼을 누르듯 업무나 인간관계를 즉흥적으로 포기해 버리는 현상.
- 현실과 가상세계를 착각하고 범죄 행위를 하고도 리셋 버튼만 누르면 해결된다는 이상 심리현상.

리마 증후군

Lima Syndrome. 인질범이 인질에게 정신적으로 동화되는 증세.

스톡홀름 증후군

인질이 범인에게 동조하고 동화되는 비이성적인 심리 현상.

꾸바드 증후군

Couvade Syndrome. 영국의 정신분석학자인 트리도우언이 정의한 것으로 아내가 임신·출산 중에 겪는 식욕 상실, 매스꺼움, 구토 등의 고통을 남편도 비슷하게 느끼는 심리적 증상이며, 최근 증가하는 추세이다. 꾸바드는 불어의 'couver'에서 온 말로 '알을 품다, 부화하다'의 뜻이다. 이 증상은 비단 신체적 증상에만 그치는 것이 아니라 우울증과 긴장감 고조, 신경과민적 심리적 증상으로도 나타난다.

아도니스 증후군

Adonis Syndrome. 남성이 외모를 과도하게 중요시하는 집착증으로, 신체이형장애의 일종으로 볼 수 있다. 주로 여성에게만 강요되어왔던 외모지상주의가 남성에게까지 번지며 여성뿐만 아니라 남성들도 외모에 대한 집착이 심해지는 추세로 성형중독에 시달리거나 자신보다 잘생긴 남성을 보며 자기비하에 빠지는 경우가 많다.

● 불확실성의 시대

The Age of Uncertainty. 미국의 경제학자 존 케니스 갤브레이스가 명명한 것으로 예전처럼 확신에 찬 경제학자도, 자본가도, 제국주의자도, 사회주의자도 존재하지 않는 현대를 불확실성의 시대라 표현했다.

● 주변인

Marginal Man. 둘 이상의 이질적인 사회나 집단에 동시에 속하여 양쪽의 영향을 함께 받으면서도, 그 어느 쪽에도 완전하게 속하지 않는 사람을 말한다.

● 다문화가정

국제결혼, 이중문화가정, 서로 다른 인종 사이에서 태어난 자녀를 일컫는 혼혈인가족 등으로 불리는 국제결혼가족을 가리킨다. 주로 동남아 여성들이 지방의 한국인 남성과 결혼하여 한국사회에 편입되는 형태로 형성되고 있으며 국가, 성, 계급 등의 결합을 포함하는 개념이므로, 언어 및 문화를 포함한 결혼 이주 여성의 한국 사회 적응, 다문화 가정 내 부부 관계 및 부모자녀 관계의 형성 등의 문제를 중요하게 살펴보아야 한다.

● 한부모가족

배우자와의 사별, 이혼 또는 미혼 등으로 인하여 18세 미만의 자녀를 혼자서 양육하는 모자가족 또는 부자가족을 말한다. 「한부모가족지원법」에 따라 한부모가족은 최저생계비, 소득수준 및 재산정도 등에 따라 생계비나 아동교육지원비, 직업훈련비 및 훈련기간 중 생계비 및 아동양육비 등의 복지 급여를 받을 수 있으며 생활안정과 자립을 촉진하기 위해 복지자금을 대여받을 수 있다.

● 문화지체

Culture Lag. 급속히 발전하는 물질문화와 비교적 완만하게 변하는 비물질문화 간의 변동 속도의 차이에서 생겨나는 사회적 부조화 현상을 말한다.

문화의 특성

문화는 항구불변적인 것이 아니라 변화, 발전한다.

- **문화변동** : 시간이 지나면서 문화의 특성이 변하는 현상이다.
- **문화접변** : Acculturation. 서로 다른 두 문화체계의 접촉으로 문화요소가 전파되어 새로운 양식의 문화로 변화되는 과정이나 그 결과를 말한다.

소확행

주택 구입, 취업, 결혼 등 성취가 불확실한 행복을 좇기보다는 일상에서 느낄 수 있는 작지만 확실하게 실현 가능한 행복. 또는 그러한 행복을 추구하는 삶의 경향. 일본의 소설가 무라카미 하루키의 에세이에서 처음 쓰인 말로 2018년 이후 대한민국의 주요 소비트렌드로 자리잡았다.

● 아노미 현상

Anomie. 사회적 혼란으로 인해 규범이 사라지고 가치관이 붕괴되면서 나타나는 사회적 · 개인적 불안정 상태를 뜻하는 말이다. 아노미 상태에 빠지면 삶의 가치와 목적의식을 잃고, 심한 무력감과 자포자기에 빠지며 심하면 자살까지 하게 되는 현상이 발생한다.

● 사회지표와 NNW

사회지표는 사회 시스템의 상태를 평가적인 시점에서 기술할 때에 이용되는 모든 척도화된 지표이다. NNW(Net National Welfare)는 국민순복지를 말한다. 국민후생지표, 국민복지지표, 후생국민소득이라고도 한다.

● 고독한 군중

The Lonely Crowd. 현대의 고도산업화 사회에서 또래집단의 눈치를 보며 그들로부터 격리되지 않도록 노력하는 외부지향적 현대인을 일컫는 말. 미국의 사회학자 데이비드 리스만이 동명의 그의 저서에서 처음 사용했으며 이전까지 사회적 전통과 가정이 맡아오던 가치관과 정체성의 확립을 현대에 들어서는 주변의 또래집단이 대신하게 된다고 주장했다.

● 깨진 유리창 이론

Broken Window Theory. 깨진 유리창 하나를 방치해 두면, 그 지점을 중심으로 범죄가 확산되기 시작한다는 이론으로, 사소한 무질서를 방치하면 큰 문제로 이어질 가능성이 높다는 의미를 담고 있다.

● 고령화 사회

65세 이상 인구가 총인구를 차지하는 비율이 7% 이상인 경우를 고령화사회(Aging Society), 65세 이상 인구가 총인구를 차지하는 비율이 14% 이상인 경우를 고령사회(Aged Society)라고 하고, 65세 이상 인구가 총인구를 차지하는 비율이 20% 이상인 경우를 후기고령사회(Post-Aged Society) 혹은 초고령사회라고 한다.

소시오패스

Sociopath. 반사회적인 인격장애의 일종으로 자신의 욕망과 성공을 위해 나쁜 행동을 저질러도 양심의 가책을 느끼지 않는 사람을 말한다. 소시오패스와 사이코패스의 가장 큰 차이는 잘못된 행동이라는 개념 자체가 없는 사이코패스와 달리 소시오패스는 잘못된 행동이라는 것을 알면서도 반사회적인 행위를 한다는 차이점이 있다.

사이코패스

Psychopath. 1920년대 독일의 슈나이더가 '프시코파트'라 하여 그 성향을 인격 유형으로 구분한 데서 시작되었으며, 반사회적 인격장애증을 앓고 있는 사람을 가리킨다. 지나친 성적 충동이나 광적인 신념, 지나친 자기 과시, 폭발적인 잔인한 성격 등을 나타내며 다른 사람의 고통에 무감각하고 양심의 가책을 느끼지 않는다. 이러한 증상은 평소에는 내부에 잠재되어 있다가 범행을 통해서만 밖으로 드러나기 때문에 주변 사람들이 쉽게 알아차리지 못한다.

폴리아모리

Polyamory. 일부일처제를 고집하지 않고 동시에 두 사람 이상을 사랑하는 다자간(多者間) 사랑을 뜻하는 말.

이반

일반의 반대말로 동성애자, 양성애자, 성전환자 등 성적소수자를 일컫는 말.

Coming Out

동성애자들이 자신의 성 정체성을 공개적으로 드러내는 일.

너싱 홈

Nursing Home. 치매, 중풍 등 노인성 질병을 예방하고 치료하기 위해 전문적인 의료진을 두고 간호 및 재활치료와 여가생활 등을 누릴 수 있도록 만들어 놓은 노인전문요양원이다.

[대웅제약]

01 계절풍 기후의 특색은?

① 온화하며 강우량이 많다.

② 건조한 열풍이 특징이다.

③ 고온다우하며 건기와 우기가 뚜렷하다.

④ 여름은 고온다습하고 겨울에는 저온건조하다.

해 **계절풍** : 여름과 겨울에 대륙과 해양의 온도차로 인해서 반년 주기로 풍향이 바뀌는 바람이다.
계절풍 기후 : 계절풍의 영향을 받는 지역의 기후로 몬순기후라고 부른다. 겨울에는 대륙에서 건조한 바람이 불어 건기에 해당하고 여름에는 해양에서 습한 바람이 불어 우기에 해당한다.

[우리은행]

02 계절풍이 부는 이유는?

① 기단의 내습에 의하여

② 열대성 고기압에 의하여

③ 제트류의 영향에 의하여

④ 고위도 지방의 방전현상으로 인하여

해 계절풍은 계절에 따라 바람의 방향이 반대가 되는 현상으로, 공기의 밀도와 대륙과 해양의 온도 차이 때문이다. 우리나라에서는 겨울에는 북서풍(시베리아 고기압), 여름에는 남동풍(북태평양 고기압)이 두드러 진다.

[KT]

03 같은 기후의 특색을 보이는 지역을 묶어서 구분할 때 그 지표로 이용되는 것은?

① 지형, 식생, 위도

② 기온, 강수량, 위도

③ 식생, 강수량, 기온

④ 습도, 일조량, 위도

해 기후는 기온에 따라 열대 – 온대 – 한대로 나눠지고, 강수량에 따라 건조기후와 습윤기후로 구분된다.
기후인자 : 기후에 영향을 미치는 요인으로 위도, 해발, 지형, 해류 등이 있다.
기후요소 : 기온 · 강수량 · 습도 · 바람 · 증발 · 일조 · 일사 등이 있다.

[KT]

04 사바나 기후와 관계가 먼 것은?

① 편서풍

② 초원지대

③ 건기와 우기가 뚜렷이 구별됨

④ 사탕수수 · 커피의 대규모 재배

해 ① 사바나 기후는 계절풍과 관련이 깊다.

[KT]

05 사바나(Savanna) 기후와 관계 없는 것은?

① 관목으로 이루어진 습윤한 열대초원이다.

② 계절풍에 따르는 우량에 의하여 건기와 우기로 나누어진다.

③ 세계 최대의 초원지대를 이루고, 세계적인 곡창과 기업적인 목축지대를 이루고 있다.

④ 성장기에 고온다우, 성숙기에 건조해 사탕수수 · 목화 · 커피 등의 재배에 적합하다.

해 사바나 기후 지역은 건기에는 토지가 매우 건조해 낙엽이 지고 건면하며 풀이 말라버리나, 우기가 되면 식물이 활동을 재개한다. 아프리카에 가장 널리 분포하며, 아프리카 동부의 고원이 한 예이다.

[국민건강보험공단]

06 아래 글에 따르면 A시의 X년 강설량은?

> 강수량은 비 · 눈 · 우박 등의 지상에 내린 물의 총량을 뜻한다. A시의 X년 강수량은 900mm였는데, 그 중 강우량이 875mm였다. 그런데 눈이 한 자 왔다고 해서 강수량 한 자라는 뜻은 아니다. 강설량을 강수량으로 계산하는 일반 공식에 따르면, 900mm의 강설량은 25mm의 강수량과 같다. 예를 들어 어떤 지역에 1년에 1,800mm의 눈이 오고 비가 1,000mm 왔다면, 이 지역의 연간 강수량은 1,050mm이다.

① 25mm   ② 50mm

③ 900mm   ④ 1,800mm

해 ③ 강수량은 강우량과 강설량의 총량이며 900mm의 강설량은 25mm의 강수량과 같다고 했다. 900mm(강수량) − 875mm(강우량) = 25(mm)강수량이므로, A시의 X년 강설량은 900mm가 된다.

[MBC]

07 태풍에 대한 설명으로 잘못된 것은?

① 태풍의 눈에 해당하는 지역에서는 하강기류가 있어 바람이 약하고 하늘이 맑게 된다.

② 태풍의 최대 풍속이 21m/s이상이고 폭풍 또는 해일 등으로 재해가 예상될 때에는 태풍경보가 발표된다.

③ 우리나라에 영향을 끼치는 태풍은 북태평양의 서부인 필리핀 동쪽의 넓은 해상에서 발생하는 것이 보통이다.

④ 여름철에 열대지방 해상에서 흔히 발생하는 열대성 저기압으로 중심 부근의 풍속이 33m/s 이상의 것을 가리킨다.

해 ④ 태풍은 중심 최대풍속이 17m/s 이상으로, 폭풍우를 동반하는 열대저기압을 가리킨다.

[교보]

08 다음 중 태풍과 발생 지역이 잘못 연결된 것은?

① 사이클론 – 대서양

② 태풍 – 동남 아시아

③ 허리케인 – 카리브해

④ 윌리윌리 – 오스트레일리아

해 ① 사이클론은 인도 벵골만에서 부는 강풍을 말한다.

[우리은행]

09 우리나라 겨울철 기상통보에 많이 이용되는 지역은?

① 바이칼호   ② 아랄해

③ 말라시호   ④ 카스피해

해 ① 겨울철에는 시베리아 기단의 영향을 받는데, 바이칼호는 시베리아 동남부에 위치하여 우리나라 겨울철 기상통보에 이용되고 있다.

[KT]

10 우리나라 기후에 대한 설명으로 맞는 것은?

① 오호츠크해 기단은 한랭다습하며, 높새바람의 원인이 된다.

② 겨울철 한반도를 한랭건조하게 하는 기단은 양쯔강 기단이다.

③ 황사현상이란 중국 화북지방에서 발달한 한랭전선에 의해 대기권 상층부로 올라간 모래가 무역풍을 타고 우리나라에 불어오는 현상이다.

④ 꽃샘추위란 이른 봄 이동성 고기압의 통과로 따뜻하던 봄날씨가, 동고서저의 기압 배치로 시베리아 기단이 다시 진출함으로써 단기간의 추위가 나타나는 현상이다.

해 **시베리아 기단** : 시베리아 대륙에서 형성되는 한랭건조한 기단으로 우리나라 겨울철에 영향을 주는 기단이다.
황사현상 : 중국이나 몽골 등 아시아 대륙의 중심부 사막에서 발생한 모래먼지가 지나가는 강한 상승기류에 의해 3,000m~5,000m의 높은 상공으로 올라간 뒤 초속 30m 정도의 편서풍과 제트류를 타고 이동을 하면서 발생한다.
꽃샘추위 : 시베리아 기단의 일시적인 고기압의 강화로 기온이 내려가는 현상이다.

---

01 ④   02 ①   03 ②   04 ①   05 ③   06 ③   07 ④   08 ①   09 ①   10 ①   답

[한국전력공사]

11 우리나라의 기후는 대륙성 기후로 여름에는 고온다습하고 무덥다. 이러한 기후에 영향을 미치는 기단은?

① 오호츠크해 기단

② 양쯔강 기단

③ 북태평양 기단

④ 적도 기단

해 **북태평양 기단** : 여름철 고온다습한 무더위에 영향을 준다.
　오호츠크해 기단 : 여름철 장마전선을 형성한다.
　양쯔강 기단 : 봄, 가을 날씨에 영향을 준다.
　적도 기단 : 여름철 태풍을 동반한다.

12 인위적인 대형사고나 재난 등으로 피해를 입은 지역의 긴급한 복구지원을 하기 위해 중앙정부가 선포하는 제도는?

① 피해극심지역

② 특별재난지역

③ 우선복구지역

④ 특별재해지역

해 **재난** : 인위적인 사고가 원인이 되어 발생하는 사회적 · 경제적 피해.
　재해 : 자연적인 사고가 원인이 되어 발생하는 사회적 · 경제적 피해.

13 1952년 영국 런던에서 2주간에 4,000명이 사망한 참사의 원인은?

① 대기오염

② 수질오염

③ 방사능 누출

④ 토양오염

해 런던 스모그 사건은 1952년 12월 스모그에 의해 수천 명의 사망자가 발생한 사건이다.

[알리안츠생명]

14 우리나라 수질오염의 가장 큰 주범은?

① 산업 폐기물

② 농축산 폐수

③ 도시 생활하수

④ 중화학 금속 폐유

해 ③ 생활하수가 전체 오염원의 70%를 차지하고 있다.

[한국토지주택공사, 포스코]

15 2차 공해에 대한 설명으로 옳은 것은?

① 공장 등에서 직접 배출되는 유해물질에 의해 발생하는 공해

② 자동차 등에서 직접 배출되는 유해물질에 의해 발생하는 공해

③ 소음 방지를 위해 설치한 차폐물에 배출가스가 쌓여 주변을 오염하는 경우에 발생하는 공해

④ 유해한 중금속 등이 배출되어 주변을 오염시킬 때 발생하는 공해

해 ③ 오염이나 공해 방지 시설 또는 처리과정에서 발생하는 공해를 말한다.

16 개인 또는 단체가 일상생활에서 직접 또는 간접적으로 발생시키는 온실 기체의 총량을 의미하는 것으로 '탄소이력'이라고도 불리는 것은?

① 생물경보

② 블루벨트

③ 오염총량제

④ 탄소발자국

해 **탄소발자국(Carbon Footprint)** : 영국 의회과학기술국(POST)이 2006년에 탄소의 배출을 줄여 지구를 살리자는 취지에서 만든 용어이다. 탄소발자국에는 상품을 생산하기까지 배출한 이산화탄소의 양이 표시되어 지구온난화의 심각성을 일깨워주는 효과가 있다.

[한겨레신문]

17 다음 중 공해병과 원인 물질이 잘못 연결된 것은?

① 미나마타병 – 수은

② 이타이이타이병 –비소

③ 코연골 뚫림병(비중격천공) – 6가크롬

④ 악성 중피종 – 석면

해 ② 이타이이타이병은 카드뮴 중독에 의해 생긴 현상을 말한다.

[한국전력공사, 알리안츠생명]

18 다음 중 환경보존과 관련이 없는 것은?

① 그린피스(Green Peace)

② 녹색당(Green Party)

③ 로마클럽(Rome Club)

④ 뉴 프론티어(New Frontier)

해 1961년 케네디 대통령이 취임식에서 국가의 당면 문제들을 해결하기 위해서는 개척정신과 같은 국민들의 희생정신이 필요하다는 것을 강조하며, 미국인으로서의 자부심을 호소하는 뉴 프론티어(신개척자 정신)정책을 주창하였다.

[한국환경공단]

19 폐기물의 해양투기로 인한 오염을 방지하기 위하여 마련된 국제협약은?

① 람사르협약 ② 바젤협약

③ 몬트리올 의정서 ④ 런던협약

해 런던협약 : 폐기물이나 다른 물질의 투기를 규제하는 해양오염 방지조약.
람사르협약 : 습지보존협약.
바젤협약 : 유해폐기물의 국가 간 이동 및 처리에 관한 국제협약.
몬트리올 의정서 : 오존층 파괴물질의 규제에 관한 국제환경조약.

[한겨레신문]

20 레이첼 카슨(Rachel Carson)이 쓴 「침묵의 봄」을 통해 유해성이 알려지게 되었으며 살충제로 주로 쓰였던 물질은?

① Pb ② NO

③ DDT ④ ABS

해 DDT : 백색결정 분말로 이루어진 물질로, 모기·파리·이 등의 위생해충 또는 농작물 해충방제용으로 널리 사용되었지만 강한 독성과 생체 내부의 축적성이 있다는 사실이 드러나면서 대부분의 국가에서 금지 물질로 분류되어 있다.

[헤럴드경제신문]

21 화학 비료와 농약의 대량 사용이 생태계의 물질순환에 결정적인 방해요인이 되는 이유는?

① 분해자 사멸 ② 생물농축

③ 1차 소비자 감소 ④ 생산자 위축

해 생물농축 : 유기오염물을 비롯한 중금속 등이 물이나 먹이를 통하여 생물체 내로 유입된 후 분해되지 않고 잔류되는 현상을 말한다. 이러한 유해물질들이 먹이사슬을 통해 전달되면서 농도가 점점 높아진다.

[한겨레신문, 삼부토건]

22 환경권에 대한 설명으로 틀린 것은?

① 인간다운 쾌적한 환경 속에서 생존할 권리이다.

② 환경에 대한 침해를 배제할 수 있는 배타적인 권리이다.

③ 건축법·국토의 계획 및 이용에 관한 법률에는 환경권의 이념이 제외된다.

④ 실제법은 환경보전법·해양오염방지법·오물청소법 등이 있다.

해 ③ 환경 관련 법뿐만 아니라 「건축법」·「하천법」 등 관련 법령에도 환경권의 이념이 제도화되어 있다.

23 세계에서 환경 분야의 가장 권위있는 상으로 환경에서 노벨 환경상으로 불리우는 이 상의 이름은?

① 글로벌 500　　② 골드먼 환경상

③ 녹색당상　　　④ 몬트리올 환경상

해 글로벌 500 : 유엔환경계획(UNEP)이 선정하는 환경사절 위촉제도.

24 그린라운드(Green Round)에 대한 설명으로 틀린 것은?

① 환경문제 다자간 협상을 지칭하는 것이다.

② 새로운 무역장벽문제로 부각되고 있다.

③ 환경기준을 국제적으로 합의한 것이다.

④ 지구온난화 방지를 위해 GATT에서 채택한 것이다.

해 Green Round는 GATT에서 채택되지 못했다.

25 다음 중 환경문제와 직접적인 관련이 없는 것은?

① BANANA 현상　　② Theme Park

③ 가우디의 바다　　④ Cartagena

해 Theme Park : 특정 주제(Theme)를 정하여 그 주제에 맞는 오락시설과 건축, 조경 등의 연출이 이루어지는 공원이다. 미국의 월트디즈니와 한국의 에버랜드가 대표적이다.

BANANA 현상 : 'Build Absolutely Nothing Anywhere Near Anybody'. '어디에든 아무 것도 짓지 마라'는 이기주의적 의미.

가우디의 바다 : 인간이 저지르는 자연 파괴의 위험을 경고하는 다지마 신지의 환경 동화.

Cartagena : 에스파냐 남동부 레히온데무르시아 자치지방(Autonomous community)에 있는 도시. 생물다양성협약에 따른 생명공학안전성에 관한 의정서(Cartagena Protocol on Biosafety to the Convention on Biological Diversity)로 유명해졌다.

26 다음 중 그린 거래소에 대한 설명으로 맞는 것은?

① 어떤 제품을 생산할 때 발생하는 CO_2의 양을 제품에 표시하도록 하여 CO_2를 적게 배출하도록 유도하기 위한 캠페인을 말한다.

② 뉴욕상업거래소가 개설한 환경 파생상품거래소로, 탄소배출권과 관련해 탄소시장이 급성장할 수 있다는 전망에 따라 골드만삭스, 모건스탠리 등 글로벌 투자은행이 공동 투자했다.

③ 2007년 9월 옥스퍼드 영어사전 개정판에 새롭게 등장한 신조어이다.

④ 국제무역이나 투자의 부작용을 방지하기 위해 오염방지에 필요한 비용을 오염자가 부담해야 한다는 원칙이다.

해 그린 거래소 : Green Exchange. 뉴욕상업거래(NYMEX)가 2008년에 전 세계 탄소배출 계약 등을 근간으로 개설한 환경 파생상품거래소이다.

①, ③은 탄소발자국에 관련된 내용이며, ④은 오염자부담원칙(PPP ; Polluter Pays Principle)와 관련된 내용이다.

27 브라질의 리우데자네이루에서 열린 지구환경회의에서 우리나라가 가입한 2개 협약은?

① 생물다양성협약, 기후변화협약

② 바젤협약, 기후변화협약

③ 생물다양성협약, 산림보전협약

④ 바젤협약, 산림보전협약

해 1992년 6월 3일~14일까지 브라질 리우데자네이루에서 각국 대표들과 민간단체들이 지구환경보전을 위해 실시한 리우회의에서 유엔환경회의는 리우선언 · 의제 21(Agenda 21) · 기후변화협약 · 생물다양성협약 · 산림원칙 등을 채택하였고, 지구환경회의는 지구헌장 · 세계민간단체협약 등을 채택하였다.

28 녹색당에 대한 설명으로 틀린 것은?

① 영국에서 출발했다.

② 반핵 환경보호를 표방한다.

③ 군비확장 반대, 인간소외 고발 등의 활동을 한다.

④ 저소득층의 최저임금 보장, 국방비 삭감도 주장한다.

해 ① 녹색당은 환경보호와 반핵을 주장하는 독일의 정당으로, 1979년 시민운동단체를 모체로 기존의 좌우익 생태계·환경보호 단체들이 연합하여 창설하였다.

[한국토지주택공사, SBS, 삼성 SSAT]

29 1972년 「성장의 한계」라는 보고서를 발표하여 천연자원의 고갈, 환경오염 등을 경고하였던 단체는?

① 엠네스티   ② G7

③ 로마클럽   ④ 파리회의

해 성장의 한계 : 1972년 로마클럽의 경제학자 및 기업인들이 경제성장이 환경오염·자원고갈 등에 미치는 영향을 분석한 보고서.

[한국전력공사]

30 다음 중 환경에 관련된 것은?

① ISO 9000 Series

② ISO 10000 Series

③ ISO 14000 Series

④ ISO 15000 Series

해 ISO 14000 Series : 국제표준화기구(ISO)가 검토하고 있는 환경관리 관련 표준군.
ISO 9000 Series : 품질경영 국제규격.

[국민연금공단, KB국민은행]

31 환경영향평가제란?

① 환경보존운동의 효과를 평가하는 것

② 환경보존법·해상오염방지법·공해방지법 등을 총칭하는 것

③ 공해지역 주변에 특별감시반을 설치하여 환경보전에 만전을 기하는 것

④ 건설이나 개발이 주변환경과 인간에게 미치는 영향을 미리 측정하여 대책을 세우는 것

해 ④ 1969년 미국에서 국가환경정책법을 제정하여 시행한 것이 시초이다.

[KT, 한국토지주택공사]

32 전쟁으로 인한 생태계의 대규모 파괴와 환경살상의 비인도적 행위를 가리키는 말은?

① 스프롤   ② 드롭아웃

③ 데시벨   ④ 에코사이드

해 에코사이드 : Ecocide. 의도적인 생태계(환경) 파괴 행위.

[한국환경공단]

33 지구온난화와 가장 관련이 없는 국제단체는?

① Green Peace   ② IPCC

③ UNEP   ④ WMO

⑤ CBOT

해 CBOT : 미국 일리노이주(州) 시카고에 있는 상품거래소.
Green Peace : 세계적 환경운동 관련단체(비정부기구).
IPCC : Intergovernmental Panel on Climate Change. 기후 변화와 관련된 전 지구적 위험을 평가하고 국제적 대책을 마련하기 위해 세계기상기구(WMO)와 유엔환경계획(UNEP)이 공동으로 설립한 유엔 산하 국제 협의체이다.
UNEP : 유엔환경개발계획
WMO : 세계기상기구

Chapter 06 환경·사회

[한겨레신문]

34 다음 중 '녹색적 사유'의 조류에 들지 않는 이론은?

① 근본생태론　　② 사회생태론
③ 생태자유주의　④ 생태사회주의

해 녹색사유 : 자연을 소중히 여기고 보호할 줄 아는 사고로서, 인간과 자연의 생태학적인 유대를 추구하는 사고.
생태자유주의 : Eco Anarchism, 에코아나키즘은 에콜러지(Ecology)와 아나키즘(Anarchism)의 합성어로, 아나키즘(무정부주의)의 시각으로 생태 문제를 해결하자는 의미다.

35 세계자연보전연맹(IUCN)이 야생생물에게 가해지고 있는 위협의 정도를 표현하기 위하여 희귀 및 멸종위기 생물들의 현황을 조사하여 출판하는 서적은?

① 레드 데이터 북　② 블랙 데이터 북
③ 화이트 데이터 북　④ 옐로우 데이터 북

해 레드 데이터 북 : 야생동물의 멸종을 방지하기 위해 국제자연보호동맹(IUCN)이 지구상에서 멸종의 위험이 있는 동식물의 종을 선정하여 그 생식상황과 생물종의 명단 등을 밝힌 자료집이다. 책의 표지가 위기를 의미하는 붉은 색이어서 레드 데이터 북이라 불리며 구체적인 내용은 생물종의 현황과 과거의 분포 · 서식지, 개체수 추정과 추이, 생존의 위협을 받게 된 원인과 보호대책 등이다.

36 "지구 자체가 하나의 거대한 생명체이며 최적의 상태를 위해 스스로 조정하고 변화한다."는 가이아이론을 주장한 사람은?

① 레스터 브라운　② 알렉산더 플레밍
③ 제임스 러브록　④ 일리야 이바노프

해 제임스 러브록 : 가이아이론을 창시한 영국의 과학자이다. 『지구상의 생명을 보는 새로운 관점』이라는 저서를 통해 가이아이론을 발표하였고, 생태 · 환경 운동의 세계관에 큰 영향을 끼쳤다.

[한겨레신문]

37 다음 중 잘못된 환경지식은?

① 오존주의보는 오존층 파괴 위험성 때문에 발령한다.
② PM10은 지름 $10\mu m$ 이하의 미세먼지다.
③ 산성비는 pH5.6 이하의 강우를 말한다.
④ 생화학적 산소요구량(BOD)이 높으면 오염된 수질이다.

해 오존주의보는 오존 농도가 일정 수준보다 높아 피해를 입을 염려가 있을 때 이에 대한 주의를 환기하기 위하여 발령하는 예보이다.

[일진]

38 오존구멍(Ozone Hole)에 대한 설명으로 틀린 것은?

① 오존구멍이란 산업공해로 인해 대기성층권에 분포된 오존층에 구멍이 뚫린 현상을 말한다.
② 1968년 영국의 남극탐사팀이 남극대기권의 오존층에 구멍이 생겼음을 발견한 것이 처음이다.
③ 오존층이 파괴될 경우 식물엽록소의 감소, 광합성작용의 억제 등의 우려가 있다.
④ 오존층의 파괴와 온실효과와는 전혀 별개의 문제이다.

해 ④ 지구온난화로 기후가 변하면 오존층이 파괴된다

[한국야쿠르트]

39 대기오염의 근원은?

① 폐기물의 축적
② 공장폐수의 방류
③ 미분해물질의 잔류
④ 연료소비량 증가

해 옥외의 대기에 인위적 · 자연적으로 방출된 오염물질이 과다하게 존재함으로써 대기의 성분 상태가 악화되어 인간과 동식물의 생활 활동에 나쁜 영향을 줄 때 대기가 오염되었다고 한다.

[교보]

40 SMOG와 관련이 없는 것은?

① 대도시 　　　　② 자동차 매연

③ 계면활성제 　　④ 매연 · 연무현상

해 계면활성제 : 묽은 용액 속에서 계면에 흡착하여 그 표면장력을 감소시키는 물질이다.

[동아일보]

41 대도시에서 스모그 현상이 일어나는 곳은?

① 고기압이고 공기의 유통이 잘 되는 곳

② 저기압이고 공기의 유통이 잘 되는 곳

③ 고기압이고 공기의 유통이 잘 안 되는 곳

④ 저기압이고 공기의 유통이 잘 안 되는 곳

해 ③ 스모그는 해당 지역이 고기압에 싸였을 때 많이 일어난다.

42 산성비의 원인은?

① 대기 중에 탄산가스나 아황산가스 등의 증가

② 카드뮴, 수은, 납 등의 토양오염물질

③ 공해방지나 환경정화를 목적으로 사용한 처리장치나 약품 · 첨가물

④ 황산화물이나 질소산화물 등의 대기오염물질

해 산성비 : 화석연료를 태울 때 나는 연기, 자동차의 매연으로 나오는 가스나 연기가 수증기가 만나 내리는 비.

[농협중앙회, KDB산업은행]

43 수질 및 대기오염의 정도를 나타내는 단위인 ppm은?

① 십만분의 일 　　② 백만분의 일

③ 천만분의 일 　　④ 일억분의 일

해 ppm : parts per million.

[한국전력공사]

44 다음 설명 중 틀린 것은?

① 공해와 관련하여 대기오염, 수질오염의 정도를 표시하는 단위는 ppm이다.

② 적조현상이란 부영양화로 플랑크톤이 이상번식하여 바닷물이 붉게 변하는 현상이다.

③ BOD란 물의 오염상태를 나타내는 지표의 하나로 화학적 산소요구량을 말한다.

④ 데시벨(dB)은 소음공해 측정의 기준단위이다.

해 BOD : Biochemical Oxygen Demand. 생물학적 산소요구량.

[동아일보]

45 배출부과금 부과대상 오염물질이 아닌 것은?

① 색소 　　　　② 부유물질

③ 분진 　　　　④ 특정유해물질

46 자연 속에서 생물은 그 환경에 알맞게 살아가도록 되어 있기 때문에 어떤 곳에 사는 생물들을 조사하면 그곳의 환경이 어떠한지를 알 수 있다. 이와 같이 환경의 생태를 알 수 있게 해주는 생물을 무엇이라 하는가?

① 대표생물 　　　② 육상생물

③ 저서생물 　　　④ 지표생물

해 지표생물 : 특정 지역에서 기후, 토양과 그 외 다른 조건들을 특징지을 수 있는 종을 말한다. 예를 들면 플라나리아는 아주 맑은 물에서만 사는 생물이다.

47 오염된 물이 스스로 깨끗해지는 것을 뜻하는 것은?

① 정수처리 ② 하수처리

③ 자정작용 ④ 적조현상

해 **자정작용** : 유기물이나 무기물로 오염된 물이라도 흘러가는 동안이나 정체하고 있다 하여도 시간이 지나면서 자연히 수질이 정화되는 현상을 말한다.

[한겨레신문]
48 우리나라의 가장 중요한 상수원인 인공호수에 대한 설명으로 틀린 것은?

① 팔당호는 한국에서 3번째 규모의 호수로 북한강과 남한강이 만나는 지점에 있다.

② 안동호·소양호 등에서 일어난 적조현상은 식물성 플랑크톤이 대량 번식했기 때문이다.

③ 호수의 부영양화를 일으키는 데 결정적인 역할을 하는 오염물질은 인이다.

④ 우리나라 호수는 대개 나뭇가지 모양을 하고 있는 유역면적이 넓어 수질오염에 취약하다.

해 **대청호** : 1980년 대청댐이 완공되면서 조성된 대청호는 한국에서 3번째 규모의 인공호수로 대전광역시와 청주시의 식수와 공업용수를 공급하고 있다.
팔당호 : 1973년에 팔당댐에 의해 만들어진 인공호수로 수도권의 용수로 공급되고 있다. 최근, 음식점과 숙박소의 난립과 도시화된 지역에서 발생되는 오폐수들로 인하여 해마다 오염도가 높아지고 있다.

[한국철도공사]
49 캐나다와 북아메리카의 삼림고사 현상의 원인은 무엇인가?

① 열섬현상 ② 온실효과

③ 산성비 ④ 적조

해 산성도를 나타내는 pH가 5.6 미만인 비를 산성비라고 한다. 산성비는 토양이나 물 등 여러 가지 경로를 통해 삼림을 황폐화시킨다.

[쌍용]
50 다음 중 가장 산성이 강한 것은?

① pH4 ② pH3

③ pH7 ④ pH9

해 ② pH는 낮을수록 산성이 강한 수치를 보여준다.

[포스코, 쌍용, 한국토지주택공사]
51 연안의 수자원을 오염의 위험으로부터 보호하기 위해 설정한 우리나라의 블루벨트는 어디인가?

① 해운대

② 경상북도 영덕

③ 한려해상국립공원

④ 경포대

해 ③ 한려해상국립공원(한려수도 수역과 남해도, 거제도 등 남부 해안 일부를 합쳐 지정한 국립공원)이 대표적 블루벨트 지역이다.
블루벨트 : Blue Belt, 청정해역이라고도 불리는 수산자원 보호를 위해 설정해 놓은 수산자원보호지구이다.

[한국전력공사]
52 일반적으로 연안해역에서 발생하는 적조현상에 대한 설명으로 틀린 것은?

① 적조현상이란 식물성 플랑크톤의 이상 증식으로 해수가 변색되는 것을 말한다.

② 적조를 일으키는 주원인은 유독성 금속이다.

③ 적조는 정체해역에서 잘 일어난다.

④ 적조현상이 발생하면 물 속의 산소가 부족하게 되어 어패류가 폐사하게 된다.

해 **적조현상** : 플랑크톤이 이상 증식하면서 바다나 강 등의 색이 바뀌는 현상을 말한다.

[한국전력공사]

53 다음 중 적조현상의 원인이 아닌 것은?

① 질소(N), 인(P) 등의 유입

② 해류의 정체

③ 수온의 상승

④ 염분농도의 상승

해 적조현상의 원인으로는 물의 부영양화(질소, 인 등의 유입), 해류의 정체, 수온의 상승 등을 꼽을 수 있다.

[한겨레신문]

54 체르노빌 사고와 같은 대형 핵발전소 폭발사고가 생겼을 때 가장 많이 생기는 암은?

① 뇌암

② 대장암

③ 피부암

④ 백혈병

해 체르노빌 원전 사고는 1986년 우크라이나의 체르노빌 원자력 발전소에서 발생한 방사능 누출 사고로, 20세기 최대·최악의 대사고이다. 이러한 원자력 사고가 발생할 경우 암, 기형아 출산 등 각종 후유증의 피해를 입게 되는데 암 중에서는 갑상선암, 백혈병의 발병률이 가장 높다.

[한국전력공사]

55 하천이 생활하수에 오염되면 BOD(생화학적 산소요구량)와 DO(용존 산소량)의 값은 어떻게 변하겠는가?

① BOD 감소, DO 증가

② BOD 증가, DO 감소

③ BOD와 DO가 모두 증가

④ BOD와 DO가 모두 감소

해 BOD는 호기성 미생물이 일정 기간 동안 물속에 있는 유기물을 분해할 때 사용하는 산소의 양을 말한다. 따라서 하천이 오염되면 BOD는 증가하고 DO는 감소한다.

[MBC]

56 프로이트(Freud)의 정신분석 이론에서 현실원리에 따라 작동하는 성격의 의사결정요소는?

① 이드

② 자아

③ 초자아

④ 이드와 자아

해 자아(Ego) : 사고, 감정, 의지 등의 여러 작용의 주관자로서 원초아(id)와 초자아(superego) 사이에서 중재 역할을 한다.

원초아(Id) : 자아·초자아와 함께 정신을 구성하는 하나의 요소로 무의식적인 상태를 말한다.

초자아(Superego) : 인격의 사회가치·양심·이상을 가리키는 용어로 옳고 그름에 대한 사회적 기준을 통합한다.

[MBC]

57 학습이론과 관련된 다음의 서술 중 빈칸에 공통적으로 들어갈 용어는?

> (   )란 행동반응의 경향성을 증가시키는 자극이다. 파블로프식 고전적 조건형성에서는 (   )가 반응을 유발하며, 스키너식 조건형성에서는 반응 다음에 (   )가 주어진다.

① 강화(Reinforcement)

② 조건화(Conditioning)

③ 인지(Cognition)

④ 동기화(Motivation)

해 파블로프 : 조건반사 개념을 정립한 심리학자이다.

스키너 : 미국의 심리학자. 선행 조건과 귀결과의 관계만을 기술하는 입장을 견지했다.

58 다음 사회집단의 분류에 대한 기술 중 틀린 것은?

① 학자에 따라 분류의 기준과 명칭에 차이는 있으나 대부분 자연적·기초적 집단과 인위적·파생적 집단으로 양분하고 있다.

② 독일의 퇴니에스는 결합의지의 유무를 기준으로 공동사회(Gemeinschaft)와 이익사회(Gesellschaft)로 분류했다.

③ '신분에서 계약으로'는 시대 변천에 따른 사회집단 기능의 중점에 대한 변화를 표현하는 것이다.

④ '요람에서 무덤까지'는 내집단(In-group)과 외집단(Out-group)의 구분에 대한 불필요성을 지적한 것이다.

해 '요람에서 무덤까지'는 제2차 세계대전 후 영국 노동당이 완벽한 사회보장제도의 실시를 주장하여 내세운 슬로건이다.

59 사회학적 개념으로 문화지체(Cultural Lag)란 무엇을 의미하는가?

① 물질문화와 비물질문화의 변화 속도가 다를 때 나타나는 현상

② 한 사회의 문화적 가치를 힘의 바탕으로 다른 사회에 강제로 부과하고자 하는 현상

③ 사회구성원의 행위를 규제하는 공통된 가치나 도덕적 규범이 상실된 혼돈 상태

④ 한 사회집단이 어떤 이질적인 사회와 거의 전면적인 접촉 단계에 들어갈 때에 생기는 상호 간의 광범위한 문화변동

해 문화지체 : 급속히 발전하는 물질문화와 비교적 완만하게 발전하는 비물질문화의 부조화현상을 말한다.

60 뒤르켐은 아노미 상태가 어떤 상태에서 발생한다고 하였는가?

① 심리적 불안 상태가 계속될 때

② 사회가 급격히 변동하고 있을 때

③ 사회성원들 간의 갈등이 존재할 때

④ 사회화 과정이 잘 이루어지지 못했을 때

해 아노미 : 사회적 혼란으로 인해 규범이 사라지고 가치관이 붕괴되면서 나타나는 사회적·개인적 불안정 상태를 뜻하는 말이다.

61 미국에 이민 간 한국인이 미국사회에 적응하지 못할 뿐만 아니라 한국인으로서 동질감도 지니지 못할 때 어떤 사람이라고 부르는가?

① 위기인   ② 주변인

③ 저변인   ④ 일탈인

해 주변인 : 둘 이상의 이질적인 사회나 집단에 동시에 속하여 양쪽의 영향을 함께 받으면서도, 그 어느쪽에도 완전하게 속하지 않는 사람을 말한다.

62 유명 연예인이나 인기있는 정치인의 사망과 관련있는 사회적 현상은?

① 피그말리온 효과   ② 가르시아 효과

③ 베르테르 효과   ④ 바넘 효과

해 베르테르 효과 : Werther Effect. 독일의 작가 괴테가 1774년 출간한 「젊은 베르테르의 슬픔」에서 유래했다. 남자 주인공 베르테르가 여자 주인공 로테를 사랑하지만 고독감에 빠져 권총 자살로 삶을 마감한다는 내용이다. 이 소설이 유명해지면서 시대와 단절로 고민하는 젊은 세대들이 베르테르의 모습에 공감하면서 자살이 급증했다. '동조자살(Copy Cat)' 또는 '모방자살'이라고도 한다.

63 인류학 개론 수업을 충실히 받은 달룡이의 생각 중 교수가 가장 낮은 점수를 줄 서술은?

① 한국인이 개고기를 먹는 것은 윤리적 차원의 문제가 아니다.

② 문화는 항상 변화한다.

③ 가족, 민족, 국가는 인간이 만든 일종의 장치이다.

④ 아프리카의 미개사회는 문명화된 현대 사회보다 열등한 사회이다.

📖 특정 지역의 사회문화는 문명화의 척도에 따라 우열을 따질 수 없는 고유의 특성을 지니고 있다.

[KT]

64 완비된 사회보장제도를 최초로 실시하여 완전한 「사회보장법」을 제정한 나라는?

① 영국　　　　② 미국
③ 뉴질랜드　　④ 독일

📖 **영국** : 1942년 베버리지 보고서를 기초로 1945년 각종 「사회보장법」을 제정한 나라.
　독일 : 사회보험을 처음 실시한 나라.
　미국 : 사회보장이라는 개념을 최초로 확립한 나라.

[서울메트로]

65 현대 산업사회의 핵가족화에 따른 문제점으로 볼 수 없는 것은?

① 정서적 안정 상실

② 이혼증가에 따른 가정 파탄

③ 심각한 노인문제

④ 성취동기 약화와 자율성 퇴조

📖 **핵가족화의 문제점** : 노인문제, 청소년 교육문제, 가정의 불안정성(이혼 등)
　핵가족화의 장점 : 부모와 자식의 친밀도가 높아지고 자녀의 의견을 존중하는 민주적인 관계 형성, 부부 간의 가사결정권이 공동 결정권으로 바뀌어서 이룬 부부평등 등.

66 현대 대중사회의 특성으로 볼 수 없는 것은?

① 대중의 영향력이 증대되었다.

② 인간의식과 행동의 획일화, 규격화로 인한 피동적 인간형의 양산과 인간소외현상이 나타나기도 했다.

③ 보통선거의 실시로 대중의 정치참여가 증대되었다.

④ 대중매체의 발달은 대중의 독창적 사고를 강화시켰다.

📖 **대중매체의 순기능** : 고급문화 공유(문화의 대중화)
　대중매체의 역기능 : 정권의 우민화, 수동적(타인지향적), 소비 지향적, 고립화, 평준화(획일화)

[KBS]

67 '탈근대 사회이론'에 대해 잘못 서술된 것은?

① 산업사회·자본주의사회의 논리로는 더 이상 이해할 수 없는 새로운 질적 변화가 사회에 일어나고 있고, 그 변화는 지식의 역할 변화와 밀접하게 관련되어 있다.

② 사회적 경험의 모든 측면에 대한 설명을 제공하는 단일한 이론체계의 존재를 인정한다.

③ 권력은 영토와 자원확보를 위한 투쟁에서가 아니라 정보의 지배에 의해서 결정된다.

④ 문화적인 요구들이 보다 중요한 사회원리로 자리잡고 문화적 영역과 사회적 영역의 구분이 점차 사라져 간다.

📖 단일의 이론체계로는 더욱 복잡해지고 불분명해지는 현대사회를 제대로 분석할 수가 없다.

68 UNDP(유엔개발계획)에서 발표하고 있는 인간
개발지수의 산출대상이 아닌 것은?

① 평균여명   ② 1인당 GNP

③ 교육달성도   ④ 국민의 구매력

해 인간개발지수는 평균여명이 아니라 평균수명을 비교
대상으로 하고 있다.
인간개발지수 : UNDP(국제연합개발계획)이 매년 각국
의 교육수준과 국민소득, 평균수명 등을 조사해 인간개
발 성취 정도를 평가하는 지수를 말한다. 매년 문자해
독률과 평균수명, 1인당 실질국민소득 등을 토대로 각
나라의 선진화 정도를 평가하는 수치를 말한다. 인간의
행복이나 발전 정도는 소득수준과 비례하지 않고, 소득
을 얼마나 현명하게 사용하느냐에 달려 있음을 보여주
는 지수이다.
평균여명 : 어떤 시기를 기점으로 그 후 생존할 수 있는
평균연수로 현재 시점에서 얼마나 더 살 수 있는가를
나타낸다.

69 현대사회의 특성에 대한 기술 중 틀린 것은?

① 1차적 인간관계의 비중 감소, 2차적 인간
관계의 중시

② 대량 생산과 대량 소비

③ 대중에 의해 생산된 창의적 · 개성적인 대
중문화의 형성

④ 사회의 민주화 · 평등화 현상

해 현대사회의 특징 : 산업화, 대중화, 정보화, (정치적)민주
화, (사회적)개방화 등

70 공공관계(PR ; Public Relations)를 바르게 설
명하고 있는 것은?

① 대중이나 국민 등의 일상생활을 개선하기
위하여 신문사, 방송국 등에서 하는 여론
조사를 말한다.

② 정당, 사회단체 등에서 내거는 생활목표
나 지침 등을 말한다.

③ 매스미디어를 감독하는 문화관광부에서
정부의 업적 중 성과가 훌륭한 면만 국민
들에게 알리는 것을 말한다.

④ 생산업체는 자기 회사제품, 정부에서는
정부의 정책과 사업에 대하여 이해를 높
이고 협력을 구하려는 활동을 말한다.

해 **공공관계** : 한 조직체가 그 목표를 달성하기 위해 수립
한 정책 및 사업과 직 · 간접적으로 이해관계를 가지며
그 조직의 정책활동에 영향을 미치는 대내외적 개인 및
집단들로 하여금 우호적이고 신뢰적인 태도와 의견을
가지고, 나아가 조직의 정책활동에 적극적으로 참여하
고 협력하도록 만드는 관리활동이라고 할 수 있다.

71 다음 중 영국 사회제도의 아버지라고 불리는
베버리지(W. H. Beveridge)가 한 말로 인간 생
활의 안정을 위협하는 5대 사회악에 속하지 않
는 것은?

① 궁핍   ② 무지

③ 불결   ④ 우상

해 베버리지의 5대 사회악 : 궁핍, 질병, 무지, 태만, 불결

72 형이 동생의 출생과 더불어 부모의 관심이나
사랑을 얻지 못하면 동생처럼 대소변을 가리
지 못하고 우유병을 빨거나 기어 다니는 행동
을 하여 관심을 유발하고 만족감을 얻는다. 이
처럼 현실적으로 해소할 수 없는 위협, 불안,
불만 등을 유아기의 원시적이고 유치한 행동수
준으로 되돌아가 해결하려는 심리적 방어기제
는?

① 퇴행   ② 역행

③ 간섭   ④ 지체

헤 퇴행 : 일반적으로 정신 조직이 실질적으로 붕괴될 때 일어나는 방어기제의 하나로, 보다 미성숙한 정신 기능의 단계로 되돌아가는 것을 말한다. 퇴행은 리비도적 퇴행과 자아 퇴행으로 구분한다. 리비도적 퇴행은 생물학적으로 성숙 단계에 이를 수 없을 때 본능적 조직의 이전 단계로 후퇴하는 것을 말한다. 어린 동생과 경쟁하는 네 살 아동이 다시 손가락을 빠는 행위 등이 해당한다. 자아퇴행은 좀 더 발달된 자아 조직의 이전 단계로 되돌아가는 것으로 리비도적 퇴행과 함께 일어난다. 아동의 방광 조절 능력의 상실이나 스트레스로 인한 언어 능력이 상실이 이에 해당한다.
역행 : 보통의 방향과 반대 방향으로 거슬러 나아가는 것을 말한다.

헤 러브캐널 사건 : 미국 후커케미컬 화학회사가 유해폐기물을 매립하여 일어난 환경재난사건이다. 공장에서 발생한 화학물질을 땅속에 매립하였으나 이로 인해 인근 학교와 주민들이 만성천식, 신장 및 간질환, 선천성 기형아 등의 증세를 보이기 시작하면서 나타난 환경재난이다.

[한국스탠다드차타드은행, KB국민은행]
75 일상생활에 적당한 소리의 세기는?

① 40~50dB   ② 70~80dB

③ 90~100dB   ④ 100dB 이상

헤 40~50dB 정도면 대화할 때의 목소리 수준이다.

[한국환경공단]
73 토양오염에 대한 설명으로 적절치 못한 것은?

① 토양오염은 생물 존재의 기반을 파괴하는 것이다.

② 오염된 토양은 물이나 공기처럼 유동성이 거의 없다.

③ 토양 내에 오염물질이 묻히게 되면 쉽게 드러나지 않는다.

④ 토양은 일단 오염되면 장기간 지속된다.

⑤ 한 번 오염된 토양은 그 특성상 자정작용이 어렵다.

헤 토양오염은 수질오염과 대기오염으로 파급된다.

[KT & G]
76 다음 중 탄소배출권에 대한 설명으로 틀린 것은?

① 이산화탄소를 배출할 수 있는 권리이다.

② 우리나라는 1차 온실가스 감축의무 대상에서 제외되어 있다.

③ 2005년 도쿄 의정서에 따라 탄소배출권이 발효되었다.

④ 유럽연합과 회원국과 일본 등 38개 의무당사자국들은 2008년부터 2012년까지 온실가스 배출량을 1990년 수준보다 평균 15% 감축시켜야 한다.

헤 38개국의 의무당사자국들이 2008년~2012년 사이에 감축시켜야 할 온실가스 배출량은 평균 5%이다.

[담배인삼공사]
74 다음 중 땅의 오염에 대한 대중적 경각심을 일으키게 한 사건은?

① 미국 러브캐널 사건

② 미국 듀퐁 사건

③ 일본 이타이이타이 사건

④ 일본 모리나가 사건

Chapter 06

환경·사회

다음 질문에 답하시오. (기업체 직무적성검사 대비 문제)

Answer

01 페루 등 동태평양 연안에서 크리스마스 무렵부터 다음 해 봄에 걸쳐 해수면 온도가 정상보다 높아지는 현상을 엘니뇨라 한다. 이와는 반대로 동태평양 연안의 해수면 온도가 낮아지는 것을 무엇이라고 하는가?

[경향신문, 하나은행]

01 라니냐

02 도시에서 한 지역의 온도가 다른 곳에 비해 높은 현상은? [경인방송]

02 열섬현상

03 폐쇄적 수역에서 질소, 인 등이 높아져 수질이 빈영양 상태에서 부영양으로 변화하는 현상은?

03 부영양화

04 오존층을 파괴해 인류에게 환경재앙을 가져오는 것으로 밝혀져 세계 각국이 생산과 사용을 규제하려는 물질은 냉매로 쓰이는 프레온가스와 소화기에 쓰이는 (   )가스이다. [SBS]

04 할론(Halon)

05 국제환경표준화 인증규격은? [경향신문]

05 ISO 14000

06 우리나라가 중요한 습지의 파괴를 억제하고 물새가 서식하는 습지대를 보호하기 위해 채택한 협약은?

06 람사르협약

07 시민운동단체를 모체로 해서 독일에서 맹활약 중인 정당으로서 환경보호를 강력히 주장하는 정당은? [CBS, 동아일보, 포스코]

07 녹색당

08 스모그란 (　　　)와 (　　　)의 합성어로, 자동차의 배기가스나 공장의 매연에 의한 대기오염현상을 말한다.

08 Smoke, Fog

09 인도양에서 발생해 벵골만으로 부는 바람을 (　　　)이라 한다.

[알리안츠생명]

09 사이클론

10 우리나라에 늦봄부터 초여름에 걸쳐 영향을 주는 기단은? [KBS]

10 오호츠크해 기단

11 전투기가 비행 중 속도를 초음속으로 낼때 발생하는 강한 충격음은?

11 Sonic Boom

12 사회보험 제도를 최초로 실시한 나라는? [KT]

12 독일

13 사회보장이라는 개념을 최초로 확립한 나라는?

13 미국

14 1972년 OECD 이사회가 가맹국에 권고한 원칙으로 환경자원의 합리적인 이용과 배분을 조장하는 동시에 국제무역이나 투자의 부작용을 방지하기 위해 오염방지에 필요한 비용을 오염자가 부담해야 하는 사고방식은? [KT]

14 오염자부담원칙 (PPP ; Polluter Pays Principle)

환경 · 사회

15 장애를 가진 수급자가 사망할 시에 그 유족에게 유족연금이 지급되기 위한 장애의 등급은? [동아일보]

15 2등급

16 베버리지가 주장한 5대 사회악은? [동아일보]

16 궁핍, 질병, 불결, 무지, 태만

17 여론의 형성과정에서 개인이 다른 사람들의 의견이 자신의 의견과 다르다고 오판하여 자신의 의견을 억제하고 다른 사람들의 의견을 추종하는 현상은?

17 다원적 무지
(Pluralistic Ignorance)

18 나무에서 방산되어 주위의 미생물 따위를 죽이는 작용을 하며, 삼림욕 효용의 근원이 되고 있다고 알려진 물질은?

18 피톤치드(Phytoncide)

19 풍선의 한곳을 누르면 다른 곳이 불거져 나오는 것처럼 하나의 문제를 해결하는 대신에 또 다른 문제가 새로 생겨나는 현상을 이르는 말은?

19 풍선효과

20 세계 최초로 안락사를 법적으로 허용한 나라는?

20 네덜란드

다음의 각 용어에 대해 간략하게 설명하시오. (공사·공단. 언론사 대비 문제)

01 환경보전과 자연보호의 차이점

02 친환경적 경영 [MBN]

03 자연휴식년제 [한국경제신문]

04 리사이클링(Recycling) [조선일보]

05 수변구역 [한국경제신문]

06 트리할로메탈 [한국일보]

07 침묵의 봄 [한국일보]

08 프롬알데히드 [세계일보]

09 중수도 [한국경제신문]

10 열대야 [경향신문]

11 냉수대 [한국환경공단]

12 Garbology

13 메틸브로마이드

14 노비즘(Nobyism)

15 핌피현상(PIMFY Syndrome) [삼성 SSAT]

16 Nomadism [한국일보]

17 IPCC [한국일보]

18 피그말리온 효과

19 나비효과

20 강화

Chapter
06
환경·사회

01_ 환경보전과 자연보호의 차이점

• 환경보전 : 인간 생활이나 생산 활동을 영위하는 데 있어서 환경의 보호, 정비, 창조, 관리를 도모하는 일이다.
• 자연보호 : 인류의 생활환경으로서의 자연이 파괴되지 아니하도록 그 파괴의 원인을 밝히고 미리 막으며, 더 좋은 환경으로 만들어 인류의 생명을 보존하는 데에 이바지하는 일이다.

02_ 친환경적 경영

유한한 자원을 재활용, 재사용함으로써 지구 환경을 보호하는 기업경영 시스템을 구축하고 친환경경영을 경쟁력의 척도로 인식하는 경영이론이다.

03_ 자연휴식년제

오염의 정도가 지나치게 심각하거나 황폐화될 염려가 많은 국·공립 공원에 한해 3년 동안 사람의 출입을 통제함으로써 자연 생태계의 파괴를 막고 복원을 위해 마련한 제도이다.

04_ 리사이클링(Recycling)

버려진 자원을 재활용하는 것으로, 공해방지와 자원의 유용성 측면에서 강조되고 있다.

05_ 수변구역

환경부가 상수원 수질보전을 위해 지정·고시한 지역을 말한다. 한강수계, 낙동강수계, 금강수계, 영산강·섬진강 수계의 4대 강수계로 나누어 전국에 약 1,000km²의 면적이 지정되어 있다.

06_ 트리할로메탄

메탄의 수소가 할로겐 원소인 염소, 브롬, 요오드 등으로 치환된 화합물을 말하며 발암물질로 알려져 있다.

07_ 침묵의 봄

Silent Spring. 미국의 해양생물학자이며 작가인 레이첼 카슨의 환경에 관한 저서이다. 드린계 농약과 유기염소계 농약인 DDT, BHC의 무서움이 과학적이며 감성 풍부한 필치로 묘사되어 자연보호와 환경보전의 중요함을 인류에게 널리 인식시켰다.

08_ 프롬알데히드

메탈알콜이 산화하여 생기는 무색의 기체로, 새집증후군을 일으키는 대표적인 유해물질이다. 방부제로도 쓰인다.

09_ 중수도

상수도와 하수도의 중간개념. 중수도가 더러워서 이용을 안 하는것이 아니라 중수도를 위한 시설을 설치하는 것보다 그냥 상수를 쓰는것이 싸기 때문에 비용적인 측면 때문에 이용을 안하고 있다.

10_ 열대야

Tropical Night. 야간의 최저 기온이 25℃ 이상의 무더운 여름밤을 뜻한다.

11_ 냉수대

Cold Pool. 주변 수온보다 5℃ 이상 낮은 수온의 해역을 말한다. 국립수산과학원은 냉수대의 발생으로 인한 양식어민의 피해를 최소화하기 위해 출현 해역에 냉수대주의보를 발령한다.

12_ Garbology

쓰레기를 통해 지역주민의 생활실태를 분석하는 학문이다. 쓰레기학을 뜻하는 새로운 용어로 쓰레기장을 조사해서 그 지역에 사는 사람들의 생활실태를 알아보는 사회학의 한 수법이다. 'Garbage(쓰레기)'에 학문을 뜻하는 접미사 Logy를 붙여 만든 신조어이다.

13_ 메틸브로마이드

메탄의 수소원자 1개를 브롬원자 1개로 치환한 화합물이다. 현미나 밀의 훈증제, 살충·살균제, 토양·묘목의 훈증제 등에 사용되며 사람과 가축에 대한 독성이 강하여 극약으로 지정되었다.

14_ 노비즘(Nobyism)

철저한 개인주의에 바탕을 둔 사고방식을 말한다. 이웃이나 사회에 피해가 가더라도 자신에게 손해가 되지 않는 일에는 무관심으로 일관한다.

15_ 핌피현상(PIMFY Syndrome)

연고가 있는 자기 지역에 수익성 있는 사업을 유치하고자하는 현상이다.

16_ Nomadism

유목생활방식. 특정한 가치와 삶의 방식에 얽매이지 않고 끊임없이 자기를 부정하면서 새로운 자아를 찾아가는 것을 의미하는 철학적 개념. 노마드(Nomad)는 '유목민', '유랑자'를 뜻하는 용어로, 프랑스의 철학자 들뢰즈(Gilles Deleuze)가 그의 저서 「차이와 반복」(1968)에서 노마드의 세계를 '시각이 돌아다니는 세계'로 묘사하면서 현대 철학의 개념으로 자리잡은 용어이다.

17_ IPCC

Intergovernmental Panel on Climate Change. '기후 변동에 관한 정부 간 패널'의 약칭이다. 국제연합환경계획(UNEP)과 세계기상기구(WMO)가 공동 개최하고 각국 정부가 참가하여 지구온난화와 사회·경제에의 영향과 그 대책을 밝히기 위해 1988년 11월에 검토를 시작해 1990년 8월에 최초의 보고서를 작성했다. 그 중에서 지구의 온난화를 과학적인 사실로 확인하고 인류에 심각한 영향을 미치므로 에너지 효율의 개선 등 종합적인 대책을 취하도록 요구하고 있다.

18_ 피그말리온 효과

Pygmallion Effect. 타인의 기대나 관심으로 능률이 오르거나 결과가 좋아지는 현상을 말한다.

19_ 나비효과

Butterfly Effect. 아주 작은 차이로 전혀 다른 결과가 생길 수 있다는 것. 나비의 날개바람은 아주 미미하지만 그것이 사회적으로 큰 파장을 불러일으킬 수 있다는 표현이다.

20_ 강화

Reinforcement. 조건형성의 학습에서 자극과 반응의 결부를 촉진하는 수단. 또는 그 수단으로써 결부가 촉진되는 작용을 말한다.

Chapter
06

환경·사회

CHAPTER **07**

문학 · 예술 · 스포츠

CHAPTER 07

문학 · 예술 · 스포츠

① 한국 문화와 문학

● 서도소리

서도소리는 황해도와 평안도 등에서 불린 민요나 잡가 등을 말하며, 불리기 시작한 시기는 정확히 알 수 없다. 민요로는 「수심가」, 「몽금포타령」 등이, 잡가로는 「관산융마」, 「초한가」 등이 있다.

● 남도소리

전라도, 경상도, 충청도 일부 지방의 민간에서 불리는 민속성악의 총칭이다. 판소리를 중심으로 단가, 민요, 잡가 중 선소리인 산타령과 노동요 등을 포함한다. 판소리는 한국의 민속음악 가운데 가장 예술성이 높으며, 남도민요는 한국 민요 중에서 음악성이 가장 뛰어나다. 대표적인 것으로는 전라도의 「농부가」, 「육자배기」, 「강강술래」, 「까투리타령」 등과 경상도의 「쾌지나 칭칭 나네」, 「옹헤야」, 「밀양아리랑」 등이 있다.

● 판소리

판소리는 우리나라 중요무형문화재 제5호이다. 부채를 든 1명의 창자가 고수의 북장단에 맞추어 창(소리) · 아니리(사설) · 발림(몸짓)을 섞어가며 이야기를 엮어가는 극적 음악이다. 「춘향가」, 「심청가」, 「수궁가」, 「흥보가」, 「적벽가」, 「변강쇠타령」, 「배비장타령」, 「옹고집타령」, 「강릉매화타령」, 「무숙이타령」, 「장끼타령」, 「가짜신선타령」 등 12마당 가운데 「춘향가」, 「심청가」, 「수궁가」, 「적벽가」, 「흥보가」의 5마당만이 전한다.

● 추임새

장단을 짚는 고수가 창의 군데군데에서 소리의 끝부분에 창자의 흥을 돋우기 위해 '좋다', '좋지', '으이', '얼씨구', '흥' 등의 조흥사나 감탄사를 넣어 주는 것을 말한다. 추임새는 다음 구절을 유발하는 역할을 한다.

● 사물놀이

꽹과리, 징, 북, 장구 네 가지 민속악기로 연주되는 음악이나 놀이를 말한다.

확인문제 [KBS]
1. 서도소리와 관련이 없는 지역은?
① 황해도   ② 평안도
③ 함경도   ④ 경기도

판소리의 유파

'제(制)'는 판소리의 유파를 일컫는 말로 동편제(東便制), 서편제(西便制), 중고제(中高制)가 있다. 동편제는 감정을 절제하는 창법을 구사하는 소리로 남원, 순창, 구례, 곡성, 고창 등지에서 전승되었으며, 현대 판소리에서는 「흥보가」, 「수궁가」, 「적벽가」에서 전승의 우위를 점하고 있다. 서편제는 소리와 장단에서 장식이 많은 기교적인 소리로 광주, 담양, 나주, 보성 등지에서 전승되었으며, 현대 판소리에서는 「춘향가」, 「심청가」에서 전승의 우위를 점하고 있다.

확인문제 [KBS]
2. 다음 중 판소리의 지역적 특징의 분류로서 적합하지 않은 것은?
① 서편제   ② 동편제
③ 중고제   ④ 기호제

확인문제 [한국전력공사]
3. 판소리를 할 때 '좋지', '으이', '좋다'와 같이 소리꾼의 흥을 돋우는 말을 무엇이라고 하는가?
① 시나위   ② 추임새
③ 취타   ④ 얼씨구

답   1. ④   2. ④   3. ②

284

● 종묘제례악

종묘제례악은 조선시대 종묘에서 제사를 드릴 때 의식을 장엄하게 치르기 위하여 연주하는 기악과 노래, 춤을 총칭하는 것이다. 우리나라 중요무형문화재 제1호로 지정되었으며 2001년 5월에 유네스코 세계무형문화유산으로 등재되었다.

● 농악

풍농을 기원하고 액운을 막기 위해 농민들이 악기를 연주하면서 행하였던 음악으로 풍물, 두레, 굿이라고도 한다. 농악은 지금까지 자연스럽게 전승되고 있으며, 꽹과리, 징, 장구 등 타악기가 중심이 되고 그 외에 양반, 무동 등 가장무용수들의 춤과 노래로 이루어진다. 우리나라 중요무형문화재 제11호로 지정되었으며 2014년 11월에 유네스코 세계무형문화유산으로 등재되었다.

● 몽유도원도

조선 초기에 안견이 그린 그림이다. 안평대군은 꿈속에서 노닐었던 도원의 풍경을 안견에게 그리게 하였는데, 단 3일 만에 완성했다고 한다. 당시의 일반적인 화풍과는 달리 왼쪽에서부터 오른쪽으로 이야기가 펼쳐지는 독특한 구성을 취하고 있으며, 왼쪽 아래에서 오른쪽 위로 대각선을 따라 현실 세계와 꿈속 세계를 절묘하게 대비하였다.

● 진경산수화

조선 후기 정선에 의해 형성된 화풍을 말한다. 정선의 실경산수는 단순한 사경이라기보다는 그가 직접 여행하면서 독자적이고 자율적인 화법으로 우리의 산천을 그렸다는 것과, 자기만의 독특한 화풍을 이룩하여 한국적인 화풍을 형성했다는 데 큰 의의가 있다.

● 공무도하가(公無渡河歌)

원시 집단가요에서 개인적인 서사시가 발생하는 과정을 보여주는 작품으로 현전하는 우리나라에서 가장 오래된 개인적 서정시이다. 고조선 때, 백수 광부의 아내가 지었다는 4언 4구체의 노래로, 물에 빠져 죽은 남편의 죽음을 애도하는 내용이다. 그 원가는 전하지 않지만, 한역인 공후인이 『고금주(古今注)』에 설화와 함께 채록되어 있고 이것이 『해동역사(海東

확인문제 [모스코]

4. 사물놀이에 관한 설명으로 맞는 것은?
① 농악이다.
② 정통음악이다.
③ 판소리가 바탕이 된다.
④ 타악기로 구성되어 있다.

씻김굿

죽은 이의 넋을 깨끗이 씻어 저승으로 보내기 위한 굿으로 전라남도 지방에서 행해졌다. 진도 지방에서 행해지는 씻김굿은 조왕반, 안땅, 혼맞이, 초가망석, 쳐올리기, 손님굿, 재석굿, 고풀이, 영돈말이, 이슬털기, 넋풀이, 동갑풀이, 약돈이, 넋올리기, 손대잡이, 희설, 길닦음, 종천의 순서로 진행된다. 진도씻김굿은 1980년 중요무형문화재 제72호로 지정되었다.

시나위

굿에 뿌리를 둔 즉흥적인 기악합주 음악으로, 본래는 경기 남부, 충청도, 전라도, 경상도 서남부 지역에서 굿을 할 때에 무악장단에 육자배기소리로 된 허튼 가락을 얹어 연주하는 기악합주 음악이었다. 경기도, 전라도 모두 판소리 또는 계면조가락과 비슷한 것이 특징이며, 장단은 거의 살풀이장단으로 이루어진다.

낙관

글씨나 그림을 완성한 후 화면 안에 마무리와 자필의 증거로서 자신의 이름, 그린 장소, 제작연월일 등의 관을 적어 넣고 아호 등의 도장을 찍는 일을 말한다.

고전 문학의 갈래

- 상고시대 : 고대가요
- 삼국시대 : 향가
- 고려시대 : 고려가요, 가전체, 패관문학
- 조선시대 : 경기체가, 악장, 시조, 가사, 소설

답 4. ④

繹史)』에 옮겨 전해지고 있다.

● 황조가(黃鳥歌)

고구려 유리왕이 후실인 치희를 잃고 슬퍼하여 불렀다는 고대가요로『삼
국사기』에 한역되어 전한다. 집단적 서사문학에서 개인적 서정문학으로
옮아가는 단계의 노래로, 내용이 전하는 유일한 고구려 가요이다. 국문학
사상 사랑을 주제로 한 최초의 서정시이며, 4언 4구체의 한역가이다.

● 정읍사(井邑詞)

작자 미상의 백제가요로, 한글로 기록되어 전하는 가요 중 가장 오래된
작품이며, 현존하는 유일한 백제가요이다. 행상의 아내가 행상 나간 남편
의 무사함을 기원하는 내용으로, 조선시대에 궁중음악으로 쓰였다. 『악학
궤범(樂學軌範)』에 채록되어 전한다.

확인문제 [일동제약, 영진약품]

5. 현재 한글로 전해지고 있는 것은?
① 공후인   ② 황조가
③ 도솔가   ④ 정읍사

해 도솔가 : 신라 유리왕 5년(28)에 지
어진 노래이다. 백성이 즐겁고 편
안하여 이 노래를 지었다고 하며,
우리나라 가악의 시초로『삼국사
기』에 전한다.

● 여수장우중문시(與隋將于仲文詩)

고구려 영양왕 때의 장수 을지문덕이 지은 한시로, 살수까지 추격해 온
적장 우중문을 조롱하며 지어 보냈다고 한다. 오언고시(五言古詩)로, 현
존하는 가장 오래된 우리나라 한시이며,『삼국사기』에 실려 전한다.

● 삼대목(三代目)

신라 진성여왕 때 각간 위홍과 대구화상이 왕명을 받아 편찬한 향가집으
로, 현존하지는 않지만 문헌상에 기록된 최초의 가집이다. '삼대(三代)'에
대하여는 여러 가지 설이 있으나, 신라의 상대 · 중대 · 하대의 3대를 가
리키고, '목(目)'은 집목(集目) 또는 요목(要目) · 절목(節目)의 뜻으로, '삼
대목'은 '삼대의 집(集)'이라는 뜻으로 풀이된다.

● 향가(鄕歌)

• 의의 : 삼국시대 말엽에 발생하여 통일신라 때 성행하다가 통일신라 말
 에 쇠퇴하기 시작하였고 고려 초까지 민간에서 널리 불린 우리나라 고
 유의 정형시이다.
• 기록 : 향찰과 이두로 기록되어 있다.
• 별칭 : 사뇌가, 사내악, 도솔가라고도 부른다.
• 내용 : 이 시가의 내용은 불교적이고 무속적이며 집단제의적 성격에 화

이두 · 구결 · 향찰

• 이두(吏讀) : 삼국시대부터 지명 · 인명
 을 표기하기 위하여 한자의 음과 뜻을
 빌려 우리나라 말을 표기하는 데 쓰이
 던 일종의 표음문자이다. 신라 신문왕
 때 설총이 정리하였다.
• 구결(口訣) : 한문을 읽을 때 그 뜻이나
 송독(讀誦)의 편의를 위하여 한문의 단
 어 또는 구절 사이에 달아 쓰던 문법적
 요소를 말하며, 토라고도 한다.
• 향찰(鄕札) : 신라 때 한자의 음과 뜻을
 빌려 우리말을 적던 일종의 표음문자이
 다. 이를 이두와 구별하지 않는 학자도
 있으나 이두는 한문이 주가 되는 글에
 서 토로 쓰던 부분에 한한 것이며 우리
 말 전부를 적던 향가식 표기법은 향찰
 이라고 한다.

 5. ④

랑정신을 밑바탕으로 한 안민이세(安民理世)의 높은 이념까지 내포하고 있다.

- 현존하는 작품 : 『삼국유사』에 14수(서동요, 혜성가, 풍요, 원왕생가, 모죽지랑가, 헌화가, 제망매가, 원가, 도솔가, 찬기파랑가, 도천수대비가, 안민가, 우적가, 처용가), 『균여전』에 11수(보현십원가), 총 25수의 작품이 현존한다.

● 삼국사기(三國史記)

고려 인종 때 김부식이 지은 것으로 신라·고구려·백제 삼국에 대한 현존하는 최고의 역사서이다. 유교사관에 의해 쓰여졌으며, 사마천의 『사기』를 본뜬 기전체의 사서로, 본기(本紀)·연표(年表)·지(志)·열전(列傳)의 50권으로 되어 있다.

● 삼국유사(三國遺事)

고려 충렬왕 11년 때 승려 일연이 지은 것으로, 국민생활과 사상의 이면을 그린 야사(野史)라 할 수 있다. 향찰로 표기된 『혜성가』 등 14수의 신라 향가가 실려 있는데, 『균여전』에 수록된 11수와 함께 현재까지 전하는 향가의 전부를 수록하고 있어 한국 고대 문학사의 실증에 있어서도 절대적인 가치를 지닌다.

● 수이전(殊異傳)

고려 문종 때 박인량이 지은 설화집이다. 수록되었던 설화 가운데 10여 편이 『해동고승전』, 『삼국유사』, 『삼국사절요』, 『태평통재』 등에 실려 전해져 오고 있다.

● 고려가요(高麗歌謠)

고려시대에 평민들 사이에 널리 전해진 민요적 시가로 '여요(麗謠)' 또는 '장가(長歌)'라고도 한다. 구전되다가 조선시대에 훈민정음이 창제되면서 기록되고 정착되었다. 남녀 간의 사랑, 이별의 아쉬움, 삶의 고뇌 등이 주요 내용이며 평민들의 정서가 진솔하게 표현되어 있다. 『악학궤범』, 『악장가사』, 『시용향악보』에 수록되어 전한다. 「동동」, 「처용가」, 「청산별곡」, 「가시리」, 「서경별곡」, 「정석가」, 「사모곡」, 「쌍화점」, 「만전춘」, 「이상곡」 등이 있다.

서동요(薯童謠)
신라 진평왕 때 백제 무왕이 진평왕 셋째 딸인 선화공주를 아내로 맞이하기 위해 지은 노래이다. 서동은 무왕을 부르는 아명으로 서동(무왕)은 신라 진평왕의 셋째 공주가 예쁘다는 소식을 듣고 그녀를 모함하는 노래인 서동요를 지어 아이들에게 부르게 함으로써 진평왕의 오해를 산 선화공주를 궁에서 쫓겨나게 만들어 결국 자신의 아내로 맞이했다고 한다. 현재 전하는 가장 오래된 향가로 4구체 형식으로 되어있다.

패관문학(稗官文學)
고려 때 문인들이 항간에 구전되는 이야기를 한문으로 기록한 것으로, 소설의 기원이 되었다. 채록자의 견해가 가미되어 수필적 성격을 갖고 있다. 작품으로는 이제현의 『역옹패설』, 박인량의 『수이전』, 이인로의 『파한집』, 최자의 『보한집』, 이규보의 『백운소설』 등이 있다.

정과정(鄭瓜亭)
고려 의종 때 정서가 지은 10구체의 가요로 동래로 귀양 가 있으면서 임금을 그리워하는 마음과 자기의 억울한 심경을 담아 노래한 것이다. 『삼진작』이라고도 한다. 이는 조선시대의 『악학궤범』에 그 곡조가 『삼진작』이라는 이름으로 수록된 데서 연유하며, 후세 사람들이 정서의 호를 따서 「정과정(鄭瓜亭)」 또는 「정과정곡(鄭瓜亭曲)」이라고 불렀다. 「도이장가」와 더불어 향가계 여요이다.

● 언해(諺解)

한문으로 된 불경이나 경서, 문학작품을 한글로 풀어 쓴 것을 의미한다. 한글 창제로 그동안 한문으로 전해진 수많은 작품들의 번역이 가능해지면서 번역 문학인 언해가 크게 유행하였다. 대표적으로 「두시언해」, 「사서언해」, 「내훈」 등이 있다.

● 시조(時調)

고려 중엽 발생하여 현재까지도 불리고 있는 정형시이다. 시조라는 명칭은 '시절가조(時節歌調)'의 약칭으로 기본 형식은 초장, 중장, 종장의 3장 6구, 45자 내외이며 3·4조나 4·4조의 기본 운율에 4음보 율격으로 종장의 첫 구는 반드시 3자이어야 한다. 고려시대에는 귀족 계층에 의해 지어져 주로 단심이나 탄로의 내용이 중심을 이루었으며 조선시대에는 유교적 이념을 노래한 시조가 주류를 이루었다. 또한 속세를 벗어나 자연의 유유자적한 삶을 노래한 강호가도의 세계를 노래하기도 하였다. 조선 후기에 정형성을 탈피한 사설시조가 평민층을 중심으로 확산되기도 했다.

● 악장(樂章)

조선 초기 궁중 음악으로 종묘의 제악 등에 쓰이던 주악의 가사를 말한다. 조선의 개국 공신들은 조선 건국을 정당화하고 새로운 왕조를 찬양하기 위해 많은 악장을 창작하였다. 『용비어천가』, 『월인천강지곡』 등이 대표적이며 『용비어천가』의 경우 새로운 왕조의 무한한 번영을 송축하는 내용으로 훈민정음 창제 이후 한글의 효용성을 널리 알리고자 지어졌다.

● 가사(歌詞)

고려 말에 출현하여 주로 신흥 사대부들에 의해 창작된 것으로 운문과 산문의 중간적 특징을 지니고 있다. 가사는 사대부들의 유교적 관념과 삶을 표현하는 데 적합한 형태였기 때문에 초기에는 양반들에 의해 발전하였으나 조선 후기로 접어들면서 삶의 애환이나 교훈, 사회 풍자 등의 내용이 주를 이루며 평민들이 주도하였다. 대표적인 작품으로 「상춘곡」, 「성산별곡」, 「관동별곡」, 「사미인곡」 등이 있다.

● 사미인곡(思美人曲)

조선 중기 선조 때 송강 정철이 지은 가사이다. 임금을 사모하는 정을 한

두시언해(杜詩諺解)

1443년 유윤겸, 유휴복, 조위 등이 왕명을 받들어 주해하였고, 성종 때 조위와 승려 의침 등이 한글로 번역, 풀어서 1481년에 간행한 우리나라 최초의 번역시집이다. 중국 당나라 두보의 시 전편을 52부로 분류하여 한글로 번역한 시집으로, 원명은 『분류두공부시언해(分類杜工部詩諺解)』이다.

용비어천가(龍飛御天歌)

조선 세종 때 권제, 정인지, 안지 등이 목조에서 익조, 도조, 환조, 태조, 태종에 이르는 6대의 행적을 중국 고사에 비유하여 조선 건국의 정당성을 서사적으로 노래한 악장으로, 모두 125장으로 되어 있다. 훈민정음으로 적은 최초의 문헌으로 우리 국문학사상 서사시로서 가치가 크며, 중세 국어와 문법연구에 귀중한 자료가 된다.

상춘곡(賞春曲)

조선 성종 때 정극인이 지은 안빈낙도의 풍류적인 생활을 주제로 한 가사이다. 가사문학의 효시라 일컬어지며, 『불우헌집』에 실려 전한다.

여인이 임과 생이별하고 연모하는 마음에 비유하여 읊은 충신연주지사로, 작가가 50세 되던 해 탄핵을 받고 조정에서 물러나 고향인 창평에서 은거하고 있을 때 지은 것이다. 우리말 구사의 극치를 보여준 작품으로 「관동별곡」, 「속미인곡」과 더불어 가사문학의 절정을 이룬다. 김만중은 『서포만필』에서 송강의 가사를 한마디로 '동방의 이소(離騷)'라 하여 우리나라 시가의 최고라 했으며, 「사미인곡」, 「속미인곡」, 「관동별곡」을 가리켜 '우리나라의 참된 문장은 오직 이 세 편뿐이다.'라고 하였다.

● 홍길동전(洪吉童傳)

조선 광해군 때 허균이 지은 우리나라 최초의 국문소설이다. 허균이 중국소설 『수호지』의 영향을 받아 임진왜란 이후 사회제도의 결함, 특히 적서차별 철폐와 부패 정치 개혁이라는 혁명사상을 작품화한 사회소설이다. 조선을 떠나 율도국이라는 새로운 나라를 건설한다는 점에서 사회 비판적인 성격을 지녔으며 이는 사대부들에게 소설이 비난받는 계기가 되기도 했다.

● 구운몽(九雲夢)

조선 후기 숙종 때 서포 김만중이 지은 한문소설이다. 인간의 부귀영화와 공명은 모두 일장춘몽에 지나지 않는다는 주제로 유교적인 윤리관과 불교 및 도교 사상이 교묘히 융합되어 있는 특이한 소설로서 국문학사상 높이 평가되고 있다. 이 작품은 몽자류 소설의 효시이며, 우리나라 소설 중 최초로 영문으로 번역되어 외국에 소개되었다.

● 신파극(新派劇)

20세기 초엽, 전통 판소리나 무용 · 음악 · 창극 등이 공연예술의 주류를 이루고 있을 무렵 신파극은 일본에서 수용되어 점차 확대되어갔으며, 1910년대 중반부터 공연물의 주류를 이루었다. 우리나라 신파극의 전개 과정은 일본의 영향을 받아 서로 비슷한 경로를 보이고 있다. 1910년대 초기에 일제히 나타난 신파극단들은 약속이나 한 듯이 '민중계몽'을 내세웠고 정치적 목적극, 시사적 오락극에서 출발한 신파극은 뒤이어 소위 '가정비극(家庭悲劇)'이라고 불리는 전형적인 멜로드라마로 정착되었다.

금오신화(金鰲新話)

조선 세조 때 김시습이 한문으로 지은 전기체 소설로, 우리나라 최초의 소설로 인정되고 있다. 「만복사저포기(萬福寺樗蒲記)」, 「이생규장전(李生窺牆傳)」, 「취유부벽정기(醉遊浮碧亭記)」, 「용궁부연록(龍宮赴宴錄)」, 「남염부주지(南炎浮洲志)」 등 5편이 수록되어 전하며, 명나라 구우의 『전등신화』의 영향을 받았다.

허생전(許生傳)

조선 정조 때 박지원이 지은 한문소설이다. 허생이라는 선비가 가난에 못 이겨 하던 공부를 그만두고 장사로 큰돈을 벌었다는 이야기로, 박지원의 실학 사상이 드러나 있다. 『열하일기』의 「옥갑야화」에 실려 전한다. 원래는 제목이 없이 수록되었으나, 후대에 「허생전」이라는 제목이 임의로 붙여졌다.

● 신체시(新體詩)

개화기에 쓰인 새로운 시가 형태로 고시가나 개화가사, 창가의 정형적 율격에서 벗어나 시문체(새 시대와 새 사회의 분위기를 수용한 문체)로 문명 개화를 노래했다. 따라서 정형률과 반복적 리듬을 지양하고 구어체를 사용했으며, 개화사상·신교육 고취·남녀평등사상·자주독립 등 계몽적 내용이 주류를 이루었다. 근대시로 넘어가는 과도기적 형태라는 문학사적 의의를 가지며 1908년 잡지 『소년』의 창간호에 게재된 최남선의 「해에게서 소년에게」가 효시이다.

● 금수회의록(禽獸會議錄)

국내 최초 판매금지 처분을 받았던 1908년 발표된 안국선의 우화체 신소설이다. 1인칭 관찰자 시점의 '나'가 꿈속에서 까마귀·여우·개구리·벌·게·파리·호랑이·원앙새 등 8마리 동물의 회의에 참관한 내용을 기록한 액자소설 형식을 취하고 있다.

● 사실주의 문학

풍자적·사실적 성격을 띤 연암 박지원의 「양반전」 등 고대 소설에서도 연원을 찾을 수는 있으나, 본격적으로 싹트기 시작한 것은 이광수, 최남선의 계몽문학에 이어 일본을 거친 사실주의·자연주의 사상이 유입된 이후부터이다. 특히 1919년의 3·1 운동으로 실의와 좌절에 빠진 시대상황은 사실주의 문학을 탄생시키는 밑거름이 되었으며, 같은 해 창간된 잡지 『창조』에 김동인의 「약한 자의 슬픔」, 전영택의 「천치? 천재?」가 게재되어 처음으로 사실주의적 경향을 드러냈다.

● 퇴폐주의 문학

3·1 운동 실패 이후, 사회 전체의 절망적인 분위기 속에서 생긴 일종의 병적인 낭만주의 문학이라 할 수 있으며, 19세기 말 프랑스 작가들의 퇴폐성 문학의 영향을 받았다. 1920년에 창간된 『폐허』 동인들에게서 이 경향을 찾아볼 수 있다.

● 모더니즘 문학

모더니즘 문학이란 현대문학의 여러 경향 중에서 기성 문학의 형식과 관습에 대해 반발하는 실험적이고 전위적인 경향의 문학을 가리킨다. 상징

개화가사

전통 가사 형태에 개화기 사상을 담은 형태를 개화가사라 한다. 개화가사는 애국 계몽과 자주 독립, 부국강병 등의 내용을 담고 있으며 기본 음수율인 3·4조, 4·4조의 형태를 취하며, 반복구와 후렴구가 발달된 것이 특징이다. 대표적인 개화가사로는 「애국가」, 「교훈가」, 「동심가」 등이 있으며, 가사와 창가의 징검다리 역할을 한 개화가사의 효시는 동학 교주 최제우가 지은 「용담유사」이다.

창가(唱歌)

개화기 전개 과정에서 나타난 시가 양식의 하나로 우리 전통 율조에 바탕을 두면서 개항과 서구의 악곡에 맞추어 제작된 노래를 말한다. 내용으로는 애국 독립 정신의 고취와 신식 문물의 수용, 아동·청소년들의 진취적 기상 등을 다루었다. 최남선이 지은 「대한 조선」, 「경부철가」 등이 대표적이다.

신소설

갑오개혁 이후부터 현대소설이 창작되기 전까지의 소설을 가리킨다. 기존의 고전소설과는 다른 새로운 소설 형태로 대표적 작가로는 이인직, 안국선, 이해조 등이 있다. 봉건 질서 타파, 개화, 계몽 등의 내용을 다루었으나 나중에는 흥미 위주의 내용으로 변질되었다.

액자소설

소설 창작에서 흔히 볼 수 있는 구성방식으로서, 액자의 틀 속에 사진이 들어 있듯이 하나의 이야기 속에 또 다른 이야기 구조가 들어 있는 것을 말한다.

무정

1917년 이광수가 『매일신보』에 연재한 것으로, 우리나라 최초의 근대소설이다. 근대문명에 대한 동경, 신교육사상, 자유연애 등이 주제를 이루며 한국 현대 문학의 출발을 알리는 선구적 작품이다.

주의를 비롯하여 주로 20세기 초반에 등장한 다다이즘, 초현실주의, 표현주의, 실존주의, 이미지즘, 주지주의 등의 다양한 유파가 모더니즘의 범주 속에서 논의되며, 아방가르드 운동도 이와 밀접한 연관을 지닌다.

● 동인지 시대

대체로 1919~1924년에 걸친 현대문학의 전기를 일컫는데, 김동인, 주요한 등이 주관해서 간행한 《창조》가 최초의 동인지이다. 《창조》, 《폐허》, 《장미촌》 등의 동인지를 통해 본격적인 문학활동이 전개된 시기로, 해외 유학생에 의해 도입된 서구 문예사조에 큰 영향을 입었다는 사실이 특기할 만하다.

● 자연주의 문학

사실주의 문학기법에 자연과학적인 방법이 더해진 것으로 사물의 진실을 드러내려 하는 문학을 말한다. 창조파 동인들에게서 싹텄고, 3·1 운동 이후, 실망과 어둠의 시대를 거쳐 신경향파 문학이 일어날 때까지 세상을 풍미하였다. 자연주의 문학에 속한 문인들은 주로 『개벽』, 『조선문단』을 통해 크게 활약하였는데, 대표작으로는 염상섭의 「표본실의 청개구리」, 김동인의 「감자」 등이 있다.

● 소년

1908년 최남선에 의해 창간된 우리나라 최초의 월간 잡지이다. 나라의 기둥인 어린이부터 계몽·교화할 목적으로 발행했다. 이 잡지를 통해 최남선은 선구적으로 서구문학을 도입, 「걸리버 여행기」, 「이솝우화」 등을 번역·소개했으며, 신문체를 개척하고, 시조를 부흥시켰다. 1911년에 폐간되고 그 후신으로 『새별』이 발간되었다. 최남선의 신체시 「해에게서 소년에게」가 실려 있다.

● 창조

우리나라 최초의 종합 문예지로, 1919년 2월 김동인, 주요한, 전영택, 김환, 최승만 등이 창간하였다. 『창조』에 실린 주요 작품으로 김동인의 「약한 자의 슬픔」, 「마음이 옅은 자여」, 「배따라기」, 전영택의 「천치? 천재?」 등의 단편소설과 주요한의 「불놀이」, 「별 밑에 혼자서」 등이 있다. 구어체를 많이 구사하여 문체면에서 큰 변화를 가져왔고, 새로운 문학사조였던

개벽

1920년 6월 항일운동과 신문화운동을 활발히 전개하던 천도교에서 민족문화실현운동의 일환으로 세운 개벽사에서 출간한 우리나라 최초의 본격적인 종합잡지로, 이 잡지를 통해 작품활동을 한 작가로는 박영희, 김기진, 현진건, 김동인, 이상화, 염상섭, 최서해, 김동환, 나도향 등이 있다. 또한 문학작품뿐만 아니라 문학이론, 외국문학 등을 소개하였고, 신인을 발굴해 내는 등 1920년대 문학창달에 기여했다. 한때 박영희, 김기진 등이 프롤레타리아 문학론을 발표하기도 했다.

신경향파

낭만주의와 자연주의 경향을 비판하고 일어난 새로운 문학 유파이다. 자연발생적 형태의 프로 문학으로 사회주의 경향을 추구하며, 식민지 시대의 궁핍한 현실 묘사에 주력했다. 주요 작품으로는 김기진의 「붉은 쥐」, 최서해의 「탈출기」 등이 있다.

한글학회

1921년 주시경의 제자들이 조직한 '조선어연구회'를 1931년 '조선어학회'로 고쳤다가 1948년 '한글학회'로 개칭했다. 이 학회의 3대 업적은 기관지인 『한글』의 간행, 「한글 맞춤법 통일안」 작성, 『우리말 큰사전』 편찬이다.

자연주의와 사실주의 문학을 개척하였으며, 본격적인 자유시의 발전 등에 크게 이바지하였다.

● 장미촌
1921년 황석우, 변영로, 노자영, 박종화, 박영희 등이 중심이 되어 창간한 시 동인지이다. 낭만주의라는 특정한 문학사조를 표방한 우리나라 최초의 시 동인지라는 점에서 의의가 크다.

● 폐허
1920년 7월 김억, 염상섭, 오상순, 황석우 등이 창간한 문예 동인지로, 퇴폐적·세기말적·사실적·이상주의적인 여러 경향을 두루 포괄한 다양성을 띠고 있었다. 『폐허』라는 제호는 독일 시인 실러의 '옛 것은 멸하고 시대는 변한다. 새 생명은 이 폐허에서 피어난다.'라는 시구에서 따온 것으로 '부활 갱생'을 의미한다.

● 백조
1922년 1월, 박종화, 홍사용, 나도향, 박영희 등이 창간한 순수 문예 동인지이다. 흔히 '백조파'라고 지칭되는 이들의 문학적 경향은 서구의 낭만주의와 달리 병적·퇴폐적·감상적이며 당시 유행사조인 자연주의적 특성을 보여준다. 『창조』, 『폐허』와 더불어 3대 동인지 중 하나이다.

● 시문학
1930년 창간된 월간 시 동인지이다. 박용철, 김영랑 등을 중심으로 순수 문학을 옹호하는 모태가 되었으며, 시를 언어의 예술로 자각한 현대시의 시발점이 되었다. 김영랑은 토착적이고 섬세한 정서와 언어의 음악성을 강조하였고, 정지용은 감각적 이미지와 회화성을 중시하였다.

● 문장
1939년 이태준 주관으로 일제강점기에 발행하였던 월간 순수 문예 잡지이다. 추천제를 두어 청록파 등 많은 시인을 발굴하였다. 또한 일제의 민족문화 말살정책의 와중에서도 『한중록』, 『인현왕후전』 등 민족 고전의 발굴·주석에 힘썼다.

● 생명파

1936년에 간행된 시 동인지『시인부락』과 유치환이 주재한 시 동인지『생리』에 나타난 생명현상에 관한 시적 관심의 공통점에서 붙여진 유파의 이름이다. 주요 작가로는 서정주, 오장환, 김동리, 유치환 등이 있으며, 주로 인간 생명의 고귀함을 노래하였다.

● 만세전

염상섭의 작품으로 〈신생활〉에 1922년 7월부터 〈묘지(墓地)〉라는 제목으로 연재되다가 1924년 〈시대일보〉로 옮겨져 〈만세전〉이라는 제목으로 완결 되었다. 3.1운동이 일어나기 전의 서울과 동경을 배경으로 지식 청년의 눈에 비친 사회상의 기록이며, 일제 강점기 초기에 일제에 의해 핍박받고 수탈당하는 우리 민족의 모습을 비판적 시각에서 사실적으로 묘사한 작품이다.

● 화수분

전영택이 지은 단편소설로 1925년 〈조선문단〉 1월호에 발표되었다. 일제의 가혹한 수탈로 인한 사회의 참혹한 궁핍상을 담담하게 형상화하였으며, 가난한 부부의 삶을 냉혹하게 관찰함으로써 한 선량한 가족이 죽음에까지 이르는 과정을 보여주고 있다. 당대 시대적 상황과 이를 극복하려는 인도주의적 작가 의식을 투영하고 있는 점에서 1920년대 자연주의 소설의 한 전범을 보여주는 작품이기도 하다.

● 벙어리 삼룡이

나도향의 단편소설로 1925년 〈여명(黎明)〉에 발표되었으며, 후기 사실주의를 대표하는 작품 중의 하나이다. 신체적 불구와 함께 신분적인 멸시를 받는 한 인간의 순수하고 강렬한 사랑을 통해, 고결한 사랑의 가치와 독자적인 인간임을 자각하는 과정이 불의 이미지 속에 선명하게 그려져 있다. 이 작품은 초기의 낭만적 감상주의를 극복하여 인간의 진실한 애정과 그것이 주는 인간 구원의 의미를 보여준다.

● 연작소설

독립된 완결 구조를 갖고 있는 일군의 작품들이 일정한 내적 연관을 지닌 채 연쇄적으로 묶여 있는 소설 형식을 가리킨다. 여러 개의 이야기를 차례로 연속시키는 배열 방식과 유사한 형태로 볼 수 있다. 종종 몇 사람

서정주

시인 · 친일반민족행위자. 「국화옆에서」, 「화사」, 「동천」 등이 대표작이다. 1942년 창씨개명한 이름으로 쓴 「시의 이야기-주로 국민 시가에 대하여」를 비롯하여 11편의 친일 작품을 남겼다.

유치환

시인이자 교육자. 교육과 시작을 병행. 중 · 고교 교장으로 재직하면서 통산 14권에 이르는 시집과 수상록을 간행하였다. 대표작으로는 허무와 낭만의 절규를 노래한 「깃발」을 비롯하여 「수(首)」, 「절도(絕島)」 등이 있다.

김동리

소설가 · 시인. 광복 직후 민족주의문학 진영에 가담. 우익 민족문학론을 옹호한 대표적인 인물이다. 고유의 토속성과 외래사상과의 대립을 통해 인간성의 문제를 그렸고, 6 · 25전쟁 이후에는 인간과 이념의 갈등에 주안을 두었다.

홍사용

시인. 신극운동(新劇運動)에도 참여하여 연극단체 토월회(土月會)를 이끌었고 희곡도 썼다. 작품으로 「나는 왕이로소이다」, 「봄은 가더이다」 등이 있다.

나도향

나도향의 소설은 초기에는 백조파 특유의 감상적이고 환상적인 경향으로 흘렀으나, 「여이발사」 이후에 사소한 사건이라도 냉철하게 관찰하여 객관적으로 조명하였다. 대표적인 작품으로 「물레방아」, 「뽕」, 「벙어리 삼룡이」 등이 있다.

조정래

소설가. 분단의 현실을 극적으로 형상화하고 있는 그의 작품들에는 한국사회에 전통적으로 자리잡고 있던 계급적 갈등구조가 이데올로기의 대립과정과 맞물려 가는 과정이 그려지고 있으며 한국 현대사 3부작이라 불리는 대하소설 「태백산맥」, 「아리랑」, 「한강」이 대표작으로 2019년 출판인이 뽑은 올해의 작가로 선정되었다.

의 작가가 하나의 주제 아래 한 부분씩을 맡아 지어, 전체로서 한 편의 작품을 이룬 소설을 가리키는 말로 쓰이기도 하지만, 작가의 수와 상관없이 주제와 소재, 배경 면에서 일정한 연관을 지니면서 하나로 묶여 있는 소설을 연작소설로 보는 것이 타당하다.

● **액자소설**

소설 창작에서 흔히 볼 수 있는 구성방식으로서, 액자의 틀 속에 사진이 들어 있듯이 하나의 이야기 속에 또 다른 이야기 구조가 들어 있는 것을 말한다. 즉 외부 이야기 속에 내부 이야기가 들어 있는 구성 방식으로, 외부 이야기가 액자의 역할을 하고 내부 이야기가 핵심 이야기가 된다. 액자는 내부 이야기를 도입하고 또 그것을 객관화하여 이야기의 신빙성을 더해주는 기능을 하며, 이야기 밖에 또 다른 서술자의 시점을 배치했기 때문에 다각적으로 이야기를 전개할 수 있다.

모티프(Motif, Motive)

모티프는 문학작품 속에서 자주 반복되며 나타나는 동일한 요소로서의 사건, 공식 등의 한 형태와 유사한 낱말, 문구, 내용을 말한다. 한 작품에서 나타날 수도 있고 한 작가 또는 한 시대, 또는 한 장르에서 생길 수도 있다. 한 작품 속에서도 계속 반복되어 그것이 느껴질 정도가 되는 모든 요소는 모티프라고 할 수 있다.

패러디(Parody, Parodie)

익살 · 풍자 효과를 위하여 원작의 표현이나 문체를 자기 작품에 차용하는 형식. 문학 · 음악 · 미술 분야에서 그 형식을 볼 수 있다. 패러디는 단순한 모방 차원이 아니고, 패러디의 대상이 된 작품과 패러디를 한 작품이 모두 새로운 의미를 가지게 된다는 점에서 표절과 구분될 뿐만 아니라, 어떤 인기 작품의 자구(字句)를 변경시키거나 과장하여 익살 또는 풍자의 효과를 노린 경우가 많다.

오마주(Hommage)

영상예술에서 어떤 작품의 장면을 차용함으로써 그 감독에 대한 존경의 표시를 나타내는 것이다. 영향을 받은 영화의 특정 장면을 자신의 영화에 응용하거나 존경하는 감독의 영화 장면을 자신의 영화 속에 삽입하여 존경을 표하기도 하며, 특정한 감독의 스타일에 대한 오마주도 있다.

맥거핀(Macguffin)

영화의 전개와는 무관하지만 관객들의 시선을 집중시켜 의문이나 혼란을 유발하는 장치로, 연극이나 극에서의 복선과 반대되는 의미다. 즉, 맥거핀은 관객의 호기심을 자극하며 관객을 의문에 빠트리거나 긴장감을 느낄 수 있게 만드는 사건, 상황, 인물, 소품 등을 지칭하는 것으로, 감독은 맥거핀에 해당하는 소재들을 미리 보여주고 관객의 자발적인 추리 행태를 통해 서스펜스를 유도한다.

② 서양음악과 미술

● 바로크 음악

Baroque Music. 바로크 음악은 1600년경에 시작되어 1750년 바흐의 죽음에 이르는 약 150년 동안의 음악에 적용되는데, 17세기에서 18세기 중엽의 시대를 음악사에서는 바로크 시대라고 부른다. 이 시대에는 르네상스 시대에 싹튼 인간중심적 세계관이 팽배해져서 시민계급이 점차 성장하였고, 사상적인 면에서는 합리적인 관념철학을 배경으로 하고 있다. 바로크는 '일그러진 진주'라는 의미로, 이 시대의 음악은 안정감 대신 약동감을 특징으로 하여 웅장하고 거대하면서도 다채로운 장식이 함께 가해진다. 대체로 17세기 전반에 걸쳐 이탈리아를 중심으로 단성음악 양식이, 18세기 독일을 중심으로 대위법적 다성음악 양식이 발달하였으며 비발디, 헨델, 바흐 등의 거장이 활동하였다.

● 고전파 음악

Classic Music. 바로크 시대와 낭만파 시대 사이에 성행하였고, 음악으로 정연한 음악형식과 균형미를 추구하였다. 대체로 18세기 중엽부터 19세기 초에 걸쳐서 오스트리아의 빈을 중심으로 화성적 단성음악이 발달한 시기의 음악이다. 고전파 음악이란 말은 본래 당시 작곡가들이 붙인 말이 아니라 후세에 이르러 낭만주의 음악 이전의 것을 지칭하기 위하여 사용된 말로 흔히 하이든, 모차르트, 베토벤의 3거두가 나타나 빈을 중심으로 획기적인 음악을 수립한 때의 음악을 말한다.

● 낭만파 음악

Romantic Music. 낭만주의는 19세기 음악을 지배한 기본적인 지도 이념으로서, 특히 문예 분야에서 강한 영향을 받았다. 그 중요한 본질은 새로운 것을 원하는 욕구, 개성의 존중, 자유에의 태도, 또한 새로운 시대정신에의 동경 등이다. 강렬한 개인적 감정과 표제적 요소는 19세기 낭만주의 작곡가들에게 중요한 본보기가 되었고 리트, 야상곡, 간주곡, 카프리치오, 전주곡 및 마주르카 같은 새로운 음악형식이 등장함에 따라 음악의 극적인 표현력이 크게 향상되었다. 대표적인 작곡가로는 쇼팽, 슈베르트, 브람스, 바그너, 슈만 등이 있다.

베토벤의 주요 작품

- 교향곡 제3번 「영웅」
- 교향곡 제5번 「운명」
- 교향곡 제6번 「전원」
- 교향곡 제9번 「합창」
- 피아노 협주곡 제5번 「황제」
- 피아노 소나타 제8번 「비창 소나타」
- 피아노 소나타 제14번 「월광 소나타」
- 피아노 소나타 제17번 「템페스트(폭풍)」
- 피아노 소나타 제23번 「열정 소나타」

확인문제

7. 고전주의 음악가가 아닌 사람은?
① 브람스 ② 베토벤
③ 하이든 ④ 모차르트

확인문제

8. 베토벤의 작품이 아닌 것은?
① 운명교향곡 ② 영웅교향곡
③ 전원교향곡 ④ 미완성교향곡

확인문제

9. 낭만파 음악의 작곡가가 아닌 사람은?
① 바흐 ② 쇼팽
③ 브람스 ④ 슈베르트

답 7. ① 8. ④ 9. ①

● 소나타

Sonata. 하나 이상의 악기를 위한 악곡 형식으로, '소리 내다'라는 뜻의 이탈리아어 '소나레(Sonare)'에서 유래되었다. 이 말은 13세기에 처음 쓰이기 시작했으며 기악곡이 상당량 작곡되기 시작한 16세기 말에 가서 널리 쓰이게 되었다.

● 칸타타

Cantata. 17세기 이탈리아의 작곡가 알렉산드로 그란디가 「독창을 위한 칸타타와 아리아」에서 최초로 사용한 용어로, 당시에는 기악곡이라는 뜻의 소나타와 대비되는 뜻으로 쓰였다. 17세기의 오페라에서 나온 여러 가지 요소인 모노디, 콘체르토 음악 등이 교회음악에 들어오면서 칸타타가 발생되었는데, 기악반주가 있는 여러 곡으로 구성된 성악곡의 형태를 칸타타라고 한다.

● 교향곡

Sympony. 관현악으로 연주하는 소나타를 말하며, 기본적으로는 4악장으로 이루어져 있다. 18세기 중엽의 하이든에서 모차르트, 베토벤을 절정으로 하여 슈만, 브람스, 밀러 등의 낭만파 음악가는 물론, 현대의 시벨리우스, 오네게르, 쇼스타코비치도 많은 작품을 남겼다.

● 오페라

Opera. 음악을 중심으로 한 종합무대예술. 가극으로 번역된다.

● 팝페라

Popera. 오페라를 팝처럼 부르거나 팝과 오페라를 넘나드는 음악 스타일 또는 대중화한 오페라이다.

● 오라토리오

Oratorio. 성서의 내용을 바탕으로 한 대규모의 종교적 악극이다. 독창, 합창, 관현악 등의 음악으로 구성된 것은 오페라와 유사하지만, 동작이나 무대장치가 따르지 않는 것이 특징이다.

소나타의 형식

한 악장은 제시부·발전부·재현부의 3부분으로 구성된다. 제시부에서는 일반적으로 둘 이상의 주제를 제시하며 발전부에서는 제시부의 제1주제 또는 양주제가 선율적·리듬적 동기로 분해되고 전개된다. 재현부에서는 제시부에서의 주제들이 처음과 똑같은 순서로 되풀이되지만 으뜸조와 같은 조성으로 재현된다.

확인문제 [한국일보, 한국전력공사]

10. 제시부, 전개부, 재현부의 3형식으로 된 독주악기를 위한 곡은?
① 소나타   ② 교향곡
③ 협주곡   ④ 세레나데

확인문제 [한국일보, 한국전력공사]

11. 합창, 중창, 독창 등으로 구성된 대규모의 성악곡은?
① 세레나데   ② 칸타타
③ 랩소디   ④ 콘체르토

國 칸타타 : 17세기에 초에서 18세기 중엽까지의 바로크시대에 가장 성행했던 성악곡 형식으로, 보통 독창(아리아와 레치타티보), 중창, 합창으로 이루어졌다.

프리마돈나·프리모 우오모

오페라의 주역 여성가수를 프리마돈나, 주역 남성가수를 프리모 우오모라고 하는데, 프리마돈나는 가장 중요한 소프라노 가수이며 프리모 우오모는 테너 가수인 경우가 많다. 프리마돈나는 '제1의 여인'이란 뜻이다.

레치타티보

Recitativo. 서창(敍唱). 오페라·오라토리오·칸타타 등에 쓰이는 창법으로, 대사 내용에 중점을 둔다.

카스트라토

Castrato. 남성 거세 오페라 가수.

답 10. ① 11. ②

● 세레나데

Serenade. 저녁 음악이라는 뜻으로, 밤에 연인의 집 창가에서 부르거나 연주하던 사랑의 노래이다.

● 아리아

Aria. 오페라 · 칸타타 · 오라토리오 등에서 나오는 선율적인 독창부분을 말한다.

● 다다이즘

Dadaism. 제1차 세계대전 때부터 전후에 걸쳐 주로 취리히와 뉴욕, 베를린, 쾰른, 파리 및 독일의 하노버 등지에서 활발하게 전개되었던 허무주의적 예술운동이다. 반미학적, 반도덕적인 태도를 특색으로 하는데, 대표적인 작가로는 마르셀 뒤샹이 있다.

● 인상주의

Impressionism. 19세기 말과 20세기 초 주로 프랑스에서 전개된 예술운동으로, 빛과 색채의 순간적 효과를 이용해 가시적 세계를 정확하고 객관적으로 기록하려 한 점이 특징이다. 인상주의를 추구한 화가들을 인상파라고 하는데, 대표적 화가로는 모네, 마네, 피사로, 르누아르, 드가, 세잔, 고갱, 고흐 등이 있다.

● 입체파

Cubism. 1907년부터 1914년 사이에 파리에서 일어나 유럽 전역에 파급되어 20세기 미술의 전개에 커다란 영향을 미친 미술 혁신 운동으로, 파블로 피카소와 조르주 브라크에 의해 시작되었다. 입체파 예술은 자연의 모방이라는 종래의 이론에 반발하여 원근법, 단축법, 모델링, 명암법 등의 전통적 기법을 거부함으로써 화폭의 2차원적 평면성을 강조했다. 이들은 대상을 철저히 분해하여 여러 측면을 동시에 묘사함으로써 사실성에 대한 새로운 시각을 제시했다. 피카소는 1925년경까지, 브라크는 1930년경까지 입체파 작품을 제작했으며 들로네, 피카비아, 브랑쿠시, 아르키펜코 등이 이 운동에 가담했다.

확인문제

12. 인상주의 화풍에 속하지 않는 사람은?
① 모네　　　　② 샤갈
③ 피사로　　　④ 르누아르

확인문제 [제일기획]

13. 화가 피카소는 어느 파에 속하는가?
① 인상파　　　② 입체파
③ 낭만파　　　④ 야수파

답 12. ②　13. ②

● 야수파

Fauvisme. 20세기 초 프랑스에서 일어난 혁신적인 회화운동으로 매너리즘에 빠진 이상주의에 반발하여 일어난 예술 사조이다. 야수파는 전통적인 회화 개념을 부정하고 자연주의적인 묘사를 벗어나 색채 그 자체의 표현을 강조하는 근대 미술의 일대 전환점을 마련했다. 마티스, 마르케, 블라맹크, 루오, 망갱, 뒤피, 드랭 등의 젊은 작가들을 중심으로 한다.

확인문제 [동아일보, 한국일보]

14. 마티스(H. Matisse)는 어느 유파에 속하는 화가인가?
① 인상파   ② 입체파
③ 야수파   ④ 초현실파

● 추상미술

Abstract Art. 눈에 보이는 현실의 사물을 묘사의 대상으로 하지 않는 미술을 가리킨다. 1910년 무렵 유럽 각지에서 거의 동시에 발생하여 활발히 전개되었다. 현대 미술에서는 인상주의에 반대하고, 색채 · 형태 등에서는 전통적인 회화관념을 거부하면서 자연스럽게 탄생되었다. 물체의 선이나 면을 추상적으로 탐색하고 색채의 울림을 조형적으로 화면 속에 구성하는 경향이 있다. 추상미술은 몬드리안을 시조로 하는 기하학적 추상(차가운 추상)과 칸딘스키를 시조로 하는 서정적 추상(뜨거운 추상) 등 두 가지로 나뉜다. 차가운 추상은 작품의 표현을 최소한의 기본적 형태와 색채로 한정시키는 기하학적 · 수학적 구도를 추구한다. 뜨거운 추상은 감정과 직관을 근거로 하는 주관적인 추상을 말한다.

몬드리안(Piet Mondrian)

네덜란드의 화가(1872~1944). 새로운 조형 예술의 주창자이자 추상 회화 창시자의 한 사람으로 대상을 순화하여 기본적인 구성 요소를 찾아내어 가장 아름다운 비례를 탐구하였다.

확인문제 [KT]

15. 차가운 추상(기하학적 추상)과 가장 관계가 깊은 사람은?
① 몬드리안   ② 뭉크
③ 칸딘스키   ④ 제드빅

● 데포르마시옹

Deformation. 자연형태의 사실적 묘사에서 벗어나 어느 특정 부분을 강조하거나 변형시켜 표현한 미술기법이다. 원시미술이나 유아의 그림 등에서도 볼 수 있으며, 근대미술에서 주로 순수조형에 근거한 강조표현을 말한다. 특히 표현주의에서 많이 사용된다.

확인문제 [KBS]

16. 데포르마시옹(Deformation)이란?
① 채색을 쓰지 않고 주로 선으로 그리는 회화기법
② 표현 대상의 묘사에 있어 변형 · 왜곡하는 회화기법
③ 자연대상의 현실모습을 그대로 표현하는 회화기법
④ 어울리지 않는 장소를 장식하기 위한 색다른 의장

● 앙데팡당

Independant. 아카데미에 반대하는 독립적이고 자주적인 예술가협회를 말한다. 앙데팡당전은 1884년 파리의 아카데미전에서 낙선한 작가들을 중심으로 반아카데미즘 화가들이 함께 모여 개최한 전시에서 비롯되었다. 이들은 엄격한 심사와 타성에 젖은 살롱전에 반대하여 심사가 없는 자유로운 전시를 표방하고 나섰다. 고흐, 세잔, 마티스 등이 모두 이 앙데팡당전 출신이다.

답 14. ③ 15. ① 16. ②

● 독립영화

주요 제작사의 소수 독점의 관행으로부터 벗어나 제작된 영화를 의미한다. 즉, 자본과 권력으로부터 독립하여 작가정신에 충실한 작품을 추구하여 만들어지는 영화이다.

● 옴니버스영화

Omnibus Film. 몇 편의 독립된 에피소드가 주제나 인물로 연관성을 가지도록 연결된 한 편의 영화. 에피소드 영화(episode film)라고도 한다.

● 프리시네마

Free Cinema. 1956~1959년 영국 국립영화극장에서 발표된 영화 프로그램과 이를 통해 파생된 영화운동.

● 누벨바그

Nouvelle Vague. '새로운 물결(New Wave)'이라는 뜻을 가진 누벨바그는 1950년 후반에 시작된 프랑스의 영화 운동으로 프랑스 영화 산업에 대한 반동으로 형성됐다. 프랑스 영화 잡지 '카이에 뒤 시네마(Cahiers du Cinema)'에 글을 기고하는 사람들로부터 시작했으며, 잡지 발행인이었던 영화 비평가 앙드레 바쟁(Andre Bazin)의 영화 비평에서 많은 영향을 받았다. 누벨바그의 대표적 감독들로 장 뤽 고다르(Jean-Luc Godard), 에릭 로메르(Eric Rohmer), 자크 리베트(Jacques Rivette), 프랑수아 트뤼포(Francois Truffaut) 등이 누벨바그를 주도했다. 이들은 기존의 영화관습에 대항하는 작가 개인의 스타일을 추구했으며, 스타일에 있어 장면의 비약적인 전개, 즉흥적인 연출, 핸드 헬드 카메라를 이용한 즉흥적인 촬영 기법 등을 사용했다.

● 부조리극

1950년대 프랑스를 중심으로 일어난 전위극(前衛劇) 및 그 영향을 강하게 받은 연극. 대표작에는 베케트의 「고도를 기다리며」, 이오네스코(Ionesco, E.)의 「코뿔소」 등이 있다.

● 기획영화

상업적 흥행을 위해 동시대의 관객 혹은 사회문화적인 성향 분석에 맞춰

Faction

Fact와 Fiction의 합성어이다. 역사적 사실에 가공의 이야기를 더하여 만든 새로운 장르이다. 대표적인 작품으로 댄 브라운의 소설 「다빈치 코드」가 있다.

Caricature

사람이나 사물을 풍자적으로 그린 희극적 표현

미장센

Mise-en-Scéne. 무대에서의 등장인물 배치나 동작·도구·조명 등에 관한 종합적인 설계.

스크린 쿼터

Screen Quota. 극장에서 1년에 일정한 기준 일수 이상 반드시 국산 영화를 상영하도록 한 제도. 정부가 우리 영화를 보호·육성하기 위하여 규정한 조치이다.

Chapter
07

문학·예술·스포츠

기획된 프로듀서 중심의 영화이다. 1990년대 기획영화의 등장 이후 지속적으로 등장한 젊은 세대의 영화 전문인력은 전반적으로 침체되어 있던 국내 영화산업에 큰 활기를 불어넣어 주었으며, 영화제작 현장 전반에 걸쳐 전문화, 분업화된 체계를 확립하는 데에 중요한 발판을 마련하였다.

● 디지털시네마

필름 혹은 디지털카메라로 촬영한 영화를 파일 형태로 가공처리하고 포장해서 고정 매체(하드 디스크)나 위성, 광대역 네트워크 등을 통해 영화관 혹은 각 가정의 홈시어터 단말기로 배급, 상영하는 영화이다. 2013년 말을 기준으로 국내 전체 스크린의 약 94.9%인 2072개의 스크린이 디지털 배급 및 상영이 가능한 디지털 시네마로 전환되었다.

● 멀티플렉스

대중들의 다양한 소비욕구적 측면을 반영하여 여러 개의 스크린 외에 다양한 게임, 레저시설, 쇼핑, 외식 등의 문화시설이 한 곳에 밀접해 있는 공간을 통칭하여 멀티플렉스(Multiplex)라고 일컫는다. 따라서 멀티플렉스는 다중영화관으로의 기능과 함께 다양한 오락문화공간으로의 기능을 갖춘 복합문화공간을 의미하는 것이다.

● 코리안뉴웨이브

1980~1990년대 중반까지 한국영화에서 일어난 변화를 지칭하는 용어이다. 개별 민족영화로서의 한국영화, 이전 한국영화와는 다른 변화된 영화, 재능 있는 신인 감독들의 대거 진출 등을 국제적으로 알리기 위해 만들어진 용어였지만, 한국영화의 시대 구분에 사용될 정도로 한국영화사 기술에서도 영향을 미치고 있다.

세계 3대 영화제

• 이탈리아 베니스 국제영화제
• 프랑스 칸 국제영화제
• 독일 베를린 국제영화제

토론토 국제영화제

TIFF ; Toronto International Film Festival. 캐나다 온타리오주 토론토에서 매년 9월에 열흘 동안 열리는 세계적인 영화제. 캐나다 영화를 중점적으로 소개하되, 좋은 작품이라면 상업영화, 독립영화, 예술영화 등 자본과 장르와 국적을 가리지 않고 상영한다는 방침을 현재까지도 지키고 있으며 매년 9월, 노동절 다음 목요일 저녁에 개막하여 열흘 동안 20여 개 극장에서 300~400개 영화를 상영한다. 오늘날 북아메리카에서 가장 영향력 있으며, 세계적으로도 칸 영화제 다음으로 인정받고 있다.

BFI 런던영화제

BFI ; London Film Festival. 영국 영화협회(British Film Institute, BFI)와 런던 시 주관으로 매년 10월경 개최되는 영국에서 가장 큰 규모의 영화제. 타 영화제에서 이미 호평을 받은 영화들을 초청하고 여기에 그 해의 우수한 작품을 추가하여 영화제를 진행한다.

한국의 영화제

• 광주국제영화제(GIFF)
• 부산국제영화제(BIFF)
• 부천국제판타스틱영화제(PiFan)
• 서울국제독립영화제(SIFF)
• 서울국제여성영화제(WFFIS)
• 서울인권영화제
• 서울환경영화제(GFFIS)
• 아시아나국제단편영화제(AISFF)
• 전주국제영화제(JIFF)

● 올림픽게임

Olympic Games. 국제올림픽위원회(IOC)가 4년마다 개최하는 국제스포츠대회로, 본래 고대 그리스인들이 제우스 신에게 바치던 제전경기의 하나인 올림피아제에서 비롯되었다. 1896년 고대 올림픽의 발생지인 유서 깊은 그리스의 아테네에서 제1회 대회가 시작됐으나 국제대회로서 면모를 갖춘 계기는 1908년 제4회 런던대회였다. 제1차 세계대전으로 1916년 제6회 대회가, 제2차 세계대전으로 1940년 제12회 대회와 1944년 제13회 대회가 중단되었고, 동서 냉전시대인 1980년 제22회 모스크바 대회와 1984년 제23회 로스앤젤레스 대회 때는 반대진영의 불참으로 반쪽짜리 대회가 치러졌다. 제24회 서울 대회에 이르러 비로소 동서 양진영이 참가하는 세계대축전이 되었다. 동계대회는 하계대회와 별도로 4년에 한 번씩 겨울에 열린다.

● 국제올림픽위원회

IOC ; International Olympic Committee. 올림픽 개최를 주도하는 국제기구로서 IOC 위원은 스포츠계 최고의 명예직이며, 대부분의 나라에 입국사증 없이 입국이 허용되는 등 국제적인 예우를 받는다. 처음에는 위원종신제였으나, 1966년 이후 선출된 위원은 72세로 퇴임하게 되어 있으며, 위원 수는 105명이다. 올림픽은 NOC (National Olympic Committee, 국가올림픽위원회)가 조직되어 있는 나라만이 참가할 수 있으며, 경기종목은 공인된 국제경기연맹이 소관하는 종목 중에서 선정된다. 2013년 9월 독일의 토마스 바흐가 제9대 IOC 위원장으로 선출되었고, 2019년 기준 가입국은 206개국이며, 본부는 스위스 로잔에 있다.

● 하계올림픽 종목

근대 5종(승마, 펜싱, 사격, 수영, 크로스컨트리), 체조(트램펄린, 기계체조, 리듬체조), 수영(수영, 수구, 수중발레, 다이빙), 농구, 레슬링, 배구(비치발리볼 포함), 배드민턴, 복싱, 사격, 사이클(크로스컨트리 포함), 승마, 양궁, 역도, 요트, 유도, 육상, 조정, 철인 3종, 축구, 카누/카약(급류타기 포함), 탁구, 태권도, 테니스, 펜싱, 하키, 핸드볼, 골프, 야구

오륜기의 대륙별 색상 이미지

• 유럽 : 파란색
• 아시아 : 노란색
• 아프리카 : 검정색
• 오세아니아 : 초록색
• 아메리카 : 빨간색

확인문제 [하니은행]

17. 오륜기 색깔의 순서는?
① 파랑-노랑-검정-초록-빨강
② 노랑-파랑-초록-검정-빨강
③ 빨강-초록-검정-노랑-파랑
④ 초록-빨강-노랑-검정-파랑

올림픽게임

• 1회 대회 : 아테네 대회
• 서울올림픽 : 24회 대회(1988년)

아시안게임

• 1회 대회 : 1951년 인도 뉴델리
• 한국 개최 : 제10회(1986년), 제17회(2014년)

확인문제 [한겨레신문]

18. 올림픽과 아시아 경기대회가 처음으로 열린 도시들을 바르게 나열한 것은?
① 로마-도쿄   ② 아테네-뉴델리
③ 아테네-방콕   ④ 로마-뉴델리

확인문제 [교보]

19. 4년마다 개최되는 것이 아닌 것은?
① 올림픽   ② 아시안게임
③ 월드컵   ④ 유니버시아드

답 17. ① 18. ② 19. ④

● 동계올림픽 종목

바이애슬론, 봅슬레이(스켈레톤), 루지, 컬링, 아이스하키, 스케이팅(피겨 스케이팅, 스피드 스케이팅, 쇼트트랙 스케이팅), 스키(알파인 스키, 노르딕 스키, 크로스컨트리 스키, 프리 스타일 스키, 스키 점프, 스노보드) 등

● 패럴림픽

Paralympics. 신체장애인들의 국제경기대회로, 패럴림픽이란 명칭은 '하반신 마비(Paraplegia)'와 '올림픽(Olympic)'의 합성어이다. 올림픽이 열리는 해에 올림픽 폐막 후, 개최국에서 경기를 갖는다. 1948년 영국에서 L. 구트만이 창설한 척수장애인체육대회가 기원으로 1952년부터 국제대회로 발전하였으며, 많은 언론에서 장애인올림픽이라 부른다.

● 아시안게임

Asian Games. 제2차 세계대전 뒤 아시아 여러 나라의 우호와 평화촉진을 목적으로 생겨난 스포츠 대회로, 제2차 세계대전 전의 극동선수권대회와 서아시아경기대회가 모체이다. 국제올림픽위원회 위원인 인도의 G.D. 손디가 제안하였다. 아시아올림픽평의회(OCA)가 대회를 주최하고 IOC 감독 아래 올림픽 정신에 입각하여 올림픽 경기 사이에 4년마다 대회가 열린다. 아시안게임 표어는 '영원한 전진(Ever Onward)'이며 불타는 태양을 대회 마크로 사용하고 있다.

● 유니버시아드 대회

Universiade. 국제대학스포츠연맹이 주관하는 대학생 종합 운동 경기 대회이다. 대학생 및 졸업 후 2년 이내인 17~28세의 선수들이 참가한다. 2년마다 열리며 하계에는 육상수영, 동계에는 스키, 스케이트 따위의 종목을 겨룬다.

● 스크린플레이

Screen Play. 수비자에게 접근하여 동료 공격자가 방해받지 않는 상태에서 공격할 수 있도록 도와주는 플레이를 말한다. 축구, 농구, 핸드볼, 테니스 등에서 쓰는 용어이다.

동계올림픽 개최지

- 1회 개최지 : 프랑스 샤모니(1924년)
- 한국 개최 : 제23회(2018년) 평창

육상 필드경기

넓이(멀리)뛰기, 장대높이뛰기, 높이뛰기, 세단뛰기, 창던지기, 원반던지기, 포환던지기, 해머던지기 등

근대 10종 경기

100m, 400m, 1500m, 멀리뛰기, 포환던지기, 높이뛰기, 110m 장애물 경기, 원반던지기, 장대높이뛰기, 창던지기 등 10개 종목

유도 기술

메치기, 굳히기, 급소 지르기

유도 점수

한판, 절반, 유효, 효과, 지도(경미한 위반), 주의, 경고

양궁 피타라운드

- 남자경기 : 90m, 70m, 50m, 30m의 각거리에서 36발씩 발사
- 여자경기 : 70m, 60m, 50m, 30m의 각거리에서 36발씩 발사

● 경기 종목별 인원

럭비(7명 또는 15명), 크리켓·축구(11명), 야구(9명), 핸드볼(7명), 아이스하키·배구(6명), 게이트볼(5~7명 이내), 농구(5명), 비치발리볼(2명)

● Grand Slam

원래 카드놀이인 브리지게임에서 패 13장 전부를 따는 '압승'을 뜻하는 용어에서 나왔다.

- 야구에서는 주자가 1, 2, 3루에 모두 진출해 있을 때 친 만루 홈런을 말한다.
- 골프와 테니스에서는 한 해에 4대 메이저 대회를 모두 석권하는 것을 말한다.
- 등산에서는 히말라야 14좌 완등, 세계 7대륙 최고봉 완등, 지구 3극점 도달하는 것을 말한다.

● Dead Heat

주자의 순위를 말하며 우열을 가리기 어렵고 거의 동시에 라인에 들어오는 경우를 말한다. 단거리 경주에서 흔히 볼 수 있다.

● Torso

몸에서 머리, 팔, 어깨, 손, 다리를 제외한 부분을 가리킨다. 트랙경기나 도로경기에서 순위 판단이 어려운 만큼 비슷하게 피니시 라인(Finish Line)을 통과했을 경우, 토르소의 일부분이라도 먼저 들어온 순서로 순위를 결정한다.

● Doping

운동경기에서 체력을 극도로 발휘시켜서 좋은 성적을 올리게 할 목적으로 선수에게 심장흥분제·근육증강제 따위의 약물을 먹이거나 주사 또는 특수한 의학적 처치를 하는 일이다. 운동경기에서 운동선수들이나 경주마들에게 경기력 향상 등을 목적으로 부정하게 사용되는 약물을 가리키는 속어인 도프(Dope)에서 유래됐다.

● Wild Card

일부 스포츠 종목에서 출전 자격을 따지 못했지만 특별히 출전이 허용되는 선수나 팀을 뜻한다.

토너먼트와 리그경기

토너먼트경기는 경기를 주관할 때 시간은 짧고 경기 수가 많아 경기진행에 어려움이 따를 때 주로 활용하는 경기방식으로, 이긴 선수(팀)가 다음 상위 경기에 나가는 방식. 리그는 각 선수(팀) 간에 한 번씩 다 경기를 치르고, 나중에 승패를 가지고 승이 가장 많은 사람(팀)이 1위가 되는 방식.

패넌트 레이스

Pennant Race. 운동경기에서 장기에 걸쳐 우승을 겨루는 것.

인터벌 트레이닝

Interval Training. 높은 강도의 운동 사이에 불완전 휴식을 넣어 일련의 운동을 반복하는 신체 훈련 방법이다.

메들리릴레이

Medley Relay. 육상경기에서, 각 주자가 다른 거리를 달리는 릴레이를 말한다. 올림픽릴레이와 스웨덴릴레이가 대표적인데, 올림픽릴레이는 4명의 주자가 각각 200m, 200m, 400m, 800m 순서로 총 1,600m를 달리고, 스웨덴릴레이는 100m, 200m, 300m, 400m의 순서로 1,000m를 달린다.

디비전

Division. 복싱이나 역도처럼 선수들의 체중에 따라 그룹이 나뉘는 범주나 등급을 말한다. 전문 스포츠 리그나 대회에서 지역별로 팀을 나누어 경쟁하는데, 각 디비전 승리 팀끼리 경쟁해 최종 승자를 가리게 된다.

셋업

Set Up. 패스를 받거나 득점을 할 수 있게 자유로워지거나 경주에서 다른 선수를 지나치는 등 이점을 갖게 되거나 연속된 동작을 할 수 있도록 다른 참가자나 자신의 상대 선수에게 행하는 기술을 말한다.

● Technical Foul

선수나 팀 관계자가 스포츠맨십이나 페어플레이 정신에 어긋나는 행동을 할 경우에 부여하는 파울을 말한다.

● Draft System

신인 선수를 선발하는 일로 프로팀에 입단할 신인 선수들을 한데 묶어 일괄적으로 선발 교섭하는 방식으로 우선지명방식이라고도 한다.

● 펜싱

Fencing. 에페, 플뢰레, 사브르 등 3종목이 있다. 에페는 모든 면이 공격 가능하고 가장 큰 칼을 사용하며 근대 5종 경기 펜싱 종목이다. 플뢰레는 검 끝으로 찌르기만 허용하고 얼굴과 사지는 공격에서 제외되며 몸통만 공격할 수 있다. 사브르는 베기도 가능하고 손을 방어하는 칼이 있으며 허리뼈와 상반신을 비롯한 머리, 팔도 공격할 수 있다.

● 피겨 스케이팅

Figure Skating. 얼음판 위를 활주하며 예술적인 기술 연기와 아름다운 율동이 가미된 빙상 스포츠를 말한다. 경기 종목에는 싱글 스케이팅, 페어 스케이팅, 그룹 스케이팅, 아이스 댄싱 등이 있으며, 음악에 맞추어 일정 시간 동안 정해진 연기를 하는 규정 종목과 자유 종목인 프리 스케이팅이 있다. 피겨 스케이트는 스피드용처럼 날이 길지 않으면서 자유로이 회전할 수 있도록 빙면에 접하는 부분의 양끝이 위로 약간 휘어져 있는 것이 특징이다. 1892년 조직된 국제스케이팅연맹(ISU ; International Skating Union)이 경기규칙을 제정하여 비로소 국제스포츠로서 발돋움하게 되었다.

MVP
Most Valuable Player. 최우수선수

MOM
Man of the Match. 그날의 선수. 해당 경기에서 가장 뛰어난 실력을 보인 선수에게 붙이는 호칭.

FA 선수
Free Agent. 자유계약선수.

Agent
프로스포츠선수가 특정 구단에 입단하거나 기업체의 스폰서 계약 협상에 나서는 대리인.

확인문제 [KT]

20. 펜싱 경기종목 중 찌르기, 베기를 모두 허용하는 것은?
① 사브르(Sabre)
② 에페(Epee)
③ 플뢰레(Fleuret)
④ 꾸르베트(Courbette)

스포테이너
Sportainer. 스포츠와 엔터테이너의 합성어로 스포츠에 엔터테인먼트적인 요소를 가미하여 연예인만큼 큰 인기를 얻고 있는 스포츠인을 의미한다. 대표적인 스포테이너로는 데이비드 베컴, 크리스티아누 호날두, 김연아, 박태환 등이 있다. 이들은 자신의 본업인 스포츠 이외에도 광고와 연예 프로그램 출연 등 연예계 활동도 활발히 하며 인기를 얻고 있다. 이들이 미치는 경제적 효과는 긍정적이지만 대형 스폰서업체와 언론매체가 '스포츠 산업 마케팅 전략'으로 이들의 인기를 이용하고 있다는 부정적인 시각도 있다.

답 20. ①

④ 축구와 야구

축구

● FIFA
Fédération Internationale de Football Association. 세계 축구경기를 총괄하는 국제축구연맹이다.

● 4-4-2
축구에서 공격형 미드필더의 능력을 최대화하기 위하여 쓰는 전술로 수비(4)-미드필더(4)-공격(2)의 전술형태를 말한다.

● Libero
수비수이면서 공격에도 적극 가담하는 선수를 말한다. 리베로는 이태리어로 '자유인'을 뜻한다.

● Sweeper
골키퍼 바로 앞에 포진해 센터백 진영의 수비를 조율하는 중앙 수비수이다.

● Shadow Striker
최전방 공격수와 미드필더 사이의 공간에서 둘을 연결하는 역할을 하는 선수이다. 적극적인 패스로 골 기회를 열어주는 것이 주된 임무이다.

● Midfielder
축구 경기에서 공격과 수비 중간에 위치하는 경기자를 말한다. 수비를 할 때는 상대선수를 압박하며 공격할 때에는 볼의 점유율을 높이는 등 여러 위치에서 플레이가 가능해야 한다.

● Free Kick
심판에 의하여 반칙으로 지적되었을 때 상대편에게 주어지는 킥. 수비 선수의 부상을 방지하기 위해 프리킥 지점과 수비 선수들 사이의 거리를 9~15m로 규정하고 있다.

월드컵

World Cup. 국제축구연맹(FIFA)이 주관하는 세계축구선수권대회를 말한다. 단일종목으로서는 세계에서 가장 큰 스포츠 행사이자 제일 먼저 탄생한 세계선수권대회로, 올림픽 중간연도를 택해 4년마다 열리는 국제축구대회이다. 선수는 소속된 축구단의 국적이 아니라 자기 국적에 따라 참가하며, 아마추어와 프로에 관계없이 참가할 수 있기 때문에 세계 최고 수준의 경기가 펼쳐진다.

- 제1회 대회 : 남미 우루과이의 몬테비데오(13개국 참가)
- 1938년 제3회 프랑스대회 이후 제2차 세계대전으로 12년간 중단되었다가 1950년에 제4회 대회가 브라질에서 다시 열렸다.
- 줄리메컵 : 제3회 FIFA회장인 프랑스의 J. 줄리메가 줄리메컵을 제공하여 '줄리메컵 세계선수권대회'라고도 했다. 줄리메컵은 대회 3회 우승(1958, 1962, 1970)을 차지한 브라질에게 영구히 넘어갔다.
- 피파컵 : 줄리메컵 이후 우승국에게 주어지는 컵이다. 트로피는 영구적으로 FIFA의 소유물이며 우승팀에게는 도금한 복제품을 수여한다.

역대 월드컵 우승국

우루과이(2회), 잉글랜드(1회), 아르헨티나(2회), 독일(4회), 프랑스(2회), 브라질(5회), 이탈리아(4회), 스페인(1회).

● Total Soccer

네덜란드의 리뉘스 미헐스 감독이 고안한 축구 전술이다. 전원 공격-전원 수비를 특징으로 한다. 최전방 공격수부터 상대를 적극적으로 압박하면 그만큼 상대 골문과 가까운 위치에서부터 공격을 시작할 수 있다는 것에서 이 전술을 창안하였다.

● Penalty Kick

페널티 에어리어 안에서 수비수가 직접 프리킥에 해당하는 반칙을 하였을 때에 공격 측이 얻는 킥이다. FIFA는 페널티킥의 거리를 11m로 정해 놓고 있다.

● Off-side

축구 경기에서 공격팀 선수가 상대편 진영에서 공보다 앞쪽에 있을 때, 자기와 골라인과의 중간에 상대팀 선수가 2명 이상 없으면 오프사이드 위치에 있게 되며, 이때 후방의 자기편으로부터 패스를 받으면 반칙이 된다. 오프사이드 위치에서 플레이에 참가하거나 참가할 의사를 보였을 때 적용되는데, 이때 공격의사를 보이더라도 공을 건드리지 않으면 오프사이드 반칙에서 제외된다. 아이스하키나 미식축구에도 오프사이드 반칙이 있다.

● Hat Trick

축구나 하키 따위 경기에서 한 선수가 한 경기에 세 골 이상 넣는 일을 말한다. 야구의 원조인 크리켓 경기에서 나온 용어이다.

● El Clasico

본래 전통의 대결이란 뜻으로 프리메라리가의 최대 라이벌인 레알마드리드와 FC 바르셀로나의 더비 경기를 이르는 말이다.

한국 축구 월드컵 도전사

- **최초 출전 대회** : 1954년의 스위스 월드컵(제5회)
- **월드컵 본선무대에서 최초 골을 기록한 대회** : 1986년 멕시코 월드컵(제13회)
- 2002년 한·일 월드컵(제17회)
- **본선 연속 참가** : 제13회 대회인 멕시코 대회부터 본선 경기 연속 출전

FIFA 센추리 클럽

A 매치(축구 국가대표 간 공식 경기)에 100차례 이상 출전한 선수들 그룹.

Treble

축구에서 한 시즌에 한 팀이 3개의 주요 대회를 동시에 우승하는 것을 지칭한다.

Buy Out

일정액 이상의 이적료를 제시하는 구단이 있으면 무조건 풀어줘야 하는 계약조건.

펠레 스코어

Pele Score. 가장 재미있다는 3대 2의 경기를 말하는 표현.

Derby

같은 도시나 지역을 연고로 하는 팀끼리의 경기를 말한다. 이는 19세기 중엽 영국의 소도시 더비(Derby)에서 기독교 사순절 기간에 성 베드로(St. Peters) 팀과 올 세인트(All Saints) 팀이 치열한 축구 경기를 벌인 데서 유래한 말이다.

FIFA 발롱도르

1956년부터 프랑스 축구 매거진에 의해 수상되기 시작한 '올해의 유럽 축구 선수상'으로, 축구 부문 개인 상 가운데 가장 명성 있는 상으로 평가받고 있다.

야구

● WBC
World Baseball Classic. 2006년부터 4년마다 열리는 국제야구대회로 WBC라고도 한다. 월드컵 축구대회처럼 국가 대항전을 펼친다.

● Stove League
프로야구에서 한 시즌이 끝나고 다음 시즌이 시작되기 직전까지의 기간을 말한다.

● Double Header
하루에 동일한 팀들이 두 경기를 연속으로 치르는 것을 말한다.

● Perfect Game
야구에서 선발 등판한 투수가 한 명의 타자도 진루시키지 않고 끝낸 게임을 가리키는 용어이다.

● Suspended Game
야간 경기 시 9회를 끝내기 전에 시간이 없거나 우천 등의 이유로 시합 속행이 불가능한 경우 후일 속행할 것을 조건으로 게임을 일시적으로 중단하는 것을 말한다.

● Rookie
야구에서 팀에 새로 입단한 신인이나 아직 정규 선수로 출전한 일이 없는 선수를 말한다.

● Lucky Zone
외야의 펜스가 넓은 경기장에서 펜스 안쪽으로 울타리를 설치하여 홈런이 되기 쉽도록 한 지역이다.

● No Hit No Run
안타도 없고 득점도 하지 못한 상황을 말한다.

미국의 야구 경기

메이저리그(내셔널리그, 아메리칸리그), 마이너리그로 구성

일본의 야구 경기

센트럴리그와 퍼시픽리그로 구분되는데, 센트럴리그에서는 지명 타자 제도를 인정하지 않아서 투수도 타석에 서야 한다.

피치아웃

주자가 도루할 것에 대비하여 스트라이크존보다 훨씬 높거나 옆으로 빠지는 공을 던지는 것을 말한다.

번트

배트를 휘두르지 않고 공에 배트를 갖다 대듯이 가볍게 밀어 공을 내야에 굴리는 타법이다.

인필드 플라이

노아웃 혹은 1아웃에 주자가 1, 2루 또는 1, 2, 3루에 있을 때 타자가 친 플라이볼로서 내야수가 보통 수비로 포구할 수 있다고 판단했을 때 심판에 의해 선언된다. 이 경우 플라이볼을 친 타자는 자동적으로 아웃 선언이 되지만, 볼인플레이 상황이 인정되어 볼을 놓치게 되면 주자들은 베이스러닝이 가능한 상황이 된다.

확인문제 [한겨레신문]

21. 야구에서 그랜드슬램(Grand-Slam)이란?
① 관중석을 넘어 경기장 밖으로 나가는 장외홈런
② 한 선수가 한 경기에서 단타, 2루타, 3루타를 친 뒤 홈런까지 가는 것
③ 만루홈런
④ 한 선수가 한 경기에서 한 번도 빠지지 않고 매번 진루하는 것

답 21. ③

● Hit and Run
주자와 타자가 미리 약속하고 투수가 공을 던지려는 동시에 주자는 다음 베이스로 달리고 타자는 투수가 던진 공을 무조건 치는 작전을 말한다.

● Cincinnati Hit
충분히 잡을 수 있는 쉬운 플라이 공을 야수끼리 서로 미루다 놓쳐 만들어진 안타를 말하다.

● Cycling Hit
한 선수가 한 게임에서 단타, 2루타, 3루타, 홈런을 순서에 관계없이 모두 쳐낸 경우를 말한다.

● Squeeze Play
주자가 3루에 있을 때 득점과 연결시키기 위해 타자가 기습번트를 하는 전법이다.

● Balk
주자가 루에 있을 때, 투수가 규정에 벗어난 투구를 하는 반칙을 말한다.

● Bean Ball
투수가 고의적으로 타자의 기세를 위협하기 위해 머리 근처를 겨냥하여 던지는 공이다. 타자가 볼에 맞을 경우 HP(Hit by Pitched) 또는 D(Dead)로 표시한다.

● Slugger
기교보다는 힘을 바탕으로 한 강타자. 헤비히터(Heavy Hitter), 파워히터(Power Hitter), 앵커맨(Anchorman)이라고도 한다.

● One Point Relief
1명의 타자만을 상대하기 위해 등판한 구원 투수이다.

트리플 크라운

- **야구** : 투수는 한 시즌에 방어율 · 다승 · 탈삼진 세 부문을, 타자는 타율 · 홈런 · 타점 세 부문을 동시에 석권하는 것을 가리킨다.
- **축구** : 축구에서는 트리플 크라운 대신 Treble이란 용어를 쓴다.
- **승마** : 미국의 3대 경마 레이스인터키 더비, 벨몬트 스테이크스, 프리크니스 스테이크스대회에서 우승하는 경우를 말한다.
- **골프** : 프로골프에서는 한 해에 3개국의 최고 메이저대회인 전영 오픈골프선수권대회 · 전미 오픈골프선수권대회 · 캐나디언 오픈골프선수권대회에서 우승하는 것을 가리킨다.
- **농구** : 득점, 리바운드, 어시스트를 10개 이상을 기록하는 것을 말하며 또는 정규리그, 플레이오프, 올스타전 MVP를 석권하는 것을 'MVP 트리플 크라운'이라고 표현한다.
- **배구** : 한 경기에서 서브 득점, 블로킹, 백 어택(후위 공격)을 3개 이상 기록하는 것을 말한다.

골프

● 골프 4대 메이저 대회

- 남자의 경우 : 마스터즈 · US 오픈 · 전영오픈 · PGA 챔피언십
- 여자의 경우 : 크래프트 나비스코 챔피언십 · 맥도날드 LPGA 챔피언십 · US 여자오픈 · 전영 여자오픈

● 골프 코스

홀이 모여서 골프 코스를 이루는데, 홀은 18, 27, 36, 54, 72홀 등이 있고 보통 18홀을 기준 코스로 해서 단거리홀 4, 중거리홀 10, 장거리홀 4로 구성되어 있다. 1번 홀에서 9번 홀까지를 아웃코스(Out Course), 10번 홀에서 18번 홀까지를 인코스(In Course)라 하며, 차례로 18번 홀까지 도는 것을 1라운드라 한다. 1개의 홀은 티잉 그라운드, 스루 더 그린, 그린, 해저드의 4개 구역으로 구성되어 있다.

- 티잉 그라운드(Teeing Ground) : 약칭은 티. 각 홀의 출발구역이다.
- 스루 더 그린(Through the Green) : 페어웨이와 러프를 합쳐서 스루 더 그린 (Through the Green)이라고 한다.
- 그린(Green) : 퍼팅을 하기 위해 잔디를 짧게 깎아 정비해 둔 지역이다.
- 해저드(Hazard) : 코스의 난이도 또는 조경을 위해 코스 내에 설치한 장애물로 벙커와 워터해저드 등이 있다.

● Mulligan

골프에서 최초의 샷이 잘못되어 볼이 바로 앞에 떨어지거나 엉뚱한 방향으로 날아갈 때 벌타 없이 한 번 더 주어지는 티샷으로, 아마추어 경기에서 관행으로 멀리건을 주고받지만, 원칙적으로는 반칙이다.

● 스트로크 플레이

Stroke Play. 골프에서 한 번에 몇 사람이라도 할 수 있는 가장 보편적인 게임방법으로, 정규 라운드에서 총 타수가 가장 적은 사람이 승자가 된다. 통상 국제경기나 선수권경기 등을 제외하고는 이 총 타수에서 핸디캡

확인문제 [중앙일보]

24. 다음 중 골프용어가 아닌 것은?
① 드롭샷 ② 이글
③ 어프로치샷 ④ 언더 파

해 드롭샷은 테니스나 배드민턴에서 볼이나 셔틀콕을 네트 가까이 떨어뜨리는 타구를 말한다.

확인문제 [중앙일보]

25. 다음 4대 메이저 골프대회 중 가장 오래된 대회는?
① 마스터즈
② US 오픈
③ 전영오픈
④ PGA 챔피언십

확인문제 [경향신문]

26. 골프에서 파 5홀인 롱홀을 2타만에 끝냈을 때 부르는 스코어의 애칭은?
① 홀인원 ② 버디
③ 알바트로스 ④ 보기

Fairway

공을 타격하기 좋게 항상 잔디를 짧게 깎아놓은 구역이다.

Dimple

골프공의 표면에 오목오목 팬 홈으로, 볼의 체공시간이 증가하고 낙하 후 쿠션효과를 가져온다.

갤러리

골프경기를 구경하는 사람.

답 24. ① 25. ③ 26. ③

(Handicap : 기준타수보다 많은 타수)을 뺀 수로 순위를 정한다.

● 매치 포섬

Match Foursome. 골프에서 하나의 공을 가지고 2명이 한 팀을 이루어 승부를 겨루는 대회로, 파트너끼리 번갈아가면서 샷을 한다.

● Skins Game

골프의 변형 경기방식 중 하나로, 총 타수로 순위를 가리는 스트로크 방식과 달리 각 홀에서 1위를 한 선수가 각 홀에 걸린 상금을 획득하는 프로골프 경기이다.

● 샷(Shot)

공중으로 멀리 치는 것.

● 퍼트(Put)

그린에서 공을 홀에 넣기 위해 치는 것.

● 투온(Two on)·쓰리온(Three on)

샷을 두 번 내지 세 번 쳐서 공을 그린에 올려놓는 것.

● 티업(Tee up)

경기를 하기 위해 공을 받쳐놓는 핀 위에 공을 올려놓는 것.

● 티샷(Tee Shot)

홀에서 경기를 시작할 때 처음 치는 행위.

● 칩샷(Chip Shot)

20m이내의 그린 안팎에서 홀을 향해 공을 쳐올리는 것.

● 파(PAR)

티를 출발하여 홀을 마치기까지의 정해진 기준타수. 보통 파 3, 4, 5타를 기준타수로 정하고 있으며 여성 골퍼의 경우 6타의 홀까지 있다.

Match Play

골프에서, 1홀(Hole)마다 승자와 패자를 정하고, 이긴 홀의 수와 진 홀의 많고 적음으로 승패를 겨루는 경기 방법.

Hazard

골프 코스 내에 설치된 내·못·벙커 등의 장애를 가리킨다.

Rough

골프 코스 중 그린 및 해저드를 제외한 코스 내의 페어웨이 이외 양쪽의 잡초나 숲 지역이다.

Approach Shot

골프에서, 그린에 가까운 지역에서 숏볼을 그린쪽으로 몰아넣기 위해 치는 타구를 말한다.

● 홀인원(Hole in one)

티 그라운드에서 1타로 볼이 홀에 들어가는 것.

● 버디(Birdie)

한 홀에서 파보다 하나 적은 타수로 홀인 하는 것.

● 알바트로스(Albatross)

파보다 3타수 적은 수로 홀인 하는 것으로 더블 이글이라고도 한다.

● 고투스쿨(Go to School)

퍼팅에서 주로 쓰이는 용어로 경기자의 퍼팅을 유심히 관찰하여 퍼트의 방향과 속도를 파악하는 것.

● 댄스 플로어(Dance Floor)

티 그라운드와 그린 사이의 잔디가 잘 깎여진 지역으로 볼을 착지시키기 좋은 곳.

● 드롭(Drop)

경기 중 볼을 잃어버렸거나 경기가 불가능한 위치에 볼이 놓였을 때 규정에 따라 경기가 가능한 위치로 볼을 옮겨 놓거나 새로운 볼을 다시 놓는 것으로, 플레이어는 똑바로 서서 어깨 높이로 팔을 뻗고 핀에 가깝지 않게 볼을 떨어뜨린다.

● 로스트 볼(Lost Ball)

경기 중 잃어버린 볼.

● 서든 데쓰(Sudden Death)

2인 이상의 동점자가 나와 토너먼트를 마무리 지어야 할 때 채택하는 연장전의 한 방법으로 1홀씩의 스코어로 승패를 가린다.

● 에브리지 스코어(Average Score)

스트로크 플레이로 각 홀의 합계 타수를 평균해 1홀의 스코어를 정하는 것.

페리오 방식

Perio Method. 파의 합계가 24가 되도록 6홀의 숨긴 홀을 선택하고 경기 종료 후 그 6홀에 해당하는 스코어를 합하여 3배 더한 다음 그 코스의 파를 뺀 80%를 핸디캡으로 산정하는 방식

신 페리오 방식

New Perio Method. 파의 합계가 48이 되도록 12홀의 숨긴 홀을 선택하여 경기 종료 후 12홀에 해당하는 스코어 합계를 1.5배하고 거기에서 코스의 파를 뺀 80%를 핸디캡으로 하는 산정 방식

드라이빙아이언

헤드가 무겁고 로프트 각도가 매우 작아 먼 거리를 칠 때 주로 사용하는 샤프트 길이가 긴 아이언 클럽

Chapter

07

음악 · 예술 · 스포츠

● 포섬(Foursome)

4명이 함께 경기하는 방식으로 2인 1조가 되어 한 볼을 교대로 친다.

테니스

● 테니스 4대 메이저 대회

호주오픈 · 프랑스오픈 · 전영오픈(윔블던 대회) · US오픈 테니스 선수권
대회이다.

● 러브게임

테니스 경기에서 한쪽 편이 무득점으로 끝난 게임을 말한다.

● Lucky Looser

테니스에서, 예선 마지막 회전(Round)에서 패해 자력 본선 진출에는 실
패했으나 대회 시작 이후 본선에서 부상 등으로 인한 기권자가 나와서 그
기권자 대신 본선에 합류하게 되는 선수를 일컫는다.

● 듀스(Deuce)

양쪽의 포인트가 똑같이 40대 40이었을 때 이것을 40-all 이라고 부르지
않고 듀스라고 부르며 어느 한쪽이 2점을 계속해 따지 않으면 게임은 끝
나지 않는다.

● 라인즈 맨(Lines Man)

테니스심판 가운데 타구가 정해진 코트구역 안쪽에 떨어져 유효타가 됐
는지 바깥쪽에 떨어져 무효타가 됐는지를 판정하는 사람.

● 하프발리(Half Volley)

땅에 닿은 직후 튀어 오르기 시작하는 볼을 지면에 스칠 듯 말 듯 한 높이
로 치는 타구.

● 네트러셔(Net Rusher)

네트 쪽으로 달려 들어가 플레이하는 공격적인 선수, 발리어 또는 네트

Backhand

테니스에서, 라켓을 쥔 손 쪽 방향으로 스윙
을 하여 공을 치는 것을 말한다.

Forehand

테니스에서, 라켓을 쥔 손의 반대쪽 방향으로
스윙하여 공을 치는 것을 말한다.

Service Ace

테니스 경기에서 상대편의 라켓이 받아넘길
수 없게 강하고 정확한 서브로 득점하는 것
을 말한다. 테니스에서는 주로 제서브에서
직접 득점으로 연결되는 서비스 에이스를 노
리거나 공세의 발판을 마련한다. 한 세트에
15점인 라켓볼에서는 보통 3~7점을 서비스
에이스로 득점한다.

스트로크(Stroke)

테니스의 타구 동작을 일괄해서 부르
는 말. 땅에 한번 튀긴 볼을 치는 그라운
드 스트로크와 노바운드의 볼을 치는 발
리, 높은 공을 머리 위에서 강하게 내려치
는 스매쉬, 볼을 높게 띄워 상대의 배후를 노
리는 로브 등이 있으며, 치는 방법에 따라
플랫 · 드라이브 · 슬라이스로 나뉜다.

네트 코드 샷(Net Cord Shot)

테니스 경기에서 플레이 도중 스트로크
(stroke)한 공이 네트에 닿은 후 상대방 코
트로 넘어간 샷을 가리킨다. 네트 코드 스트
로크(net cord stroke)라고도 한다.

드라이브(Drive)

볼을 때리는 방법의 일종으로 일반적으로
베이스라인에서의 랠리 때 이루어진다.
라켓을 아래에서 위로 치켜 올리며 쳐서
공의 윗부분을 라켓 면으로 감싸 공에 회
전을 주는 타법이다.

플레이어와 같은 뜻이다.

● 리치(Reach)

라켓이 공에 미치는 거리, 즉 수비의 넓이를 말한다. 리치가 짧은 플레이어는 그렇지 않은 플레이어보다 불리하지만 타구의 방향과 낙하 지점을 예측하고 민첩하게 움직임으로써 핸디캡을 극복할 수 있다.

● 네트 엄파이어(Net Umpire)

테니스에서 네트와 관련된 사항을 주로 판정하는 심판을 말한다. 1. 서비스한 공이 네트에 맞으면 손을 높이 들어 수신호를 하는 동시에 '네트'라고 콜한다. 2. 인플레이(In play) 상태에서 공이 네트 사이를 뚫고 지나갔을 때는 '스루(Through)'라고 콜한다. 3. 공이 올바르게 교환됐는지 확인한다. 4. 체어엄파이어(Chair Umpire)의 위임을 받아 공이 플레이에 적합한지 여부를 조사한다.

농구

● FIBA

Fédération Internationale de Basketball. 세계 농구경기를 통합하는 국제농구연맹이다.

● Triple Double

농구 한 경기에서 한 선수가 득점, 리바운드, 어시스트, 가로채기, 블록 숏 가운데 세 가지 부문에서 두 자리 수를 기록하는 것을 말한다.

● 3점숏

농구에서 3점숏 거리의 국제 표준은 6.75m이지만 미국프로농구인 NBA는 7.24m이다.

● Dunk Shot

농구에서 공에 손을 떼지 않은 채 점프하여 링 위에서 내리 꽂듯이 하는 숏이다.

폴트(Fault)

서브한 공이 서비스코트에 바르게 들어가지 않거나, 서버가 규칙을 위반하는 것을 말한다. 한 번은 허용되지만 두 번 연속으로 범할 경우 '더블폴트(Double Fault)'라고 하여 서버 쪽의 실점으로 넘어가게 된다.

레트(Let)

서브를 한 공이 네트를 맞고 상대방의 코트에 들어가는 경우, 혹은 리시버가 준비되지 않은 상태에서 서브가 될 때를 말한다. 이 때 샷으로 카운트되지 않고 다시 경기가 진행된다.

Extreame Game

갖가지 고난도 묘기를 행하는 모험 레포츠를 말한다. 생명의 위험을 무릅쓰고 여러 가지 묘기를 펼치는 레저스포츠를 말한다.

NBA

National Basketball Association. 미국프로농구협회

Free Throw

농구 경기에서 상대팀 선수의 반칙으로 인해 얻는 자유투를 말한다. 필드골은 2점이지만, 자유투는 1점이다. 숏 동작 중 반칙이 생길 경우 자유투가 2번 주어지고, 3득점 라인 밖인 경우는 3번 주어진다.

확인문제 [삼성 SSAT, 교보생명보험]

27. 농구 경기에서 국제 표준의 3득점 라인은 링에서 몇 m 거리인가?

① 4.85m   ② 5.25m
③ 6.75m   ④ 7.25m

답 27. ③

● 퍼스널 파울

Personal Foul. 선수가 볼이 라이브 상태이거나 데드 상태인 것에 관계 없이 상대방을 비합법적으로 접촉하는 것이다. 즉, 홀딩, 푸싱, 차징, 트리핑, 해킹 등의 신체접촉에 의해 생기는 반칙으로 프리스로 또는 스로인을 준다.

● 더블 파울

Double Foul. 두 상대방이 거의 동시에 서로에게 파울을 범하는 것이다.

● 테크니컬 파울

Technical Foul. 선수 또는 팀 관계자가 경기 규칙의 정신과 의도하는 바에 고의적으로 또는 반복적으로 협조하지 않거나 따르지 않을 경우 부여하는 파울이다.

퍼스널 파울의 종류

- **홀딩(Holding)** : 상대 선수를 붙잡는 것
- **푸싱(Pushing)** : 미는 것
- **차징(Charging)** : 부딪히는 것
- **트리핑(Tripping)** : 넘어뜨리는 것
- **해킹(Hacking)** : 때리는 것

확인문제 [삼성 SSAT, 교보생명보험]

28. 퍼스널 파울의 종류가 아닌 것은?
① 홀딩　　　　② 트리핑
③ 차징　　　　④ 드로인

답 28. ④

[경향신문]

01 다음 중 우리나라의 연극이 아닌 것은?

① 경극　　　　② 가면극

③ 마당극　　　④ 인형극

해 경극 : 중국의 대표적인 전통 연극이다. 베이징(北京)에서 발전하였다 하여 경극이라고 한다.

[KBS]

02 남사당놀이 6마당의 표시가 잘못된 것은?

① 풍물 – 농악

② 버나 – 대접돌리기

③ 살판 – 땅재주

④ 어름 – 탈놀이

해 남사당놀이 : 조선시대 유랑 연예인 집단인 남사당의 연희 내용.

어름 : 줄타기 곡예.

풍물 : 일종의 농악.

버나 : 쳇바퀴나 대접 등을 앵두나무 막대기로 돌리는 묘기.

살판 : 오늘날의 텀블링을 연상시키는 묘기.

덧뵈기 : 덧(곱) 본다. 즉 탈을 쓰고 하는 연희로서 일종의 탈놀음.

덜미 : 남사당놀이의 마지막 순서이며 한국에 하나뿐인 민속인형극 꼭두각시놀음.

[한국스탠다드차타드은행, 한진, 롯데]

03 동양화에서 사군자(四君子)란?

① 매화, 난초, 국화, 대나무

② 국화, 무궁화, 거북이, 달

③ 무궁화, 난초, 국화, 대나무

④ 매화, 소나무, 난초, 대나무

해 사군자 : 덕과 학식을 갖춘 사람을 네 가지 식물(매화 · 난초 · 국화 · 대나무)에 비유하여 부르는 말이다.

[KBS]

04 다음 전통음악의 종류 중 아악에 속하지 않는 것은?

① 범패　　　　② 문묘제례악

③ 가곡　　　　④ 여민락

해 범패 : 절에서 주로 재를 올릴 때 부르는 노래.

문묘제례악 : 공자(孔子)의 신위를 모신 사당에서 제사를 지낼 때 쓰는 음악.

가곡 : 우리나라 전통 성악곡의 하나. 시조의 시를 5장 형식으로, 피리 · 젓대 · 가야금 · 거문고 · 해금 따위의 관현악 반주에 맞추어 부른다.

여민락 : 조선 전기에 제작된 아악.

아악 : 고려 · 조선 연간에 궁중의식에서 연주된 전통음악.

[한겨레신문]

05 조선시대 영조 연간에 확립된 진경산수(眞景山水) 양식을 세운 최초의 대가는?

① 겸재 정선　　② 현동자 안견

③ 단원 김홍도　④ 공재 윤두서

해 진경산수 : 우리나라에 실재하는 경관의 사생에 주력하는 화풍이다. 조선 후기 정선에 의하여 형성된 것으로, 화원들 사이에 한때 널리 추종되었다.

[한겨레신문]

06 안평대군의 꿈 내용을 그린 장권 형식의 그림으로 안견이 북송대 북방산수의 영향 아래 환영적인 감각으로 그린 조선 초기의 회화 걸작은?

① 인왕제색도(仁王霽色圖)

② 몽유도원도(夢遊桃園圖)

③ 강산무진도(江山無盡圖)

④ 송하보월도(松下步月圖)

해 몽유도원도 : 안평대군이 꿈에 도원에서 논 광경을 안견에게 말하여 그리게 한 것으로 도연명의 「도화원기(桃花源記)」와도 밀접한 관계가 있다.

[한겨레신문]

07 산세나 수목, 산석을 그릴 때 그 주류를 이루는 골격과 결, 주름 등을 표현하는 데 중점을 둔 동양화 화법은?

① 발묵법 　　　　 ② 준법

③ 농담법 　　　　 ④ 백묘법

해 **준법** : 동양화에서, 산악·암석 따위의 입체감을 표현하기 위하여 쓰는 기법이다. 산이나 흙더미 등의 입체감·양감을 표현하기 위한 일종의 동양적 음영법이다.

발묵법 : 엷은 먹으로 대략 그린 다음 그 위에 짙은 먹으로 그림을 분해해 가면서 화면을 죄어가며 대담한 필치로 그리는 수법이다.

농담법 : 색채나 톤의 밝은 부분에서 어두운 부분으로 가는 점차적 과정을 말한다.

백묘법 : 윤곽을 선으로 묶고 그 안을 색으로 칠하는 화법으로, 쌍구라고도 한다.

몰골법 : 선, 즉 골을 나타내지 않고 그리는 방법이다.

[동아일보]

08 판소리에서 사용되는 악기는?

① 북 　　　　 ② 장구

③ 퉁소 　　　　 ④ 가야금

해 **판소리** : 광대 한 사람이 고수의 북장단에 맞추어 서사적인 이야기를 소리와 아니리로 엮어 발림을 곁들이며 구연하는 우리 고유의 민속악이다.

[동아일보]

09 다음 중 판소리의 지역적 분류로서 적합하지 않은 것은?

① 서편제 　　　　 ② 동편제

③ 중고제 　　　　 ④ 기호제

해 판소리는 동편제, 서편제, 중고제 등 크게 세 유파로 구분할 수 있다.

[KBS]

10 판소리 공연에서 고수가 하는 것은?

① 너름새 　　　　 ② 추임새

③ 소리 　　　　 ④ 아니리

해 **추임새** : 판소리에서 장단을 짚는 고수가 창의 사이사이에 흥을 돋우기 위하여 삽입하는 소리이다.

[SBS]

11 판소리에서 창자가 극적인 전개를 보충 설명하기 위하여 대목과 대목 사이에 가락을 붙이지 않고 말하듯 사설을 엮어 가는 것은?

① 아니리 　　　　 ② 시나위

③ 추임새 　　　　 ④ 발림

⑤ 바디

해 **아니리** : 판소리에서 창자가 소리를 하다가 다른 대목으로 넘어가기 전에 자유리듬으로 사설을 엮는 행위

너름새 : 주로 판소리에서 소리하는 사람이 소리의 가락이나 사설의 극적 내용에 따라 몸짓으로 하는 형용동작.

발림 : 사설의 극적인 전개를 돕기위해 몸짓이나 손짓으로 나타내는 동작.

바디 : 명창이 스승으로부터 전승하여 한 마당 전부를 음악적으로 절묘하게 다듬어 놓은 소리.

[경기도시공사]

12 다음 설명 중 틀린 것은?

① 아악 – 궁중음악

② 사물놀이 – 꽹과리, 징, 장구, 북 등을 치며 노는 농촌의 민속놀이

③ 시나위 – 궁중에서 제사를 지낼 때 사용하던 음악

④ 산조 – 특히 전라도에서 발달한 기악 독주 음악의 한 갈래

해 **시나위** : 무속음악에 뿌리를 둔 즉흥음악이다.

[MBC]

13 굿에 대한 다음 설명으로 틀린 것은?

① 지노귀굿 – 죽은 사람의 혼령을 달래기
   위한 굿

② 허둣굿 – 무당이 될 조짐을 보이는 사람
   에게 씌인 잡신을 몰아내는 굿

③ 여탐굿 – 결혼을 못하고 죽은 남자를 위
   로하기 위한 굿

④ 도당굿 – 한 해에 한 번 마을의 수호신에
   게 지내는 굿

해 여탐굿 : 집안에 경사가 있을 때 먼저 조상에게 아뢰는
   굿이다.

[동아일보]

**14 삼남지방에서 형성된 것으로, 흐트러짐과 불안
함을 있는 그대로 반영하면서 자연스러운 개방
성을 중시해 당시 시대상을 담은 민중음악이라
불리는 음악은?**

① 아악   ② 여민락

③ 대취타   ④ 산조

해 산조 : '허튼 가락' 또는 '흩은 가락'이라는 뜻에서 유래
   한 기악독주곡을 말한다. 우리 민족의 희로애락을 아름
   다운 장단과 선율로 표현한 것이 특징이다.

[KBS]

15 우리나라 무형문화재 제1호는?

① 봉산탈춤   ② 양주 별산대놀이

③ 종묘제례악   ④ 고성 오광대놀이

해 종묘제례악 : 조선시대에 종묘에서 제사를 드릴 때 쓰
   이던 음악으로 2001년 5월에 유네스코에 세계무형문화
   유산으로 등재되었다.

[KBS, 삼성 SSAT]

16 사물놀이의 악기는?

① 소 – 훈 – 편경 – 편종

② 꽹과리 – 징 – 장구 – 북

③ 대금 – 해금 – 장구 – 북

④ 비파 – 해금 – 양금 – 생황

[인천도시공사]

17 농악의 우두머리이며 꽹과리를 치는 사람은?

① 고수   ② 소리

③ 광대   ④ 상쇠

⑤ 뜬쇠

해 상쇠 : 농악에서 꽹과리 제1주자로, 농악대를 총지휘하
   고 부포 상모를 휘두르며 부포놀이를 하는 사람.
   고수 : 북이나 장구 따위를 치는 사람.
   뜬쇠 : 남사당패의 풍물놀이나 각종 잡희 중에서 가장
   기예가 뛰어난 사람.

18 다음 국악의 빠르기 중 가장 느린 것은?

① 진양조   ② 휘모리

③ 자진모리   ④ 중모리

해 진양조 : 판소리 장단 중에서 가장 느린 장단으로, 서정
   적인 대목에서 흔히 쓰인다.

[MBC]

19 다음 중 '고풀이'에 대한 설명으로 틀린 것은?

① 남부 지방 무속인 씻김굿이나 오구굿의 상징적인 제의 중의 하나

② 사령(죽은 혼)을 저승으로 보내는 과정을 묘사한다.

③ 집안의 재앙이나 전염병을 예방하기 위한 제의다.

④ 이때 사용되는 신, 혹은 매듭은 생명을 상징한다.

해 고풀이 : 전라남도의 무속 의례 가운데 죽은 사람을 저승으로 보내는 씻김굿의 하나.

오구굿 : 죽은 사람의 넋을 위로하여 극락왕생을 하기를 비는 굿.

씻김굿 : 죽은 이의 부정을 깨끗이 씻어 주어 극락으로 보내는 전라남도 지방의 굿.

[한겨레신문]

20 우리 민족의 전통적인 연희 양식인 가면극은 각 지역마다 서로 다른 명칭으로 불리고 있는데, 다음 중에서 옳게 연결된 항목은?

① 경기지방 – 잡색놀이

② 해서지방 – 산대놀이

③ 호남지방 – 탈춤

④ 영남지방 – 들놀이

해 들놀이 : 들에서 행하는 가면극의 하나이다. 부산 동래를 중심으로 정월 대보름날 줄달리기를 한 다음 얼굴에 가면을 쓰고 길놀이를 한다.

잡색놀이 : 전라도 농악 판굿에서, 상쇠가 잡색들을 데리고 놀이판 가운데로 들어가 춤을 추는 놀이.

산대놀이 : 서울과 경기지방에서 전승되는 탈놀이다. 탈을 쓰고 큰길가나 빈 터에 만든 무대에서 하는 복합적인 구성의 탈놀음이다. 양주 별산대놀이, 송파 산대놀이, 봉산탈춤, 강령탈춤, 오광대놀이 등이 전하고 있다.

[연합뉴스]

21 다음 중 옳게 연결된 것은?

① 현대문학상 – 문학동네

② 동인문학상 – 조선일보사

③ 이상문학상 – 창작과 비평사

④ 만해문학상 – 문학사상사

해 동인문학상 : 금동 김동인의 문학적 유지와 업적을 기리기 위하여 1955년 사상계사가 제정한 문학상. 1987년 18회부터는 조선일보사에서 주관했다.

현대문학상 : 작가들의 창작 의욕을 고취시키고 한국문학의 질적 발전을 도모하기 위해 현대문학사에서 1955년에 제정한 문학상이다.

이상문학상 : 소설가 이상의 작가정신을 계승하고 한국 소설계의 발전을 위해 1977년 문학사상사가 제정한 문학상이다.

만해문학상 : 만해 한용운의 업적을 기리고 문학 정신을 계승하여 민족문학 발전에 이바지하기 위해 창작과 비평이 1973년에 제정한 문학상이다.

[SBS]

22 우리 고전의 작품과 작가의 연결이 잘못된 것은?

① 계원필경 – 최치원

② 파한집 – 이인로

③ 역옹패설 – 이제현

④ 과농소초 – 정약용

⑤ 학산초담 – 허균

해 과농소초 : 조선 후기 실학자 박지원이 지은 농서로, 1789년 정조가 농업생산을 장려하면서 영농기술에 대한 의견을 제출하도록 관리 및 학자들에게 요청하여 올린 것이다. 「과농소초」는 박지원이 관찰한 중국의 농학과 우리나라의 농학을 비교 연구한 것으로 당시의 농서 중에서 가장 완벽한 체계를 갖춘 책으로 평가되고 있다.

계원필경 : 신라시대 말의 학자 최치원의 시문집으로 당나라에 머물 때의 작품을 간추려 정강왕에게 바친 문집이다.

파한집 : 고려 중기의 문신 이인로의 시화로 우리나라 시화집의 효시라고 할 수 있다.

역옹패설 : 고려 중기의 문신 이제현이 지은 시화문학서이다.

[KBS, 경향신문]

23 국문학상 효시의 작품을 연결한 것 중 틀린 것은?

① 금오신화 – 최초의 한문소설

② 홍길동전 – 최초의 한글소설

③ 혈의 누 – 최초의 신소설

④ 폐허 – 최초의 문예 동인지

해 폐허 : 1920년 7월 25일에 창간된 문예 동인지이다. 1920년 7월에 창간되어 1921년 1월 통권 2호로 종간되었다.

창조 : 우리나라 최초의 종합 문예 동인지이다. 1919년 2월에 일본 도쿄에서 김동인, 주요한, 전영택 등이 창간하였으며, 1921년에 통권 9호로 종간되었다.

[SBS]

24 최초의 국한문 혼용으로 씌여진 기행문은?

① 김만중의 「서포만필」

② 이수광의 「지봉유설」

③ 유길준의 「서유견문」

④ 박지원의 「열하일기」

해 서유견문 : 조선 후기의 정치가 유길준이 저술한 서양 기행문이다. 활자본 1책으로, 1895년(고종 32) 도쿄 교순사에서 간행되었다.

서포만필 : 조선 숙종 때 대제학을 지낸 서포 김만중의 수필집.

지봉유설 : 광해군에 이수광이 편찬한 한국 최초의 백과사전적인 저술.

열하일기 : 조선 정조 때의 실학자 연암 박지원의 중국 기행문집.

25 「열하일기」의 저자가 쓴 책이 아닌 것은?

① 허생전 　　　　② 양반전 .

③ 호질 　　　　　④ 한중록

해 박지원 : 「열하일기」, 「연암집」, 「허생전」 등을 쓴 조선후기 실학자 겸 소설가이다.

[KBS]

26 미천한 아내가 장에 가서 돌아오지 않는 남편을 기다리는 순박한 정서의 표현을 담고 있는 백제의 서정문학은?

① 구지가 　　　　② 공무도하가

③ 정읍사 　　　　④ 황조가

해 정읍사 : 한글로 기록되어 전하는 가요 중 가장 오래된 백제가요이다. 행상 간 남편의 안부를 근심하는 아내의 애절한 마음을 노래한 내용이다.

[SBS]

27 다음 향가의 작품과 저자가 잘못 연결된 것은?

① 찬기파랑가 – 충담사

② 안민가 – 충담사

③ 제망매가 – 융천사

④ 모죽지랑가 – 득오

해 제망매가 : 신라 경덕왕 때에 월명사가 지은 10구체의 향가.

찬기파랑가 : 신라 경덕왕 때 충담사가 지은 향가.

안민가 : 신라 제35대 경덕왕 때의 승려 충담사가 지은 10구체 향가.

모죽지랑가 : 신라 효소왕 때 득오가 지은 향가.

[KT]

28 다음 중 향가에 대한 설명으로 틀린 것은?

① 최초에 나온 4구체 향가는 「도솔가」이다.

②「처용가」는 춤을 추고 노래를 불러 아내를 범한 역신을 쫓아낸 내용의 노래이다.

③ 현존하는 신라 향가의 수는 모두 25수이다.

④ 향가의 마지막 유형이라 할 수 있는 작품은 「정과정」이다.

해 서동요 : 한국 최초의 4구체 향가.

처용가 : 신라 헌강왕 때 처용이 지은 향가. 아내와 동침하던 역신을 물리친 노래로, 8구체로 되어 있으며 「삼국유사」에 실려 있다.

29 우리나라 최초의 한문소설은?

① 청구영언　　② 홍길동전

③ 금오신화　　④ 혈의누

剛 금오신화 : 조선 세조 때에 김시습이 지은 우리나라 최초의 한문소설이다.

30 고려시대 작품 중 설명이 잘못된 것은?

① 이곡의 「국순전」 : 술을 의인화하여 술이 사람에게 미치는 영향을 그림

② 임춘의 「공방전」 : 돈을 의인화하여 탐재를 경계함

③ 이규보의 「국선생전」 : 술을 의인화하여 군자의 처신을 경계함

④ 이첨의 「저생전」 : 종이를 의인화한 전기

剛 국순전 : 고려시대에 임춘이 지은 가전체 작품으로, 술을 의인화하여 당시의 정치 현실을 풍자하고 술로 인한 패가망신을 경계하였다.

공방전 : 고려시대 문인 임춘이 지은 가전체 소설이다. 공방(孔方)이란 엽전에 뚫린 네모난 구멍을 가리키는 말로서, 이 소설은 엽전을 의인화한 우화이다.

국선생전 : 고려 고종 때 지헌 이규보가 지은 가전체 작품이다. 누룩 등을 의인화하여 당시의 문란한 정치 · 사회상을 비판하였다.

저생전 : 고려 말기에 이첨이 지은 가전체 소설이다. 종이를 의인화하여 위정자들에게 올바른 정치를 권유하는 내용으로, 「동문선」에 실려 있다.

31 다음 중 A항의 항목과 B항의 항목이 바르게 연결된 것은?

A :	⊙ 이규보	ⓒ 김진형
	ⓒ 박제가	ⓔ 박준
B :	ⓐ 북학의	ⓑ 백운소설
	ⓒ 노은실기	ⓓ 북천가

① ㉠ – ⓑ, ㉡ – ⓓ, ㉢ – ⓒ, ㉣ – ⓐ

② ㉠ – ⓐ, ㉡ – ⓓ, ㉢ – ⓒ, ㉣ – ⓑ

③ ㉠ – ⓑ, ㉡ – ⓓ, ㉢ – ⓐ, ㉣ – ⓒ

④ ㉠ – ⓐ, ㉡ – ⓓ, ㉢ – ⓑ, ㉣ – ⓒ

剛 이규보 : 고려시대의 문신 · 문인이다. 저서로는 「동국이상국집」, 「동명왕편」 등이 있다. 「백운소설」은 삼국시대부터 고려시대까지의 시화를 모아 놓은 시화집이다.

김진형 : 조선 후기의 문신. 철종 때 이조판서의 비행을 탄핵하였다가 명천으로 유배되어 그곳에서의 생활과 귀양간 내력을 기록한 「북천가」를 지었다.

박제가 : 조선 후기의 실학자로 박지원의 문하에서 실학을 연구했다. 1778년 사은사 채제공의 수행원으로 청나라에 가서 이조원 · 반정균 등에게 새 학문을 배웠으며 귀국하여 「북학의」를 저술했다.

박준 : 조선 중기의 학자로 1936년에 「노은실기」를 저술했다.

32 혜경궁 홍씨가 사도세자의 죽음과 궁중생활을 회고한 책은?

① 한중록　　② 혈의누

③ 계축일기　　④ 임진록

剛 한중록 : 조선 정조의 생모이며 사도세자의 빈 혜경궁 홍씨의 자전적인 회고록이다.

33 다음 설명 중 맞게 짝지어진 것은?

① 개벽 – 최초의 주간 문예지

② 청춘 – 최초의 일간 잡지

③ 제국신문 – 최초의 주간 한글 신문

④ 장미촌 – 최초의 시 동인지

剛 장미촌 : 우리나라 최초의 시 전문 동인지.

개벽 : 1920년에 김기진, 박영희 등이 참여한 국한문혼용체 월간 종합지.

청춘 : 1914년 10월에 최남선이 창간한 월간 종합지.

제국신문 : 조선 광무 2년(1898)에 창간된 한글 일간 신문.

[교보]

34 소설 속의 소설을 나타내는 것은?

① 액자소설　　② 장편소설

③ 단편소설　　④ 추리소설

해 액자소설 : 이야기 속에 또 하나의 이야기가 들어 있는 소설이다. 마치 그 구조가 액자 모양과 같다고 하여 붙은 이름이다.

[경향신문]

35 최남선과 이광수의 계몽주의 문학에 반발하고 순수문학을 처음 주장했던 작가는?

① 김동인　　② 현진건

③ 김유정　　④ 나도향

해 김동인 : 1920~30년대, 간결하고 현대적 문체로 문장혁신에 공헌한 소설가이다. 최초의 문학동인지 『창조』를 발간하였으며 주요 작품은 「배따라기」, 「감자」, 「광염 소나타」, 「발가락이 닮았다」, 「광화사」 등이 있다.

[동아일보]

36 신인추천제를 실시하였고, 많은 현대시조 작가를 배출한 순수 문예지는?

① 문장　　② 소년

③ 청춘　　④ 인문평론

해 문장 : 1939년 2월에 창간한 월간 순수 문예 잡지이다. 이태준의 주간으로 발행된 당시의 가장 대표적인 문예지로서, 작품 발표와 고전 발굴 및 신인의 배출과 양성에 주력하여 우리나라 신문학사에 큰 공적을 남겼으며 1941년 4월에 폐간되었다.

[SBS]

37 1980~90년대 문학논쟁의 대상이 아닌 것은?

① 민족문학　　② 여성주의문학

③ 민중문학　　④ 포스트모더니즘

해 민족문학 : 동질성을 갖는 한나라. 한민족이 만들어내는 문학을 일컫는 말이다. 일제강점기와 민족분단을 겪으며 국민문학이 용어의 왜곡을 가져와 국민문학보다는 우리 민족의 역사적 과제를 내포하는 개념으로 민족문학이 받아들여졌다. 1920년대 중엽에 처음 대두되어 시조의 부흥을 주장하며 복고적이고 반민중적인 의미를 심어주었다. 그 뒤 계급문학과 하나된 민족문학을 세우려고 노력하였고 이때 발표된 작품에는 홍명희의 「임꺽정」, 채만식의 「태평천하」, 염상섭의 「삼대」 등이 있다.

[KBS]

38 다음 중 작품과 작가의 연결이 틀린 것은?

① 불꽃 – 선우휘

② 무진기행 – 이문구

③ 카인의 후예 – 황순원

④ 광장 – 최인훈

해 무진기행 : 1964년 10월 『사상계』에 발표된 김승옥의 단편소설이다.

이문구 : 우리말 특유의 가락을 잘 살려낸 유장한 문장으로 농촌과 농민의 문제를 작품화했다. 소설의 주제와 문체까지도 농민의 어투에 근접한 사실적인 작품세계를 펼쳐 보여 농민소설의 새로운 장을 개척한 작가이다. 주요 작품으로 「관촌수필」, 「유자소전」 등이 있다.

39 다음 중 작품과 작가가 잘못 연결된 것은?

① 원미동 사람들 – 박완서

② 내가 누구인지 말할 수 있는 자는 누구인가 – 이인화

③ 장마 – 윤흥길

④ 서편제 – 이청준

해 「원미동 사람들」은 양귀자의 연작소설집이다.

Chapter
07

문학·예술·스포츠

40 다음에서 말하고 있는 시인은?

> 백기만과 함께 3·1 만세 독립운동 거사 계획을 세운 일에서 비롯된 그의 독립저항운동은 자신이 수차의 옥고를 치르게 하였으며, 1922년 『백조』 동인으로 유미적, 낭만주의적 시를 발표했으나 1924년 이후에는 항일적, 민족주의적 성격이 강한 시를 발표하였다.

① 윤동주　　② 이육사
③ 이상화　　④ 나도향

해 **이상화** : 「빼앗긴 들에도 봄은 오는가」를 발표하면서 신경향파에 가담하였던 시인으로, 조선일보사 경북총국을 맡아 경영하기도 했다. 주요 작품으로 시 「나의 침실로」 등이 있다.

41 『해파리의 노래』는 누구의 시집인가?

① 이상　　② 김억
③ 최남선　　④ 김영랑

해 **해파리의 노래** : 김억의 첫 시집이다.

42 6·25 전쟁을 배경으로 한 소설이 아닌 것은?

① 최인훈의 「광장」
② 황석영의 「무기의 그늘」
③ 이균영의 「어두운 기억의 저편」
④ 박완서의 「그해 겨울은 따뜻했네」

해 **무기의 그늘** : 황석영의 대표작으로 베트남 전쟁을 통해 분단의 모순과 이데올로기의 문제를 객관적인 시각으로 그려낸 작품이다.

43 1990년대 우리 소설의 주요 작가와 작품이 잘못 연결된 것은?

① 양귀자 – 숨은 꽃
② 성석제 – 그 많던 싱아는 누가 다 먹었을까
③ 윤대녕 – 천지간
④ 이혜경 – 길 위의 집

해 「그 많던 싱아는 누가 다 먹었을까」는 1992년에 간행된 박완서의 장편소설이다.

44 다음 중 작품의 배경이 잘못 연결된 것은?

① 김주영의 「객주」 – 충청남도 강경
② 이청준의 「이어도」 – 제주도 모슬포
③ 윤흥길의 「완장」 – 전라북도 김제
④ 이문열의 「젊은 날의 초상」 – 경상북도 영덕
⑤ 박경리의 「토지」 – 강원도 영월

해 「토지」는 경상남도 하동군과 섬진강 일대를 배경으로 쓰여졌다.

45 다음 중 청록파에 대한 설명으로 틀린 것은?

① 자연을 바탕으로 인간의 염원과 가치를 성취하기 위한 공통된 주제로 시를 썼다.
② 조지훈은 향토적 서정으로 한국인의 전통적인 삶의 의식을 민요풍으로 노래했다.
③ 박두진은 자연에 대한 친화와 사랑을 그리스도교적 신앙을 토대로 노래했다.
④ 청록파는 박두진, 박목월, 조지훈 세 시인을 지칭하는 말이다.

해 조지훈 : 자연과 무속 등을 소재로 시풍을 노래했으며, 대표작으로「승무」,「낙화」 등이 있다.

박목월 : 향토적 서정으로 한국인의 전통적인 삶의 의식을 민요풍 시에 담았으며,「나그네」,「하관」 등이 있다.

[KNN]

46 조지훈의 작품이 아닌 것은?

① 승무 　　　　② 고풍의상
③ 봉황수 　　　④ 산그늘

해 산그늘 : 1939년에 발표한 박목월의 시이다.

[KT]

47 음악사의 흐름을 연대순으로 올바르게 나열한 것은?

> ㄱ. 고전파 음악　　ㄴ. 낭만파 음악
> ㄷ. 현대음악　　　ㄹ. 바로크 음악

① ㄹ－ㄱ－ㄴ－ㄷ　　② ㄱ－ㄹ－ㄴ－ㄷ
③ ㄱ－ㄴ－ㄹ－ㄷ　　④ ㄹ－ㄴ－ㄱ－ㄷ

해 바로크 음악(17세기 초~18세기 중엽) → 고전파 음악(18세기 중엽~19세기 초) → 낭만파 음악(19세기) → 현대음악(제2차 세계대전 이후~현재)

48 고전주의 음악가가 아닌 사람은?

① 브람스 　　　② 베토벤
③ 하이든 　　　④ 모차르트

해 브람스 : Johannes Brahms. 19세기 독일의 대표적인 낭만주의 음악가이다. 브람스의 음악은 견고한 구성감이 있지만 단순한 형식주의가 아닌 풍부하고 다양한 감정을 내포하고 있는 독자적 작품을 지녔다.

[KB국민은행]

49 낭만파 음악의 작곡가가 아닌 사람은?

① 바흐 　　　　② 쇼팽
③ 브람스 　　　④ 슈베르트

해 바흐는 바로크 음악을 대표하는 음악가로 '음악의 아버지'로 불린다.

낭만파 음악 : 낭만의 표출과 심정의 주관적 표현을 중시한 19세기의 유럽 음악으로, 바그너·쇼팽·슈베르트 등이 대표적이다.

50 베토벤의 작품이 아닌 것은?

① 운명교향곡 　　② 영웅교향곡
③ 전원교향곡 　　④ 미완성교향곡

해 미완성교향곡 : 오스트리아의 작곡가 슈베르트의 교향곡이다.

[농협]

51 세계 3대 교향곡에 해당하지 않는 것은?

① 베토벤의「운명교향곡」
② 슈베르트의「미완성교향곡」
③ 모차르트의「주피터교향곡」
④ 차이코프스키의「비창교향곡」

해 세계 3대 교향곡 : 베토벤의「운명」과 슈베르트의「미완성」, 차이코프스키의「비창」.

[경향신문]

52 베토벤의 교향곡 중 잘못 이어진 것은?

① 9번 – 합창 　　② 6번 – 황제
③ 5번 – 운명 　　④ 3번 – 영웅

해 ② 6번 – 전원교향곡.

53 신고전주의 음악가의 대표자로 「페트루슈카」, 「방탕자의 행진」, 「봄의 제전」 등을 작곡한 사람은?

① 스트라빈스키

② 차이코프스키

③ 림스키 코르사코프

④ 힌데미트

해 **스트라빈스키** : 러시아 출신의 미국 작곡가이다. 발레곡 「불새」, 「페트루슈카」로 성공을 거두고 그의 대표작 「봄의 제전」으로 당시의 전위파 기수로 주목 받았다.

54 다음 중 곡에 대한 설명으로 틀린 것은?

① 샤콘느 – 4분의 3박자의 템포가 느린 스페인 민속 무곡

② 론도 – 프랑스에서 생겨 2박자 계통의 경쾌한 무곡

③ 미뉴에트 – 프랑스에서 시작된 4분의 4박자의 빠른 곡으로 고전파시대에 귀족사회에서 즐긴 곡

④ 삼바 – 브라질의 대표적인 무용음악으로 4분의 2박자의 곡

해 **미뉴에트** : 17~18세기경 유럽을 무대로 보급되었던 4분의 3박자의 무용과 그 무곡으로, 프랑스에서 시작되었다. 고도로 양식화된 우아한 표현이 특징이다.

샤콘느 : 곡의 처음부터 들려오는 비장한 주제 음악이 매우 슬프고 우울한 명곡으로, 17~18세기에 널리 쓰인 기악곡 형식에 슬픈 분위기와는 달리 원래 프랑스 남부와 스페인에서 유행한 춤곡에서 유래했다.

론도 : 프랑스에서 생겨난 2박자의 경쾌한 춤곡으로, 합창과 독창이 번갈아 되풀이된다.

삼바 : 브라질 흑인계 주민의 4분의 2박자 리듬을 지닌 춤이다.

55 발라드(Ballade)란?

① 자유로운 형식의 기악곡

② 슈베르트의 미완성 교향곡

③ 밤의 적막함을 표현한 악곡

④ 연습을 위한 독립된 예술적인 곡

해 **발라드** : 자유로운 형식의 서사적인 가곡이나 기악곡이다.

56 연주회에서 오케스트라가 튜닝할 때 맞추는 기준 음은?

① A음　　　② B음

③ C음　　　④ D음

해 오보에를 통해 기준음인 A음으로 모든 악기의 음을 조절한다.

57 곡과 작곡가의 연결이 잘못된 것은?

① 베르디 – 아이다

② 슈베르트 – 마왕

③ 바그너 – 뉘른베르그의 명기수

④ 슈만 – 방황하는 화란인 서곡

해 **슈만** : 독일의 작곡가 슈만은 낭만주의와 슈베르트의 영향을 받았으며, 「피아노협주곡」, 「사육제」 등의 대표작품이 있다.

베르디 : 이탈리아의 오페라 작곡가(1813~1901). 이탈리아 가극의 성악적 장점을 활용하고, 화려한 선율과 관현악의 극적인 진행 수법으로 이탈리아 가극 최대의 작곡가가 되었다. 작품으로 「리골레토」, 「아이다」, 「춘희」 등이 있다.

슈베르트 : 오스트리아의 작곡가(1797~1828). 초기 독일 낭만파의 대표적 작곡가의 한 사람이며 근대 독일 가곡의 창시자로, 600여 곡의 독일 가곡과 실내악곡, 교향곡 등을 남겼다. 작품으로 「아름다운 물레방앗간의 아가씨」, 「겨울 나그네」, 「백조의 노래」 등이 있다.

바그너 : 독일의 가극 작곡가(1813~1883). 베토벤, 베버 등의 영향을 받고 종래의 가극에 대하여 음악·시가·연극 따위의 종합에 힘써 장대한 악극을 많이 썼으며, 독일 낭만파를 대표하는 대작을 남겼다. 작품에 평론 「오페라와 드라마」, 오페라 「방황하는 네덜란드 인」, 「탄호이저」, 악극 「트리스탄과 이졸데」 등이 있다.

[한겨레신문]

58 우드스톡 축제와 관계가 없는 인물은?

① 조안 바에즈　　② 지미 헨드릭스

③ 텐 이어즈 에프터　④ 클리프 리처드

해 우드스톡 음악예술축제(Woodstock Art and Music Fair) : 1969년 8월 15~17일 뉴욕주의 설리번군에 가까운 베셀에서 열렸던 록 페스티벌이다. 지미 헨드릭스(Jimi Hendrix), 조안 바에즈(Joan Baez) 등 당대 최고 가수들이 참가했던 이 행사는 1960년대 베트남전쟁 등 격변의 시기를 살았던 젊은이들의 문화적 갈증을 해소시키는 역할을 하였다.

[한국전력공사]

59 악보에서 '가장 빠르게' 연주해야 하는 것은?

① Adagio　　　② Allegro

③ Moderato　　④ Andante

해 Allegro(알레그로) : 빠르게
Adagio(아다지오) : 아주 느리고 침착하게(Largo보다 조금 빠르게)
Moderato(모데라토) : 보통 빠르게
Andante(안단테) : 느리게
Largo(라르고) : 아주 느리고 폭넓게
Lento(렌토) : 아주 느리고 무겁게
Grave(그라베) : 아주 느리고 장중하게(느리고 무겁게)
Vivace(비바체) : 빠르고 활발하게
Presto(프레스토) : 매우 빠르게
Prestissimo(프레스티시모) : 아주 빠르고 급하게
Adagietto(아다지에토) : Adagio보다 조금 빠르게
Allegretto(알레그레토) : 조금 빠르게(Allegro보다 조금 느리게)
Andantino(안단티노) : 조금 느리게(Andante보다 조금 빠르게)

[KT]

60 다음은 무엇을 설명한 글인가?

> 새 예술이라는 뜻의 신양식 창조를 목표로 유럽에서 번진 미술운동으로 건축·공예분야에서 활발히 추진되었다.

① 다다이즘　　　② 아르누보

③ 아방가르드　　④ 정크아트

해 아르누보 : 19세기 말기에서 20세기 초기에 걸쳐 프랑스에서 유행한 건축, 공예, 회화 등의 예술의 새로운 양식이다. 식물적 모티브에 의한 곡선의 장식 가치를 강조한 독창적인 작품이 많으며, 20세기 건축이나 디자인에 많은 영향을 미쳤다.

[현대자동차, 경향신문]

61 1844년부터 프랑스에서 아카데미즘에 반대하는 화가들에 의해 개최되는 자유출품제는?

① 앙데팡당　　　② 트리엔날레

③ 비엔날레　　　④ 아르누보

해 앙데팡당 : 1884년 프랑스 관전인 살롱 데 자르티스트 프랑세의 아카데미즘에 반대하여 개최된 무심사 미술 전람회이다.

[KBS]

62 제1차 세계대전 말에 유럽에서 일어난 문학과 조형예술상의 반항운동으로 후일 초현실주의 운동의 전제가 되었던 미술사조는?

① 야수파(Favism)

② 다다이즘(Dadaism)

③ 신고전주의(Neo-Classicism)

④ 신인상파(Neo-Impressionism)

해 다다이즘 : 제1차 세계대전(1914~1918) 말엽부터 유럽과 미국을 중심으로 일어난 예술운동이다. 조형예술 뿐만 아니라 넓게 문학·음악의 영역까지 포함한다.

63 현대 미술에서 레디메이드(Ready-Made) 개념과 관계 없는 것은?

① 오브제(Object)

② 마르셀 뒤샹

③ 옵아트(Optical Art)

④ 팝아트(Pop Art)

레 레디메이드 : '기성품의 미술작품'이라는 의미이며 마르셀 뒤샹이 처음으로 창조한 미술 개념이다. 일찍이 큐비즘(입체파) 시대에 뒤샹은 도기로 된 변기에 '레디메이드'란 제목을 붙여 전람회에 출품함으로써 이 명칭이 일반화되었다.
옵아트 : 기하학적 형태나 색채의 장력을 이용하여 시각적 착각을 다룬 추상미술.
오브제 : 초현실주의 미술에서, 작품에 쓴 일상생활 용품이나 자연물 또는 예술과 무관한 물건을 본래의 용도에서 분리하여 작품에 사용함으로써 새로운 느낌을 일으키는 상징적 기능의 물체를 이르는 말이다. 상징, 몽환, 괴기적 효과를 얻기 위해 돌, 나뭇조각, 차바퀴, 머리털 따위를 쓴다.
팝아트 : 매스 미디어와 광고 등 대중문화적 시각이미지를 미술의 영역 속에 적극적으로 수용하고자 했던 구상미술의 한 경향을 말한다.

64 다음 설명과 관계가 깊은 회화의 표현 재료는?

> • 벽화의 대표적인 기법으로, 회벽이 마르기 전에 안료를 물에 녹여 그린다.
> • 수정이 불가능하므로 그릴 때에는 특별한 숙련성과 면밀한 계획성이 필요하다.
> • 14세기부터 16세기까지가 황금기였다.

① 프레스코　　　② 아크릴

③ 템페라　　　　④ 구아슈

레 **프레스코** : 벽화를 그릴 때 쓰는 화법의 하나로, 새로 석회를 바른 벽에, 그것이 채 마르기 전에 수채로 그린 기법.
아크릴 : 합성수지 물감.
템페라 : 그림 물감의 일종.
구아슈 : 수용성의 아라비아고무를 섞은 불투명한 수채 물감 또는 이 물감을 사용하여 그린 그림.

65 다음 설명 중 입체파(Cubism)와 관계없는 것은?

① '자연을 원축, 원통, 구(球)로 파악한다.'는 세잔의 말이 입체파의 계시가 되었다.

② 대표작가는 피카소, 브라크, 레제 등이다.

③ 다양한 시점에서 바라본 형태가 공존하기도 한다.

④ 입체파 화가들의 폭발적인 색채 감각이 현대 추상운동을 이끌었다.

레 **입체파** : 색채주의에 대한 반동으로 나타났다.

66 다음 작가 중 인상파 작가가 아닌 사람은?

① 마네　　　　　② 모네

③ 시슬리　　　　④ 들라크루아

레 **들라크루아** : 힘찬 율동과 격정적 표현, 빛깔의 명도와 심도의 강렬한 효과 등으로 낭만주의 회화를 창시한 프랑스의 낭만주의 화가이다.

67 다음 중 클로드 드뷔시와 가장 관계있는 화가는?

① 반 고흐

② 구스타프 말러

③ 클로드 모네

④ 조르주 피에르 쇠라

레 **클로드 드뷔시**(Claude Debussy)는 프랑스의 대표적인 인상주의 음악의 창시자이다. 바로크 후기 이후, 오랫동안 지배적이었던 고전적인 기능화성법을 극복하고 당대 인상주의 미술과 상징주의 문학이념을 자신의 음악에 표현했다. 클로드 드뷔시와 관계있는 화가는 프랑스의 인상주의 화가 클로드 모네이다. 모네는 '빛은 곧 색체'라는 인상주의 원칙을 끝까지 고수했으며, 「건초더미」를 비롯해 「포플러 나무」 「루앙 대성당」 「수련」 등의 연작 작품을 통해 동일한 사물이 빛에 따라 어떻게 변화하는지 잘 표현해 냈다.

[경향신문]

68 1869년에 태어난 프랑스 화가로 화면을 어디까지나 2차원적 면으로서 파악하고 그것을 흐르는 듯한 리듬으로 분할, 각 면을 선명한 색채로 메우는 장식적 경향을 보인 사람의 이름은?

① 피카소　　　② 마티스
③ 루오　　　　④ 칸딘스키

해 **마티스** : 원색으로 감정을 표현하는 것을 추구한 야수파의 대표적 작가로, 대상을 대담하게 단순화하고 장식화한 화풍을 확립하였다.

69 다음 중 레오나르도 다 빈치의 작품이 아닌 것은?

① 암굴의 성모
② 최후의 만찬
③ 모나리자
④ 아담의 창조

해 **아담의 창조** : 미켈란젤로가 그린 시스티나 예배당의 천장화로 하느님이 최초의 인간인 아담에게 생명을 불어넣는 창세기 속 성경의 이야기를 표현한 작품이다.

[LG유플러스]

70 최악의 영화를 선정하는 미국의 영화제는?

① 세네프(Senef) 영화제
② 레디스탑(Ready Stop) 영화제
③ 인디키노(Indiekino) 영화제
④ 골든 라즈베리(Golden Raspberry) 영화제

해 **골든 라즈베리(Golden Raspberry) 영화제** : 매년 아카데미 시상식이 시작되는 전날에 올해의 최악의 영화들을 선정한다.

71 다음 중 프레올림픽(Pre-Olympic)에 대한 설명으로 틀린 것은?

① 스페셜올림픽이라고도 한다.
② 올림픽이 개최되기 1년 전에 개최 예정지에서 거행한다.
③ 국제올림픽위원회(IOC)에서는 프레올림픽의 명칭 사용을 금지하고 있다.
④ 경기 시설이나 운영 등을 미리 점검하고자 열리는 비공식적 경기대회이다.

해 **스페셜올림픽** : 지적·자폐성 장애인들이 참가하는 국제경기대회로 1968년에 시작되어 4년마다 하계대회와 동계대회로 나뉘어 개최된다. 스페셜올림픽은 올림픽, 패럴림픽과 함께 세계 3대 올림픽으로 불리고 있다.

[동아일보]

72 근대올림픽 경기 창시자는?

① 쿠베르탱　　　② 손디
③ 네루　　　　　④ 장 프티장

해 **쿠베르탱** : 프랑스 출신으로 올림픽부흥운동을 시작하여 국제올림픽위원회(IOC)를 창설하였다.

73 다음 중 경기와 선수 인원 수의 연결이 틀린 것은?

① 비치발리볼-2명
② 게이트볼-8명
③ 핸드볼-7명
④ 크리켓-11명

해 **게이트볼** : 5명 이상 7명 이내의 선수로 구성된다.

[중앙일보]
74 다음 중 '에이스'와 관계 없는 스포츠는?

① 농구   ② 야구

③ 테니스   ④ 배구

헤 Ace : 야구, 골프, 배구, 테니스, 탁구 등에서 사용한다.

[중앙일보]
75 다음 중 하계올림픽을 개최한 도시가 아닌 것은?

① 멜버른   ② 암스테르담

③ 뉴욕   ④ 파리

헤 미국의 하계 올림픽 개최도시 : 세인트루이스, LA와 애틀란타 등 3개 도시 뿐이다.

76 다음 중 영국이 종주국이 아닌 스포츠는?

① 핸드볼   ② 테니스

③ 럭비   ④ 크리켓

헤 ① 핸드볼은 독일에서 시작되었다.

77 테니스 경기 용어 중 틀린 것은?

① 러브 게임 – 한쪽 선수가 1점 밖에 얻지 못하고 마무리 된 게임.

② 발리 – 공이 바닥으로 떨어지기 전에 네트 가까이에서 바로 공을 쳐서 넘기는 것

③ 백 핸드 – 팔과 몸을 교차시켜 손등 바깥쪽으로 돌려치는 타법

④ 로브 – 상대방이 네트 가까이 왔을 때 상대방 머리 위로 높이 올려서 멀리 떨어지게 하는 수비 방법

헤 러브 게임 : 한쪽 선수가 1점도 얻지 못하고 마무리 된 게임. 무득점 게임.

[한겨레신문]
78 다음 스포츠 용어의 설명 중 바른 것은?

① 야구 용어 '올마이티 히트'는 한 선수가 한 경기에서 1점, 2점, 3점, 4점 홈런을 모두 친 경기를 말한다.

② '럭키 루저'는 테니스대회에서 기권한 본선진출자 대신 출전권을 얻은 선수를 가리킨다.

③ 축구경기에서 '서든 데스'란 연장 전반에 먼저 골을 넣은 팀이 연장 전반 동안 실점하지 않으면, 연장 후반전을 하지 않고 경기를 종료하는 방식을 말한다.

④ 골프에서 '더블 보기'란 각 홀의 기준 타수보다 2타수 많은 스코어로 홀인한 것을 말하며, '알바트로스'는 2타 적게 홀인한 것을 말한다.

헤 올마이티 하트 : 한 선수가 한 게임에서 단타, 2루타, 3루타, 홈런을 순서에 관계없이 모두 쳐낸 경우.

서든 데스 : 연장전 전·후반 구분 없이 골을 먼저 넣는 경우.

알바트로스 : 한 홀의 기준 타수보다 3개가 적은 타수로 홀인하는 경우.

79 다음 중 골프타수에 대한 설명으로 틀린 것은?

① Par – 홀마다 정해 좋은 기준 타수를 말한다.

② Birdie – 1홀에서 기준 타수보다 1타 적은 타수로 홀인(Hole in)하는 것을 말한다.

③ Eagle – 1홀에서 기준 타수보다 2타 적은 스코어로 홀인(Hole in)하는 것을 말한다.

④ Albatross – 티 샷을 한 공이 단번에 그대로 홀에 들어가는 것을 말한다.

헤 Albatross : 한 홀의 기준 타수보다 3개가 적은 타수로 홀인(Hole in)하는 것을 말한다.

80 육상경기 중 트랙(Track)경기가 아닌 것은?

① 릴레이   ② 장애물경기

③ 포환던지기   ④ 100m 달리기

해 **필드경기 종목** : 넓이(멀리)뛰기, 장대높이뛰기, 높이뛰기, 세단뛰기, 창던지기, 원반던지기, 포환던지기, 해머던지기 등

[포스코]

81 리그전(League Match)에 대한 설명으로 옳은 것은?

① 경기 진행 형식으로 승자끼리 대전시켜 계단식으로 올라간다.

② 전체 참가팀이 다른 모든 참가팀과 시합하여 가장 많이 이긴 팀이 우승한다.

③ 축구시합에서 자기 그라운드에서 한 번, 상대방 그라운드에서 한 번씩 싸워 승부를 결정한다.

④ 권투에서 타이틀 보유자가 이를 잃었을 경우 다시 탈환하기 위해 현재의 타이틀 보유자에게 도전하는 시합이다.

해 ①은 토너먼트 경기방식이다.
③은 홈 앤드 어웨이 방식에 대한 설명이다.
④는 리턴매치라고 한다.

82 다음 중 여자 피겨스케이팅에 대한 설명으로 틀린 것은?

① 국제빙상경기연맹에서 정한 쇼트프로그램의 제한 시간은 2분 50초 이내이며, 이를 초과하면 5초마다 1.0이 감점된다.

② 피겨스케이팅의 주요 기술로는 점프(Jump)와 스핀(Spin), 스텝(Step) 등을 들 수 있다.

③ 토 점프는 스케이트 앞쪽의 톱니로 빙판을 찍으면서 위로 솟구치는 기술로서 토루프 점프(Toe Loop Jump), 플립 점프(Flip Jump), 러츠 점프(Lutz Jump) 등으로 세분된다.

④ 에지 점프는 토의 톱니를 사용하지 않고 스케이트 날의 인사이드 또는 아웃사이드 에지를 활용하여 한 발로 뛰어오르는 기술로서 살코 점프(Salchow Jump), 루프 점프(Loop Jump), 악셀 점프(Axel Jump) 등으로 세분된다.

⑤ 트리플 러츠는 왼발로 점프해서 3회전 반을 도는 것이고, 트리플 악셀은 3회전을 도는 기술이다.

해 **트리플 러츠** : 왼발로 후진하며 아웃에지, 토로 도약하고 반시계방향으로 3회전한 후 오른발로 착지하는 기술이다.
트리플 악셀 : 세 바퀴를 악셀 점프로 뛰는 것을 말하는데, 러츠, 토룹, 살코 등의 점프와는 달리 앞으로 전진하면서 뛰어서 결과적으로 반바퀴를 더 돌아 3.5회전하는 점프이다.

다음 질문에 답하시오. (기업체 직무적성검사 대비 문제)

Answer

01 판소리 다섯마당은? [경향신문]

01 춘향가, 심청가, 흥부가, 적벽가, 수궁가

02 주요 무형문화제 제1호는? [경향신문]

02 종묘제례악

03 전주 지방에서 베풀어지는 백일장 등 민속놀이의 통칭을 무엇이라 하는가? [경향신문]

03 사습놀이

04 판소리에서 한 대목의 소리와 다음 대목의 소리 사이에 가락을 붙이지 않고 말하듯이 사설을 엮어가는 것을 무엇이라 하는가? [경향신문]

04 아니리

05 신라 신문왕 때에 설총에 의해 쓰인 ( )는(은) 꽃을 의인화하여 정치를 풍자한 작품이다. [SBS]

05 화왕계

06 임금이 민간의 풍속이나 정사를 살피기 위하여 가담항설을 모아 기록하게 하던 벼슬아치를 ( )이라 한다. [한국일보]

06 패관

07 우리나라 최초의 신문 한성순보는 (①)년에 창간됐다. 순한문으로 인쇄된 일종의 관보였던 이 신문은 1884년에 발생한 (②)으로 정간되었다가 (③)년에 국한문을 혼용하여 (④)로 다시 발간되었으나 1888년 (⑤)이 폐쇄됨에 따라 폐간되었다. [국민일보]

07 ① 1883 ② 갑신정변
③ 1886 ④ 한성주보
⑤ 박문국

08 1988년 3월 31일 1차로 해금된 납북시인이며, 「향수」·「백록담」과 같은 작품들을 쓴 시인의 이름은 무엇인가? [SBS]

09 다음 작품의 작가를 쓰시오. [세계일보]
① 난장이가 쏘아올린 작은 공
② 태백산맥
③ 장길산
④ 사람의 아들

09 ① 조세희 ② 조정래
③ 황석영 ④ 이문열

10 다음 책의 저자를 쓰시오. [경향신문]
① 나는 빠리의 택시운전사
② 노동의 새벽

10 ① 홍세화 ② 박노해

Chapter
07

문학·예술·스포츠

11 1936년에 창간되었던 우리나라 음악평론잡지는?

11 음악평론

12 김훈이 쓴 이순신 전기소설로, 2001년 제32회 동인문학상을 수상한 작품은?

12 칼의 노래

13 2004년 제35회 동인문학상 수상작으로 뽑힌 김영하의 장편소설로, 100년 전 멕시코의 에네켄 농장으로 이민 갔던 조선인들의 얘기를 담고 있는 책은?

13 검은 꽃

14 아카데미즘에 반대하는 화가들이 프랑스에서 개최한 독립적인 자유출품제로서 심사도 수상도 하지 않는 미술전람회를 무엇이라 하는가? [경향신문]

14 앙데팡당(Independants)

15 예술이나 학문을 취미로 애호하는 사람을 무엇이라 부르는가?

[연합뉴스]

15 딜레탕트(Dilettante)

16 연극, 가극 중에서 주제와 같은 이름의 등장인물로 주제역을 무엇이라 하는가?

[스포츠서울]

16 타이틀 롤(Title Role)

17 연극과 영화를 결합시켜 공연하는 극을 무엇이라고 하는가? [SBS]

17 키노 드라마
(Kino – Drama)

18 1950년대 후반부터 프랑스 영화계에서 일어난 새로운 물결'(New Wave)'로 기존 영화계의 이론, 사상보다는 발상, 표현방식에 새로운 바람을 몰고온 이 풍조는?

[경향신문]

18 누벨 바그
(Nouvelle Vague)

19 미켈란젤로, 레오나르드 다 빈치 등과 동시대의 이탈리아 화가로 청춘의 아름다움을 찬미하면서도 그 뒤에 숨겨진 퇴폐성을 표현했던 화가는?

[경향신문]

19 보티첼리
(Sandro Botticelli)

20 문학에서 비극은 운명비극, 성격비극, (   )비극으로 나뉜다.

[SBS]

20 상황

21 야구에서 타율, 타점, 홈런 등 3개 부문을 휩쓴 선수에게 주는 타이틀은?

[스포츠서울, 스포츠조선]

21 타격 3관왕

22 1997년 국제월드리그대회에서 처음 도입된 것으로, 배구 경기에서 수비를 전문으로 하는 포지션 및 그 선수를 지칭하는 용어는?

22 리베로(Libero)

23 현재 세계적으로 유명한 종합격투기 대회 명칭은?

23 K-1, UFC

24 스포츠계에서 축하하여 벌이는 큰 규모의 오락행사를 뜻하는 용어는?

24 Galla Show

25 운동선수가 좋은 성적을 올리기 위하여 심장 흥분제나 근육 강화제 따위의 약물을 먹거나 주사하는 것을 뜻하는 용어는?

25 Doping

26 주로를 비탈지게 만든 사이클 전용 경기장은?

26 벨로드롬(Velodrome)

27 스포츠계에서 일정기간이 지나면 소속팀에서 자유로이 다른 팀으로 이적이 가능한 제도는?　　　　　　　　　　[스포츠조선]

27 FA(Free Agent)제도

28 농구에서 3점 슛을 넣는 거리는?

28 6.75m

29 1홀의 기준 타수보다 2타수 적은 타수로 홀인하는 것은?　[스포츠조선]

29 Eagle

30 LPGA 4대 메이저 골프대회는?　　　　　　　　　　　[연합뉴스]

30 US 여자오픈, LPGA 챔피언십, 크래프트 나비스토 챔피언십, 전영 여자오픈

Chapter
07

문학·예술·스포츠

다음의 각 용어에 대해 간략하게 설명하시오. (공사·공단, 언론사 대비 문제)

01 농악

02 황조가

03 소나타

04 몬드리안

05 Slugger

06 Foul Trouble [연합뉴스]

07 Stove League [세계일보]

08 Albatross [세계일보]

09 Sudden Death

10 베컴이 찬 공이 휘어져 골인되는 이유는?

01_ 농악

농민들이 악기를 연주하면서 풍농을 기원하고 액운을 막기 위해 행하였던 음악으로 풍물, 두레, 굿이라고도 한다. 농악은 지금까지 자연스럽게 전승되고 있으며, 꽹과리, 징, 장구 등 타악기가 중심이 되고 그 외에 양반, 무동 등 가장무용수들의 춤과 노래로 이루어진다. 우리나라 중요무형문화재 제11호로 지정되었으며 2014년 11월에 유네스코 세계무형문화유산으로 등재되었다.

02_ 황조가

고구려 유리왕이 후실인 치희를 잃고 슬퍼하여 불렀다는 고대가요로 『삼국사기』에 전한다. 집단적 서사문학에서 개인적 서정문학으로 옮아가는 단계의 노래로, 내용이 전하는 유일한 고구려 가요이다. 국문학사상 사랑을 주제로 한 최초의 서정시이며, 4언 4구체의 한역가이다.

03_ 소나타

하나 이상의 악기를 위한 악곡 형식으로, '소리 내다'라는 뜻의 이탈리아어 '소나레(Sonare)'에서 유래되었으며, '노래 부르다'라는 뜻의 '칸타타'와는 반대 개념이다. 이 말은 13세기에 처음 쓰이기 시작했으며 기악곡이 상당량 작곡되기 시작한 16세기 말에 가서 널리 쓰이게 되었다.

04_ 몬드리안

네덜란드의 화가(1872~1944). 새로운 조형 예술의 주창자이자 추상 회화 창시자의 한 사람으로 대상을 순화하여 기본적인 구성 요소를 찾아내어 가장 아름다운 비례를 탐구하였다.

05_ Slugger

야구에서 기교보다는 힘을 바탕으로 한 강타자를 일컫는다. 헤비히터(Heavy Hitter), 파워히터(Power Hitter), 앵커맨(Anchorman)이라고도 한다.

06_ Foul Trouble

파울 트러블은 '파울로 인한 말썽 혹은 불편이 생김'이라는 뜻이다. 농구 코트 안에서 선수들의 파울이 전반 3개 이상, 후반 4개 이상이면 "파울 트러블에 걸렸다."라고 표현한다.

07_ Stove League

프로 야구의 한 시즌이 끝나고 다음 시즌이 시작하기 전까지의 기간을 말한다. 계약 갱신이나 트레이드가 이루어지는 기간으로 스토브를 둘러싸고 팬들이 평판을 한다는 데서 생긴 말이다.

08_ Albatross

골프경기 한 홀에서 기준 타수보다 3타수 적게 홀인하는 일이다.

09_ Sudden Death

축구경기에서 정규시간에 승부를 가리지 못하고 연장전에 들어간 경우, 먼저 득점하는 팀이 승리를 하고 경기를 끝내는 경기방식이다. 그 골을 '골든 골'이라고도 한다.

10_ 베컴이 찬 공이 휘어져 골인되는 이유는?

마그누스 효과(유체 속에서 회전하는 물체의 회전축이 유체의 흐름에 대하여 수직일 때, 유속 및 물체의 회전축에 대해 수직 방향의 힘이 생기는 현상)로 설명가능하다. 공의 윗부분에 회전력이 가해지면 공의 윗부분이 아랫부분보다 압력이 높기 때문에 회전하는 공의 위아래 부분 사이에서 발생하는 압력 차에 의해서 공을 아래로 밀어내는 힘이 발생하게 되는데 그 결과 공은 곡선을 그리면서 날아가게 된다.

Chapter

07

과학 · 예술 · 스포츠